朝鮮後期ソウル商業発達史研究

高東煥―著
宮嶋博史―訳

東京堂出版

序　言

　本書は筆者の博士学位論文「18・19世紀 ソウル京江地域の商業の発達」を修正、補完したものである。筆者が朝鮮後期の商業史に対する研究を始めたのは、朝鮮後期の社会経済史研究の限界を克服しようとする意図からであった。周知のように、1980年代まで朝鮮後期の社会経済史研究は内在的発展論の観点、すなわち資本主義萌芽論の観点から研究されてきた。内在的発展論の観点から研究された朝鮮後期の社会経済史研究は、主に農業経済分野、その中でも特に農業生産力と農業経営、土地所有問題に集中され、この分野の研究はつとに、富農経営の検出と韓末時期における近代的土地所有制への転換が論議されるほどに、相当な成果を見せていた。それに比べて商業史の研究は、1970年代初の資本主義萌芽論的な観点からの研究状況から大きな進展を見せていなかった。

　このような朝鮮後期社会経済史研究の不均衡は、朝鮮後期の社会像に対する総体的理解に相当な障害をもたらすものとして、浮彫的手法による研究という批判に直面したりもした。そこで筆者は、農業経済分野で描かれた朝鮮後期の社会経済像が構造的な歴史像として確立するためには、何よりもこれらの研究が流通経済分野の研究と整合的でなければならないと考えた。このような問題意識で始めた研究が、1984年に提出した筆者の碩士学位論文「18・19世紀 外方浦口の商品流通の発達」であった。

　浦口商業を碩士論文の主題として研究しながら、筆者は鉄道が敷設される以前、前近代の商品流通において重要なのが、船運を通じた商品流通と市場圏の形成であるという点を確認したし、これを土台にして、従来商業史研究で軽視されてきた流通路と運送手段、市場圏問題が、商業勢力の性格に劣らず重要な主題であることを悟ることができた。また商業史研究で十分に取扱われてこなかった相当量の資料がソウル大の奎章閣に無数に所蔵されていることも確認した。『朝鮮王朝実録』、『備辺司謄録』、『日省録』、『承政院日記』等の年代記

資料のほかにも、庄土文蹟類、古文書類、その他節目完文類、漂流関係資料等、具体的で鮮やかな経済関係資料に接しながら、筆者はこれらの資料の中に朝鮮後期商業史研究の限界を克服し得る方向を見つけることができるだろうという自信感も持つことができた。

筆者は本来、碩士論文からソウル等の大都市市場と外方浦口の市場圏を一緒に扱おうとしたが、おびただしい資料の量と、当時のソウルの商業問題に対する理解視角の未整理等の問題のため、一旦、外方浦口商業に主題を限定して碩士論文を提出した。

碩士論文の整理を終えて以後、10年近い歳月の間、ソウルに関する資料を収集して、これらを整理するのに力を傾けた。筆者は博士学位論文を通じて、一つの商品が生産者から消費者に渡るまでの商品流通体系と市場圏の問題が、商人勢力の性格と商業資本の質を決定する要素であるという点を明確に浮かびあがらせようとした。このような問題意識は、これまでの商業史研究において、特権商人である市廛商人と自由商人である私商の対立等、主に商業勢力の性格変化を通じて朝鮮後期の商業史を理解する偏狭な視角から脱して、商業を構成する諸要素を視野に入れることで、朝鮮後期の商品流通発達の様相を総体的に理解しようとしたのである。それは一面では、資本主義萌芽論の欠点として指摘されてきた朝鮮後期の社会像に対する浮き彫り的手法を克服して、構造的に朝鮮後期の社会像を理解しようとする試みでもあった。

博士学位論文を整理した後に、朝鮮後期社会経済史研究の限界を克服するためには、内在的発展論の観点を受け継ぎながらも、朝鮮後期の社会象を理解する観点の多様化が切実だという点を尚更感じるようになった。そういう意味で筆者がソウルという都市を研究の対象にしたことはその克服方法を開発するにおいて非常に重要であるという点も悟ることができた。いわゆる都市史的である観点から朝鮮後期社会経済研究の限界を突破することが可能ではないだろうかと考えるようになった。

学位論文を刊行するにあたって題目を『朝鮮後期ソウル商業発達史研究』と改めたのは、このような研究関心の変化を反映したものである。博士学位論文が元来、京江商業についての研究として始めたものであったので、この本では都市史的な研究視角を全面的に打ち出すことはできなかったが、第1章で人口

問題、都市構造の問題、都市空間の問題等、都市史で扱われる主要な主題と、第2章で荷役運輸業や蔵氷業等、都市商業の多様な側面に対して、部分的ではあるが扱っている。これらの部分に対する本格的な研究が、今後しばらく筆者の研究主題になるであろう。

　限りなく存在する史料の中で、互いに相反する記録や、整合的に理解することができない資料が一つ、二つではない状況で、これらを総合して過去の歴史像を正確に体系化させる作業は、歴史学者に宿命的に与えられた任務であろう。しかしこのような宿命にもかかわらず、歴史学者は時にはおびただしい史料の海の中で方向性を喪失し、歴史の海にそのまま沈んでしまったり、あるいは小さな島を大陸と思って安住してしまおうとする誘惑に苦しんだりする。筆者も例外ではなかった。その上、浦口商業について既存の研究がまったくない実情で、この分野に初めて足を踏み出す立場は、まるで航海図なしにまっ暗な海に発たなければならない立場であることを実感することができた。

　このような状況にもかかわらず、いかほどかの研究成果でも上梓できたのは、これまで筆者を見守って指導と激励を惜しまなかった多くの方々がおられたからである。指導教授である李泰鎮教授は、筆者の碩士学位論文の時から指導教授として、血気盛んな20代の筆者が民衆運動史研究に没頭していた時、商業史研究の重要性を悟らせてくださっただけでなく、商業史研究からさらに一歩進んで、都市史研究へと筆者の研究が前進することができるように、多くのことを教えてくださった。李泰鎮教授は筆者の学問方向を設定するだけでなく、本書出版の斡旋に至るまで、些細な部分に対しても多くの激励と支援を惜しまれなかった。

　筆者の博士学位論文の審査委員長であった韓永愚教授は、筆者が碩士論文の主題を決める時から大きな関心を持って、浦口商業の重要性とともに、歴史資料としての古地図の活用方案に対する非常に有益な指導をしてくださった。それだけでなく、奎章閣館長であられた時に創立されたソウル学研究所の奎章閣が所蔵するソウル関連資料の調査作業の責任者に委嘱された際に、筆者を責任研究員に任命して、奎章閣資料を通じてソウルに対する研究を深めることができる環境を整えてくださった。

　また李元淳教授は、筆者の学位論文審査委員として、不十分な筆者の論文を

細心に指摘してくださっただけでなく、広い雅糧と愛情で学問の入り口に立っている筆者を導いてくださった。権泰檍、金仁杰教授は学位論文審査委員として、論文審査過程だけでなく、論文審査以後、論文が印刷されるまで、多大な関心を持って筆者の研究を励ましてくださった。特に朝鮮時代に対する理解の視角と資料活用に対して細心の指導をしてくださり、論文の体系を整えるのに大きな助けとなった。

ソウル大学校の崔承熙、鄭玉子教授は、筆者の研究に大きな関心を持たれて、筆者が勇気を持ってこの主題に専念するように、過分の激励を惜しまれなかった。またソウル市立大学校のアン・ドスン、李存熙教授のお二人は、筆者が一時首席研究員として勤めたソウル学研究所の所長として、筆者がソウルに対する研究を続けられるように、物質的、心情的支援を惜しまれなかった。

これらの方々以外にも、これまで足りないところの多い筆者に、学問の道の師匠として文章では表現できないほどの愛情と関心を注いでくださったすべての方々に、深く感謝の意を表する。この本がこれらの方々の愛情と関心に対してどれほど応えられたのか、忸怩たるものがある。

また本書の出版を快諾してくださった知識産業社の金景熙社長に尊敬と感謝の心を捧げたい。出版事業を通じて韓国学発展の一翼を担うことを大きなやりがいとしておられる金景熙社長の期待に、この本が少しでも寄与することができるように願っている。

最後に、今は病床に就いているが、幼い時から筆者に対して絶え間ない信頼を送ってくれ、あらゆる世の荒波にも屈せず学問の道に精進することができるように私を守ってくれた父を含めた、すべての家族に感謝する。特に学問する夫を持って、経済的な問題はもちろん、細々とした家事等、すべてを一人で背負いながらも黙黙と我慢して忍耐してくれた妻がいなかったら、このささやかな研究も不可能であったに違いない。この本が妻と二人の息子にとって、この間家長としての義務を疎かにしたことに対する少しばかりの慰労になったならば、これ以上の喜びはない。

1997. 9.
大徳ボルの研究室で

高 東 煥

目　次

序　言……………………………………………………………………1
序　論……………………………………………………………………13

第1章　京江地域 商業発達の背景

第1節　ソウルの商業都市への成長……………………………24
1. 17世紀後半流移民のソウル集住と人口増加…………………24
(1) ソウルの人口増加とその原因…………………………………24
(2) 都城民の構成と実人口数の推定………………………………32
(3) 各部別の人口変動と分布………………………………………37
2. ソウルの空間的拡大と行政編制の変動………………………41
(1) 地域的空間の拡大………………………………………………41
(2) 行政編制の変動…………………………………………………43
(3) 漢城府と楊州郡の間の行政摩擦………………………………47
3. 都市整備事業と商業都市への成長……………………………49
(1) 都市整備事業の推進……………………………………………49
(2) 商業都市への成長………………………………………………51
4. ソウル周辺の都市化と新しい商品流通体系…………………54
(1) ソウル周辺の都市化……………………………………………54
(2) 新しい商品流通体系の成立……………………………………61

第2節　交通の発達と全国的海路流通圏の成立………………85
1. 陸上交通の発達…………………………………………………85
(1) 幹線道路の拡大…………………………………………………85
(2) 陸上交通路の発達………………………………………………88
(3) 車使用の論議と車製作改善論…………………………………94
2. 海上交通の発達…………………………………………………97
(1) 船舶の種類と区分………………………………………………97
(2) 航海術と造船術の発展…………………………………………100
(3) 海上交通路の発達………………………………………………104

3. 全国的海路流通圏の成立……………………………………111
　第3節　浦口間商品流通の様相と浦口商業の発達………………129
　　1. 船商の社会的地位と経営形態………………………………129
　　　(1) 船商の身分と社会的地位……………………………………129
　　　(2) 船商の経営形態………………………………………………132
　　2. 浦口間商品流通の様相………………………………………137
　　　(1) 全羅道地域……………………………………………………137
　　　(2) 慶尚道地域……………………………………………………142
　　　(3) 江原道地域……………………………………………………146
　　　(4) 咸鏡道地域……………………………………………………147
　　　(5) 西海岸地域……………………………………………………149
　　3. 浦口市場圏と商品流通の性格………………………………150
　　　(1) 浦口市場圏の分布……………………………………………150
　　　(2) 浦口間商品流通の性格………………………………………152
　　4. 浦口商業の発達とその方向…………………………………154
　　　(1) 浦口の流通拠点化と浦口の増設……………………………154
　　　(2) 浦口間の商圏対立……………………………………………160

第2章　京江地域の商業発達の様相

　第1節　京江辺の人口増加と商業地域の拡大……………………180
　　1. 京江辺の人口増加と住民構成………………………………180
　　2. 京江商業地域の拡大…………………………………………185
　第2節　海運・水運の中心地化と商業構造の変動………………200
　　1. 京江渡し場の整備と渡し船の増置…………………………200
　　2. 全国的な海運・水運の中心地としての発展………………205
　　3. 京江と浦口間の競争的営業体制の定着……………………208
　第3節　荷役運輸業と蔵氷業の発達………………………………224
　　1. 荷役運輸業の種類……………………………………………224
　　　(1) 公用物資運輸業と税穀荷役運輸業…………………………224
　　　(2) 各司の草蘭・柴草の運送……………………………………225
　　　(3) 馬夫色掌・馬夫契と税穀運送………………………………226

(4) 車契と貨物運送……………………………………………228
　2. 馬契と公用物資運輸業……………………………………………229
　　(1) 駄運坊役の廃止と馬契の創設………………………………229
　　(2) 馬契運営の変動と京江民の馬契襲撃………………………233
　3. 募民契・運負契と税穀荷役運輸業………………………………236
　　(1) 募民契・運負契の創設………………………………………236
　　(2) 荷役運輸業をめぐる紛争……………………………………238
　　(3) 運負契の運負独占の廃止と民間の荷役運輸業の成長……241
　4. 氷契と蔵氷業の発達………………………………………………244
　　(1) 蔵氷役の変化…………………………………………………244
　　(2) 陸契の創設と廃止……………………………………………246
　　(3) 沿江蔵氷役の廃止と氷契の創設……………………………247
　　(4) 民間蔵氷業者の成長と氷契独占の廃止……………………248

第3章　京江船商商人の成長と資本蓄積

第1節　京江主人層の成長……………………………………………268
　1. 主人営業の形態と旅客主人権の発生……………………………268
　　(1) 主人営業の多様な形態………………………………………268
　　(2) 旅客主人業の発生と旅客主人権の成立……………………274
　2. 旅客主人層の成長…………………………………………………279
　　(1) 旅客主人権の権利内容の強化………………………………279
　　(2) 旅客主人層の商品流通掌握と都買商人への成長…………283
第2節　京江船運業の発展と京江船人・船商の成長………………298
　1. 税穀賃運の拡大と京江船人………………………………………298
　　(1) 税穀賃運の拡大………………………………………………298
　　(2) 京江船人の租税穀運送………………………………………303
　2. 京江船人の成長と資本蓄積………………………………………308
　　(1) 舟橋司の設置と京江船人の税穀運送独占…………………308
　　(2) 京江船人の成長と資本蓄積…………………………………318
　3. 京江船商の活動と成長……………………………………………331
　　(1) 貿穀船商の活動と資本蓄積…………………………………331

(2) 魚物の流通構造の変化と魚物船商の活動……………………………335
　　(3) 塩の流通構造と塩船商の活動……………………………………337
　第3節　京江商人の商品流通体系掌握と資本蓄積………………………353
　　1. 京江商人の新しい商品流通体系の掌握……………………………353
　　2. 京江商人の都買商業と資本蓄積……………………………………359

結　　論……………………………………………………………………372

　附　　表　全国浦口間商品流通状況表…………………………………382
　附録 1　全国海路の経路…………………………………………………394
　附録 2　全国郡県別浦口現況……………………………………………396
　附録 3　1907年の朝鮮沿岸航路…………………………………………401
　参考文献……………………………………………………………………403
　索引…………………………………………………………………………414

凡例

・〔　〕は訳者および編集部による補足を示す。
・「露梁津」「鷺梁津」、「迎日」「延日」、「楊花津」「楊花渡」等、同一の地名などが表記の違う場合があるが、時代などにより異なるもので、原著に基づいた表記を用いた。
・参考文献および註における韓国語書籍の書名は、日本語に訳したものを掲載した。

図表目次

図1-1	四山禁標図	42
図1-2	18世紀後半の全国幹線道路	87
図1-3	18世紀後半の全国の海路と1907年の航路	114
図1-4	江景浦周囲の浦口発達図	161
図2-1	朝鮮後期の京江区域図	187
表1-1	朝鮮時代漢城府の人口変動	25
表1-2	18・19世紀 漢城府5部の人口変動	38
表1-3	1789年漢城府 都城内・外地域の人口分布	40
表1-4	1788年漢城府 各部・坊契 新定内容	44
表1-5	漢城府5部・各坊の時期別変化	46
表1-6	朝鮮後期 地域別船舶の種類	99
表1-7	18世紀後半 八道海沿路の経路	113
表1-8	17世紀後半～18世紀前半 船商の身分	131
表1-9	19世紀後半 船商の身分	131
表2-1	1789年 京江辺の行政編制と人口数	182
表2-2	19世紀初頭 京江12江の区域	188
表2-3	京江の名称変化と内容	189
表2-4	18世紀後半 京江に派遣された御使の現況	194
表3-1	司圃署所管・全羅道の咸平、霊光、霊岩3邑等 税穀主人権の売買状況	271
表3-2	壬乱前と壬乱後（1646）の田結総数	299
表3-3	壬乱前と壬乱後（1646）の租税総額	299
表3-4	大同法実施初期の大同米徴収量	301
表3-5	1769年 大同米の中央上納総量（作米・位太・位米）	301
表3-6	朝鮮後期の10石当たり地域別船価	320
表3-7	朝鮮後期の各種船舶の新造・改杉・改槊年限	323
表3-8	嶺南漕船の新造・改杉・改槊時の所用木材	324

朝鮮後期ソウル商業発達史研究

序　　論

　朝鮮後期の商業史は植民地期において、朝鮮社会の停滞的本質を証明する素材として研究された[1]。植民地期、日帝の停滞論者たちは、ソウルの市廛体制が血縁を基礎とした閉鎖的な組織であるという点[2]と、地方では常設店舗体制でなく物々交換市場である五日市体制が引き続き維持されたという点を根拠にして、朝鮮には資本の蓄積もなく、企業家的精神を持った階級も存在しないだけでなく、大規模生産に耐え得る機械も技術も存在しない、停滞した社会であると主張した[3]。また、経済が緩慢にしか進歩しなかったために、都市が発達せず、国家の苛斂誅求と特権付与が商業の発達を妨げたので、市場が停滞したとの分析も提示した[4]。こうした認識は植民地期を通じて、日帝の朝鮮強占と朝鮮滅亡の必然性、そして日帝の朝鮮侵略と統治の正当性を擁護するイデオロギーとしての役割を果たしただけでなく、他の分野と異なり、こうした認識が改められないまま、今日までも日本の学界が朝鮮社会を認識する際に大きな影響を及ぼしてもいる[5]。

　解放後、南北韓の歴史学界は、植民史観の克服を韓国史研究の主たる課題としつつ、日帝期に停滞論者によって甚だしく歪曲された商業史分野を新しい視角から研究し始めた。南北の歴史学者は「世界史の合法則的発展」という命題を証明しようとする立場、すなわち、資本主義萌芽論的な観点から朝鮮後期の商工業分野を本格的に研究することによって、朝鮮後期商業史研究の新しい地平を開いたのである。

　朝鮮後期の商業史研究は、農業で起こった変動とともに、資本主義萌芽論を証明する重要な根拠であった[6]。北朝鮮の研究より少し遅れはしたが、1960年代後半から1970年代中葉にかけて、韓国でも商業史に関する重要な研究が行われた[7]。これらの研究を通じて、18世紀以後市廛体系が崩壊して、私商を中心とした新しい商品流通体系が成立するとともに、この過程で蓄積された前期的商人資本の一部が部分的ながら生産部門に浸透し生産者を支配する水準に

達していたことが明らかにされた。これらの成果は、資本主義萌芽論に立脚した他の分野の研究成果とともに、韓国社会の内在的発展を実証的に究明したものとして、研究史的に重要な意味を持つ[8]。

他方、私商を中心とした商品流通体系は市廛を頂点とする商品流通体系と異なり、朝鮮後期の小農民経営内部の生産力発展を基礎とした商品経済に存立基盤を置いているという点も指摘された[9]。また、流通市場の側面においても、全国的に千余個の場市を媒介として地域内部と地域間に商品流通圏が形成され、さらには大場市を媒介に全国的市場が形成されたと説明されている。

しかし「市廛体系」の崩壊、新たな「私商体系」の成立、そしてこうした変化の基礎に存在する全国的市場圏の成立という仮説は、これら二つの商品流通体系の担当者である商人の性格に関する研究[10]を除いては、いまだ単純な現象を記述するという以上には進展を見せていない。それゆえこのような研究状況は、「構造的把握を妨げる浮彫的方法[11]」、「中世貿易と初期近代貿易の重大な差異を区別しないもの[12]」という批判を受けることになった。こうした指摘が全面的に正しいものとは言えないが[13]、「私商体系」と「市廛体系」の違いを主として商人勢力の性格の違いに求めようとする研究視角を批判したという点で、意味のある指摘であったと言えよう。

このように、1960-1970年代の商業史研究が市廛体制と乱廛、そして商人勢力の性格と商人資本の問題に集中された原因は、主に官撰年代記資料に依存したためであった。その結果、商人勢力の性格とソウルを中心とした商業界の動向が大きく浮き彫りにされざるを得なかったのである。しかし最近の研究では、こうした傾向から脱皮して、文集や古文書類などを広範に活用しながら商業集団内部の具体的な問題を解明しようとする傾向が優勢である。私商[14]と貢人[15]、客主[16]に対する研究が進展し、さらに船運業についての研究[17]、ソウルを中心に展開された個別商品の具体的な流通構造についての研究[18]、場市[19]と浦口商業についての研究[20]も進められた。

これらの新しい研究によって朝鮮後期商業史の研究は多くの進展を見たが、商品流通の構造と性格に関しては、十分な研究が行われたとは言いがたい。その理由は、商業史研究においてもっとも基礎的に解明されなければならない商品流通体系と市場圏の問題が研究されていないからである。流通体系とは、商

品が生産者から商人を媒介にして消費者に至る一連の過程を意味する。流通体系は、基本的に交通・運輸施設の発展程度と貨幣流通圏の制約を受けるとともに、商人勢力や商業資本の性格を規定する要素でもある。また、流通体系と並んで、各商品が流通する地域である市場圏の問題も解明されなければならない課題である。それゆえ、陸運・海運・水運等、交通路に従って形成される全国的市場圏の実態と、各地域の市場圏間の分業的関連を解明することは、朝鮮後期の商品流通構造と性格を理解するのにきわめて重要な問題であるということができる。

このような課題を解決するためには、まず商品流通の中心地である都市商業に対する緻密な研究が必要である。一つの都市と他の地域との間で行われる商品交換関係、都市の商品流通体系、商業勢力の性格、運送手段と交通路などを総合的に理解することによって、都市商業の基盤となっている商品流通の構造と性格を解明することができるであろう。このような都市商業に対する把握を土台として初めて、全国的市場圏の問題や、異なる市場圏の間の分業関係を明確にすることができると思われる。

これまで行われてきた商業史研究において、都市商業に関心を置いた研究は、その大部分がソウルを対象とするものであった[21]。また、特にソウル地域と明示しない場合も、ソウルの市廛商業と乱廛を中心とした研究が多かった。しかしこれらの研究においては、商業を研究するにあたって地理的空間と人口、交通路の条件と運送手段、そして市場圏に関する考慮がなかったので、ソウルという地理的空間やその特性が商業部門に及ぼした影響を掘り下げて扱うことができなかった。このため、市廛体系が崩壊して以後、新たに登場した私商体系の性格も十分に明らかにされなかった。

ソウルが持っていたさまざまな都市的特性に関する研究は、主に都市史の一部分として進められてきた[22]。都市の形成過程、朝鮮時代の都市像、そして開港期の近代的産業の形成過程に関する研究などを中心に、行政区域改編や都市人口の増減と住民構成の変動等が、主要な研究主題であった。しかしこれらの研究は、主に行政体制の改編や行政業務の変化を分析するにとどまる場合が多く、総体的構造や時期的な変化に従って都市を分析することは十分に行われなかった[23]。

他方、歴史地理学分野で進められたソウル地域と漢江水運に関する研究も、ソウルという地域空間の変化と具体的な交通路を把握するのに多くの示唆を与えてくれる[24]。また社会史的観点から、社会的身分と階層に関心を持ちながらソウル住民の身分構造の変化を通じて近代市民階級の形成過程を理解しようとする研究も行われた[25]。このように各分野で朝鮮後期のソウル地域に関する研究が蓄積されてきたにもかかわらず、これらの研究が総合的に行われなかったために、ソウル地域の商品流通構造とその性格を解明することができなかったように思われる。

　本書では、朝鮮後期の商業史に関する先学の研究成果とそれに対する批判をもとにして、18世紀以後商業都市として急速に成長したソウル地域、その中でも京江地域に現れた商業発達の様相を具体的に考察しようと思う[26]。時期的にはソウル地域の人口が急激に増加する17世紀後半から開港以前の時期までを中心に考察する。

　京江とは一般的にソウル地域を流れる漢江を意味し、具体的にはグァンナル（広津）から楊花津までを指す。この地域は海上と水上交通の全国的な中心地として、朝鮮後期ソウルの商業変動を代表する地域である。鉄道が敷設されるまで、水上と海上交通はあらゆる商品流通を左右する重要な交通路であった。したがって全国的な海上と水上交通の中心地としての京江商業発達の様相は、朝鮮社会に現れた商業発達の様相をもっとも正確に反映するものと考えられる。

　本書では、京江地域の商業発達の背景として17世紀後半以後ソウルが急速に商業都市に成長する様相を鳥瞰したうえで、陸上と海上の交通路の発達、運送手段の改良、全国的海路流通網の成立、そしてこれらを土台とした浦口市場圏の拡大過程を明らかにしたい[27]。また、京江沿いに商業人口が集中して商業地域が拡大し、各浦口間の独占的商業体制が崩壊して競争的営業体制が定着する側面を商業発達の具体的な様相として提示するとともに、京江地域が全国の租税と商品の集荷される場所として、ここを中心に展開された荷役運輸業と蔵氷業の発展も京江地域の商業発達の重要な側面の一つであったことを提示しようと思う。

　このように京江地域の商業の発達により新たな流通体系を掌握する代表的な商業勢力として、京江主人・京江船人・京江船商が成長してくる。これらの

具体的な営業方式と資本蓄積問題、そして市廛体系と私商体系において占める位置により資本蓄積の可能性がどのように異なるのかについてもあわせて解明してみたい。特に18世紀後半以降、京江商業勢力はこれらの独立的な営業に相互投資を行って一人の資本家が旅客主人業と船運業、船商活動を兼ねながら、次第に新しい商品流通体系である私商体系を掌握したことに注目したい。

　こうした研究を通じて、朝鮮後期の商業を担当した勢力が市廛商人から私商に変化したというこれまでの朝鮮後期商業史研究の結論を、いっそう体系的に裏付けることができるであろうと考える。すなわち、18世紀以後の商業変動の様相は、商業担当勢力の変動だけでなく、市場圏・流通体系・交通路に至るまで、あらゆる要素の変化を反映した質的なものであったことが明らかになるであろう。こうして市廛体系の崩壊以後に成立する私商を中心とした流通体系の歴史的性格をいっそうはっきりとさせてくれるとともに、さらには朝鮮中世社会の解体期に存在した商品流通の水準と商業資本の性格に対する理解を高めてくれるものと思われる。

　また18世紀以後、朝鮮社会の新たな市場圏が場市だけでなく、浦口を中心としても広範に創出されていたことを明らかにすることによって、朝鮮後期に持続的に成長してきた商品流通の変貌を提示し、その発展方向と開港以後浸透する外来資本との関係を展望し得る基礎を提供することができると考える。すなわち、開港以後外来資本が真先に大浦口としての開港場を通じて浸透しただけでなく、浦口を連結する市場圏の掌握を先行させたことを念頭に置くとき、開港後の帝国主義資本と国内商業資本との関係を把握するための前提を提供してくれるものと期待されるのである。そして商業資本の蓄積過程において、商業外的に制約を与えた諸要素の中で、国家権力や宮房、衙門等によって商業利潤が分割されることによって、商業資本蓄積の限界がどのような形態で与えられたのかを展望することができるであろう。

　本研究は、朝鮮王朝の行政・商業の中心地であったソウル地域の中で、京江を中心として展開された商業発達の様相を把握しようとするものであるので、資料がもっとも系統的に残っている『朝鮮王朝実録』、『備辺司謄録』、『承政院日記』、『日省録』など、編纂年代記を主たる資料として活用する。また商業地域の変化を考察するためにソウルに関する古地図を活用するとともに、交通路

の発達に関連しては各種地誌類・地図なども利用する。さらに浦口間の市場圏を分析するために『同文彙考』、『漂人領来謄録』等、漂流民関係の資料を重視する。商業勢力に関しては、年代記資料で具体的な活動状況を把握することが困難なので、奎章閣所蔵の庄土文績類に記録されている主人関係の文書および奎章閣所蔵主人関係古文書を活用して、旅客主人の商業活動と成長の問題を把握する。

註
1 朝鮮後期の商業史を研究史的に整理した論文で参考に値するものとしては、次のものを挙げることができる。
李憲昶「我が国近代経済史における市場問題」『泰東古典研究』2、1986；呉美一「朝鮮後期商品流通研究現況」『韓国中世社会解体期の諸問題（下）』ハンウル、1987；呉星「資本主義萌芽論の研究史的検討―初期の研究を中心に」『韓国史市民講座』9、1991；高東煥「商品流通経済の発展」『韓国歴史入門②―中世編』韓国歴史研究会編、プルピッ、1995。
2 黒正巌「朝鮮の経済組織と封建制度」『経済史論考』岩波書店、1923；「ギルドとしての京城六矣廛」（同上書）。
3 四方博「市場を通しみる朝鮮の経済」『京城帝大法文学会論集』1、1929；「朝鮮における近代資本主義の成立過程―その基礎的考察」『京城帝大法文学会論集』6、1933。
4 善生永助『朝鮮の市場』朝鮮総督府、1925；『朝鮮の商業』朝鮮総督府、1926；『市街地の商圏』朝鮮総督府、1926。
5 旗田巍「朝鮮史像と停滞論」『近代日本における歴史学の発達 下』1976；姜晋哲「日帝官学者が見た韓国史の停滞性とその理論―特に封建制度欠如論と関連して」『韓国史学』7、1986。
6 資本主義萌芽論の研究で主に研究された対象は農業と商工業分野であった。北朝鮮では1960年、科学院歴史研究所から『朝鮮封建末期経済史資料集』1巻（科学院歴史研究所編、科学院出版社、1960）が出版されたが、この資料集の序文では、「我が国封建制度の胎内において資本主義の要素の発生発展に関する問題は我が歴史学界に提起されたもっとも重要な問題の一つである。それはまた、我が国においてブルジョア民族形成に関する問題および近代史の時期区分に関する問題など、歴史研究に提起される一連の重要な問題を解決するにおいても重要な鍵となる」（同書、1頁）と明らかにし、今後の研究方向を提示している。北朝鮮ではこの資料集を土台として活発に研究が進められ、『朝鮮における資本主義的関係の発生』（科学百科事典総合出版社、1970）、『朝鮮における資本主義的関係の発展』

(科学百科事典総合出版社、1973) が出版された。
7 韓国で行われた1960・70年代の重要な研究としては次のものを挙げることができる。姜萬吉『朝鮮後期商業資本の発達』高麗大出版部、1973；宋賛植『李朝後期手工業に関する研究』韓国文化研究所、1973；劉元東『韓国近代経済史研究』一志社、1977；金泳鎬「朝鮮後期手工業の発展と都市商業の新たな展開—乱廛を中心に」『韓国史研究』2、1968。
8 高東煥、前掲「商品流通経済の発展」。
9 安秉珆『朝鮮近代経済史研究』日本評論社、1975 (『韓国近代経済と日本帝国主義』成均経済11、1982)。
10 ここで「市廛体系」といっているのは、市廛を頂点とした流通構造網のことであり、「私商体系」とは私商を頂点とした流通構造網を意味する。したがって市廛体制と市廛体系は区別して使用されるべきである。一般的に市廛体制は、朝鮮王朝国家体制の中で国家権力から一定の特権を付与されたギルド的組織と理解されている。その反面、市廛体系はこうした体制のもとにおける流通構造網のみを指す用語ということになる。このような私商体系と市廛体系の差異は、主にそれをになった商人の性格の差異、すなわち、自由商人としての私商と特権商人としての市廛商人が対比され、その歴史的意味が設定されてきた。市廛体系と私商体系をになっている勢力の差異を、姜萬吉は「官商都賈」と「私商都賈」と把握し、劉元東は「封建商人」と「近代的商人」と理解している。反面李炳天は「旧特権商人」と「新特権商人」と理解している (李炳天「朝鮮後期商品流通と旅客主人」『経済史学』6、1983)。また最近になって私商勢力も市廛商人と同様に特権勢力と深く関連していたことをもとに、二つの商業勢力の間の差別性は大きくなかったという主張も提起されている (須川英徳「18世紀朝鮮における経済動向について—乱廛・辛亥通共の再検討」『朝鮮学報』143、1992)。これらの理解は、「私商体系」を担当勢力を中心に理解しようとするところから始まったものということができる。これに反して安秉珆は、これら商品流通体系の本質的差異は商人勢力の性格の問題ではなく、これら商品流通体系の存立根拠の差異によるものであることを強調して、「市廛体系」は国家的および地主的商品貨幣経済を土台とするものであり、「私商体系」は農民的商品貨幣経済を土台とするものであると説明している。
11 安秉珆「誤謬の批判的検討」(前掲書)。彼が朝鮮後期商業史研究の浮彫的手法を批判したのは正当である。しかし朝鮮封建社会におけるアジア的特質、朝鮮的特質として儒教的名分論、儒教的合理主義を検出しているが、こうした特殊性は内在的発展の可能性を超えて、韓国植民地化の主体的要因、すなわち主体的近代化を阻止した要因を求めることに帰着している。言い換えると、彼のアジア的特質論はもう一つの停滞論に転化したと言わざるをえない。こうした安秉珆の研究視角に対する批判として、梶村秀樹「朝鮮における移行法則—安秉珆著『朝鮮近代経済史研究』

を中心に」(1982) 参照。
12　トニー・ミッチェル「朝鮮後期の経済と貿易開放」(『東方学志』40、1983)。ここで彼は中世貿易について、「商人が可能なかぎり最高の価格を得るために商品供給を制限するという独占に依存するもの」と説明し、初期近代貿易は「商人が価格に敏感で生産増大を促進させ、販売を増やすために単純な既存の商取引を利用するよりは新しい市場を開拓していくもの」と説明している。また中世貿易は「大部分の商品が自然的剰余の産物」である反面、近代貿易は「生産増大の結果あらわれるもの」と説明している。
13　トニー・ミッチェルの批判は宋賛植の研究によってすでに克服されている。宋は「18世紀商業の発達は通共発売の傾向を帯びていた。辛亥通共は商人間の競争をいっそう激化させたが、これは商人たちに流通過程における投機的利潤獲得の機会を減少させるものであった。それゆえ商人たちの関心は流通過程における投機的利潤の獲得よりも商品の買入れ価格を低くすることによって利潤を獲得する方向に移すようにした。その結果、商人物主が出現したのである」(宋賛植、前掲書、11頁)と述べて、新しい私商体系が生産者を支配して少しでも安価な原料を独占しようとする「初期近代貿易」の性格を持ったものであったことを指摘している。
14　呉星『朝鮮後期商人研究』一潮閣、1989。
15　金東哲『朝鮮後期貢人研究』韓国研究院、1993；鄭亨芝「朝鮮後期の貢人権」『梨大史苑』20、1983；呉美一「18、19世紀 貢物政策の変化と貢人層の変動」『韓国史論』14、1986；同「18、19世紀 新たな貢人権・廛契創設運動と乱廛活動」『奎章閣』10、1987。
16　李炳天「朝鮮後期商品流通と旅客主人」『経済史学』6、1983年；洪淳権「開港期客主の流通支配に関する研究」『韓国学報』39、1985。
17　崔完基『朝鮮後期船運業史研究』一潮閣、1989。
18　吉田光男「李朝後期ソウルの米商人組合「米廛」について—1791年辛亥通共前後を中心に」『史潮』新17、1985；高東煥「18世紀ソウルにおける魚物流通構造」『韓国史論』28、1992。
19　韓相権「18世紀末、19世紀初の場市発達に関する基礎研究—慶尚道地方を中心に」『韓国史論』7、1981。
20　李栄昊「19世紀浦口収税の類型と浦口流通の性格」『韓国学報』41、1985；同「19世紀恩津江景浦の商品流通構造」『韓国史論』15、1986；高東煥「18、19世紀外方浦口の商品流通の発達」『韓国史論』13、1985；同「浦口商業の発達」『韓国史市民講座』9、一潮閣、1991。
21　歴史学分野で都市を研究した論文としては、次のものが参考になる。
劉教聖「李朝時代ソウルの商業概観」『郷土ソウル』6、1959；李佑成「18世紀ソウルの都市的様相—実学派、特に利用厚生派の成立背景」『郷土ソウル』17、

1936(同著『韓国の歴史像』創作と批評社、1982年に再録);韓栄国「経済都市への成長」『大邱市史』1、1973;韓栄国「18,19世紀大邱地域の社会変化に関する一試論」『朝鮮学報』80、1976。

22　孫禎睦『朝鮮時代都市社会研究』一志社、1977;孫禎睦『韓国開港期の都市変化過程研究』一志社、1982;元永煥『朝鮮時代漢城府研究』江原大出版部、1990;朴慶竜「漢城府の行政区域」『李載龔博士還暦紀念史学論叢』1990。

23　孫禎睦「都市史学の研究」『都市問題』1976年2月号。

24　崔永俊「南漢江水運研究」『地理学』35、1987;文希英・崔泳俊「朝鮮時代漢江辺の商業聚落」『地理学叢』12、慶煕大、1984。

25　金泳謨「韓末漢城府民の身分構造とその移動」『省谷論叢』11、1980;趙誠允「朝鮮後期ソウル住民の身分構造とその変化―近代市民形成の歴史的起源」延世大博士学位論文、1992。

26　京江商業に関する既存の研究としては以下のものがある。
　　姜萬吉「京江商人研究」『亜細亜研究』14-2、1971;劉元東「近世漢江辺新興商人の発達」『斗渓・李丙燾博士九旬紀念史学論叢』1987。

27　もちろん京江地域の商業が発達した背景としてソウルの人口増加と空間拡大、新たな流通体系の成立、交通の発達、浦口市場圏の拡大だけが重要であったというわけではなく、ソウルの商業的農業と手工業の発展、商業政策、対外貿易の発展なども重要である。しかしこれらの問題については既存の研究においてすでに指摘されているので、本書ではこれらの要素は扱わない。

第1章
京江地域 商業発達の背景

第1節　ソウルの商業都市への成長

1. 17世紀後半流移民のソウル集住と人口増加

（1）ソウルの人口増加とその原因

　18世紀以後ソウルが商業都市として成長するにあたって重要な要因となったのは、人口の増加であった。朝鮮時代人口増加の推移を総合的に見ると、15世紀から16世紀末までは継続して増加したが[1]、以後、17世紀中期まで急激に減少した後、1650年から1680年の間に急激に増加し、以後19世紀まで緩慢に増加している[2]。ソウルの人口も、このような全国の人口変動と類似した様相を見せている。漢城府で公式的に調査したソウルの人口変動の状況を整理すると、表1-1の通りである。

　この表によれば、1657年（孝宗8）漢城府の戸数と口数は1万5,760戸と8万572人であったが、1669年（顕宗10）には2万3,899戸、19万4,030人に急増している。その後、口数は1876年（開港）まで20万人内外で、小幅の増減を示している反面、戸数は1786年に4万2,786戸に増加した後、4万5,000余戸という水準を維持している。

　こうした状況から見るとき、少なくとも朝鮮時代のソウルの人口は、17世紀中期を前後して巨大な変動があったものと推定される。15、16世紀の人口増加は、郷薬医術の発達と低平地・低湿地の開墾、そして堤堰〔ため池〕と洑〔井堰〕の拡大等、農業生産力が発展したのにともなうものであった[3]。反面、17世紀中期の人口増加については、大部分の研究者が実際の居住人口が増加したというよりは、両乱〔日本と清からの侵略〕以後、人口把握能力が高まったことの結果であると理解している[4]。漢城府の人口増加も、戸口把握を徹底するようになった結果ということである[5]。

　しかし17世紀後半漢城府人口が増加した要因は、このように一面的に理解することのできるものではない。戸口把握がそれ以前の時期に比べて徹底され

表 1-1　朝鮮時代漢城府の人口変動

年	戸数	口数	年	戸数	口数
太宗 9 年 (1409)	11,056		英祖 44 年 (1768)	38,770	188,884
世宗 10 年 (1428)	18,522	109,372	47 年 (1771)	38,497	196,219
14 年 (1432)	18,830		50 年 (1774)	38,531	197,558
17 年 (1435)	21,891		正祖 元年 (1777)	38,593	197,957
20 年 (1438)	20,352		4 年 (1780)	38,742	201,070
宣祖 26 年 (1593)		39,931	7 年 (1783)	42,281	207,265
仁祖 26 年 (1648)	16,006	95,569	10 年 (1786)	42,786	195,731
孝宗 8 年 (1657)	15,760	80,572	13 年 (1789)	43,929	189,153
顕宗 4 年 (1663)	21,399		16 年 (1792)	43,963	189,287
10 年 (1669)	23,899	194,030	19 年 (1795)	43,890	191,501
粛宗 4 年 (1678)	22,740	167,406	22 年 (1798)	44,945	193,783
初期 (?)	30,584	233,961	純祖 7 年 (1807)	45,707	204,886
20 年 (1694)	32,000		憲宗 3 年 (1837)	45,640	203,925
43 年 (1717)	28,356	185,872	哲宗 3 年 (1852)	45,678	204,053
景宗 3 年 (1723)	31,859	199,018	高宗 即位 (1863)	45,162	204,624
英祖 2 年 (1726)	32,747	188,597	元年 (1864)	47,565	202,639
5 年 (1729)	32,372	186,305	2 年 (1865)	46,662	206,980
8 年 (1732)	35,768	207,733	3 年 (1866)	45,646	200,059
11 年 (1735)	33,836	187,756	4 年 (1867)	45,605	207,271
14 年 (1738)	35,576	194,432	5 年 (1868)	45,598	207,206
17 年 (1741)	34,886	189,985	6 年 (1869)	45,898	206,967
23 年 (1747)	34,153	182,584	7 年 (1870)	45,928	207,062
26 年 (1750)	34,652	180,090	8 年 (1871)	46,503	200,804
29 年 (1753)	34,953	174,203	9 年 (1872)	46,556	200,819
32 年 (1756)	38,108	197,452	10 年 (1873)	45,734	197,377
35 年 (1759)	36,467	172,166	11 年 (1874)	45,301	191,445
38 年 (1762)	39,926	183,782	12 年 (1875)	45,299	200,951
41 年 (1765)	39,344	194,634	13 年 (1876)	44,607	198,372

典拠：1)『朝鮮王朝実録』　2)『増補文献備考』　3)『戸口総数』　4)『度支志』　5)『京兆府志』　6)『蔵氷謄録』　7)『輿地書』

たことは認められるが[6]、後述するように孝宗朝（1650-1659）にソウルの行政区画が改編されたものと推定されるなど[7]、統計上の人口増加だけでなく、実際に人口の増加をもたらした要因も多かった。要するにこの時期の漢城府人口の増加は、戸口把握能力の高まりだけでなく、実際の居住人口の増加も反映したものである。こうした事実は、さまざまな状況証拠を通じて確認することができる。

　ソウルの人口が大きく増加した17世紀後半は、大同法が三南地域にまで拡大施行された時期であるとともに、ソウルの商業体系が全般的に変動する時期であった。1657年から湖南と嶺南の大同倉があいついで竜山に設置され

た[8]。ソウルに搬入される貢物が特産物でなく貨幣の性格を帯びた米・布に転換することによって、ソウルで流通する商品の量は増加した。したがってソウルの市廛体制も変化した。

　平市署の市案改正も、「年代未詳」に続いて1664年、1686年、1706年、1758年に行われたものとなっているが、特に1706年以後に初めて市案に物種別区分が詳細に記録され始めた[9]。市案改正も大部分、17世紀末と18世紀初に集中しているだけでなく、1660年代を前後して、多くの市廛が創設された[10]。1660年頃には西江米廛が、1680年頃には麻浦米廛と門外米廛が創設され[11]、1671年には西小門外の外魚物廛が設置された[12]。このほかにも、鶏児廛、南草廛、凉台廛、門外隅廛（果実廛）、門外床廛（雑貨廛）などもこの時に設置された[13]。

　17世紀後半に集中している市廛制度の整備と新設市廛の増加現象で注目されるべきは、米廛と魚物廛である。米穀と魚は都城民の日用消費品であるから、これらの増加は消費人口の増加を想定しなければ理解しがたい。こうした点においても、この時期の商業変動がソウルの人口増加と密接に関連したものであり、さらに17世紀後半の統計に現れるソウルの人口増加現象は実際に人口が増加した数を反映したものと見ることができる。特に米廛や魚物廛の設置地域が都城の外と京江辺の西江・麻浦などの地であったという点は、人口が都城内部でなく、城外、特に京江辺を中心に増加していたことをうかがわせている。

　後述するが、この時ソウルの人口を増加させた張本人は、まさに外方から押し寄せた流民たちであった。しかしここで注目すべき点は、ソウルに押し寄せた流民が、凶年の余波で一時的にソウルに押し寄せて豊年になると再び元の居住地に帰還する人口だけではなかったという点である。1703年に李寅燁は、当時ソウルに押し寄せた流民について、「各道の流民を観察するに大部分は実民である。家族全部が流徙したものである。以前のように一人、二人が乞食となって来た場合とは異なる」と報告している[14]。この時の流民たちは、ソウルに定着することを目的に押し寄せた実民であるということを強調しているのである。これら流民の隊列には、飢民だけでなく郷村の「懶農の類」も加わっていた[15]。したがって17世紀後半以後流民たちのソウルへの人口移動は、凶年をしのぐための一時的なものではなく、都市化したソウルでの定住を目的とす

るものであった。彼らがソウルに押し寄せた理由は、「ソウルには生きていく方途」があるためであった[16]。これらの流民、実民、懶農の類がソウルで生きていく方途とは、ほかでもなく、雇用労働化された各種徭役に労働力を提供して、その代価を受けることであった。仁祖代までは都城内の建築工事に忠清・嶺南・湖南・京畿・江原・黄海の六道から僧軍が徴発されていたが、顕宗代（1659-1674）以後、このような僧軍の徴発はなくなった[17]。外方から多くの飢民たちが押し寄せ、当時給価募立されていた山陵役・営建役に従事しながら生計を営んでいたのである[18]。実際1703年（粛宗29）にはソウルに押し寄せる飢民に対する対策として、飢民1万人を雇価募立して生計を整えてやろうという論議が提起されてもいる[19]。顕宗代以後も引き続き都城の修築、北漢山城の築成、宮闕の営建、山陵の造成など、大規模な土木工事があいついだが、これに必要な労働力の大部分を漢城府民に対する坊役徴発や給価募立方式で充員したと考えると、こうした事態はソウルの実居住人口の増加を想定せずにはありえないことである。このようにソウルでの大規模土木工事に必要な労働力が集中していたことは、1734年（英祖10）全州の築城役に京雇軍200人が雇用労働力として動員されたという記録からも確認することができる[20]。こうしたことから見て、18世紀のソウルには土木技術を持った土木労働者層が広範に形成されていたことであろう[21]。

　17世紀後半にソウルが商業都市として急速に成長することのできたもう一つの根本的な要因として、農業と手工業において商品生産が成長したことを挙げることができる。都市近郊を中心に商業的農業が発達しながら、従来自給されていた蔬菜や各種副食類などが商品として流通するとともに[22]、綿布も貨幣や租税納付手段としてだけでなく、漸次「普遍的な農民衣類商品」としての性格を帯びるようになり、綿作や綿布生産が目立って発展した。綿作は17世紀中期に至って平安道・黄海道まで普及し、これを基礎に18世紀後半には紡績・紡織技術を改良しようとする動きも現れた[23]。このほかにも、煙草業[24]および瓦製造業・陶器製造業・製紙業・鉄手工業など、各種手工業も発展した[25]。

　このような農業と手工業の変化と発展をいっそう促進したのは、流通経済の発達であった。17世紀後半以後ソウルの流通経済が発達したのは、国際貿易の盛行[26]とともに、この時から全国的に流通するようになった常平通宝の影

響であった[27]。

　常平通宝は1651年（孝宗2）からソウルを中心に開城・豊徳にまで拡大、流通していた。1656年（孝宗7）の銭貨通用禁止令にもかかわらず、ソウルでは常平通宝が引き続き流通していた。また平安道ではすでにそれ以前から中国貨幣が流通していたが[28]、なお局地的な規模であった。

　1678年（粛宗4）に戸曹・常平倉・賑恤庁などと平安・全羅道の監営と兵営において貨幣鋳造を行うことによって、金属貨幣の流通が初めて本格化した[29]。しかし貨幣鋳造と同時に全国的に流通したわけでない。1689年（粛宗15）頃になっても、ソウルと京畿地域、全羅・慶尚道では貨幣流通が円滑でなかった[30]。金属貨幣は、大々的な鋳銭事業が繰り広げられた1690年代から円滑に流通し始め[31]、1720年代にはソウル地域と東南沿海地域まで流通地域が拡大された[32]。

　他方で、1744年に刊行された『続大典』では、平安道の江辺7邑（義州・江界・楚山・昌城・朔州・渭原・碧潼）と咸鏡道の端川以北地域で貨幣を使用すれば死刑に処すると規定されているが[33]、このような規制にもかかわらず、常平通宝は1720年代後半にすでに咸鏡道磨天嶺以北の地域にまで流通していた[34]。

　常平通宝の全国的流通は、長い間にわたる米・木綿・麻などの現物貨幣の支配を廃し、金属貨幣が支配的地位を占める新しい時代を開いた。貨幣流通は商品貨幣関係の持続的発展を保障するだけでなく、農民をはじめとした生産者大衆を商品貨幣関係に引き入れ、農民の没落と高利貸収奪の強化をもたらすなど、解体期に到達した朝鮮社会に巨大な変動を引き起こした。特に、「お金が使用されるようになって民間では穀食を重視する気風がなくなり、春には穀食を買入れ、秋には穀食を売るのが茶飯事となって、貧しい者は生きる道を失い、東西をさまよいながら流離、物乞いをするのを免れがたくする現象」が一般化されていった[35]。要するに、貨幣経済の影響力は農民層分解を促進し、富の無限の蓄積を可能とすることによって、都市の発達を主導する要因となったのである。

　さらに18世紀にソウルを商業都市として成長させたもう一つ別の要因は、17世紀初から18世紀初まで、ほぼ100年にわたって漸進的に施行された大同法の影響であった。大同法は貢物の貨幣納を通じて商品貨幣経済を発展させた

だけでなく、それまで中世的な人身支配にもとづいて運営されてきた労働力徴発体制を解体させる契機となった。力役の金納化によって生じた財源をもとに各種力役体制の雇立化を定着させることによって、特定の職業のない都市民も最小限の生計を保障される条件が整えられたのである。

大同法は人身的支配隷属関係という中世的支配形態の一角をくずしながら、人間との関係も貨幣を媒介とした関係に転化させる契機となった。すなわち、労働力の商品化を促進することによって、朝鮮社会内部に都市の発達を促す重要な要因となったのである。英祖が、「大同法以後、都民たちがこれに頼って生活できるようになった」[36]と述べたのは、まさに大同法の施行によってソウル住民たちの生計手段が多様になったことを反映するものであった。大同法は、17世紀後半以後ソウルの住民たちを、労働力を直接徴発される坊民という中世的束縛から解き、あらゆることを貨幣を媒介に運営する都市民に転換させる土台を作ったという点で重要な意味を持つ。

このように金属貨幣の流通と大同法の施行を契機として、全国的市場圏が形成され始めた結果、全国的市場圏の中心都市であるソウルは急速に商業都市として成長し始め[37]、それにともなって17世紀以後、ソウルには多様な人たちが集住し始めたのである。

壬辰乱以後の時期には戦乱の過程で散り散りになっていた商人をソウルに呼び集める政策が実施される一方[38]、孝宗代には危急時に各種政府物資を運送するのに必要な馬夫百余人を地方民の中から選んで、都城外の箭串坪に集団移住させるとともに、彼らに各種坊役を免除してやるなど、地方民をソウルに流入させる政策をとりもした[39]。また地方に居住しながら上京立番していた訓錬都監の陞戸砲手たちも、ソウルに来て立役する時、家族を引き連れてやって来て定着を促すことも行った[40]。特にこの時期、中央の五軍営が設立されて訓錬都監の上番兵だけでなく、精抄軍・扈衛庁・御衛庁・禁軍などの上番兵も増えて、ソウルの人口を増加させる要因になりもした[41]。軍役だけでなく、17世紀以後中央政府で管掌する各種山陵役・都城修築役等の大規模土木工事に烟軍を雇価募立する慣行が定着しながら、ソウルには貧民がさしたる生計対策がなくても大規模土木工事に労働力を売って生きていくことのできる条件が整えられたのである[42]。

ソウルの人口増加のもう一つの要因は、流民がソウルに集中したことである。両乱を経験した17世紀の朝鮮社会は、全地球的に現れた小氷期の気候によって凶年と伝染病が繰り返され、その余波で農民たちの流離現象が甚だしかった。朝鮮王朝実録資料を利用して気象異変と各種災害現象を分析した最近の研究によれば、1500年から1750年にかけて続いた小氷期気候が韓半島においても実証されており、その中でも1650年から1700年に至る期間が生存環境面で朝鮮王朝の歴史上最悪の時期であったととらえられている[43]。特に1670年（顕宗11）、1671年（顕宗12）全国を襲ったいわゆる庚辛大飢饉はきわめて深刻なものであり、全国的に流民が多数発生した。当時の実録には、凶年によって乞食と捨て子が道にあふれ[44]、寒さに耐えかねた人々が墓を掘り返して寿衣を剥いで着ることもあると記録されている[45]。また全羅道では子女を木に縛り付けて逃亡する父母も多く[46]、忠清道の連山では飢えに耐えかねて子女を食べる事件まで発生した[47]。こうした飢饉と伝染病の発生は、17世紀後半から18世紀前半にかけて十数年周期で繰り返された。流民たちは賑恤が行われる所を求めて移動を繰り返すのが特徴であった。しかし外方の郡県では賑恤の対象をその地域の人間に限っていた反面[48]、ソウルではすべての人に対して賑恤が行われた[49]。それゆえ地方の流民たちが大挙してソウルに押し寄せたのである。実際に1670年、1671年に流民となってソウルにやって来たが飢え死にし、漢城府で東郊、西郊そして南山に埋めた死体だけでも3,060に至るほどであった[50]。

17世紀後半以来凶年が続いたために[51]、全国の流民がソウルに押し寄せるのが年中行事のようになった[52]。そこで朝廷ではこれら流民を故郷に送り返す措置をとったり[53]、京畿沿海のあちこちの島に分送する措置をとったりもした[54]。しかしこのような流民刷還政策は十分な効果を上げることができなかったので[55]、1670年には、流民たちが希望する場合はその地域の戸籍に入籍させ、地方官がこれを管轄するようにした[56]。また1751年（英祖27）には漢城府尹であった洪鳳漢が、ソウルに押し寄せた飢民の中でソウルにとどまって生活することができる者は故郷に送らず[57]、飢民たちの望む通りに決定するようにする措置をとった[58]。なぜならばこの当時ソウルに押し寄せた者たちは、飢民だけでなく、懶農の類までも混じっており、彼らの大部分は庸役で生計を

立ててソウルに定着していたので、流民刷還は都城の人民の間に公然たる騒乱を起こさせることにしかならないためであった[59]。

先に見たように、1670年を前後して新設の市廛が増加すること、および1740年代を前後して乱廛活動が活発化し、さらには新設の市廛が増加するという事情は、このような流民たちのソウル集中と密接な関連を持っていた。流民たちのソウル集中現象は19世紀になっても続いた[60]。18世紀以後ソウルの商品貨幣経済は、全国各地から押し寄せる流民たちを受け入れることができるほどに成長していたのである。

ソウルに押し寄せた流民たちは、先に言及したように、各種の大規模土木工事や、賦役制の解体にともなって募立制により運営されることになった蔵氷役などに雇立されて生計を維持したり[61]、あるいは両班家の奴婢となって生活したりした[62]。このほかにも、流民たちは乞食となってソウルの広通橋や孝経橋の下に掘立小屋を作って生活したり[63]、河川辺に家を建てて暮したりもした。したがって17世紀中期には開川(清渓川)に畑を作り、野菜を栽培するなど、「川上居民」も増加していた[64]。18世紀にはこれら「川上居民」たちは、開川辺に畑を開くだけでなく、住宅を建てて居住し、その家が売買されるようになった。それゆえ1755年(英祖31)に清渓川に対する大々的な浚渫事業を施行する際に、特別にこれら「川辺造家者」に対する対策を立てなければならないほどであった[65]。

このようにソウルに人口が集中するとともに、家屋に対する需要も当然に増加した。それゆえ17世紀後半から士大夫たちが平民の家屋を奪う「閭家奪入」の事例が急増し、漢城府の刑房二主簿の所管業務と定められた[66]。また『朝鮮王朝実録』をはじめとした各種年代記の記録にも、士大夫が閭家を奪入する行為を禁止する王命が繰り返し載せられている[67]。しかし18世紀後半には、両班たちが平民の家屋を奪う事例もほとんど見られなくなる[68]。閭家奪入事件はソウルの住宅不足現象のために起こったものであり、閭家奪入の消滅も平民たちの住宅に対する所有権意識の向上によって生じたもので、どちらの現象も、都市化にともなう住宅問題の断面であったと言えよう。

他方、17世紀後半以後の流民たちのソウル集中により、都城内で農業を行う者が増えるや、1744年(英祖20)に編纂された『続大典』には、「京城内で

花田および内農圃・芹田を除いて起耕する者は杖100に処する」という規定が新設された[69]。しかしこの措置は引き続き押し寄せる貧残民対策としては不適切なものであり、都城内で農事を行う者の反発が強くて、法を緩和せざるを得なくなった。1748年（英祖24）には、民家で代々耕作してきた土地は耕作を許し、新田の耕作だけを禁止するようにした[70]。

また外部から流入した貧残民たちは、居住地域が狭小であるため開墾が禁止されていた山中まで開墾を行った。元来漢城府では、都城十里内に四山禁標を定めて[71]、禁標地域内では山の中腹以上の開墾を禁じていたが、1746年（英祖22）には万里峴・西氷庫のいくつかの山が開墾された[72]。その後正祖代には、山の中腹以上を開墾することが普遍化されるようになった[73]。このことも、ソウル集中にともなって現れた現象であった。特に漢江に近い西氷庫・万里峴地域の山が開墾されたということは、京江辺の商業が発達したことにともなう人口増加を反映したものであったと言えよう。

（2）都城民の構成と実人口数の推定

ソウル都城民の構成を見ると、1724年（景宗4）、「一洞之内、士夫之家、少不下数十戸、小民之戸、多不過八九家」という表現から分かるように、都城内には平・賤民よりは両班戸が多かったものと見られる[74]。反面、都城外の四郊や京江辺には平民や賤民たちが主に居住していたようである。このような事情は、正祖年間の「城内の民たちはさまざまな名目でほとんどが免役となり、10戸の中で1、2戸だけが役に応じ、郊外の平民だけがその役を負っている」という記事からも推測される[75]。

朝鮮後期漢城府の身分構成を明らかにしてくれる資料として、1663年の『康熙二年癸卯式北部帳戸籍』がある[76]。この戸籍には坊の名称が記録されておらず、ただ16個の契の名称と戸口に関する記録が載せられている。すなわち、阿耳古介契、延禧宮契、加佐洞契、水色里契、城山里契、細橋里契、合掌里契、延署契、望遠亭契、弘済院契、汝矣島契、甑山里契、新寺洞契、梁鉄里契、末屹山契、造紙署契がそれである。これらの契の編成から見ると、この戸籍はソウル北部全体の戸籍ではなく、北部の中で当時の「有契無坊」地域の戸籍であったことが分かる[77]。すなわち、いまだ漢城府の5部の下の坊として編成され

第 1 節　ソウルの商業都市への成長　33

ていなかった地域である。そのため当時の戸口式では、「戸某部某坊第幾里住」として必ず坊名を記録するように規定していたが[78]、『北部帳戸籍』では坊の名称が記録されていない。

『北部帳戸籍』に現れる戸数は総681戸、人口は2,302人で、身分別構成は趙誠允の分析に従えば、両班24%（上層116戸、下層47戸）、中人0.6%（4戸）、平民22.5%（153戸）、奴婢52.9%（360戸）となっていて、平・賤民戸が75%を上回っている[79]。一方ワグナーの研究によれば、両班戸は16.6%（113戸）、良人戸30%（205戸）、奴婢戸53.3%（363戸）と分析されており、やはり平・賤民が83.3%という圧倒的な比重を占めている[80]。

しかしこのような戸籍分析の結果とは異なり、当時の年代記の一般的な叙述では、北部地域に両班が多かったと記録されている[81]。また一般的な通念としても、ソウルの北部地域は伝統的に両班たちが多数居住する地域として知られていた。したがってこの戸籍からソウル北部地域全体の身分構成を推定するのは無理である[82]。これら「有契無坊」地域の住民は大部分、地方から移住してきた人たちである可能性がきわめて高い。なぜならば、この地域は17世紀中期以後漢府の領域が城外に拡大しながら編入された地域であるからである[83]。それゆえこの地域の身分構成において、両班の比率が低く、平・賤民の比率が非常に高く現れたのである[84]。

他方、漢城府の人口増加と関連して、『北部帳戸籍』が作成された1663年という年代に注目する必要がある。1663年は、漢城府民たちの労働力を直接徴発して運営されていた蔵氷役が物納税にもとづく雇立制に転換した時期として[85]、また何らかの方式で漢城府の行政改編があったことから見て[86]、行政改編についでただちに「有契無坊」地域に対する戸口調査が進められたと推定される。こうした事実から、1657年から1669年にかけて漢城府の人口が2倍に増加した原因を見い出すことができる。すなわち、1660年代漢城府の行政改編と境界の拡張、そしてこれにともなう戸口把握対象の拡大が、漢城府の人口増加の直接的原因であったと推定されるのである。さらに、このように城外地域の人口を増加させた基底的要因は、商品貨幣経済の発達と、これにともなう流入人口の増加であった。

ソウルの商業が発達するにつれて、ソウルの人口の中で商業に従事する人

も増えた[87]。商業人口の中でソウルにおいてもっとも重要な勢力であったのは、言うまでもなく、貢人[88]と市廛商人であった[89]。市廛商人や貢人のほかにも、一般市民を相手に些少な物品を販売する零細小商人も非常に多かった。例えば1712年（粛宗38）に坊役である負持軍役を担当する代価として折草廛が創設されたが、この時編入された折草廛人だけでも300余人に達した。さらに折草廛に編入されず、葉草廛から葉草を買い入れて折草とし、これを販売する折草行商は数千人に達した[90]。折草行商人は大通りの脇の架盖で折草を作り、販売した[91]。折草行商と折草廛人は元来は城内外の無頼閑雑人・軍兵・馬後輩として[92]、外部から流入した人たちであったと思われる。

　魚物を販売する商人たちも、18世紀になると分化が高度に進んでいた。内・外魚物廛に含まれる300余人の廛人だけでなく[93]、梨峴と七牌を舞台に中間卸業を行う中都児たちがいるかと思えば、中都児から魚物を引き取って消費者に販売する小売商人もいた。小売商人たちは、辺鄙な村で店を開いて魚物を販売したり、魚物を背や頭にかついで渡り歩きながら販売する魚物行商人であった[94]。特に折草や魚物を販売する小売商人たちの仮家（店舗）はテントのように動かすことのできるものであったが、18世紀後半には次第に柱を立てて壁を設けるなどして、ついには道をさえぎって門の前に木を植えるなど、定着商人にまで発展するようになった[95]。また京江辺が商業の中心地に変貌しながら、京江辺の数万の人口のほとんど大部分が商業に従事しながら生計を営んでいた[96]。このように、18世紀ソウルの人口の大部分が商業に従事しながら生計を立てていた[97]。それほどソウルが商業的に繁栄していたのである。

　他方、ソウルの都市地域の人口集中度もきわめて高いものであった。1789年の『戸口総数』に記録された人口5,000人を上回る都市地域は49カ所であったが、これらの人口数をすべて合わせた57万1,663人と比較するとき、ソウルの人口は18万9,153人で、都市人口の33％を占めていた[98]。ソウルは行政の中心地という点と並んで、国土の中間に位置し、全国の商人たちが陸路と水路を通じてたやすく集まることのできる商品流通の中心地であった。それゆえ他の地域に比べて都市人口集中度が高かったのである。

　17世紀後半以後、ソウルの実際の居住人口はどの程度であったのだろうか。先の表1-1で見たように、時期が下るにつれて戸数は増加したが、口数は緩慢

な増加と減少を繰り返していた。19世紀まで人口は20万人の水準を維持したが、戸数は2万から4万余戸と2倍に増加した。こうした統計数値は何を意味しているのだろうか[99]。傾向的に戸当たりの人口数が減少したという点を勘案しても、このような人口趨勢は事実を反映していない非正常的な人口統計であると言わざるを得ない。

　当時のソウルの人口統計は実際の居住人口と戸数を正確に反映していると見ることはできない。なぜならば、朝鮮時代の人口調査は大部分、実際の居住人口を把握することよりは各種賦役を賦課するためのものであったので、漏落人口が多かったのである[100]。それゆえ政府の統計と実際の人口数の関係は、時期と地域により多くの差異を見せている。

　朝鮮後期、地方の守令たちは式年ごとに戸口を新しく調査して、漢城府に報告した。特に17世紀後半には凶年が続き、守令七事の中で「戸口増」の項目が守令の業績審査の基準となり、守令たちは実際の人口数よりは、以前に報告していた戸口と人口数を基準に報告することが慣例となった。それゆえ凶年や伝染病の流行で人口と戸口が急激に減少しても、大部分を虚戸で充当して報告したのである[101]。こうした事情のため、漢城府では漏戸・隠丁の弊害よりは増戸の弊害がいっそう深刻であると述べるほどであった[102]。しかし大部分の郡県ではこのような増戸の事例よりはむしろ人口増加を隠蔽する漏戸・隠丁による避役がもっとも大きな問題であった[103]。これは軍役において軍総制が定着して以降、地方の戸籍が実際の人口数の変動を反映しない虚戸で充当されるようになっていっそうひどくなっていた[104]。このように守令の戸口把握が実際の人口数の変動を反映せず、以前の報告を踏襲するものであったという点は、18世紀以後全国の人口統計が大きな変動を見せない原因の一つであったと考えられる。

　地方とは異なり、漢城府の人口把握は実際の人口をかなり反映したものであったと見られる。全国の戸口を管掌する部署が漢城府であったために、ソウル都城民に対する戸口把握は徹底したものであったと考えられるのである。しかしこのような状況ではあっても、漢城府の戸口把握は実際とは多くの差異を持たざるを得なかった。1709年（粛宗35）前漢城判尹の李彦鋼は、

36　第 1 章　京江地域 商業発達の背景

> 坊民の役は以前から煩重であったが、近年いっそうひどくなり、百姓たちは耐えることができない。人心が狡猾で不正直となり応役する人たちが投入したり合戸したりするので、戸数が大きく減少した[105]。

と述べて、漢城府の徹底した戸口把握にもかかわらずソウルの住民たちが合戸・投属などの方法で役を避けるために戸数が減少したというのである。1738 年（英祖 14）漢城判尹・李進求の次の言葉からもこうした事情を知ることができる。

> 戸籍に関することはきわめて重要であるが、最近はいいかげんでなおざりに取り扱う弊害が多い。(中略) いま戸籍には罷契となっている所が多い。そして坊民たちが坊役を避ける手段がさまざまである。両班は兼従を使役するという口実で、軍門は軍兵を保護するという口実で避役する。それゆえいわゆる洞内の有司および三洞任を差定することができない。戸籍把握は非常に重要であるが、疲残無根着の輩に任せることができようか。万一各洞の所任を勤幹着実な者から差定することができなければ、必ず疎漏となるであろう[106]。

すなわち、疲残民が各洞の所任を担当しているために戸口調査で漏落が多いということである。これは 1731 年（英祖 7）ソウルの戸数が 3 万 1,000 余戸であるのに役に応じるのは 2 千数百余戸に過ぎないという記録や[107]、1739 年（英祖 15) の、「10 戸が居住する洞に役に応じるものが 1 戸にもならない場合が多く、100 戸は住む洞に応役者が 2、3 戸にしかならない」という記録からも確認することができる[108]。

17 世紀後半以後、ソウルには絶え間ない人口の流入があり、一時的な居住者と浮動層が広範に存在していた。彼らに対する戸口調査が徹底して行れなかったり、最初から除外されたりしたことを考慮すると、ソウルの実際の人口は 20 万人をはるかに超えていたものと推定することができる。

18 世紀以後ソウルに 20 万をはるかに上回る実際人口が居住していたという事実は、一般の記述資料からも確認される。表 1-1 ではソウルの人口が 1807

年20万4,886人、1837年20万3,925人であったが、実際に当時ソウルに住んでいた丁若鏞は、1821年の秋に伝染病の流行で10日間にソウル城内の5部で死んだ者が13万人であり、平壌で死んだ者も数万人に達したと記録している[109]。この記録が多少誇張されたものであるという点を勘案したとしても[110]、ソウルの人口は政府の公式統計数値である20万人をはるかに上回る30万人以上であったものと推定される[111]。これはソウルの人口構成を表わしている次の記録からも斟酌することができる。

> ソウルの住民で職任者は俸禄をもらって生活をし、胥吏は小額の給与で生活し、隷軍伍者は軍布をもらって生活し、零細な小商人はわずかな利益に頼って生活し、手工業者は苦労して物を作って生活する。しかし閑雑の輩で朝暮聚散し東西留逐して農事や織布をせず衣食する者が無慮数十万にもなる。貢人・市人は良民の中でもっとも着実な者たちである。これらは代々その業を継承して熱心に奉公し、家内には恒産がある。そのため法を恐れる[112]。

すなわち、農業を行わず、織布も行わないで衣食する者が数十万人に達すると述べているのである。数十万という数字が誇張されたものであるとはいえ、当時ソウルには商品流通過程で派生するさまざまな働き口を生計の手段とする人々が大きく増え、人口も増加したことを反映した表現であると思われる。特に、「遊衣遊食者」たちは各種の国役を避け犯罪を犯す部類で、彼らの大部分が商業に従事しているためにソウルの人口が以前に比べて大きく増えたと指摘している[113]。以上見たように、18世紀以後ソウルの人口は30万人以上であり、30万人以上の人口が生きていくことのできる国内でもっとも大きな消費市場に成長していたのである[114]。

(3) 各部別の人口変動と分布

次に政府の公式統計に現れた18世紀の人口変動をソウルの5部別に把握し、その意味を探ってみることにしよう。各部別戸口変動の状況は表1–2の通りであるが、この表に見られるように、中部は18世紀半ばから19世紀半ばまでさ

表 1-2 18・19 世紀 漢城府 5 部の人口変動

年	中部		北部		南部		東部		西部	
	戸	口	戸	口	戸	口	戸	口	戸	口
1726							4,700			
1727									11,240	
1734							5,641	26,961		
1736					8,365	50,918				
1747	3,835		4,666		8,239		5,691		12,294	
1774	3,864	23,785	5,324	23,748	8,915	51,902	6,829	26,074	13,599	72,049
1786	4,072	23,045	5,885	25,568	9,551	48,555	7,478	29,691	15,800	72,268
1789	4,052	20,186	5,804	24,279	9,970	46,784	7,702	29,710	16,371	68,194
1850 年頃	4,759		6,238		10,811		7,621		16,002	
1865	4,452	24,372	6,265	27,580	11,336	51,239	7,621	31,330	16,891	68,118

典拠:『承政院日記』619 冊、英祖 2 年（1726）6 月 21 日、806 頁
『承政院日記』631 冊、英祖 3 年（1727）正月 21 日、421 頁
『承政院日記』789 冊、英祖 10 年（1734）10 月 21 日、61 頁
『承政院日記』822 冊、英祖 12 年（1736）3 月 21 日、776 頁
〈五部分属三営節目〉(『備辺司謄録』117 冊、英祖 23 年（1747）4 月 19 日、722 頁）
『度支志』外篇、版籍司帳籍 京外戸口総数
『戸口総数』正祖 13 年（1789）
『京兆府志』五部坊契（1850 年頃）
『六典条例』4、五部（1865 年）

ほど大きな変動がなく、北部は人口と戸数のどちらも少しずつ増加している。東部は 18 世紀前半から 18 世紀後半にかけて人口と戸数が非常に緩慢ではあるが増加している。戸数は 1726 年の 4,700 戸から 1789 年の 7,702 戸と、60 年間に 3,002 戸が増加し、人口も 1734 年の 2 万 6,961 人から 1789 年の 2 万 9,710 人と、2,749 人が増加した。西部は 18 世紀前半以後、戸数は少しずつ増加したが、人口は 18 世紀後半に減少傾向を見せている。他方南部の場合戸数は着実に増加しているが、人口は 18 世紀後半まで増加してから一時的に減少し、19 世紀以後再度増加している。

このような人口と戸数の変動を示す表 1-2 によって人口変動の実相を正しく把握することは困難である。例えば西部の場合、1786 年から 1789 年の 3 年間に戸数は 571 戸増加したが人口は反対に 4,074 人減少しており、こうした現象は統計自体の不正確さ以外には説明がつかないことである。ただし表 1-2 の各部別戸口統計から戸口と人口統計の信憑性に関する若干の端緒を見い出すことができる。表 1-2 で我々は 1786 年と 1789 年の戸口統計を比較する必要がある。この 3 年（1 式年）の間の戸口変動がもっとも激しかったのは、571 戸が増加

した西部地域であった。その他の地域は南部が419戸の増加、東部224戸増加、中部20戸減少、北部81戸減少であった。反面、人口は西部4,074人減少、中部2,859人減少、南部1,771人減少、北部1,289人減少、東部19人増加となっている。ここから3年間の戸口変動よりも人口変動がはるかに激しかったことが分かる。しかしこの3年の間に人口の急激な変動を引き起こすほどの凶年などの自然災害や伝染病の流行のような大きな事件はなかったことになっている。そうであるとすれば、漢城府の公式的な人口統計の中で、人口統計よりも戸に関する統計の信憑性が高かったことが分かるであろう。

　他方、『戸口総数』に現れる漢城府の人口を各坊ごとに都城内と都城外の人口に分けてみると、表1-3のようになる[115]。この表によると、城内は2万2,094戸、11万2,371人であり、城外は2万1,835戸、7万6,782人であった。城外の戸数は全体の49.7％であり、人口は40.6％を占めていた。1745年（英祖21）当時、副修撰の洪重孝は都城築城役が不可能である理由を五つ挙げながら、その中の一つとして、都城外の人口が半ばを占めているので城壁だけを堅固にしてもソウルを防御することができないと述べている[116]。このことは18世紀中期以後城外の人口が半ばを超えるようになって、ソウルがもはや四大門を境界として構成される城郭中心の都市ではなくなったことを示している。

　1711年（粛宗37）に北漢山城が完成されるのも、このようなソウルの人口増加を反映するものであったと考えられる[117]。それゆえ都城に対する防御概念も北漢山城と南漢山城に代表される外郭地域に変わったのである。朝鮮後期のソウルは人口増加と都市空間の拡大によって、物理的に城郭は存在していたが、それが有する実質的な意味は色あせていたのである[118]。

　5部の中で人口がもっとも多い地域は西部であった[119]。西部は京江を抱えている新たな商業中心地として竜山坊・西江坊・盤松坊・盤石坊などを含んでいる。その次に人口が密集していた地域は南部であった。南部も京江に沿った屯之坊・豆毛坊・漢江坊が存在した。表1-3で、17世紀後半から18世紀後半まで新たに漢城府の坊に編入された城外地域の崇信坊、仁昌坊、豆毛坊、漢江坊、竜山坊、西江坊、常平坊、延禧坊の戸口合計は1万6,079戸、4万9,929人で漢城府全体戸数の36.6％、全体人口の26.4％を占めていた。これを通じて見れば17世紀後半以後ソウル人口の中地域的空間の拡大によって増えた人口

表 1-3　1789 年漢城府 都城内・外地域の人口分布

5部	城内			城外		
	坊	戸	口	坊	戸	口
中部	貞善坊	779	4,001			
	寛仁坊	450	2,123			
	堅平坊	512	2,535			
	瑞麟坊	300	1,216			
	長通坊	791	4,169			
	寿進坊	498	2,271			
	慶幸坊	515	2,859			
	澄清坊	237	1,012			
計	8	4,082	20,186			
東部	蓮花坊	1,175	5,545	崇信坊	1,241	3,886
	景慕宮坊	776	4,026	仁昌坊	2,511	7,683
	崇教坊	839	4,276			
	建徳坊	471	1,868			
	彰善坊	689	2,426			
計	5	3,950	18,141	2	3,752	11,569
南部	明哲坊	1,614	5,371	豆毛坊	1,425	4,484
	薫陶坊	1,027	6,095	漢江坊	406	1,145
	楽善坊	1,168	6,021	屯之坊	1,241	3,589
	広通坊	372	2,176			
	明礼坊	571	3,821			
	太平坊	343	2,343			
	会賢坊	989	6,550			
	誠明坊	814	5,189			
計	8	6,898	37,566	3	3,072	9,218
西部	養生坊	687	3,394	盤石坊	2,965	13,882
	仁達坊	798	4,110	盤松坊	2,791	12,971
	積善坊	689	3,306	竜山坊	4,617	14,915
	余慶坊	706	3,402	西江坊	2,168	6,239
	皇華坊	950	5,975			
計	5	3,830	20,187	4	12,541	48,007
北部	順化坊	1,167	5,917	常平坊	560	1,939
	安国坊	229	1,275	延禧坊	1,279	4,173
	嘉会坊	252	1,765	延恩坊	631	1,876
	義通坊	158	865			
	観光坊	652	2,297			
	鎮長坊	346	1,578			
	陽徳坊	124	908			
	俊秀坊	204	994			
	広化坊	202	692			
計	9	3,334	16,291	3	2,470	7,988
総計	47	22,094	112,371	12	21,835	76,782

典拠:『戸口総数』

は概して全体の30％内外だったことが分かる。

2. ソウルの空間的拡大と行政編制の変動

(1) 地域的空間の拡大

　ソウルの地域的空間は、世宗代においては都城の内側と都城から10里までを境界としていた。いわゆる城底十里を漢城府に含ませていたのである。この城底十里は、朝鮮後期の四山禁標地域と一致する。世宗代、ソウルの境界は川や河川、そして山を基準に設定されたが、具体的に見れば東界は楊州の松渓院、大峴、西界は楊花渡、高陽の徳水院、南界は漢江の露梁津であり、北界は特別に決めたものがなかったようである[120]。

　このような境界範囲は、18世紀の人口増加により拡がっていった。1727年（英祖3）、都城民たちが上言を上げて、狙噬嶺で延曙、石串峴の二つの河川が合流する所と決められていた境界を瓮巖の西方にある沙川まで拡大することを要求した。そこで英祖は、大臣たちの反対にもかかわらず、ソウルの人口増加によって郊外に一片の空閑地もなくて、民たちが屍身を埋葬する所がないという理由で承諾した[121]。こういうわけで、ソウルの地域的空間は世宗代に比べて拡張された。

　このとき確定された四山禁標地域は、『続大典』と『度支志』にそのまま反映されている。ソウルの空間的境界を表示する四山禁標地域は、1765年（英祖41）に製作された『四山禁標図』（奎 古軸4709-88）において、ひと目に把握することができる（図1-1）。

　四山禁標地域を具体的に見れば、東界は大菩洞、水踰峴、牛耳川、上下筏里、長位、松渓橋から中梁浦まで、すべて川流を境界にしたし、南界は中梁浦、サルコッチタリ、新村、豆毛浦から竜山まで、河川と江を境界とした。北界は大棗里、旧館基、延曙、峨嵋山、狙噬嶺、普賢峰、大菩洞などで、石棺峴の西南合流先まで、皆山腹を境界としたし、西の方は石棺県、城山望遠亭、沙川渡（モレネ）、時威洞から麻浦まで、河川と江を境界とした[122]。朝鮮前期に比べて、英祖代には境界を表示する地名がいっそう細密になったし、北界も明らかになった。西界は世宗代に楊花渡から拡張されて、望遠亭、モレネまで拡

42　第1章　京江地域 商業発達の背景

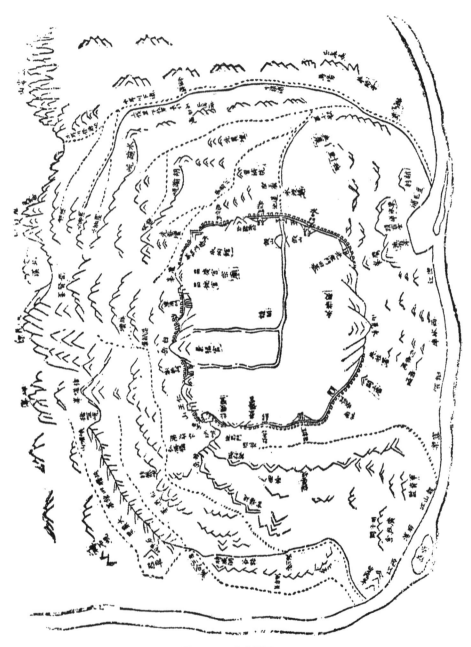

図 1-1　四山禁標図

がった[123]。これには、ソウル外郭を漢城府に編入させて管轄する意味もあった。

　城底十里を含むソウルの地域的空間は、大きく三つに分けられた。17世紀中期には都城中、沿江、山底地域と区分したが[124]、18世紀後半には、①都城内の5坊地域、②都城外の四郊、③京江周辺の沿江地域に分けられた[125]。地域的空間が三分されたので、17世紀中期、柳馨遠は、漢城府行政組職を3部体制にして1部は都城内を管轄し、2部は都城の外を二つに分けて管轄しようという案が、当時の5部体制より勝っているという立場を表明している[126]。柳馨遠の3部体制改編案も、結局ソウルの空間拡大を反映するものであった。

（2）行政編制の変動

　ソウル周辺の人口が増加し集落が発達するのにともなって、ソウルの行政編制も変わった。ソウルの行政編制は建国初期、5部52坊体制であって[127]、『世宗実録地理志』段階では西部の永堅坊、仁智坊、聚賢坊など3坊が廃止されて、5部49坊体制として定着した[128]。その後朝鮮中期に編纂された『新増東国輿地勝覧』でも5部49坊体制が維持されたし、壬乱直後までこれが変動しなかったものと思われる[129]。しかしこのような5部49坊体制は、ソウルの地域的境界が拡張されながら変動したように思われる。このようなソウルの行政区域の変化は、1751年（英祖27）に頒布された『御製守城綸音』の〈都城三軍門分界総目〉に反映されているが、それによると5部43坊328契に編成されている[130]。東部は延禧坊、泉達坊、徳成坊、瑞雲坊、興盛坊、観徳坊など6坊が廃止されて、6坊39契に編制されたし、南部は誠身坊、貞心坊、礼成坊など3坊が廃止される一方、豆毛坊、漢江坊、屯之坊など3坊が新設されて、11坊71契に編制された。また西部は神化坊が廃止されて、竜山坊と西江坊が新設され、9坊91契になったし、北部は明通坊が廃止されて9坊38契、中部は相変わらず8坊91契で維持された。このときの変化を要約すれば、豆毛坊、漢江坊、屯之坊、竜山坊、西江坊など、京江辺に5坊が新設されて漢城府に帰属された一方、城中で人口が稀少した地域の11坊が廃止されたのである。

　それならば、京江辺に5坊が新設された時期はいつだったろうか。これについて孫禎睦は、ソウルの人口が大きく増加する1658年と1668年の間であると推定している[131]。これは、『蔵氷謄録』1686年1月と閏4月の記事で漢江、竜

山坊民という記録が確認されるので[132]、少なくとも漢江辺5坊の編入時期は1686年以前であることが確実である。

17世紀後半、京江辺5坊の新設に引き続き、18世紀後半にも坊が新設されている。人口増加によって18世紀ソウル外郭には新設里が増えたし、漢城府ではこれらの里に対して坊役徴収のために契を構成したが、坊には編入させない「有契無坊」地域と、反対に坊に編成されたが各種免役によって契がないとか、坊名がそのまま一つの契名として通称される「有坊無契」地域が多かった[133]。このような地域に対して1788年、坊契名称を新たに付与して、その間拡がったソウル外郭地域を正式に漢城府の行政体制中に含ませた[134]。北部地域に常平坊、延禧坊、延恩坊を、東部に景慕宮坊を新設して、「有契無坊」地域を編入させたし、他方、「無契有坊」地域にも 契名を付与した。この時の行政体制改編の内容は表1-4の通りである。

表1-4　1788年漢城府 各部・坊契 新定内容

区分	部	坊	契
有契無坊	東部	仁昌坊	興仁門外、駅一契、駅二契、私契、馬場里契、踏十里契、典農里契、清凉里契、祭基里契、中狼浦契、長位里契、仁昌坊契
		崇信坊	新設契、安岩里契、御創契、鍾岩里契、加五里契、水踰村契、樊洞契、沙下里契、樊里契、牛耳里契、崇信坊契
		景慕宮坊	景慕宮坊1契、景慕宮坊2契＊
	北部	常平坊 延恩坊	宣恵庁契、経理庁契、造紙署契、訓倉契、禁倉契、御倉契、弘済院契、梁鉄里契、駅契、私契、仏光里契、葛峴契、新寺洞契、末屹山契
		延禧坊	阿峴契、細橋里1契、細橋里2契、延禧宮契、加佐洞1契、加佐洞2契、城山里契、甑山里契、水色里契、休岩里契、旧里契、望遠亭1契、望遠亭2契、望遠亭3契、合井里契、汝矣島契
無契有坊	東部	彰善坊	彰善坊1契、彰善坊2契
	北部	広化坊	花洞契
		陽徳坊	桂生洞契
		嘉会坊	斎洞契
		観光坊	部契
		鎮長坊	三清洞契

典拠：『正祖実録』巻26、正祖12年10月 甲辰、10頁
＊：景慕宮坊の 契名は1788年（正祖12）『正祖実録』記事には記録されていない。ここで示したのは1789年に刊行された『戸口総数』の契名である。

第 1 節　ソウルの商業都市への成長　45

　漢城府では、ソウルに編入された地域の民戸をソウル都城内と同様の坊体制の下に置くことで、行政管理を強化したのである。
　1788 年（正祖 12）を契機に、漢城府の行政編制は 5 部 47 坊体制として確立された。このような 1788 年の 5 部 47 坊体制は 1865 年（高宗 2）に編纂された『六典条例』でもそのまま維持されたが、1865 には契数だけが 2 個増えた[135]。以上のような朝鮮後期漢城府の 5 部各坊の変化を見れば、表 1-5 の通りである。
　このような朝鮮後期の 5 部 47 坊体制は、1894 年甲午改革の時に 5 部が 5 署と改称され、坊名の一部が改称される変化を経験する。またこの時契が縮小され、洞を別に置く行政区域の改編が行われて、47 坊 288 契 775 洞体制に変わった[136]。
　坊と契の置廃は、先に見たように漢城府が朝廷と論議した上で決められた。坊が 50 年位の時差を置いて改編されたのと違い、契は随時変動されたし、調整されている。1734 年東部の場合、総 38 契の中、罷契されたものが大部分で、完契は 14 契だけであったことを見ても[137]、また 1736 年南部の場合、総 67 契であったが、罷契になった所が多くて坊役に応じにくいという表現を見ても、これらの契が住民の応役能力によって随時に調整されたことが分かる[138]。これは契が主に坊役やまたは他の役を担当する応役単位としての性格を強く持つからであった[139]。5 部の行政責任者たちも、契を大部分応役と関連して把握している[140]。これと関連して、次の二つが注目される。
　一つは竜山坊の禦営庁倉契の場合である。禦営庁倉契は禦営庁の倉庫が竜山川辺にあったので、京江辺から禦営庁倉まで、税穀を運搬する仕事で生計を立てていた倉下の住民 30 余戸を中心に結成されたものである[141]。しかしその後、禦営庁の倉庫が都城中に移転すると、禦営庁倉契の民戸の生計が困難になったが、坊役はそれまでと同様に、この契に賦課された。そこで漢城府では、禦営庁倉契を廃止して、この地域の民戸を半分ずつに分けて、隣にある軍資監東門外契と恵庁新倉契で編入させている[142]。
　もう一つの事例は、1793 年（正祖 17）壮勇営の設置によって、壮勇営に服属する人々が東部 蓮花坊地域にある昌慶宮から梨峴に至る地域に新たに換入したり、家を購入して集団で居住したが、この地域に対して別に統戸を作成し

表 1-5　漢城府 5 部・各坊の時期別変化

部	時期	数	名称
東部	太祖代	12	延禧坊、崇教坊、泉達坊、彰善坊、建徳坊、徳成坊、瑞雲坊、蓮花坊、崇信坊、仁昌坊、観徳坊、興盛坊
	世宗代	12	上と同様
	英祖 27 年(1751)	6	崇教坊、彰善坊、建徳坊、蓮花坊、崇信坊、仁昌坊
	正祖 13 年(1789)	7	崇教坊、彰善坊、建徳坊、蓮花坊、崇信坊、仁昌坊、景慕宮坊
南部	太祖代	11	広通坊、会賢坊、明礼坊、太平坊、薫陶坊、誠明坊、楽善坊、貞心坊、明哲坊、誠身坊、礼成坊
	世宗代	11	上と同様
	英祖 27 年(1751)	11	広通坊、会賢坊、明礼坊、太平坊、薫陶坊、誠明坊、楽善坊、明哲坊、豆毛坊、漢江坊、屯之坊
	正祖 13 年(1789)	11	上と同様
中部	太祖代	8	貞善坊、慶幸坊、寛仁坊、寿進坊、澄清坊、長通坊、瑞麟坊、堅平坊
	世宗代	8	上と同様
	英祖 27 年(1751)	8	上と同様
	正祖 13 年(1789)	8	上と同様
北部	太祖代	10	広化坊、陽徳坊、嘉会坊、安国坊、観光坊、鎮長坊、順化坊、明通坊、俊秀坊、義通坊
	世宗代	10	上と同様
	英祖 27 年(1751)	10	上と同様
	正祖 13 年(1789)	12	広化坊、陽徳坊、嘉会坊、安国坊、観光坊、鎮長坊、順化坊、俊秀坊、義通坊、常平坊、延禧坊、延恩坊
西部	太祖代	11	永堅坊、仁達坊、積善坊、余慶坊、仁智坊、皇華坊、聚賢坊、養生坊、盤石坊、神化坊、盤松坊
	世宗代	8	仁達坊、積善坊、余慶坊、皇華坊、養生坊、盤石坊、神化坊、盤松坊
	英祖 27 年(1751)	9	仁達坊、積善坊、余慶坊、皇華坊、養生坊、盤石坊、盤松坊、竜山坊、西江坊
	正祖 13 年(1789)	9	仁達坊、積善坊、余慶坊、皇華坊、養生坊、盤石坊、盤松坊、竜山坊、西江坊

備考：太祖代-『太祖実録』巻 9、太祖 5 年 4 月 丙午、91 頁
世宗代-『世宗実録地理志』京都 漢城府
1751 年-『都城守城綸音』〈都城三軍門分界総目〉
1789 年-『戸口総数』漢城府

て分契し、他の契とは異なる役を賦課するようにしたのである[143]。以上二つの事例に見られるように、契の置廃はいずれも坊役と関連するものであった。

英祖年間の契の変動状況を見れば、東部は1726年（英祖2）に38契[144]、1734年（英祖10）にも38契であったが[145]、1751年（英祖27）には39契に増えた。南部の場合も1736年（英祖12）には67契[146]、1738年（英祖14）には68契[147]、1751年には71係に増えた。一方北部は、1738年（英祖14）に32契だったが[148]、1751年には36契、1789年には44契に増えた。北部地域係の増加は大部分、都城外の地域で発生したものであった。北部の都城外「有契無坊」地域は、1663年には16契だったが、1751年には24契に増加したし、1788年にこの地域が各坊に編制された時、延禧坊16契、延恩坊8契、常平坊6契など、31契に拡大改編されている。18世紀後半を通じて急速に契が増えている地域は都城外地域であり、その中でも特に望遠、合井を含む京江下流地域であった。以上に見られるように、ソウルの末端行政単位である契の数は、18世紀を通じて一貫して増加していたが、これはすなわちソウル人口の増加と空間拡大を反映するものであった。

18世紀ソウルの拡大趨勢を見れば、すべてが商品貨幣経済の発達と密接に関わっていたことが分かる。17世紀後半京江の中心地であった竜山、西江、漢江、豆毛浦等の地が坊に昇格されて、漢城府に編制されたことは、正しく京江が全国的な海運と水運の中心地に成長したことを反映するものである。また18世紀後半に新しく編入された諸地域も、大部分ソウルと義州をつなぐ道路、ソウルと咸境道をつなぐ道路上に位置した地域や、または望遠、合井など、京江下流地域に分布している。これは全国的商品流通の中心地として、ソウルの都市化が18世紀以後飛躍的に進行したことを端的に見せてくれるものである。この時新しく漢城府の坊制に編入された地域は、現在の北漢山の下にある葛硯洞と、牛耳洞、道峰山の下にある陵洞、樊洞地域である。こうして見れば、江北を中心にしたソウルの地域的空間は、18世紀末にすでに確定されていたと見られる。

（3）漢城府と楊州郡の間の行政摩擦

17世紀後半以後ソウルの地域的境界が拡張されながら、漢城府と隣り合う

郡県の間で賦役徴発と租税取り立て権をめぐる摩擦が繰り広げられた。1677年（粛宗3）、ソウル東部城外地域である崇信坊、仁昌坊の住民たちは、自分たちの家の跡地に対して楊州郡で収税を強行すると、自分たちは漢城府民なので納税することはできないと反発した。

もともと漢城府では土地に対して徴税する法がなかった。よって初めから家の敷地の面積を測らずに、ただ家の間数のみを推量して税金を課すのが慣例であり、税金は漢城府の各部が徴収した。そして東大門、南大門、西大門外の地域は、坊内に編入された所に限って家の敷地は測量せず、耕作中の土地のみを測量して収税するように法制化されていた。ところが楊州郡で崇信坊、仁昌坊地域を、楊州郡東大門里という地名を新たに作って楊州郡の他の地域のように測量して、崇仁坊、仁昌坊の家の敷地にも収税を強行したのである[149]。この事件は、もともと楊州郡に属していた東大門外の住民たちが契を編成して漢城府東部に編入されたが、いまだ坊内には編入されない「有契無坊」地域であるために発生した事件であった。この紛争は結局、楊州郡の坊内にある家の敷地に対する収税権は認められなかったが、崇信坊、仁昌坊に属していた住民たちの耕作中の土地に対する収税は楊州郡で行うことで決着が付けられた。これを通じて我々は、ソウル外郭地域の拡大が進行していた時期に、都城外の住民に対する行政官庁の統制が二重に行われていたことを知ることができる。すなわち、坊役に対する取り立ては漢城府の5部が担当し、耕作中の土地に対する収税は楊州郡など、周辺の郡県で担当したのである。

このような現象は、17世紀後半漢城府に編入された初期の京江辺地域でも同様に現れている。漢江地域と竜山地域はたとえ京城地域だったとはいえ、漢城府では人戸のみを管理して、漢江地域の土地に対する収税は楊州郡で、竜山地域は高陽郡で担当するという、二重の行政統制が行われていた[150]。しかしこのような事情は、18世紀中期以後京江商業の繁盛によって、漢城府管轄に一元化されたものと見える。

1678年（粛宗4）にも、漢城府と楊州郡がソウル外郭の禁山地域管轄権をめぐって互いに争う事件が発生した。

　　　近来、国綱が緩み、禁山松木を任意に伐採することが極に達した。甚だ

第 1 節　ソウルの商業都市への成長　49

しくは三角山の下の神穴里の禁山処は前から楊州牧と漢城府が互いに（管轄権をめぐって—引用者）争った所である。神穴里面はソウルの通行人たちが作った道で、大まかに計算すれば 30 里であるが、城北の隅から直線距離では 10 里にならない。また輿地勝覧に、三角山は京城の鎮山であるが……古蹟條に神穴寺があって、神穴寺は三角山にあると註記されている。そのため漢城府は京城に属していると主張する。しかし楊州牧は神穴面に居住する民人が楊州牧の役を負っているので、当然楊州に属すると主張する。こういうわけで争いがあって、備辺司に報告してから何年にもなった[151]。

ここに見られるように、漢城府は楊州牧で役を賦課して管轄した地域に対しても、「城底十里」まで漢城府に属するという規定を盾に漢城府の管轄地域に含ませていた。言い換えれば、漢城府では「城底十里」を直線距離で把握して、実際道路を基準にすれば 30 里も離れた地域まで管轄権を行使しようとしたのである。このような紛争に対しても、備辺司では二重の管轄権を行使するように決めた。すなわち、神穴里の土地に対する収税は楊州牧が管掌し、山麓に対しては漢城府で管理して木の伐採を禁断する権利を持つように決めたのである[152]。このような行政摩擦も結局のところ、漢城府の都市空間拡大によってもたらされた現象であった。

3. 都市整備事業と商業都市への成長

（1）都市整備事業の推進

18 世紀にソウルは商業都市として面貌を一新していた。したがって 1730 年以後、道路橋梁に対する修治の役がいっそう増えたし、崩れた船艙に対する完築作業もしきりに施行されるなど、都市として急速に整備されていった[153]。特に英祖代には道路と橋梁に対する関心とともに、河川浚渫に対する論議が活発に行われ[154]、1760 年（英祖 36）には清渓川の各支流に対する大々的な浚渫事業が施行された。

朝廷では濬川事業を管掌する臨時機構として濬川所を設置した後、坊民 3 万

余戸に対して3日間の赴役を賦課したし、不足な労働力は募軍で解決した。役夫として動員された坊民は全部で15万人余であったし、雇用労働力は総5万人余であった。延べ人員20万人余が動員されたのである。事業期間は1760年（英祖36）2月8日から4月7日まで、2カ月の間だった。これに必要とした費用も米2,300余石とお金3万5,000余両に達したし、浚渫の時に太平橋より上流で掘り出された土だけでも数百万石に至るほどに莫大な規模だった[155]。

英祖代の浚渫事業は1回にとどまらず、毎年続いた。浚渫事業が完了して以後、臨時機構であった濬川所を常設機構である濬川司に代置したし、これに必要な財政は訓練都監100両、禁衛営、御営庁、兵曹でそれぞれ300両など、総1,000両を毎年拠出して、濬川司の経費として使うようにした。それだけでなく、河川の事渫で生じた河川の空地に家を建てた者から濬川司で収税して、不足する財政に充てるようにした[156]。

英祖代の浚渫事業は英祖の治世で一番重要な業績として、天子が国の根本法則を立てて天下を治めることを意味する「建極之功」として評価されたし、このような評価に対して英祖自身も相当な自負心を持っていた[157]。実際にも英祖代の浚渫事業は当代の評価のように、その後浚渫事業の基準と見なされた。

正祖代にも道路と橋梁に対する補修と改修事業が進行されたし[158]、河川浚渫事業もいっそう推進された。正祖代にもソウル坊民の賦役動員と雇用労動を同時に動員する方式で事業が進行されたが、雇用労動を動員する財政がなくて、英祖代のように活発に浚渫が行われなかった。そこで司諫の李師濂は、「戸ごとに壮丁を出して1日を賦役させて、財政を費やすことがないようにしよう」と建議したが、採択されなかった[159]。

純祖代にも浚渫事業が施行されていた。特に1833年（純祖33）には、大々的な浚渫事業が施行されたが[160]、この時松杷橋から永渡橋まで河川を浚渫するのに基準と見なされたのは、1760年（英祖36）に編纂された『濬川事実』に記録された永渡橋の深さであった[161]。純祖代の浚渫事業でも『濬川事実』を基準にしたのである[162]。純祖代の浚渫は、英祖代に坊民を動員して、赴役に依拠して推進したことに比べて、設賑、発売の方式、すなわち労働力を動員した対価として一定の反対給付を支給する、言い換えれば雇用労働によって推進したという点が特に違っていた[163]。このような事実は、ソウルの土木工事

で雇用労働制度が発展していたことを示してくれる事例であると言える[164]。
　一方 1760 年に浚渫事業を施行した当時、清渓川に敷設された橋が全部で 37 個であったことが確認される[165]。これらの橋梁も、19 世紀以後には数が増えていた[166]。また木で作られた橋も英祖代後半には大部分、石橋に取り替えられていた[167]。このような事実は、ソウルが都市化されていた事実だけでなく、急速に整備されつつあったことを示している。このようにソウルが商業都市として整備されて行くにしたがい、正祖年間に蔡済恭は、

　　　今鐘路の北通りが少し狭小だからもっと広げなければならない。商人たちを動員して彼らに各々自分の商店に看板をつけるようにし、商店で慶尚道産の綿布、南原ピョンガン産の扇紙、江景、羅州産の高麗人参などを購入しておいて、売るという字を大書、特書するようにして、興仁門から崇礼門に至るまで、その間の商店の装いを一新させなければならない[168]。

と主張したし、朴斉家はこれに同意しながら、その実現を促したのである[169]。

（2）商業都市への成長

　18 世紀以後にはソウルの整備とともに、市場も大きく変化した。ソウルの伝統的な市場だった鐘路の市廛通りとともに、乱廛商人らの常設市場である梨峴と七牌が、ソウルの 3 大市場に成長した[170]。梨峴・七牌市場は、魚物販売では内・外魚物廛より流通物量が 10 倍に達するほどに成長した[171]。梨峴と七牌はもともと、内・外魚物廛で魚物を仕入れて販売する中都児らの中間卸売り市場だった。しかし 18 世紀後半、梨峴・七牌の魚物流通は魚物廛をしのぐ最大の魚物卸売り市場に成長した[172]。また果物を販売する隅廛[173]も、松峴、貞陵洞、典洞、南門内の隅廛と門外の上・下隅廛など、6 カ所になるほどに栄えた[174]。ソウルには鐘路を中心にした市廛や、梨峴・七牌などの乱廛だけではなく、19 世紀中期には雑市も形成されて、細々とした品物を販売していた[175]。ソウル内部の流通市場は鐘路の市廛を含めて、梨峴・七牌、各地の市廛、京江の店舗、そして雑市など、非常に複雑に形成されていたのである。
　一方 18 世紀以後、ソウル郊外の商業的農業も発展した。朴趾源は「穢徳先

生伝」で、ソウル郊外の商業的農業発展の姿を次のように描いている。

>　往十里で大根、サルコッチタリでカブ、石橋で茄子・胡瓜・西瓜・延禧宮で唐辛子・韮・海菜、青坡でセリ、梨泰院でサトイモみたいなものなどが作られるが、半分は上上田に植えて皆厳氏の糞を使って作り出すのだ。それで厳行首は毎年 6,000 銭を儲けるに至る[176]。

すなわち往十里、サルコッチタリ、石橋、延禧宮、青坡、梨泰院などで商業的農業が発達したと述べている。19世紀初に編纂された『漢京識略』も、往十里や青坡でセリを栽培する者が多いと伝えている[177]。

一方、都市化の進展で都市的雰囲気に染まった文士、侠客らが多数出現して、思想界の雰囲気も一新されていた。特に北学派と呼ばれる一群の学者たちは皆、このようなソウルの商業都市化雰囲気の下で自分の思想を構築していた[178]。また中人層も商業都市化を背景に新しい「文風」を確立して、委巷文学を展開していくことができたし[179]、ひいてはこれらの文化的、政治的、経済的力を背景に、19世紀に至ると「中人通清運動」〔中人身分の者も科挙受験を認めさせようとする運動〕まで展開するようになったのである[180]。

このように商業都市として成長しながら、ソウルでは貨幣経済がすべての経済活動を支配するようになった。南公徹はこのような事情を、「ソウルはお金を生業とし、八道は穀食を生業とする」と表現した[181]。また1842年に暗行御史になりすましてつかまり、捕盗庁に連れてこられた一罪囚も、「ソウルは地方と違って、お金があるとできないことがない所」と、ソウルの商業都市としての雰囲気を実感の出るように表現している[182]。

18世紀以後のソウルは名実相伴う、全国的市場圏の中心であった。ソウルでは全国で生産されるすべての物貨が流通販売された。果物の場合を例で挙げれば、各地域で一番品質の良いものが皆ソウルに搬入された。「秋香」と呼ばれた黄州・鳳山の梨、「月華」と呼ばれた南陽・安山の柿、南部地域の胡桃〔柚子〕、蜜柑、石榴などを含めて、桃の場合、「僧桃」「六月桃」とともに鬱陵島で生産される「鬱陵桃」もソウルに搬入された[183]。三南地方産の果実も、交通の不便さにもかかわらず、安城を経由してソウルに搬入されていた[184]。

第1節　ソウルの商業都市への成長　53

　18世紀後半には国内商品だけではなく、外国で生産された物品もソウルで販売された。朴斉家が詠じた〈城市全図詩〉には、

　　　鳳城（満洲）の戎毛、燕京の生糸、咸境道の麻布、韓山の苧布、米、豆、きび、栗、稗、麦、楡、藍、楮、漆、松、赤銅、満州胡桃、モヤシ、ニンニク、生姜、長葱、韭、芥子、きのこ、葡萄、棗、栗、蜜柑、梨、柿[185]

と言って、ソウルで流通する品物が満洲、北京等地をすべて含んでいることを述べている。このようにソウルは19世紀になると、国際都市としての様相も帯びるようになった。これは1844年（憲宗10）に著された『漢陽歌』[186]にある、

　　　八道は通じたし、燕京、日本、すべて分かるね、我が国の産物も恥ずかしくはないが、他国の物産と交易したら百の各廛が壮観となり、七牌の魚廛に各色の魚がすべているね。民魚、石魚、石首魚……南門の中の大きい毛廛に各色の果実がすべてあるね[187]。

という表現からも分かる。これは、ソウルが全国のすべての物貨が集中されてからまた各地へと分散する全国的市場圏の中心であるとともに、国際交易の中心都市として成長したことを物語ってくれるものである。李重煥も『択里志』で、

　　　富裕な商人や大きい商売人になれば座って品物を売るのに、南へは日本と通じ、北では燕京と通じる。多年間天下の物資を輸入輸出して、ある者は数百万金にのぼる。そんな者はただ漢陽に一番多くて、次が開城であり、またその次が平壌と安州だ。すべてが燕京に通じる道にあって巨富となったが、これはまた船の利益に比べられない。三南にもこんな輩はいないだろう[188]。

として、ソウル商人たちが国際交易を通じて莫大な富を蓄積していたことを述べている。大都市である平壌、開城と比べても、ソウルが朝鮮で商業資本の蓄

積が一番大きかった地域であったことを指摘しているのである。

　要するに、17世紀後半以後商品貨幣経済の発展の結果、ソウルは人口が増加して空間的に拡がったし、商業都市として自己の面貌を整えながら、全国的流通の中心地としてだけではなく、国際交易の中心地に成長したのである。

4. ソウル周辺の都市化と新しい商品流通体系

（1）ソウル周辺の都市化

　17世紀後半以後、ソウルだけではなく、ソウル隣近の都市もソウルの成長によって背後商業都市へと発展した。そして地域的に空間が拡がることによって、ソウル周辺にも都城中の商圏を脅かすほどの商業中心地が生じて、市廛商人と競争するようになった。

　もともとソウルと近い京畿地域では、開城を除き、場市の設立が禁止されていた。ソウルが消費都市なので外部で商品が搬入されてこそ安定することができるという点とともに、ソウルの商圏を掌握した市廛商人を保護するための措置であった。ところが壬乱以後、募民の方策で京畿地域にも場市が設置され始めただけでなく、その数も増えていった[189]。

　このようにソウルを中心に商品貨幣経済が発展する過程で、ソウル外郭からソウルに搬入される商品の中間集散地の機能をした開城と、正祖年間に建設された計画都市として水原が成長した。これらの都市の商圏はソウルに従属してはいたが、一部の商人層たちはソウルの市廛商人たちと競争するほどに影響力が大きかった。慶尚、全羅、忠清道の物産は安城と水原、広州を経由してソウルに搬入されたし、西北地域の物産は開城を通じてソウルに搬入されるというように、言わばソウルに物産が集荷される中間経由地であった。

1) 開城と水原

　開城は、ソウルと平壌に次ぐ我が国で一番重要な商品流通路の中間に位置したので、商品流通の拠点として成長することができた。18世紀前半には長山岬が難所であったから、関西米を平壌から開城までは陸路で、開城からソウルまでは船で運送した[190]。また開城は海州とともに、西海岸を中心に18世紀中期から活発に展開された中国の密貿易船である唐船と交易する潜商たちの活動

舞台でもあった。唐船と密貿易をする際に重要な商品だった紅蔘は開城で供給された。

一方、開城商人たちは、陸路を利用したすべての商品流通を掌握するほどに手腕が優れていた。京江商人が船運を通じて商品流通を掌握したとすれば、陸路を通じる商品流通は開城商人が主導した。開城商人たちは全国の主要地域に支店形態の松房を設置し、また商品の原料生産地に差人を派遣して生産過程を独占するなど、全国を舞台に商業活動を広げていた[191]。開城商人たちは元山に松房差人を派遣して北魚〔干したスケトウダラ〕を独占したし[192]、全州近くの寺刹に差人を派遣して質のよい紙を買いだめしたり[193]、済州で生産される涼台は、康津、海南等の地であらかじめ買い占めを行ったりした[194]。また開城商人たちは狗皮契貢人の独占物種であるかわうその皮を東海で買い占めて燕商に渡してやることで、狗皮契貢人の貢物納付を困難にしたりもした[195]。

このような活動を通じて、開城商人たちは莫大な商業利潤を蓄積した。開城商人の中には1万両以上の資本を蓄積した富商大賈たちも多かった[196]。富商大賈だけではなく、開城の一般民人たちも各種行商に参加していた。そのため開城には春秋には多くの民人たちが四方に行商に出かけるので、松都軍営の軍事訓練が不可能なほどであった[197]。一方1719年（粛宗45）、長湍の松西面を開城に移属する措置を取ってからこれをまた撤回したが[198]、これは開城が商業都市に成長するにともなってその管轄範囲を拡大しようとする試みであった。

一方、正祖代に計画都市として建設された水原も、18世紀末以後流通の中心地に成長した[199]。計画当時から一番力点を置いたことは、水原の商工業発達の問題であった[200]。そのため水原の都市計画を立てる時、多くの人々は申し合わせたように、ソウルの富豪家に利子なしに1,000両を貸し出して、彼らに水原城の中に店舗を設立させるようにしたり[201]、安城の紙匠の中から水原に移住する者に4,000両を貸与する政策などを提示した[202]。ひいては水原近くに場市を設立して収税ができないようにすることで、全州や安城のような商業都市に成長させようとする計画も立てられたのである[203]。

このような計画の下水原城が築造されると、水原の都市化も進行された。この過程で〈華城富戸帽蔘節目〉が準備されたが、この節目の主な目的は、ソウル近くに新しい流通拠点を新たに創出することであった[204]。節目の具体

的内容は、富実物主 20 戸を契人に任命して、その下に 3 人ないし 5,6 人の隨従協助者を差人として、各所に差雇を置いて帽子と人参を流通させる方式であった[205]。この方式は帽子と人参を取り引きする時、必ず水原の物主を通じるようにすることで、ソウルの市廛人に許容されていた禁乱廛権と同じ権利を水原廛民に認めるもので、水原城を建設しながら、ソウルのような市廛体系を念頭に置いて流通体系を構想したものと推測される。

このような流通方式は水原の廛民に買い占め行為を許容するものであった。水原廛民のこのような米穀の買い占めで小民たちの失利がいかにもひどくて、移住しようとする住民が減るほどだったが、水原は徐々にソウル周辺の流通中心地として成長していった[206]。

このような水原の変化を 19 世紀初めに水原儒生の禹夏永は、「水原府の民がお金を得る道はひたすら穀物にあったから、場市で米穀商を業にして生計を営む輩が京郷に次ぐ。彼らによって水原場市で売買される米穀量は 500 余駄に達した」と言っている[207]。また、「近頃は都下の民人がせりと野菜を積んで水原府内に売りに行く者が道に列をなしている」と述べて、水原では商業的農業が盛んだったことを指摘しながら、これらの商品は、「大きいものは馬や船舶に積んで、小さいものは頭に載せるとか手に持ってソウルに搬入される」と言っている[208]。このように水原からソウルに商品が搬出されるだけでなく、ソウルの商品が水原に供給されもした。すなわち、水原の市廛商人たちはソウルの市廛で米穀、絹織物、魚物、わかめなど、各種商品を購入した後に、水原で商売する行商に分けて、水原市民たちに販売するようにしたのである[209]。この事例で見るように、水原はソウルの商圏と密接に結びつきながら成長した。特に正祖年間、露梁津と水原の間に新作路が開設されることで、ソウル—水原間の商品流通はさらに活発になった[210]。要するに、水原が商業都市として成長することができたのは、全国的市場圏の中心地であるソウルを背景にすることで可能だった。水原はソウルの背後商業都市として成長したのである。

2) 広州の松坡場

開城や水原のようなソウル後背都市の成長とともに、ソウル外郭の松坡、楼院などが新しく商業中心地へと成長した。松坡は 18 世紀以来の全国的な流通路の発達の結果、嶺南地方から忠清内陸地方を経由する上京路と、嶺南内陸地

方である太白山・奉化と関東地方から驪州、利川を経由する上京路が出合う、漢江辺の流通拠点だった[211]。言い換えれば松坡は、漢江の上下流に通じる二つの水路と、東部と南部地方に通じる二つの陸路が集まる交通路の交差地点に発達した商業中心地であった[212]。だからここには江原、忠清、慶尚道の米穀、木材および石材、果実類、薬剤類、陶磁器、木綿、麻、絹などの各種織物類、煙草、その他、各地方の物産が集まってきたし、ソウルからは江原、忠清、慶尚道地方に下る魚、塩をはじめとして、各種高級織物、その他の諸商品が集まってきた[213]。

松坡場はもともと、閔鎮厚が守禦使であった時の1706年を前後した時期に開設された[214]。松坡場の場所は初めは南漢山城の近くであったが、松坡を経由する流通路の発達によって松坡に移設された[215]。松坡場はソウルの中間卸売り業者［中都児］らが、松坡場に郷商らが持ってきた物貨を直接買い受けて、ソウルに転売することのできる市場でもあった。このような中都児たちの営業行為は、市廛人たちの商圏を脅かすものだった。なぜならば、市廛人たちの禁乱廛権は漢城府の四山禁標地域の中にだけ限定されて、松坡場には及ぶことができなかったからである[216]。そのため市廛商人たちは、高位官僚たちと結託して松坡場を廃止しようとした。このような試みは1755年（英祖31）と1758年（英祖34）の二度にわたって現れた。1755年 平市提調の洪象漢は市廛商人の利益のために松坡場を廃止しようと主張したが、これに対して広州留守の徐命彬は、

> 松坡は保障要鎮なので、廃止すれば居民らが散っていなくなる。外方の場市は京市のように日々に開かれるのではなく、1カ月に6回しか開かれない。どうしてソウル市廛が少し損をするからといって、郷外にすでに設置されている場市を急に廃止することができるのか[217]。

と言って、松坡場市を廃止するのに強く反対した。すると洪象漢は、

> 沙平・広津・楼院・黔巌などの京に近い地域でも場市が四面に開かれているが、これらに対しては京中の市民が少しも廃止しようとする意図がな

い。これらはただ1カ月に6回交易するだけなので、もともと京市に弊害を起こさない。しかし松坡は居民が中都児輩たちと乱廛の群れを作って、三南および北道、嶺東の商賈を誘引して皆ここに集まってくるだけでなく、ソウルの乱廛商人もここに集まる。名前はたとえ1カ月6回だとしても、実はソウル市廛の各廛物種を積んでおいて日々に売買している。これは京市に損害を与えることで、廃止しなければ京市は営業ができなくなる[218]。

と告げて、ソウルを経ず松坡場を経由して全国に物貨が流通することで市廛商人が失利するから松坡場を廃止しなければならない、と主張した。漢城判尹の李昌誼と左参賛の趙栄国も洪象漢の意見に同意して、松坡場の廃止を主張した[219]。このような賛否論議の渦中に司直の韓翼謩が、

　　市廛人らが利益に従って売買することは各々自然の勢いなので、法を建てて禁止することができない。今、牛廛の失利を理由に松坡場を廃止しようとすることは、ひたすら市廛人が利益を独占しようとするところによるのだ[220]。

として、松坡場市の存廃可否は自然な商品流通の流れに任せなければならないという論理で、松坡場の存置を主張した。そこで左議政の金尚魯が韓翼暮の意見に従って、「ソウルの人は廛舎を開き、郷民は場市を設置して各々生業とすることが、京外人民を分け隔てなく見ることだ」と言って、最終的に松坡場市の存置論に加担することで、松坡場は存続されることになった。

　1755年（英祖31）存置の結論が下だされて以後も、市廛商人たちは松坡場市の廃止を継続して試みた。1758年（英祖34）に彼らは英祖に、松坡場を廃止することを直接訴えた。そこで工曹判書の洪鳳漢が仲裁に出て、松坡場を廃止して、代わりにもともと松坡場が開設された場所である山城近くに新しい場市を開設するが、その場所の便否問題は広州留守の意見を聞いて決めるように提案した[221]。この提案が容れられて光州留守の意見を聞くようになったが、光州留守の李喆輔は、

甲戌年（英祖31）に平市提調の洪象漢が、廛民らの訴えだと言って松坡場廃止を主張して許諾を受けたが、他の大臣たちが反対して廃止することができなかった。その移設する場所も松坡から10里も離れていて、松坡民たちが利益を得るあてがない。だから革罷や移設は皆不便だと思う[222]。

と告げて、市廛商人の主張に反対した。そして1755年（英祖31）、松坡場の存置論を繰り広げた左議政の金尚魯が再び、「松坡場の罷、不罷は京廛と大きな関係がないので、そのままに置くこと」を請い、英祖がこれを採択することで松坡場は存続され、市廛商人の松坡場廃止の試みは失敗したのである[223]。

　当時私商勢力は、平市署が市廛商人を擁護する機構だったので、他の権力衙門と結託して市廛商人に挑戦する場合が多かった[224]。私商勢力もさまざまな方法で権力と結託して商業行為をしていた。これは松坡場市を掌握した私商・中都児勢力が各軍門と結託していた可能性を間接的に見せてくれるものだと言えよう。このような事情は19世紀初、松坡場を舞台に魚物都賈をしながら魚物廛人に挑戦して、新しい商品流通体系を掌握した京江商人である孫道康という者が、魚物廛人によって何回も乱廛の嫌疑で告発されて拘禁されたが、容易に釈放されている事例からも十分に見当をつけることができる[225]。

　このように新しい流通中心地を掌握した勢力は京江商人だけではなく、両班の権勢家たちもいた[226]。松坡場市の開設を承諾した閔鎮厚は刑曹判書の時に、内・外魚物廛の紛争に介入して外魚物廛にだけ有利な判決を一貫して下した。外魚物廛は1671年、勢力家の奴子たちで構成された市廛として、内魚物廛のしつこい廃止要求にもかかわらずこれに打ち勝って、1801年には堂々と六矣廛の班列に上がる市廛に成長した。このように外魚物廛が成長するようになった背後には、仁顕王后閔氏家の力強い支援があった[227]。両班、高位官僚たちはこの時期に商業利潤に多いに関心を見せ、直接投資もしていた。だから高位官僚たちとつながった私商たちは、禁乱廛権を無視して商業行為をすることで、市廛商人を脅かしたのである[228]。

　松坡場市はソウル以外の場市が5日ごとに開かれるのに比べて、徐々に常設市場化されていった[229]。そのため懸房でさえ市廛である牛廛で牛を購入しないで、松坡場で直接牛を購入するほどであった[230]。このように松坡場が重

要な流通根拠地として成長するにつれて、松坡の人口も大きく増えた。1789年に調査された松坡場が位置した光州府中大面の人口は726戸、3,044人だった[231]。これは小規模郡県の全人口数に似た規模であった。

六矣廛を除いた市廛商人の禁乱廛権は1791年、辛亥通共により廃止されたが、その後も松坡場は全国的商品流通の拠点としていっそう繁栄した。例えば1807年（純祖7）、松坡・三田渡・坡州の人たちがソウルに向かう魚物を独占して松坡で都買乱売するとか[232]、1809年（純祖9）、広州の都買人が産地商人である北商と結託して上京する魚物を保管して値段を上げたりしているが[233]、こうした現象は、松坡場市が市廛商人の禁乱廛権の許容可否にかかわらず、新しい商品流通体系の中心市場として確固として定着したことを示すものである。

このように、18世紀中期ソウル周辺の交通要地に位置した松坡場は、市廛商業体系を根本的に揺さぶる流通市場に成長した。松坡場には市廛商人から品物をもらって中間卸売り業をした 中都児層と「乱廛之類」が結びついて、市廛商人を排除しながらソウルの商圏を蚕食したのである。三南・嶺東・北道の商人たちが松坡場に集まってきて、今やソウルを経なくても全国の物貨が流通する拠点、言い換えれば市廛を頂点とする流通体系とは異なる、私商を中心とする流通体系の拠点として松坡場が成長したのである。

3）楊州の楼院店

松坡がソウルから嶺南と嶺東に行く交通要衝であったとすれば、楼院店はソウルから東北地域である元山と咸境道の慶興、西水羅に行く道の入り口に位置した流通路の中心地だった[234]。楼院店は18世紀中期以後、松坡場と同じくソウルの市廛商業を脅かす流通拠点に変わっていた。楼院店は18世紀以後、東北地域で生産された北魚や麻布と、三南地域で生産された綿布などの衣類が活発に交換される仲介市場の役目をした[235]。特に内・外魚物廛の下に属して魚物流通に参加していた梨峴・七牌市場の中都児は、18世紀中期から個別的に東北の魚商たちがソウルに進入する町角である楼院店幕で魚物を買い占めて、行商層に直接販売することで多くの利益を残していた[236]。次の記録はこのような状況をよく示してくれる。

　　梨峴・七牌は皆乱廛である。都買行為はもちろん、執房して売買するこ

と魚物廛の 10 倍にものぼった。また彼らは楼院店の都賈崔敬允、李聖老次起などと締結して、東西魚物がソウルに入ってくるのを皆買い入れ保管してから、梨峴・七牌に送って乱売するようにする[237]。

ソウルの中都児や乱廛人たちの常設市場だった梨峴・七牌市場は、楼院店の都賈勢力の魚物供給により、魚物流通量が魚物廛に比べて 10 倍も多かったのである。梨峴と七牌の魚市場は 18 世紀中期においても外魚物廛の管轄下にある市場として、魚物廛から魚物を購入してまた販売する中間卸売り市場であった[238]。しかし 18 世紀後半以後、七牌の中都児は内・外魚物廛を流通経路から排除して、直接東北魚商と結びついて北魚流通の主導権を掌握することで、梨峴と七牌は内・外魚物廛市場を圧倒しながら、ソウルで一番大きい規模の魚物卸売り市場へとその性格が変わった。それは、松坡と並んで楼院という新しい魚物流通拠点が成長したために可能なことであった。

(2) 新しい商品流通体系の成立

市廛を頂点とする商品流通体系は、郷商・船商—旅客主人—市廛商人—中都児—行商—消費者と連結される構造であったが[239]、このような体系は市廛商人が持つ禁乱廛権を基礎に形成されていた。18 世紀後半には市廛体系に編入されていた中都児や旅客主人層たちが市廛を排除しようとする努力が活発になったし、ソウル周辺の場市ではソウルの富豪が都賈活動に参加しながら、市廛を頂点とする流通体系は崩壊し、新しい流通体系が発生した。

旅客主人、中都児、ソウルの富豪たちは、市廛商人をしのぐ資本力で松坡場、楼院店などを根拠に都賈活動をしながら、新しい流通体系の主導権を掌握した。このような姿は、楼院を中心とした魚物流通商圏がソウルの魚物廛商圏と対立する市場に成長することを物語る次の資料によく表れている。

　　魚物廛が訴えるには、楊州の楼院店幕は魚商が往き来する要処である。本廛に入ってくる魚物をいわゆる店漢が都執するが、これを乾房という。店漢らは中には中都児と結託して、外では松坡場市と 符同して多くの所に分送して魚物が流通する道を造ったから、魚物流通の利益は皆、都賈乱

廛勢力が操ることになり、本廛民らは 公役を奉ずることはもちろん、生計さえ難しくなった[240]。

すなわち、楼院店の商人たちが乾房を行い、内ではソウルの中都児と結託し、外では松坡場市の商業勢力と連携して、ソウルを経由しないで北魚を全国各地に分送する流通体系を形成したのである。これは市廛を頂点とする流通体系ではなく、私商を頂点とする新しい流通体系であった[241]。楼院だけではなく、楊州の宮洞店でも東北の魚物を都執して中都児に販売したり、外には他の地方場市に分けて販売したりもした[242]。

このように18世紀後半以後、楊州の楼院や宮洞店で都買行為が甚だしくなると、楼院店の都買行為が強力に規制された[243]。楼院店に対する魚物廛商人の統制が強化されると、楼院店から60里ほど離れた抱川の松隅場が新店として、自然に東北地域から来る魚物を買集する大場市に発展した[244]。抱川の松隅場は4、9日に市が立ったが[245]、ここの魚物流通も次の資料で見るように楼院店と同じく、市廛を頂点とする流通体系とは異なっていた。

元山に暮す南大挙と松隅場店民の金雲敬などが主客関係を結んで、北関地域から来る魚物と麻布を操縦するので、魚布三廛（内・外魚物廛と布廛－引用者）が呈状を上げて、懲治することを要求します。魚布三廛の呈状に言うには、「北関で生産される物種が本邑を通過するが、松隅店に都買人が一番多くいます。ソウルから百里以内での都買禁断令が下されたので、ソウル市廛と80里離れた松隅店の都買行為は厳しく禁止されなければなりません。都買人の姓名、居住地を調査して見たら、第一に元山に住む南大挙、金義敬、金成五、金致煥、金厚若など5人、第二に松隅店に住む金雲敬、朴貴宗、李孝白などが直接主人になって、利益を一緒に追い求めています。彼らはまた、通川に暮す石景洙、許栄瑞、裵敬和とお互いに主客として相応しながら、東北魚物と北布を売買するのが毎日60〜70駄に至ります。彼らが物貨の価格を調整するので、行商たちがソウルに入ってくることができません。だからソウル人がむしろ松隅店に行って 北布や魚物を購入しなければならない実情です[246]。

第 1 節　ソウルの商業都市への成長　63

　ここに見られるように、もう一つの地方場市である松隅場の都賈が主体になった新しい流通体系も発生した。これは生産地の集荷所である元山の都賈→ソウルに来る中間寄着地である抱川松隅店の主人層→最終消費地である通川の行商層とつながれる流通体系であった。ここで扱われる1日の流通量は60～70駄にのぼるほどであったし、ソウル市民たちが東北産の魚物と麻布を購入するために抱川の松隅場を訪ねなければならないほどに成長した。このような北魚流通の繁盛により、19世紀中期咸境道安辺郭活里の住民であった全達弘は安辺から抱川松隅場まで北布を運送する馬匹業で生計を立てていた[247]。咸境道地域では北魚や北布のみを運送する貰馬業が出現したのである。これは松隅場―元山の間の商品流通が恒常的に展開されていることを示す端的な事例に他ならない。

　七牌中都兒だけではなく、広州や松坡の富商たちも楼院よりずっと遠い地域である抱川の長距離店幕まで出かけて、地方商人たちが北関から積んでくる魚物をソウルに入れることができないようにし、松坡場に誘引して利益を独占していた[248]。北魚や北布だけではなく、牛隻の流通もソウルの牛廛市民の侵奪を避けて、松坡・沙平場商人と楼院店勢力が直接結ばれて牛隻を都執した。これによって牛廛市民たちは1年に損害が1,000余両に達して、逃散するまでに至った[249]。また素焼き陶器の負商である安景甫は、抱川新店で素焼き陶器を仕入れてソウルで販売することを専業にしていたが、こうした事例を見れば、抱川松隅場は北魚や北布など東北山物品だけではなく、一般商品の流通中心地に成長していたことが分かる[250]。

　七牌の中都兒、松坡場富商たちの都賈勢力は、松坡場市と楊州の楼院店幕、または抱川の長距離店幕を直接連結することで、市廛市民を完全に排除した独自の流通体系を整えた。それ以前は、南西部地域の商人たちが大部分外魚物廛から東北魚物を購入して販売したが、今やソウルに入らないで、松坡場で東北魚物を買って売ることができるようになったのである。このような流通体系は、ソウル周辺に新しい流通中心地が生ずることで現れるようになった。新しい流通体系の姿は次の資料によく表れている。

　　扈衛庁の軍卒たちが都城中の乱廛輩たちを楊州、広州等の地に行かせて、

関東、嶺北から馬で運んでくる魚商たちを松隅・楼院・松坡・沙平等の客幕に誘引して（魚物を都執した後—引用者）、日が暮れる頃城中にしのび込んで梨峴屏門外で、そして七牌等の地で乱売する。……またその数が多い場合には、自分の知人を各所の場市で分けて送って、場市の利益を壟断する[251]。

ここに見られるように、新しい流通体系の担当者である私商勢力は、松隅・楼院店→松坡場・沙平場→七牌・梨峴→消費者とつながる流通路と、松隅・楼院店→松坡場・沙平場→隣近場市とつながる流通路を開発して、魚物を流通させたのである。このように、ソウル外郭の松坡・七牌・沙平場と楼院・抱川等の地を直接連結する新しい流通体系を掌握した勢力の商行為は、市廛商業を脅かす程度ではなく、市廛商業をしのいでいたのである。

ところで新しい流通体系を掌握した都買乱廛勢力が引き続き成長するためには、何よりも自分たちが魚物流通を完全に掌握することのできる市場が必要だった。したがって彼らは、都買乱廛の根拠地だった楼院に場市を設立することを要求した。これに対して備辺司では、

　　楼院店民が場市を新設しようとしてから長い時間が経った。大抵楼院店村は東北魚商の入京の路に位置し、別に乾房という名号を新たにつくって各商人たちが主人と行商人の関係を決めて両路の魚物を都執し、ソウル市廛の利益を横奪して松坡に輸送するだけでなく、あるいは湖中に派送する。……したがって甲午（1774）、乙巳年（1775）の間にこれを痛禁するように命令が下された。歳月が経つと禁令が緩んで、店民の悪習がまたよみがえった。店民たちが乾房を復設し、中都児輩たちが結託して利益をはかる。彼らは窮民の振りを仮托して、穀食の貿遷と称しながら、場市を新たにつくろうと何回も呈訴を本司に上げたが、皆斥けられた。……今場市の開設を承諾すれば、中都児と乾房輩が東北魚物を都執して、都城で販売するでしょう。そのようになれば魚物価格が上がるはずで、ひいては魚物廛人たちも大きな損害を被るようになるでしょう[252]。

第 1 節　ソウルの商業都市への成長　65

と告げて、楼院の場市設立要求を許さなかった。たとえ楼院店都賈勢力が推進した場市設立は失敗したとはいえ、このような要求はすなわち私商や都賈勢力が掌握していた新しい商品流通体系の公認を受けようとする試みであったと思われる。

このような新しい流通体系に参加する者は、権勢家とつながった私商大賈、あるいは既存の市廛を頂点とする流通体系の下部で商業行為をしていた旅客主人、中都児たちであった[253]。これらの中で新しい流通体系を掌握した勢力は、松坡など新興商業都市の富商大賈たちであったが[254]、彼らは大部分京江出身の富豪であった。もっとも代表的な人物が京江商人であった孫道康と京江のトゥクソムで活躍した景快孫という人物であった[255]。

新しい流通体系は、生産地から消費地まですべての流通体系を富商大賈が掌握して販売するものであった。それは封建権力が付与した購買独占権と販売独占権を根拠にして販売する「廉価勒買」方式ではなく、相当な資本力と組織力を基礎にして「貿賤売貴」する方式であった[256]。生産地からソウルまでつながるすべての流通体系を掌握することによって、価格調節能力も大幅に向上し、彼らは最大限の商業利潤を確保することができた。このような流通体系は、市廛商業とは異なる「私商体系」としての性格を持つものであった[257]。

18世紀後半の新しい商品流通体系は、私商層の参加と並んで、ソウル都城中の伝統商業の中心地以外に、ソウル周辺に新しい流通拠点が創出されたことによって初めて形成されることができた。次の記事は、ソウル周辺の都市化が市廛商業体系にどのような影響を及ぼしたのかをよく示してくれる。

　　　南門外七牌で乱廛する部類たちは、東では楼院店幕で、南側では銅雀津頭で、南北から上京する魚物を都執して、七牌乱廛に城内の中都児を呼び入れ、日々に乱廛する。だから男は籠に、女は木瓢に入れて路頭で行商をすることが一般化された。これらの行商先は、水閣橋・会賢洞・竹箭洞・鋳字洞・於清洞・於義洞・梨峴屛門等の地だ。ここで販売する乾魚、塩魚などは皆、七牌で分け受けた物種である[258]。

すなわち、中都児が楼院や銅雀津などのソウル周辺の流通拠点で魚物を都執

して、七牌乱廛で小売商に販売し、ソウルの小売商たちは都城中の魚物廛ではなく、七牌乱廛で購入して消費者に販売したし、消費者たちは魚物廛を経ないで魚物を購入することができた。このような流通体系はすなわち、市廛を頂点とする流通体系が崩壊したことを物語っている。

このような私商を頂点とする新しい商品流通体系の成立は、市廛商人に従属していた京江の商権を独立させる結果をもたらしたし、これは言うまでもなく全国海運と水運の中心地だった京江地域を、新しい商業中心地に発達させた重要な原因になった。

註
1 朝鮮初期の戸口の変化を扱ったものとしては次の諸論文を参照。
李樹健「朝鮮初期戸口研究」『論文集』5、嶺南大、1972；韓永愚「朝鮮前期の戸口総数について」『人口と生活環境』（権泰煥・ハンチョヨン編）、ソウル大人口および発展問題研究所、1977；韓栄国「朝鮮初期戸口統計における戸と口」『東洋学』19、1989。
2 権泰煥・慎鏞廈「朝鮮王朝時代の人口推定に関する一試論」『東亜文化』14、1977。
3 李泰鎮『韓国社会史研究―農業技術の発達と社会変動』知識産業社、1986；李泰鎮「15,6世紀韓国社会経済の新しい動向―低地開墾と人口増加」『東方学志』64、1989；李泰鎮「16世紀東アジアの経済変動と政治社会的動向」『朝鮮儒教社会史論』知識産業社、1989；李泰鎮「15,6世紀低平・低湿地の開墾動向」『国史館論叢』2、1989；李泰鎮「15世紀韓国の農業と科学技術」『択窩許善道先生停年紀念韓国史学論叢』1992。
4 17世紀後半の漢城府の人口増加については研究者の間に多様な見解がある。趙誠允はこの人口変動現象を単純に出生率と死亡率、そしてソウルに転入する人口の増加だけで説明することは困難であり、同じ期間に全国の戸口と人口数がどちらも2倍以上増加したので、この時の人口増加は実際人口数の増加を反映するというよりは、戸口調査方法の画期的な変化に起因するものと把握している。彼は正確な戸口統計の作成と同時に、戸口把握対象が編戸から自然戸に変わったことに原因を求めている（趙誠允「朝鮮後期ソウル住民の身分構造とその変化―近代市民形成の歴史的起源」延世大博士学位論文、1992、44頁）。金甲周は両乱以後に国家制度の整備による人口把握能力が高くなったからと見ている（金甲周「18世紀ソウルの都市生活の一様相―陸契を中心に」『東国大論文集』23、1984、217-218頁）。鄭演植もこの時期の人口増加は戸口把握の厳密性によるものと把握している（鄭

植「朝鮮後期の'役摠'の運営と良役変通」ソウル大博士学位論文、1993、20-27頁)。一方孫禎睦は、人口増加の原因をソウルの城底各面が京中5部に編入されたからと推定している（孫禎睦『朝鮮時代都市社会研究』一志社、1977、159頁)。

5　顕宗1年、4年、7年に行われた戸籍調査はそれ以前の時期に比べて非常に厳格だった。例えば戸籍から抜け落ちれば「全家徙辺の律」を適用するとか、または年を一歳虚偽記載しても、当事者と家長を処罰した。特に漏戸は士大夫と公私賤を問わず徙辺に処して、戸籍担当者は管領・統首・監考以下、里正まで、杖一百、全家徙辺、充軍に至る厳しい刑罰で処理された。この時期の戸籍調査の厳密性に対しては、鄭演植の前掲論文、20-27頁参照。

6　『顕宗改修実録』巻15、顕宗7年7月甲辰、517頁（以下頁数は国史編纂委員会刊、『朝鮮王朝実録』影印本該当の冊の頁を表示したものである)。「漢城府啓曰　今年戸籍事目極厳　民戸殆無漏落者　頃因台啓　有更加捜括之挙」

7　孫禎睦は1657年から1669年の間にソウルの人口が急激に増加した原因を、城底各面がこの時期に漢城府に編入されたからと推定している（孫禎睦、前掲書159頁)。城底各面の編入可否は不確かだが両乱を前後して行政区域が改編されたことは明らかなようである。これは1663年漢城府の『康熙二年癸卯式年北部帳戸籍』の入籍対象が城外地域であったという点、そして1793年（正祖17）壮勇営の設置で、蓮花坊地域の民戸を分契する時に制定された〈壮勇営進蓮花坊営属民戸分契節目〉で両乱時に昌慶宮の東に訓練都監の陸戸砲手および漢人漁夫を分けて配置したという次の記録からも示唆される。「古者　宮城之外　列置於禁旅　所以拱護捍衛也　奥我孝廟朝　分置漢人漁夫及訓局陸戸砲手等於昌慶宮東以実之　有以仰認聖意之深遠　而実取倣於古制」（『正祖実録』巻37、正祖17年5月丁巳、390-391頁)。

8　『承政院日記』1670冊、正祖13年12月21日、840頁（以下頁数は国史編纂委員会刊『承政院日記』該当の冊の頁を表す)。「恵庁所報以為　京畿倉万暦戊申（1608）先置於城内　三南倉順治丁酉（1657）継設於江上」

9　『備辺司謄録』172冊、正祖12年正月16日、43頁（以下頁数は国史編纂委員会刊『備辺司謄録』該当の冊の頁を表す)。「取考本営所在前後市案　則一巻年条未詳　一巻康熙三年（1664）修正　一巻康熙二十五年（1686）修正　一巻康熙四十五年（1706）修正　一巻乾隆二十三年（1758）修正　合為五巻而康熙二十五年前市案則母論某種物種間　不区別載録　自康熙四十五年　始為詳録」

10　市廛が集中的に新設される時期は1660年代前後と18世紀中期だった。18世紀中期は乱廛活動が活発になるにつれて一部私商勢力が自ら廛号を作って市廛登録をする形態で多くの市廛が新設された。そのため1741年には10年以内に新設市廛を廃止せよという命令が下されるほどだった（『備辺司謄録』109冊、正祖17年11月18日、179-180頁)。18世紀中期新設市廛が増加する現象については既往の研究である程度その実際が明らかにされたが、17世紀後半の新設市廛の増加現象はほとん

ど研究されてこなかった。

11 『備辺司謄録』184冊、正祖20年11月30日、549頁。「西江麻浦両米廛市民等以為 西江設廛 今為一百三十余年 麻浦設廛 亦為一百十余年 門外米廛 同年設市」
12 『市民謄録』乾、乙未（1705）9月初1日。
13 同上書 乾、庚申年 外廛人 上言。
14 『備辺司謄録』53冊、粛宗29年3月2日、127頁。「五部招集各道流民見之 則多是実民挙家流徙 非与曽前一二人転乞之比」
15 『備辺司謄録』161冊、正祖4年2月26日、829頁。「領議政 金尚喆曰 其一 近来郷外懶農之類 流入都下 無家無頼 豈不為窮且盗乎……至於流入都下備役為業之類 何可猝然刷還 徒作一場騒擾乎 此則置之何如 上曰依為之」
16 『備辺司謄録』53冊、粛宗29年3月2日、127頁。「副提 学金鎮圭曰 外方流民本土之飢荒 以為若往京師 則庶有生道 相与扶携而来」
17 尹用出「17、18世紀 徭役制の変動と募立制」ソウル大博士学位論文、1991、128頁。
18 尹用出は顕宗代以後、山陵役と営建役で僧軍徴発がなくなった原因を「抑仏策」と関わらせて説明しているが、ソウルの人口増加によって雇立制に動員することができる労働力が拡がった側面も考慮されなければならないだろう。
19 『承政院日記』410冊、粛宗29年3月15日、31頁。
20 『承政院日記』775冊、英祖10年3月7日、282頁。
21 姜萬吉「官業における賃金労動制の発達（1）『朝鮮時代商工業史研究』ハンギル社、1984、350-351頁；尹用出、前掲論文、1991、195-212頁参照。
22 朝鮮後期における商業的農業の発達に関する研究としては次のようなものがある。宋賛植「朝鮮後期農業における広作運動」『李海南博士華甲紀念史学論叢』1970；金容燮「朝鮮後期の経営型富農と商業的農業」『朝鮮後期農業史研究—農業変動、農学思想』一潮閣、1971；宮嶋博史「李朝後期農書の研究—商業的農業の発展と農奴制的小経営の解体をめぐって」『人文学報』43、京都大人文科学研究所、1977（『封建社会解体期の社会経済構造』青河出版社編訳所収）；李世永「18, 9世紀穀物市場の形成と流通構造の変動」『韓国史論』9、1983；李潤甲「韓国近代の商業的農業の研究—慶尚北道地域の農業変動を中心に」延世大博士学位論文、1993。
23 権泰檍『韓国近代綿業史研究』一潮閣、1989、31-39頁参照。
24 李永鶴「韓国近代煙草業に対する研究」ソウル大博士学位論文、1990、10-40頁参照。
25 朝鮮後期の手工業生産の発展に関する研究としては次のようなものがある。全錫淡・許宗浩・洪熹裕『朝鮮における資本主義的関係の発生』科学百科事典総合出版社、1970；宋賛植『李朝後期手工業に関する研究』韓国文化研究所、1973；姜萬吉『朝鮮時代商工業史研究』ハンギル社、1984。
26 朝鮮後期の対外貿易に対しては次の研究を参照。

李元淳「赴京使行の経済史的一考―私貿易活動を中心に」『歴史教育』7、1963(『朝鮮時代史論集―内（韓国）と外（世界）の出会いの歴史』ヌティナム、1992に再収録);柳承宙「朝鮮後期対清貿易の展開過程―17,18世紀赴燕訳官の貿易活動を中心に」『白山学報』8、1970;柳承宙「17世紀の私貿易に関する一考察―朝・清・日間の焔硝・硫黄貿易を中心に」『弘大論叢』10、1979;韓相権「16世紀対中国私貿易の展開」『金哲埈博士華甲紀念史学論叢』1983;李泰鎮「国際貿易の盛行」『韓国史市民講座』9、一潮閣、1991。

27　朝鮮後期の貨幣流通に対しては次の研究を参照。
　　崔虎鎮『韓国貨幣小史』イムン堂、1974;元裕漢『朝鮮後期貨幣史研究』韓国研究院、1975;宋賛植『李朝の貨幣』春秋文庫、1975;権栄翼「柳馨遠の貨幣思想に関する研究」『大東文化研究』11、1976;権仁赫「18世紀の貨幣流通研究」『論文集』2、済州大、1981。

28　『増補文献備考』巻159、財用考6、銭貨。

29　『万機要覧』財用篇4、銭貨 鋳銭始末。

30　『承政院日記』628冊、英祖2年12月10日、293頁;『英祖実録』巻10、英祖2年12月丁卯、612頁。

31　1690年代の鋳銭状況を見れば、1691年に開城府で、1693年には常平庁・訓練都監・総戎庁で鋳銭しており、その後には鋳銭機関を戸曹と常平庁に制限した。しかし1695年には飢饉のため関西・湖南・嶺南の監営と兵営で鋳銭したし、湖西・海西・関東地域には賑恤庁で鋳銭した1万両を出給した(『万機要覧』財用篇4、銭貨 鋳銭始末)。

32　『備辺司謄録』75冊、景宗4年正月14日、475頁。「我国行銭 其来已久 当初則只行於京中与近道 故足以通行 今則如西北窮荒之地 東南浜海之処 貿遷交易 莫不以銭通行 銭貨之設局鋳成 今幾五十年 八路通行視古有異」

33　『続大典』刑典禁制。「平安道江辺七邑（義州 江界 楚山 昌城 朔州 渭原 碧潼）用銭者 以一律論（咸鏡道 端川以北同）咸鏡道 富寧以北 商買入去者 以制書有違律論」

34　『備辺司謄録』81冊、英祖3年5月10日、70頁。「小臣待罪南兵営時 銭貨只行於北青以南 而今過十余年後得聞 則転入流行磨天以北云」

35　『承政院日記』360冊、粛宗20年7月27日、196頁。

36　『備辺司謄録』139冊、英祖36年8月30日、457頁。「伝曰……故相金育大同之後都民因此頼活矣 雖然昔之貴者或賤 昔之賤者或貴」

37　李佑成「18世紀ソウルの都市的様相―実学派、特に利用厚生派の成立背景」『郷土ソウル』17、1963(『韓国の歴史像』創作と批評社、1982に再収);高東煥「朝鮮後期ソウルの商業都市への成長」『東洋都市史の中のソウル』ソウル市政開発研究院、1994、参照。

38　『増補文献備考』巻163、市糴考1。「宣祖三十三年 領議政李恒福剳曰 庶民之中

富商大賈為之頭首 而因乱散処 随時占利 以図富足 而不思旧居者 亦多有之……自来今行移外方 京商之散処其地者 一一摘発 使還旧業」

39 『承政院日記』440冊、粛宗34年3月9日、782頁。「曽於孝廟朝……国家脱有事変 則馬夫無以備待 請抄各邑諸員中小壮者百有余人 名曰牽夫 劃給箭串一処 使之安接 仍于分給位田 以備生理 作一緩急可用之卒 其所居村以中里称之 而一如砲殺手例 大小坊役 一切勿侵之意 事目定奪」

40 本書第1章註7参照。

41 李泰鎮「中央五軍営制の成立過程」『韓国軍制史―朝鮮後期篇』1977、131頁(『朝鮮後期の政治と軍営制変遷』韓国研究院、1985、に再収)。

42 尹用出、前掲論文、111-112頁。

43 李泰鎮「'小氷期'(1500-1750)の天体現象的原因―『朝鮮王朝実録』の関連記録分析」『国史館論叢』72、1996。

44 『顕宗実録』巻18、顕宗11年8月辛丑、673頁。

45 『顕宗実録』巻19、顕宗12年正月癸亥、685頁。

46 『顕宗実録』巻19、顕宗12年3月壬申、691頁。

47 同上。

48 『備辺司謄録』132冊、英祖33年正月18日、926頁。「近来外方賑法 他邑流民及無籍之類 並不賑者多矣 以賑邑言之 則本土入籍之民 不違救済 至於不入籍者情状加悪 不許付賑」

49 『牧民心書』賑荒 六条 規模、「粛宗 癸未(1703)李寅燁奏曰 都城流丐 皆自諸路挙家流徙 非一二人転乞之比 其中亦有萎黄近死者……臣謹按 此是京城 故受此流民外洲無此法也」

50 『顕宗実録』巻20、顕宗13年4月壬辰、14頁。死骸を埋めないでそのまま捨ておいた場合を考えれば、その数字が相当なものであったということを容易に推測することができる。

51 17世紀末から18世紀前半までを基準にする時、ひどい凶年は1731年にあった。また特定の災害を中心に見れば、洪水は1707年、台風は1713年、日照りは1724年がもっとも代表的なものとして記録されている。「(全羅監司 状啓)旱水風 三大災 並作於一時歟 老農之言曰 旱称丁未(1724)而比今年差軽 風称癸巳(1713)而比今年反歇 水則丁亥(1707)之災 猶不若乎今年」(『承政院日記』726冊、英祖7年7月4日、139頁)。

52 金甲周、前掲論文、1984、218頁。金甲周は17世紀後半、流民たちのソウル集中現象を、「国王中心の官僚体制の下で救恤を要請する一時的な現象だっただけであって、商工業中心の近代都市志向的な永久的な定着のためのソウル集中現象ではない」(219頁)と説明している。しかし当時、流民たちはソウルに群がってきて京江辺の荷役運輸業や、都城周辺の山腹等を開墾したり、あるいは広通橋・孝経橋

の下で穴蔵生活をしながら徐々に都市貧民として定着した。したがってこの時期に現れる人口集中現象は、金甲周の主張のように一時的なのではなく、ソウルの商業が発展しながら都市貧民として定着する人々が増加するにつれて現れた構造的な現象であったと言えよう。

53 『備辺司謄録』107冊、英祖16年12月19日、25頁。〈関東慰諭安集御使賫去事目〉;『英祖実録』巻55、英祖18年2月癸卯、50頁;『英祖実録』巻55、英祖18年4月己亥、55頁。

54 『承政院日記』370冊、粛宗23年3月11日、726頁。

55 『備辺司謄録』117冊、英祖23年4月2日、714頁。「京中流丐申飭 還送本土事 曾有定奪矣 聞近日議政府吏曹等処 多有留住云 令京兆一一訪問 自賑庁給糧還送之意 申飭似宜矣」

56 『増補文献備考』巻161、戸口考 顕宗 十一年。「領議政鄭太和筵啓 以全羅監司申 報状以為 流丐之類 多願即所在之邑 仍為入籍此類 若不入籍則無所繋属將為逋民 而若為許籍之後 受食賑穀 旋即逃去 則莫重戸籍未免虚疎 廉捧指揮云既不可一一督令各還其本土 故從情願許令入籍於時在之官 似便当 本道監司処以此回移 仍為行会於各道一体挙行事 分付漢城府何如従之」

57 『備辺司謄録』122冊、英祖27年4月10日、144頁。「諸道流丐還送本土 而但流丐之中 或有依接於京人 稍能資活者 今若一併駆送 則在路艱辛去後仰哺 反不如在京依頼 如此之類 姑為置之 必択其無依頼願帰者而送之 実欲順民情之道云矣」

58 同上。「兵曹判書洪啓禧曰 飢民之来集城中者 或有得頼処 不願下去者又有欲帰而帰 則只不免餓死 故徊徨不忍帰者 或有雖欲還帰而顑顲疲瀜 不能自振者 今欲尽駆而還之 則不思其不願者 則不必送 臣意則不如從其自願 願帰者送之願留者留 欲帰而不能者姑留之 使賑庁從便救済 待其差蘇而送之 似宜矣……上曰依為之」

59 『備辺司謄録』161冊、正祖4年2月26日、829頁。「領議政 金 (尚喆) 曰 其一近来郷外懶農之類 流入都下 無家無頼 豈不為窮且盗乎……至於流入都下備役為業之類 何可猝然刷還 徒作一場騒擾乎 此則置之何如 上曰依為之」

60 『備辺司謄録』202冊、純祖12年3月24日、480頁。「外邑流民之来聚都下者 已為饋粥給糧 從自願領送于近道設賑邑 私之并為付賑 而此外留在於城内外者 其数尚多」

61 高東煥「朝鮮後期蔵氷役の変化と蔵氷業の発達」『歴史と現実』14、韓国歴史研究会、1994。

62 『備辺司謄録』119冊、英祖25年2月17日、872頁。「守禦使趙観彬所達……臣於街路上 見流丐数十人而有飢色 衣不掩体 負柴往来者 問之則乃是海西関東向年凶荒時流丐 而其類頗多 或投入閭家為奴 負柴之類 非不欲還帰本土 而公私債難報之故 不得不如此 其情可矜」

63 『漢京識略』橋梁。「京城流丐之窖 築於広通孝経橋 毎年臘寒時 自上 発遣宣伝官

看検恤問 令該曹給米布 修窖居 俾免其凍餓以死」

64　金埆『潜谷全集』巻5、〈城中溝渠修治啓〉。「京中開川……近来塡塞成洲 至於作田種菜 川平為陸 路反低陷……若秋収時 至急流漲溢 則川上居民 難免淪塾之患」

65　『濬川事実』（奎章閣図書番号15745、以下、奎章閣図書番号は「奎」と略す）、濬川司節目。

66　『京兆府志』刑房。「二主簿所掌 掌検験 闆家奪入禁断 一士大夫闆家奪入借入白文売買之類 申勅禁断 毎月二十五日 本府郎庁摘奸 有無別単入啓 晦日 各部牒報本府 則無別単亦為入啓 又報籌司 一城内外毀家売買禁断 各部毎五日報来本府 晦日報籌司」

67　『朝鮮王朝実録』に士大夫たちの闆家奪入禁止を命令した記事は、『正祖実録』巻33、正祖15年7月辛丑条以下には見えない。これから推し量って、少なくとも1791年（正祖15）以後、士大夫の闆家奪入はなくなったように見える。

68　蔡済恭『樊巌集』巻31、闆家買入定式啓。「古則奪入閭家 果為閭巷切癇之弊故 禁令絶厳 今則民俗如前判異 為両班者 設欲奪入 有誰見奪而不訴於法曹者乎今之奪入二字 不過因前不改 其実則無実事矣 窮残班名之無所於帰蟹匿草屋 和買以入 猶且蒙之 以奪入之名 事渉冤枉 雖以覆瓦者言之 間数不多則其為蟹匿一也 従今以後草屋則都勿問 瓦覆者限十間勿問 外此雖十一間 部官計数後報于京兆 如法処之 則買居者亦当知」

69　『続大典』戸典 田宅。

70　『英祖実録』巻68、英宗24年11月甲寅、312頁。「旧制禁都城四標内起耕 上以民家世耕之田不宜混禁 以致失業 命京兆只禁新田 勿禁旧耕」

71　『度支志』外篇、版籍司 四山禁標。四山禁標の境界は、『続大典』刑典 禁制条の「京城十里内」と一致する。

72　上と同じ条。「英宗二十二年 判尹柳儼所啓 都城十里内 山菑山脊 近多起耕至於万里峴 西氷庫 諸山穿鑿崩頽 一望濯濯 自今為始 発遣郎庁 摘奸山腰以上毋論公私田 厳治田夫 更犯者 論以重律何如 上曰依為之」

73　『正祖丙午所懐謄録』85頁（以下、頁数はソウル大出版部影印本の頁数を表示）。「山腰以上起耕 本有禁令 而近来民不畏法 耕犁日尋 以致京外諸山率多濯濯之患」

74　『承政院日記』563冊、景宗4年2月20日、639頁。

75　『正祖丙午所懐謄録』124頁。「近来民習 全以規避為事 如各営門軍兵各上司吏胥及壇直苑直等 各様名色 毋論有無率丁 挙皆慢不応役 城内居民応役之戸 十不能一二 郊外平民 偏被其苦……平民之無名色者 率不免一年再三役」
　もちろん都城中の免役者がすべて両班であったわけではない。しかし都城内と郊外の応役不均は身分構成の差を反映すると見ても構わないだろう。

76　漢城府戸籍は『北部帳戸籍』と、京都大博物館に所蔵されている『韓末光武戸籍』59冊がある。これらの戸籍に基づいた研究としては次のものがある。

Edward W. Wagner, "Social Stratification in Seventeenth Century Korea : Some Observations from a 1663 Seoul Census Register", *Occasional Papers on Korea* v.1, 1974（ワグナー「17世紀朝鮮の社会階層―1663年のソウル北部戸籍を中心に」梨大史学科研究室編訳『朝鮮身分史研究―身分とその移動』法文社、1987 所収）；趙誠允「朝鮮後期ソウル住民の身分構造とその変化―近代市民形成の歴史的起源」延世大博士学位論文、1992。前者は1663年戸籍大帳のみを対象にしたものであり、後者は1663年戸籍と韓末光武戸籍を部分的に比較して研究したものである。

77　1660年代にソウルが地域的に拡大しながら、都城の外には「有契無坊」地域がたくさん生じた。この地域は1788年に漢城府の行政編制が改編されるにともなって常平坊・延禧坊・延恩坊が新設され、坊に編入された地域である。行政編制の変化に対しては本書第1章第1節「2. ソウルの空間的拡大と行政編制の変動」参照。

78　『磻渓随録』田制後録 上、戸口式。

79　趙誠允、前掲論文、87頁参照。

80　ワグナー、前掲論文（翻訳本）、180-190頁参照。趙誠允とワグナーの研究に差があるわけは、ワグナーが良人の上層部分としたものを、趙が両班下層と分類したからである。朝鮮後期の身分構成とその変動に対しては次の研究論文を参照。韓永愚「米国内の韓国身分資料および朝鮮時代身分史研究動向についての研究」『韓国史論』13、1985；韓栄国「朝鮮王朝戸籍の基礎的研究」『韓国史学』6、韓国情神文化研究院、1985；金仁杰「朝鮮後期身分史研究の現況」『韓国中世社会解体期の諸問題（下）』、ハンウル、1987；崔承熙「朝鮮後期「幼学」「学生」の身分史的意味」『国史館論叢』1、1989；李泰鎮「朝鮮後期両班社会の変化―身分制と郷村社会運営構造に対する研究を中心に」『韓国社会発展史論』一潮閣、1992。

81　『承政院日記』867冊、英祖14年正月15日、833頁。「北部参奉 柳綵……本部言之 只是三十二契 而両班多而民少 閑丁何以得之也」

82　ワグナーは、『北部帳戸籍』に対する分析を根拠に、それまで朝鮮後期の身分史研究の一般的趨勢であった身分の上向移動説を否定して、「両班で良人やその以下に、そして良人から奴婢に転落する下向移動の比重がよほど大きい」と結論を下すことで、身分史研究の全般的再検討を主張した。しかしこうした結論は『北部帳戸籍』を不十分に理解したことによるように見える。すなわち戸籍把握地域が城外であり、当時漢城府の公式行政体制である坊が設置されていない点を念頭に置けば、この地域の人口は本来の漢城府人口というよりは、大部分外部から流入した人口である可能性が大きい。

83　漢城府の地域空間拡大と城外地域の人口増加については後述する。

84　このように賤民の比重が高く現れるのは、戸口把握対象地域が城外という点のほかにも、当時の戸籍作成方式の特性にも起因する。当時は主人と同居しない奴婢

でも奴婢の所有権を証明するために主人戸籍に皆記録した。そのため『北部帳戸籍』に現れる奴婢人口は、実際の居住奴婢より誇張されたものであることが分かる。「今国俗奴婢異地居者亦皆列書於戸籍中 甚非事理之当 夫戸口本以籍其戸内之人口也 是以別居者 則雖親子 別自為戸 而不入於其中 況奴婢乎 以子則不書 以奴婢則書 是何道理 凡奴婢不在戸内者 勿許并録」(『磻渓随録』田制後録 上、戸口式)。

85 高東煥「朝鮮後期蔵氷役の変化と蔵氷業の発達」『歴史と現実』14、1994、165頁。
86 本書第1章註7参照。
87 孫禎睦「李朝都市の住民構成―官人、吏属と市廛および市場商人等を中心とした李朝都市の機能的考察」『郷土ソウル』33、1975。
88 『備辺司謄録』112冊、英祖25年9月20日、966頁。
89 『備辺司謄録』178冊、正祖15年6月5日、804頁。
90 『承政院日記』468冊、粛宗38年5月5日、412頁。「折草廛人之入属於負持軍者不過三百余名 此外五部居民之以折草為業者 其数無慮累千 而一朝絶其生理 豈無称寃之言乎」
91 『承政院日記』619冊、英祖2年6月21日、806頁。「大路辺架蓋之類 取折草之利以資其生 以応坊役 而近有豪悍輩 結為葉草契 凡南草之自外入来者 尽取籠断任意操縦 使架蓋之類 専失其利」
92 『承政院日記』688冊、英祖5年7月12日、951-952頁。
93 『各廛記事』と『市民謄録』に見える内・外魚物廛人の紛争記事の中に、外魚物廛の定数を130人と定めたという記録が見える。これを通じて見れば、内魚物廛人と外魚物廛人の数は300余人内外と推定することができる。これについては、高東煥「18世紀ソウルにおける魚物流通構造」『韓国史論』28、1992、165-166頁参照。
94 『各廛記事』地、乾隆46年(1781)辛丑4月　日。
95 『北学議』内篇、道路。
96 京江辺の人口増加については本書第2章第1節を参照。
97 『正祖実録』巻12、正祖5年11月己亥、277頁。「掌令 具修温上疏曰……都下之民 本無農作之業 故各司吏隷外 率皆貿遷販貴興利資生者十之八九 蓋四方之物輻湊都下 故方其賤也人得以貿之 方其貴也人得売之 貿遷有無 朝夕食利者 此実都民生涯之本也」
98 孫禎睦「都市人口規模とその国際比較」『都市問題』1974年10月号。孫禎睦の分析は、各郡県の都市人口のみを抽出したもので、概して『戸口総数』の記録の中で商業や行政中心地を包括する面単位の地域人口を含んで統計を作成したものである。面単位の地域全体が都市化されたとは考えられないという限界は持っているが、現在、人口統計状況に照らして都市部地域を定める方法がないので、一応この研究の結論をそのまま受け入れた。

99　趙誠允は、戸口増加の原因は住宅建設の増加と新興村落の建設、人口停滞の原因は輸送能力と交通体系の限界による食糧の供給能力と供給規模の制限性、そして国家の戸口把握能力が弱化されたことに求めている（趙誠允、前掲論文、44-45頁）。
100　漢城府の戸口統計が戸口数の増加と人口数の停滞として現れる原因は、実際の人口を反映したものではないことは明らかである。このように現れる原因は、戸口が賦役賦課の基準だったので役人たちの関心が高く、絶えず増加した一方、人口の増減にはあまり関心を傾けなかったからであると思われる。権泰煥・慎鏞廈の研究でも『朝鮮王朝実録』に記録された人口数の完全性を40％に満たないと推定している（権泰煥・慎鏞廈、前掲論文、1977、292頁参照）。
101　『承政院日記』800冊、英祖11年閏4月18日、682頁。「（李）寅明曰 今番嶺南之行 臣所経歴不過嶺底数十里地 而既聞辛壬（1731, 1732）凶荒 死亡孔惨 至今未及蘇完 守令以戸口増 入於七事中 而毎式年京兆以此責之 守令既不能以徳政勞来之 又不能捜得実戸 往往増其虚戸 徒為民弊」
102　『備辺司謄録』179冊、正祖15年7月17日、827-828頁。「至若増戸之弊 反有甚於漏戸 蓋各邑例以増戸為主 或令家内以分戸 或令廊下以各籍 至以虚戸充数而偽増 其為病民 不一其端 則真所謂有虚名而受実害也」
103　上と同じ条。「漏戸隠丁之弊 八路同然 郷曲豪右之家 偏作良丁之藪軍民之白徴身布残氓之偏当烟役職此之由」
104　金容燮「軍役制釐正の推移と戸布法」『省谷論叢』13、1982年。
105　『承政院日記』451冊、粛宗35年10月5日、401頁。
106　『承政院日記』867冊、英祖14年正月25日、832頁。
107　『承政院日記』719冊、英祖7年3月9日、756頁。
108　『備辺司謄録』105冊、英祖15年正月14日、751頁。
109　『牧民心書』愛民 六条 寛疾。
110　伝染病が流行した時の病人たちの数を推定するには次の記録が参考になる。1732年（英祖8）伝染病の流行でソウルに設置された結幕は訓錬都監字内の新旧幕369ヵ所、禁衛営字内の新旧幕425ヵ所、禦営庁字内の新旧幕162ヵ所と、全部で956ヵ所だった（『承政院日記』1558冊、正祖8年5月7日、73頁）。これから推し量れば結幕に収容された患者数も相当であったことが分かる。
111　トニー・ミッチェル「朝鮮後期の経済と貿易開放」『東方学志』40、1983、106-107頁。彼は「ソウルの規模拡張という問題が一度も申し立てられなかったのは、朝鮮王朝の人口統計に対する曖昧な態度のためだ」と指摘した後、1925年城郭の内を境界にした時の人口30万8,363人と麻浦・竜山・西江地域を含んだ1936年の人口70万8,396人を比べた後、1870年頃のソウル圏人口は公式統計である20万人よりはむしろ30万人に近かったものと推定している。
112　『備辺司謄録』213冊、純祖25年11月21日、711頁。

113 『野言』(奎 イルサ文庫 001-si64y) 籍法。「京師根本之地也 人物之所聚 貨宝之所積 而奸究易以藪蔵 難以済整……捨此四類以外 遊而食遊而衣者 天地蠹而国家之賊也雖有億万 不可為之民也 京師之内 此輩甚多 逃役逋民者 作一淵藪……大抵都下人総之盛 非国家之利也……此徭役繁重 民皆捨本趨末之故也 近日都下比前益盛」

114 例えば1891年に兪吉濬は、「ソウルの人口を40万人、壮丁1人の1日穀物消費量を1升と (未成年者10万人の消費量を 0.5 升と、乳児 5 万人は除外) 推算して、総45万升なので、1日消費量は3,000石と推定した。したがってソウルの1年間穀物消費量は108万石に至り、その他酒・餅・飴を作るのに消費される穀物を合わせて、おおよそ150万石になる。ソウルの穀物は租税・地代・貿穀を通じて調達されるが、金納化を施行して租税穀54万石がソウルに入ってくることができないとしても、商人たちが貿穀を通じて補うはずだから金納化施行に困難がない」(『兪吉濬全書』4、税制議、一潮閣、1971、185-187頁) と指摘している。この資料で兪吉濬は19世紀末ソウルの人口を大人40万人、未成年者10万人、乳児5万人など、総55万人と推算している。

115 この表は趙誠允の前掲論文、1992、48頁と、金東哲「18,19世紀 貢人研究」釜山大博士学位論文、1993、116頁にそれぞれ提示されている。ただ趙誠允は西部・盤石坊を城外地域と、金東哲は城中地域と分類している。19世紀純祖年間に編纂された『東国輿地備攷』(奎古 4790-10) 巻 2、部坊条によれば、盤石坊は城外地域に分類している。また金正浩が描いた『東輿図』(奎 10340) 帖都城図でも盤石坊は城外地域と表示されている。したがってここでは盤石坊を城外地域に分類した。金東哲もその後見解を修正して、『朝鮮後期 貢人研究』(韓国研究院、1993) では盤石坊を城外地域に分類している。

116 『英祖実録』巻62、英祖21年7月甲申、187頁。「副修撰 洪重孝 上疏略曰 竊以為都城築役 決不可行也 臣聞京都之不可守有五……城外人居殆半 城内賊来有拠 而客反為主 三也」

117 ソウル都城と北漢山城築造の経過と歴史的意義については李泰鎮『朝鮮後期の政治と軍営制変遷』(韓国研究院、1985) 第2章「18世紀の王政強化と三軍門都城守備体制および親衛軍営発達」232-243頁参照。

118 趙誠允、前掲論文、1992、54-55頁参照。

119 『承政院日記』631冊、英祖3年正月21日、421頁。「西部参奉 李喜英進伏……小臣所管之部 民戸最多……故大小坊役 自京兆分定時 比他部 毎毎加出 而元戸雖多 除雑頉外 実応役只是七百余戸也」

120 『世宗実録地理志』漢城府。

121 『英祖実録』巻11、英祖3年5月庚辰、635頁。「命改定都城禁標 従都民等上言也 初京城禁標限以十里 而東西南三道 則皆以水川為限 北則以山脊為限 自狙噬嶺至延曙石串峴両川合流処 定其界 至是都民等 請以甕巌之西沙川為界 蓋為其継葬

第 1 節　ソウルの商業都市への成長　77

也 上令廟堂稟処 大臣諸臣皆言其不可 上曰近来生歯蕃盛 郊外無一片空閑之地 今従民願則朝家恩沢 当及於白骨 許令沙川為限」

122 『続大典』刑典 禁制 京城十里内；『度支志』外篇、版籍司 四山禁標。

123 ソウルの地域的空間は韓末までは変動がなかったが、漢城府を格下げさせようとする日帝の意図によって、1910年には漢城府が京城府と改称されたし、1911年には都城内を5部、城外を8面と行政区域を変更させた後、1914年には城外8面中の一部だけ京城府に所属させ、大部分は高陽郡に移属させて、ソウル市域が大きく縮小された。その後1936年にはまた高陽郡に編入された地域をすべてソウルで編入させ、さらには始興郡の永登浦一帯と金浦郡の楊花里・塩倉里・木洞里など江南地域もソウルに編入されて、ソウル市域は大きく拡張された（ソウル特別市史編纂委員会『ソウル六百年史』1巻、「ソウルの位置と市域」1977、44頁）。

124 『備辺司謄録』9冊、仁祖23年11月29日、803頁。「漢城府官員以為 乱前沿江一千八百三十七戸 山底九百七十七戸 合二千八百十戸」

125 『備辺司謄録』179冊、正祖15年7月18日、827-828頁。

126 『磻溪随録補遺』巻1、郡県制 都城。

127 『太祖実録』巻9、太祖5年4月丙午、91頁。

128 『世宗実録地理志』京都 漢城府。

129 ソウル特別市史編纂委員会『ソウル六百年史』1巻「3章 朝鮮前期の漢城府制度」1977、355頁。

130 坊契の具体的名称は、『ソウル六百年史』1巻「朝鮮前期の行政制度」355-360頁；朴慶竜「漢城府の行政区域」『李載龒博士還暦紀念史学論叢』1990、345-347頁参照。これらの研究では当時、坊契編成に「有契無坊」地域があることを無視して、18世紀後半まで坊に編入されなかった契も東部は崇信坊・仁昌坊に、北部は皆義通坊に含ませてしまった。参考として〈都城三軍門分界総目〉に見える「有契無坊」の契は次の40契である。
北部（24契）：合井里契、望遠亭1契・2契、汝矣島契、細橋里契、阿峴契、延禧宮契、城山里契、加佐洞契、甑山里契、新寺洞契、葛古介契、駅契、沙契、仏光里契、水岩里契、水生里契、造紙署契、経理庁契、宣恵庁契、梁鉄里契、旧里契、末屹山契、弘済院契。
東部（16契）：祭基里契、典農里契、伐里契、中狼浦契、牛耳契、弥阿里契、陵洞契、加五里契、長位里契、安岩契、清涼里係、水踰村契、往十里 駅契、往十里 私契。
漢城府全体328契の中で10%ほどが「有契無坊」地域だった。これらの契は後述するように、1788年に東部は仁昌坊・崇信坊に、北部は延恩坊・延禧坊・常平坊が新設されて帰属される。

131 孫禎睦、前掲書、36-38頁。彼は屯之坊・豆毛坊・漢江坊・竜山坊・西江坊だけではなく、常平坊・延禧坊・延恩坊もすべてこの時期に新設されたものと推定

している。そして19世紀以後景慕宮坊が新設されて、ソウルの部坊体制は5部47坊体制として確立されたと言っている。このような孫偵睦の見解は、その後ソウルの行政区域変動を研究する元永煥、朴慶竜などの研究者たちにそのまま受容されている。しかし後述するように、北部の常平坊・延禧坊・延恩坊と東部の景慕宮坊はすべて1788年（正祖12）に新設されたものである。

132 『蔵氷謄録』巻2、丙寅（1686）正月16日；同書 巻2、丙寅（1686）閏4月17日。

133 これは1663年の『北部帳戸籍』と1751年の〈都城三軍門分界総目〉に現れた北部地域の「有契無坊」地域の変動状況を比べるとよく分かる。
〈都城三軍門分界総目〉の北部「有契無坊」地域：*合井里契、*望遠亭1契、望遠亭2契、*汝矣島契、*細橋里契、*阿峴契、*延禧宮契、*城山里契、*加佐洞契、*繪山里契、*新寺洞契、葛古介契、*駅契、私契、仏光里契、水岩里契、*水生里契、*造紙署契、経理庁契、宣恵庁契、*梁鉄里契、九里契、*末屹山契、*弘済院契（*は北部帳戸籍に現われる契名）
1663年では「有契無坊」の契は総16個だったが、その後増え続けて、1751年には望遠亭2契、葛古介契、私契、仏光里契、水岩里契、経理庁契、宣恵庁契、九里契などの8契が増えたことが分かる。

134 『正祖実録』巻26、正祖12年10月甲辰、10頁。「定各部坊契之名……自今年帳籍 以此坊号称用……各部有有契無坊 有坊無契処 始定其名」

135 元永煥は「漢城府研究1―行政制度と管轄区域を中心に」（『郷土ソウル』39、1991）98頁で景慕宮坊の設置を『六典条例』段階で行われたものと把握しているが、1788年漢城府の行政区域改編時期と考えなければならないであろう。

136 京城府『京城府史』2巻、1936、443-481頁；朴慶竜、前掲論文、1990、350頁参照。

137 『承政院日記』789冊、英祖10年10月21日、61頁。

138 『承政院日記』822冊、英祖12年3月21日、776頁。各坊傘下の各契の名称を確認することができる資料は、(1)『御製守城綸音』の〈都城三軍門分界総目〉、(2)『戸口総数』漢城府 五部、(3)『万機要覧』軍政編〈訓錬都監守城字内〉、(4)『東国輿地備攷』巻2、漢城府 部坊、(5)『六典条例』巻4、五部の坊里、(6)『京兆府志』五部坊契条など、6種である。しかし (1) と (3)、(4) は同じもので、〈三軍門分界総目〉を転写したものである。だから各契の変動を考察しようとすれば(1) と (2)、(5)、(6) の資料を比べればよい。

139 朴慶竜は、ソウルの下部行政単位である契の意味を、人的紐帯を主にする村落単位の里中契・洞契・自治契・統契として、邑・面・洞・里・統の住民たちが組織して、居住と同時に契員になりながら、道路・橋梁・衛生・教育など共同的な村落生活の向上と自治に協力する類型と把握して、自治機構としての性格を強調している（朴慶竜、前掲論文、1990、351頁）。契の性格として自治性を無視する

ことはできないが、後述する禦営庁契の場合で見るように、坊役の担当単位としての特性が強いと言えよう。

140 『承政院日記』619 冊、英祖 2 年 6 月 21 日、806 頁。「東部参奉 金大成……本部所属三十八契 而除二陵復戸 成均館守護及其他依法除役外 本部所次知者 只十八契也 十八契中 良戸甚少 而其中各衙門軍卒及托籍於軍官之類亦多有之 除此則坊民無幾 以此零星之坊民 担当諸般坊役 実為難堪」

141 『承政院日記』1170 冊、英祖 35 年閏 6 月 30 日、472 頁。「竜山江前有禦営庁倉舎倉下居民 三十余戸 以運米等事 頼以為生 故名為禦営庁倉契 作為一洞 役多少出役 専当挙行矣」

142 『耳渓洪良浩全書』巻 24、論五江民弊疏。「丁丑（1757）竜山禦営移入城中之後 倉村遂成敗洞 力役偏苦 無以支保 訪問民情則 咸願分半 移為軍資監東門外契与恵庁新倉契 則彼此倶便云矣」

143 『正祖実録』巻 37、正祖 17 年 5 月丁巳、390-391 頁。「壬子（1792）冬自宣仁門下至梨峴洞口路 東西大小家舎 皆令壮営校卒 或換入或移買 各自奠居 一如旧事別作統戸 互相規察 相与謹慎 統率不令而禁止 但蓮花一坊之内 営属之戸 僅居其半 与坊里小民 混同徭役 必有不均之患 区而別之 各定洞契 参量戸数分当坊役然後 可以永久無弊」

144 『承政院日記』619 冊、英祖 2 年 6 月 21 日、806 頁。

145 『承政院日記』789 冊、英祖 10 年 10 月 21 日、61 頁。

146 『承政院日記』822 冊、英祖 12 年 3 月 21 日、776 頁。

147 『承政院日記』867 冊、英祖 14 年正月 25 日、832 頁。

148 同上。

149 『度支志』外篇、版籍司 五部。「粛宗三年（1677）九月 東部 崇信 仁昌 両坊居民上言 坊内之地 初無徴税之法 故自古空垈家舎 只計間数不言卜数 而今年楊州 打量之時 別立名号曰 東大門里 一地両名 古未聞也 毋論里与坊 一体打量 若是国法則三門外之 以坊為名者 不為打量 何哉 本曹啓目 三門外則家垈不為収税 而只於時起田収税 東門外則家垈時起田 并為収税 均是都城十里之内 皆応坊役 則彼此異同 果為不均 東門外 家垈之役 依三門外例施行之意 知委該邑何如 依允」

150 『磻渓随録補遺』郡県制 漢城府。「今漢江諸里 雖為京城地 而亦係楊州 故収税於楊州 竜山之於高陽亦然 人戸与田税 分主両処 未知其妥当 此等地当全入漢城府」

151 『備辺司謄録』34 冊、粛宗 4 年 6 月 9 日、362 頁。

152 上と同じ条。「曽在壬子年分 自備局回啓 田結則令楊州出役 山麓則依自古定界本府禁断」

153 『承政院日記』758 冊、英祖 9 年 3 月 6 日、122 頁。「庚戌（1730）以後 国家治道之役 比常年尤為繁重……道路修治之外 許多船艙完築於水大漲之時 其所効力 不非尋常」

154 『英祖実録』巻75、英祖28年2月己丑、432頁；『英祖実録』巻75、英祖28年2月辛卯、432頁；『英祖実録』巻81、英祖30年3月壬申、518頁。
155 『濬川事実』（奎15745）、濬川司節目。
156 同上。
157 『英祖実録』巻124、英祖51年5月乙丑、492頁。「上 謂薬院諸臣曰 濬川亦為汝之事業乎 右議政 洪麟漢曰 大事業也而事業之中 建極之功最大 近来名色雖異彼此無扶抑之弊 此乃建極之功也 上喜之」
158 『正祖実録』巻3、正祖元年2月己酉、653頁。「教曰 道路橋梁修治慮有民弊務従省約之意屢下飭教 而新川橋延噬広大多備民力」
159 『正祖実録』巻23、正祖11年4月甲子、649頁。「城内濬川 宜使逐戸出丁役一日 以除無已之公費」
160 『純祖実録』巻33、純祖33年3月己酉、391頁；『純祖実録』巻33、純祖33年4月癸巳、393頁；『純祖実録』巻33、純祖33年4月丙辰、394頁。
161 『純祖実録』巻33、純祖33年4月己未、394頁。「濬川司 以自松杷橋至永渡橋 依庚辰（1760）地平開濬畢役」
162 『純祖実録』巻32、純祖32年8月丁亥、383頁、〈濬川事目〉；『備辺司謄録』210冊、純祖22年2月11日、338頁。
163 『純祖実録』巻32、純祖32年12月癸卯、388頁。「教曰 頃以濬川司 雖已有講究者 到今思之 則当此大無之年 一辺設賑 一辺発売 而反使都下民人輩 収斂以助国役 殊非荒年存恤之本意 濬川時 百官軍民生徒員役工匠等赴役一款置之」
164 尹用出「17、18世紀 徭役制の変動と募立制」ソウル大博士学位論文、1991 参照。
165 『濬川事実』（奎15745）、濬川司節目。敷設された橋の中で最大のものは興仁門外の清渓川下流にある永渡橋で、長さが3千余歩、幅が52歩であった。そのほか、太平橋は幅が34歩、永豊・下諒・水標・長通橋などは幅が24歩であり、残りの小さな橋は幅がわずか10余歩に過ぎなかったし、一部は10歩未満の橋もあった。
166 19世紀初めに編纂された『漢京識略』にはソウルの橋梁数が全部で49個と記録され、純祖31年に編纂された『大東地志』には総54個が記録されている。
167 『英祖実録』巻120、英祖49年6月戊戌、457頁。
168 『北学議』内篇、市井。
169 同上。
170 朴斉家『貞蕤集』巻3、詩集 城市全図詩。
171 『各廛記事』地、乾隆11年（1781）4月　日。「大抵梨峴七牌両処無非乱廛 奪利都庫隠売之類 甚至於執房行貨売買 十倍於本廛」
172 高東煥「18世紀ソウルにおける魚物流通構造」『韓国史論』28、1992、195頁。
173 「隅廛」と書いて「モジョン」と呼んだ。

174 『万機要覧』財用篇 5、各廛 無分各廛；『漢京識略』市廛。
175 『備辺司謄録』240 冊、哲宗 4 年 1 月 18 日、525 頁。「漆木器廛市民以為 街路雑市之売買 新木器者 一切厳禁事也 雖非許禁之物 新旧之器 各自有其市 以無相侵奪之意 亦為申飭」
176 朴趾源『燕岩集』別集、穢徳先生伝。
177 『漢京識略』各洞。「杻尋里……此地水田居民 種芹以売 甚美」「青坡……亦多種芹水田」
178 李佑成、前掲論文、1963、48-57 頁参照。
179 鄭玉子「朝鮮後期の '文風' と委巷文学」『韓国史論』4、1978；鄭玉子「詩社を通じて見た朝鮮末期の中人層」『韓㳓劤博士停年紀念史学論叢』1981；鄭玉子『朝鮮後期文化運動史』一潮閣、1988。
180 韓永愚「朝鮮後期の '中人' について―哲宗朝中人通清運動資料を中心に」『韓国学報』45、1986；韓永愚「朝鮮時代中人の身分階級的性格」『韓国文化』9、1988。
181 南公徹『金陵集』巻 10、擬上宰相書。「竊嘗論之 生民之業 京師以銭 八路以穀」
182 『右捕庁謄録』巻 2、壬寅（1842）3 月 29 日、罪人 崔東旭 年三十三供草。「京中異於郷中 有銭則無事不成」
183 『京都雑志』巻 1、果瓜。「梨之佳者曰秋香 自海西之黄州鳳山等地而至 枾名月華 小円長存方穴 産於畿内之南陽安山 橘柚石榴 倶南産 京城盆養石榴亦盛 桃之不毛者曰僧桃 有毛而絶大早熟爽美曰六月桃 鬱陵島中多大桃取核而種之曰鬱陵桃」
184 朴趾源『熱河日記』玉匣夜話、許生伝。
185 朴斉家、『貞蕤集』巻 3、詩集 城市全図詩。
186 『漢陽歌』については李秉岐「'漢陽歌' に現れたソウルの姿」『郷土ソウル』1、1957 参照。
187 『漢陽歌』。
188 『択里志』卜居総論、生理。
189 『増補文献備考』巻 163、市糴考 1、「八路各官 各有場市 以便貿遷 惟京畿不得濫設者 意非偶然 蓋京城為人民之都会 而且是不耕不耘之地 必待四方之委輸貨物流通 而有所相資 京畿近京 故畿甸之民 各以土産来京換貿 則庶京中畿甸相依為頼也 経変以後 京畿設場 其数有繁 令京畿監司 除開城府外 一禁場市似宜」
190 ソウルと平安道を結ぶ海上交通路については本書第 1 章第 2 節「2. 海上交通の発達」参照。
191 開城商人の資本蓄積と商業活動に対しては次の研究が参考になる。
姜萬吉「朝鮮後期商業資本の成長―京市廛・松商などの都賈商業を中心に」『韓国史研究』6、1968；姜萬吉「開城商人研究―朝鮮後期商業資本の成長」『韓国史研究』8、1972；呉星「朝鮮後期の蔘商に関する考察―私商の台頭と関連して」『韓

国学報』17、1979。
192 『備辺司謄録』201冊、純祖11年3月19日、213頁 ;『各廛記事』人、嘉慶11年（1806）9月　日 ;『公移占録』（奎7662）巻1〈論浪城津事状〉。
193 『備辺司謄録』172冊、正祖12年正月8日、35頁 ;『備辺司謄録』213冊、純祖25年正月14日、630頁 ;『備辺司謄録』227冊、憲宗5年2月21日、80頁。
194 『備辺司謄録』200冊、純祖10年正月10日、164頁。
195 『備辺司謄録』168冊、正祖10年正月5日、568頁。
196 『正祖実録』巻16、正祖7年7月癸卯、383頁。「蓋松之為地 財貨之所都会 駔儈之所輻湊 列市坐肆 利射糸毫 大賈中商 財致千万 名以松都 便作賤郷 朝廷之人 不分儒武 農賈之各有其業 并帰之於財貨 駔儈之窟」
197 『備辺司謄録』140冊、英祖37年2月2日、512頁。
198 『承政院日記』520冊、粛宗45年12月14日、198頁。「府前達 請寝長湍松西面移属松都之令事」
199 崔弘奎「朝鮮後期華城築造と郷村社会の諸様相—正祖代の水原地方問題と『観水漫録』を中心に」『国史館論叢』30、1991。
200 『正祖実録』巻29、正祖14年2月壬戌、90頁。「大抵欲募入則宜先制産 欲制産則宜先悦其心楽其生 太上經界 其次懲遷」
201 『備辺司謄録』176冊、正祖14年3月11日、528-529頁。
202 『備辺司謄録』178冊、正祖16年3月8日、958頁。
203 『備辺司謄録』176冊、正祖14年3月11日、528-529頁。
204 『備辺司謄録』185冊、正祖21年2月20日、589-592頁 ;『正祖実録』巻46、正祖21年2月癸巳、10頁、〈華城富戸帽蔘節目〉。
205 『備辺司謄録』185冊、正祖21年2月20日、589-592頁。
206 『備辺司謄録』178冊、正祖15年正月24日、717頁。
207 禹夏永『千一録』観水漫録十二日募民興販之策。
208 同上書、観水漫録八日経世勤農之策。
209 『備辺司謄録』178冊、正祖15年正月15日、717頁。「大抵設廛以後 緞紬布木魚藿等物 貿取於京廛与南北各処 或積置廛房而興販 或分数行商而散売」
210 水原とソウルの間の道路開設に関しては本書第1章第2節「1. 陸上交通の発達」参照。
211 申景濬『道路攷』〈京城東低平海路第三、京城東南低東莱路第四〉。
212 文希英・崔永俊「朝鮮時代漢江辺の商業聚落」『地理学叢』12、慶熙大、1984。
213 孫禎睦、前掲書、1977、265頁。
214 『備辺司謄録』134冊、英祖34年4月18日、86頁。「松坡係是保障要津 設鎮設倉又置牙兵 以備緩急 其緊重如此 而鎮軍与募民輩 貧残惑甚 無以聯頼 故故判書臣閔鎮厚為守禦使時 創設此場 以為募聚人民之地」

215 『備辺司謄録』134 冊、英祖 34 年 4 月 8 日、82 頁。「市民呼訴 松坡場当罷之意 既承下教矣 詳聞委折 則此場本設於山城不遠之地 近来移設於松坡 而因雑類之多在 松坡 則有害無益 若其貽害於京市民則極矣 但自山城至松坡之間 若無設場 則広州 之民 或不無難便之端 臣意則松坡場永為革罷 依前設場 山城近処復設之地為好 事 之便否 先令守臣状聞後 稟処何如」

216 『備辺司謄録』109 冊、英祖 17 年 9 月 19 日、150 頁。「雖是乱廛応禁之物 京城 禁標之外 則毋得出禁 而設有廛人捉告者 廛人治罪 勿為聴理事 亦為定式」

217 『備辺司謄録』28 冊、英祖 31 年正月 15 日、592-594 頁。

218 同上。

219 同上。

220 同上。

221 註 215 に同じ。

222 『備辺司謄録』134 冊、英祖 34 年 4 月 18 日、86 頁。

223 同上。

224 『承政院日記』724 冊、英祖 7 年 6 月 9 日、48 頁。「京中遊食之徒 輩下軍兵之輩 願防国役 図奪市利者 比比有之 而不由本署（平市署―引用者）出没他司 誣飾呈 状 図済己私 官司処置 又或有偏聴生奸 扶抑失中之患 以致争競多門 平民失業其 流之弊 不可勝言」

225 『各廛記事』天、乙丑（1805）8 月　日。

226 禹夏永『千一録』巻 10、漁樵問答。「今之所謂邸人貢人廛基懸房等名色 具是中 人以下之生理 而名以士族者 初不相関矣 近年以来 公卿大夫之家 甘為借名潜買牟 取其利」

227 高東煥、前掲論文、1992、166 頁参照。

228 『備辺司謄録』108 冊、英祖 17 年 6 月 10 日、104 頁。「乱廛之法 亦不能行於有 勢之人 誠非細慮 若不申厳旧法 則無以支保 此後乱廛捉納之人 雖有罪犯 移本府而 査治 自各衙門及勢家 任自推治之弊 一切通禁」

229 註 218 参照。

230 『備辺司謄録』137 冊、英祖 35 年 8 月 23 日、289 頁。

231 『戸口総数』京畿道広州府。

232 『備辺司謄録』198 冊、純祖 7 年正月 23 日、881-882 頁。

233 『備辺司謄録』199 冊、純祖 9 年 3 月 13 日、44 頁。

234 申景濬の『道路攷』に記録されたソウルから元山までの経路は次の通りである。 ソウル―水踰里店―楼院―西五郎店―祝石嶺―松隅店―擺撥幕―場巨里―万歳橋 ―梁文駅―豊田駅―可老介嶺―長林川―金化―金城―昌道駅―才五峴―松包江― 安駅―淮陽―鉄嶺―高山駅―竜池院―南山駅―安辺―円山村。

235 『各廛記事』地、辛未（1751）2 月　日。「東北駄来之物 亦皆誘引之謀者 東北元

無木棉 故魚商之所貿去 尽是木匹与衣也」
236　『各廛記事』地、乾隆 11 年（1746）11 月　日。
237　『各廛記事』地、乾隆 46 年（1781）4 月　日。
238　高東煥、前掲論文、1992、196-198 頁参照。
239　安秉珆「商品貨幣経済の構造と発展」『韓国近代経済と日本帝国主義』白山書堂、1975、155-159 頁；高東煥、同上論文、205-206 頁参照。
240　『備辺司謄録』165 冊、正祖 6 年 8 月 7 日、235 頁。
241　私商を頂点とする流通体系である「私商体系」については、安秉珆、前掲論文、151-161 頁参照。
242　『各廛記事』人、嘉慶 9 年（1804）2 月　日。
243　『各廛記事』人、乾隆 47 年（1782）11 月　日。
244　『備辺司謄録』177 冊、正祖 14 年 10 月 21 日、670-671 頁。
245　申景濬『道路攷』郷市。
246　『各廛記事』天、戊申（1788）4 月　日。
247　『左捕庁謄録』巻 28、己卯 四月二十日 罪人 全達弘 年三十八 供草。
248　『各廛記事』人、乾隆 47 年（1782）11 月　日。
249　『日省録』正祖 5 年 4 月 10 日。
250　『左捕庁謄録』巻 29、己卯 七月二十日 負商罪人 安景甫 供草。
251　『各廛記事』天、壬子（1792）5 月　日。
252　『備辺司謄録』166 冊、正祖 8 年 2 月 29 日、366-367 頁。
253　高東煥、前掲論文、1992、195-205 頁参照。
254　『各廛記事』天、戊申（1788）5 月　日。
255　これらについては本書第 3 章第 3 節「2. 京江商人の都賈商業と資本蓄積」参照。
256　『備辺司謄録』174 冊、正祖 13 年 4 月 20 日、299 頁。「都雇之貿賎売貴取殖要利 専出於富漢之手 操縦舞弄」
257　安秉珆、前掲論文、1975；姜萬吉『朝鮮後期商業資本の発達』高麗大出版部、1973。
258　『各廛記事』地、乾隆 11 年（1746）11 月　日。

第2節　交通の発達と全国的海路流通圏の成立

1. 陸上交通の発達

(1) 幹線道路の拡大

　18世紀以後、商品流通の発展によって、陸上交通と海上交通も発達した。『続大典』には八道の路程を清国の例のように周尺を使用して測量するように規定して、各地域間の距離をより明確にしようとした[259]。西路には騎撥により義州まで45站を置いたし、南北路には歩撥によりソウルから東莱まで35站、ソウルから鏡城まで59站を置くように規定した[260]。そして路程記を外国人に渡した時は死刑に処するほどに厳格に統制されたが[261]、18世紀中期以後、『道里考』や『程里攷』等、道路交通に関する私撰書籍が広く編纂された[262]。また1797年には、正祖自身が〈道里摠攷序〉を書いている[263]。民間だけでなく、官僚、王に至るまで、道路交通に大きい関心を見せていた。

　このような種類の書籍の中で代表的なものは、1770年に申景濬が著した『道路攷』である[264]。『道路攷』は序文で、「6大路の交通路を記録する時、概して10里を基準に精密に記録して、行商らが物件を運搬する時に参照するのに益するように編纂した」と明らかにしているように[265]、行政の便宜よりは商品流通の便利のために編纂されたのである。

　『道路攷』では我が国の幹線道路を、ソウル―義州路、ソウル―慶興西水羅路、ソウル―平海路、ソウル―東莱路、ソウル―済州路、ソウル―江華路等、6大路と記録している。これ以外にも、八道各邑の境界から近隣監営とソウルまでの距離を記録したし、四沿路として白頭山路、鴨緑江沿路、豆満江沿路を記録している。また海辺を陸地に連結する道路である海沿路を、各道別に記録し、駅路と擺撥路、烽路、そして事大交隣使行路とともに、海上交通の重要性を反映して潮汐、風雨に対しても記録、各邑別の場市とその開市日を収録している[266]。

一方 6 大路のほかにも、義州まで行って、そこから江界、江辺に至る、すなわち鴨緑江沿いに行く沿路を明示するとともに、慶興西水羅路では咸興から別外出、吉州で行く道と、甲山から端川に直行する道、明川から六山堡を回って富寧に出る道、明川の斜介洞から介坡に行く道を記録している。東萊路ではソウルから漢江・新院店・板橋・竜仁・陽智・機鞍店・広岩・石院・忠州に至る幹線道路のほかにも、ソウルからサルコッチタリ（箭串橋）・松坡を経由、広州・慶安・雙嶺店・利川・陰竹・長湖院・可興倉・朴達峴・忠州に達する道も記録している[267]。また済州路では、海南から露梁津を経て伐沙斤川に達する道を特記している。『道路攷』を底本にして申景濬が編纂に参与した『東国文献備考』の輿地考に現れる主要幹線道路を見ると、図 1-2 の通りである。

18 世紀後半 6 大路であった幹線道路は、19 世紀には増加した。19 世紀前半に編纂された『林園経済志』では、ソウルから太白山（奉化）に至る道も幹線道路に昇格されていて[268]、19 世紀中期以後、全国の幹線道路網は 10 大路と称するようになった。

太白山路の主要経由地である松坡・広州・慶安・長湖院・利川等の地にすべて場市が開設されたが[269]、これらの地域は先に見たように、18 世紀後半にソウルの商圏を脅かすほどに成長した商業中心地であった。これは 18 世紀末、19 世紀初に幹線道路の増加が行政中心地や軍事要衝地を連結する次元ではなく、商品流通圏を連結する方向に進んでいたことを示すものである。

『道路攷』ではソウルから済州までの道が大路として表示されているのに、『林園経済志』ではソウル—参礼から全州・馬峙・南原・雲峰・八良峙・咸陽・沙斤駅・道川・晋州・泗川・固城・統営につながる道を大路とし、参礼から金溝・泰仁・井邑・青岩駅・長城・羅州・霊岩・海南・済州につながる道を別路としている[270]。

『山里攷』（奎 3886）には 7 大路が表示されているが、これは『林園経済志』の 7 大路と同じである。そして『東輿紀略』（奎 6240）では畿忠全三道間路と言って、京畿・忠清・全羅 3 道につながる大路として、果川を経由して天安三巨里から忠清水営につながる道、天安三巨里から参礼・全州を経て海南に至る道、全州から南原・晋州につながる道を記録している[271]。19 世紀後半に編纂されたと推定される『程里考』（奎 7546）では、幹線道路を 10 大路と記録して

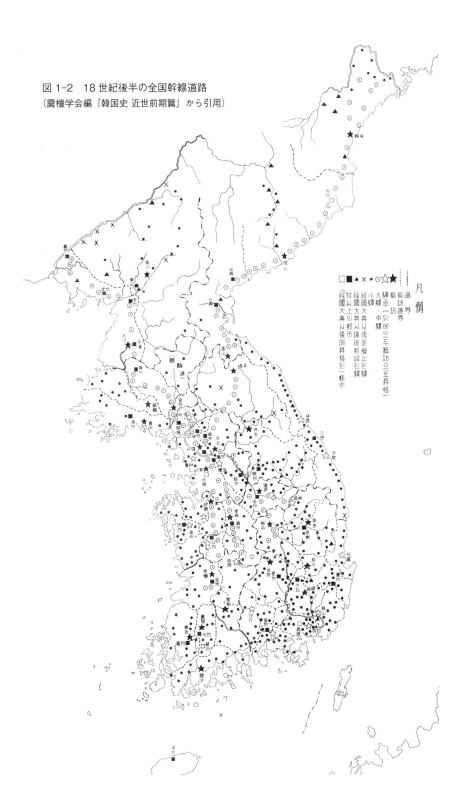

図 1-2　18 世紀後半の全国幹線道路
（震檀学会編『韓国史 近世前期篇』から引用）

いる。先に述べた7大路のほかに、ソウル―水原路、ソウル―忠清水営（保寧）路、ソウル―海南（済州）路が追加されて、10大路になったのである。このような幹線道路の拡大は、以前の別路や間路等が大路に昇格して現れた現象で、19世紀後半の流通路の発達を反映するものである。

(2) 陸上交通路の発達

このように交通路に対する関心が大きくなるにつれて、既存の道路が拡充、整備されたり、新しい交通路が開設されたりした。粛宗年間、海防強化策の一環として江華島の築城と墩台建築が行われたし[272]、1704年（粛宗30）にはソウルと江華を結ぶ道路が整備された。江華に行く途中の鉄串浦路は江華につながる直路であるだけでなく、章陵に行く陵行路もこれを経由するので、朝廷で資金を出して石橋を建築しており、孔岩津船も楊花渡に移して公私が往来するのに便をはかった[273]。18世紀初に整備されたソウル―江華路は、18世紀後半、6大路に含まれた。

このほかにも17世紀後半には、漢江を中心とする各渡し場の津船を増置するなど、漢江を利用する交通路も整備された[274]。これによって18世紀初には、ソウルと三南を連結する松坡・三田渡・銅雀津等が重要な商業拠点に成長したし、ソウルと東北を連結する楼院店なども商業中心地に成長した。

また正祖年間には、水原城築城により水原とソウルを結ぶ道路が新たに開設され、さらにいっそう拡張された[275]。露梁津から水原までの道路は果川・衿川[276]・広州・水原の4邑にまたがっていたが、この道は新作路と呼ばれた[277]。果川・衿川・水原では新たに道を開き、広州では旧道路を整備して、露梁津から水原までの道を拡張したのである[278]。道路開設と拡張は4邑の民を賦役動員して行われたが、その代価として1日1銭ずつ費用を支給したし、牛馬に対する貰銭も1日に1銭を支給した。また道路開設の時に使用された杭に対する補償はなかったが、道路に編入された田畓に対しては補償をした[279]。

水原路の開設と拡張は、舟橋を設置した露梁津から水原までが御路であったので成り立ったことであったが、その背後には商品流通の発達により、交通の便利性を追い求めようとする意図もあった。そのため正祖の死後、純祖初年に、露梁津から肆覲坪までの道路が正祖の時よりさらに数把以上幅が拡

張された[280]。これ以外にも、始興（旧 衿川）の道路も果川と広州の道路に比べて拡張され、大改修が行われた[281]。この結果、ソウル―水原路は19世紀以後、10大路に含まれる幹線道路に昇格したのである[282]。

一方、ソウルと外方地域を連結する道路が新たに開かれもした。18世紀前半までソウルから東北地域に行く通路は、鉄嶺を通過する道が主なものだった[283]。しかし18世紀中期には、平康を経る三防間路が開拓された。この道は徳源・安辺からソウルに来る捷路だったから、北魚商人たちがよく通行して、道が平坦になった[284]。三防間路は鉄嶺を経るより早くて楽だっただけでなく、松都の旧道にまっすぐに通じる道だったので平壌などの西北地域と連結するのに非常に有利であった。だから18世紀後半には、この地域に店幕と村落が新たにできるに至った[285]。当時 元山を中心に活動した北魚商たちは、主に馬などに北魚を積んでソウルまで運搬し、販売したが、その際、利益を残すのか残すことができないかは、運送期間の長さにかかっていた。そのため朴斉家は、

　　　元山で馬にわかめ、乾魚を積んで3日で戻ってくると少し残り、5日かかれば無害無得、10日間留宿すれば大きく借金して帰ってくる[286]。

と述べて、ソウルと東北地域の間の北魚流通で早い道の重要性を指摘している。このような必要性によって、ソウルと東北地域間の新しい道路が開設されたのである。

三防間路を往来する商人たちの通行が多くなって、そこに村落が形成されるほどに至ると、三防間路の閉鎖与否をめぐる論議が1787年（正祖11）9月、備辺司で展開された。この論議は、北評事の金履翼が東北地域の防禦問題を理由に、三防間路を阻まなければならないと主張したのに対して、江原監司が商品流通が円滑になり、それだけ多い収入が保障される三防間路を阻んではだめだと状啓を上げるや、これを一緒に検討するようになった。この論議は、正祖が前任江原・咸鏡監司と北評事に意見を問うたのをを契機に、多くの人々が参与した[287]、この時提示された意見の中で代表的なものを見れば、次の通りである。

前原春監司 具翼：(三防地域には—引用者) 村落が非常に少なかったが、十数年以来、旅人の往来が漸次多くなって居住者が増加し、昔は残村だったのが今は100余戸の大村に成長した。これは山田を開墾するとか、または官で還穀を手厚く分けてやったわけでもない。ただ旅行者らが多くて店幕を設置したところからくる利益のためだ。したがってその設置は有益無害なものであるが、ただこの道が三道が交会する一番早い道なので、行人たちが鉄嶺道を捨てて三防を経由することは自然の理致だ。……鉄嶺路は北路の中で大路だ。だから大小使价行人が皆この道を通るのであり、三防の峡路と比較できない。駅路で言えば少しの利害がなくはないが、すでに集まってきた人々を散らばるようにして失業することと比較すれば、三防間路を廃止するよりそのまま置くことが利益が多い[288]。

北評事 金履翼：三防路は初めには深山長谷の中にやっと歩行人だけが通うことができる道だった。この道は鉄嶺と大関嶺のそばにあるので、昔はこれを阻んで、盗賊が集まることを防止しようとした。今鉄嶺一路は上下70里で、兵士3、4人で防禦できない所だ。10余家の村落がただ私行・官行で生計を維持しているのに、このごろは私行だけではなく、馬に乗るか歩いて行くかを問わず、皆三防路を選ぶので、鉄嶺にある店幕住民らが生計を維持できなくて、渙散するまでに至った。また駅站の弊も深くなった。高山駅から銀渓・新安・直木・昌道・生昌・豊田等の7つの駅が窮峡、山里に位置して、初めから駅位田の所出で生計をつぐのが不可能であった。だから行き交う旅客たちに頼って生計をした。ところが(三防間路の開通で—引用者)彼らも散らばるようになった。したがって三防路を阻まなければならない。鉄嶺の店民と7個 駅の凋残が三防間路の店民より重要だから、三防路を閉鎖しなければならない[289]。

これ以外にも前原春（江原）監司の金鍾正、蔡弘履、金熹、徐鼎修、李致中と前咸鏡監司の徐有寧、鄭昌順なども三防間路の閉鎖に反対したし、領議政金致仁も論議をまとめながら三防間路の閉鎖は不可であると言って、結局、三防間路の開設、維持の方向で決定された[290]。

以上の論議から我々は、三防間路の開設をめぐって利害関係が尖鋭に対立し

ていたことを知ることができる。三防間路の開設で利益を見る江原・咸鏡道では、専ら三防間路の閉鎖に反対し、鉄嶺に鎮を設置して鉄嶺路の繁盛がすなわち北兵営の利害と結びついていたので、北評事だけが三防間路の閉鎖を主張した。既存の鉄嶺を中心とした勢力が国防問題を名分に三防間路の廃止を主張したが、結局、貫徹させることができなかったのである。

　この三防間路の置廃論議において、18世紀後半の道路が、軍事目的や行政の必要という側面よりは、商業流通としての役割が重視されたことが分かる。したがって中央政府でも、このような趨勢にさからうことができなくて、商品流通の円滑化のために、国防の機能に一定の困難を甘受する決定をしたのだった。

　一方、三防間路が開設されて以後、平康の雪雲嶺を通過する道も新たに開かれ、19世紀初、商人たちが関北地方に行く道は鉄嶺路以外に、雪雲嶺路と三防路等、三つに増えるようになった[291]。このうちで三防間路は、北方に行く主要な通路として利用され、1867年（高宗4）には三防鎮が設置されるに至る[292]。

　ソウルから東北地域に行く道路は、この三道のほかにも、中間に新しい道路が開設されていた。北関に行く大路上に位置した銀渓駅があったが、1796年（正祖20）に銀渓駅を経ないで、直接北関に通じる薬水浦間路が淮陽の境界地域にできた。旅客はもちろんのこと、商人たちが皆この近道を通り、銀渓駅は使臣や公務を帯びた官員らだけが利用するようになると、薬水浦間路の酒幕と旅客店幕が漸次増えて、駅路は次第に失業するに至った[293]。この道も三防間路と同じく、商人たちが利用するのに便利な捷路であったから、新たに開設されたのである。

　三防間路・雪雲嶺路・薬水浦間路以外にも、18世紀後半、ソウルに隣接した交通の要地である楊州では漢江に通じる道路が発達して、北路に行く大路のほかにも、多様な間路が開かれていた[294]。楊州から浪川のジュソ嶺を通って咸鏡道に入って行く途中、淮陽の法水峴を通って咸鏡道に行く道などが新たに開かれた。また楊州には、平安道に直行する道が開かれた上に、朔寧を経て黄海道に通じる新しい道が開拓されたり、拡大されたりもした[295]。

　一方、国防問題を理由として、辺境地域である咸鏡道と平安道地域での通行

は、厳格に統制されていた。咸鏡道地域では富寧以北の地域に対して商賈らの通行を禁止しただけでなく[296]、他の地域にも防護所等を設置して、各種禁物の搬入を禁じていたが、人々はこのような規制を無視して、商品流通を活発に展開した[297]。このため、鉄嶺以北の咸鏡道地域でも、道路開設が少なくなかった。1687年（粛宗13）、茂山から鏡城に行く近道が開拓されたが、国防問題を理由にその開設を阻止しようとする官の立場と、便利さを前面に押し立てた民の立場が対立していた[298]。英祖代に咸鏡道六鎮の道は九つの分岐として形成され[299]、鏡城で六鎮に通じる道も、茂山嶺路と葛坡嶺路の二つの分岐点があったが、すべて大路であった[300]。また、豆満江辺の茂山以南、白頭山下の長坡にも正祖代に人が押し寄せて、多くの土地が開墾され、200余戸が居住する村落が形成されるほどであった[301]。北青と安辺をつなぐ道は、北青南兵営の南と北側の磨天嶺・磨雲嶺・双加嶺・咸関嶺を横切る大路だけがあったが、北青から安辺に直接通じる捷路である間路が新たに開設になった。正祖年間には、北青と安辺をつなぐ間路を利用する者が多くなったので、そこの防禦が問題になると言って、この道路の閉鎖が主張されたりもした[302]。平安道の中でも、18世紀初盤、廃四郡地域に通じる道路が栄えたことにより、この地域に防禦のための鎮堡が新設された[303]。

　また朝廷では、もともと、咸鏡道、平安道地域と交流することも厳格に統制していた。関北地域から西北地域に往来するときは必ず、巡営で発行する行状を所持しなければならなかった。行状なしに通行して発覚した場合、行人はもちろん、その地域の地方官も拿門定罪するように『続大典』に法制化されていた[304]。このような統制にもかかわらず、咸鏡道と平安道の間の交流は活発に進められた。『続大典』が頒布されるはるか以前である1674年頃から、吉州から 西北地方の雪嶺を越して甲山に通じる新しい道が開拓されたし、これと関連して吉州の二つの城堡を雪嶺に移動させていた[305]。19世紀になると、西北地域から咸鏡道に移り住む人も相当に多かった[306]。

　ソウルから嶺東に行く要衝である大関嶺にも、1779年（正祖3）に城堡を設置し、別将を置こうという論議があったが、これもソウルと嶺東の間の交通路発達の影響であった[307]。

　一方、ソウルから嶺南地域に通じる道も新しく開拓されていた。嶺南路は左

路と右路に区分される[308]。嶺南右路の主要関門である竹嶺は、17世紀後半に場市が設置されて、多くの流民が押し寄せて村を成すほどに通行人が増えると、別将を派遣して屯堡を設置した[309]。一方、嶺南左路の主要関門である鳥嶺・秋風嶺・八良峙等でも、18世紀初盤に築城事業が始まった[310]。そして1749年には鳥嶺に山城が設置された[311]。もともと鳥嶺には守城将を置いて守ったが、18世紀中期以後、ソウルに行く人々の通行が多くなると、開墾する平地もない所に、「不農不商之民」が四方から寄り集まって、旅行客を接待しながら生計を維持するようになったのである[312]。このように人々が集まると、政府ではここに山城を設置することにより、守備を担当するようにした。

嶺南路では17世紀後半以後、鳥嶺と竹嶺以外にも間道として峠道が開拓された[313]。その中で代表的なものは、尚州と西原（清州）地方に通じる道と、聞慶と槐山の間の峠道であった。これらの道はどれも慶尚道と忠清道地方を連結する近道だったので、商人たちは皆この二つの道を利用した。鳥嶺を越す人が珍しくなり、鳥嶺関防地帯が空地になってしまうほどであった。それで禹禎圭は、鳥嶺の荒廃化を憂慮して、「聞慶と槐山の間の、そして清州と尚州の間の道端の酒店を壊してしまって、行人の往来を禁止しよう」と主張したりもした[314]。また尚州松面の松峙嶺路が新たに開拓されたが、1790年代にこの峠道の通行が 禁止になると、この地域の住民らはまた新しい道を開いて通行した[315]。

このように18世紀以後、ソウルから関北地域に通じる道だけではなく、ソウルから嶺南に行く道も新たに開設されていた。これらの道路は以前の時期と違い、すべて商人たちが商品流通を迅速にするために開拓した捷路だったという点で、共通点を持っていた。

18世紀以後、全国のすべての地域は、道路交通の発達により前より短時間で連結された。これは、全国的市場圏の形成を促進する要素であった[316]。そのため新しい市場を設置する時、周辺市場圏の状況、すなわち開市日や流通範囲などを考慮することは当たり前だった。例えば1857年（哲宗8）に江原道に薬令市を設置したが、その開市日を春には正月15日、秋には9月15日と決めた。このように決めた理由は、嶺南と湖西の薬令市と先後して開いて、薬草を購買するのに便宜をはかろうとする意図にあった。江原道薬令市の開市日を嶺

南・湖西の薬令市開市日と連携するように調整することで、薬材の流通を円滑にする一方、商人たちが集まって利益を得るようにしたのである[317]。これは、薬材流通市場が朝鮮の全地域が単一の商品流通圏、言い換えれば全国的市場圏として統合されたことを示すものだった。これは18世紀以後、絶えず進行した既存道路の修築と整備、道路の開設、そして後述するような海上交通の発達から始まったのである。

(3) 車使用の論議と車製作改善論

車については、山地が多い我が国の地形のため、朝鮮時代には全然使用されなかったというのがこれまでの通説だった。しかしこのような通説は、一部の事実を誇張して伝わったものと思われる。朝鮮後期には車の利用が中国のように普遍的ではなかったとしても、多様な次元で車が製作され、利用されていた。特に18世紀における交通路の拡充と新設は、商品流通量の増大を反映するものだったし、商品運送手段である車の製造と使用を積極的に推進する契機になった。

17世紀後半頃には、車が咸鏡道地域以外では使用されなかったという[318]。このような状況の中で、全国で車使用が真っ先に推進された地域は、ソウルと義州を結ぶ西路であった。西路は一番よく手入れされているだけではなく、使臣行次時に各種貨物を運搬する「夫馬雇貰之事」が大きい苦役であったからである。そのため1683年（粛宗9）には、瀋陽の車を模倣して同じ軌道で製作すれば、各郡県で荷物を運ぶ時多くの利点があると言って、平安道で車の製作を推進した[319]。この時、長山串で車の製造に用いられる木材を伐採して平安監営に移しておいたが、平安監司の交替で製造することができなかった[320]。そこで1686年（粛宗12）にまた、平安道で車の製作が推進された。左議政の南九万は、

　　今、車の使用が楽ではないと言う人は、我が国の道路が険しいからだと言う。しかし我が国の北道と 遼東の東八站は道路が非常に険しいが、それでも車を使用するのに、他の所で車を使用できないわけがない。まして平安道は道路が他の所に比べて平坦だから、車の使用にもっと相応しい。

第 2 節　交通の発達と全国的海路流通圏の成立　95

>……昨年に 北京に行く時、寧辺府使の李光漢が車を作って荷物を運搬したが、刷馬価が半分に減った。今、平安監司になっている李光漢に車を製造するように命じなければならない[321]。

と述べて、実際に車使用の利点が分かっていた平安監司・李光漢に車の製作事業を再推進させた。この時の車の製作は、銅銭の通用と同時に決定されたという点で、多くの意義があった。すなわち、使行の行次の時の荷物を運ぶという利点だけなく、商品流通の奨励のためにも、銅銭と車の製作は同時に推進されなければならなかったことを意味するのである。ここで注目される点は、当時、行銭別将は賞を受けることができなかったが、行車監董人は賞を受けたという事実である[322]。これはすなわち、当時の車製造と使用が非常に成功的だったことを意味する。当時、車は平壌・安州・義州の 3 カ所で総 800 余台が製作されたが、1 台当たりの積載量は背負子で 3 台分の量であった[323]。

　車で使行の荷物を運ぶことは、「出站各邑民人」たちに相当な呼応を受けた。しかし車製作に用いられる木材調達の難しさ、牛のひく車ではなく馬がひく車なので、1 回の往復で馬が皆病んでしまうという点、そして峠では民人を調発して車をひかなければならないので、峠道周辺住民らの反発が大きいという点で、車使用に否定的な側面も多かった[324]。また使行の荷物を運送するのにだけ車を使用する場合、交代の馬匹と馬夫たちの食糧、峠を越える時動員される人力等に必要となる経費が、刷馬の時よりずっとかかるという点も、平安道で車の使用を妨げる障害であった[325]。

　一方、平安道で車を部分的に使用してから 100 年後の 1783 年（正祖 7）、洪良浩も車の使用が馬を利用するのに比べて 10 倍、100 倍の利益をもたらすと主張した。特に彼は、車の使用により商品流通が円滑になり、運送費用が節減されて、ひいては各種税穀の運送でも費用を大きく節減できるので、車の使用で最大の利益を得る階層は商人であると言っている。彼は車を使用するようになれば、「国が自然に富裕になり、百姓も自然に豊足して、軍隊も自然に強まる」と強調した[326]。18 世紀後半における車利用の目的は、17 世紀後半、使臣行次の時の貨物運搬役を減らそうとする目的と違い、商品流通で利益を得ようとした点で、その意義がある。

地方では 17 世紀後半以後初めて車の使用が試みられたが、ソウルでは朝鮮前期から車が使用されていた。ソウルでは朝鮮前期から商業活動に使用される車だけではなく、家で使用する車まですべて漢城府に登録するように定められていた[327]。特に 17 世紀後半、磻渓・柳馨遠が、「車に対して税金を賦課しないことで車の使用を奨励しなければならないが、ソウルでは車の営業を専業にする者に限って 1 年に何日間か賦役させたるのが良い」と言っていることに見られるように、ソウルには車を使用して運輸営業を営む者もいた[328]。彼らは後述するように、18 世紀に車契を構成して各種公用物資の運搬と、運賃を受けて営業する勢力に成長した。

このようにソウルでも車が使用されはしたが、経済性はきわめて低かった。その原因は製作技術の後進性のためであった。朴斉家は、

　　車は空から出て地を転がり回るが、あらゆる物品を運搬したらその利益が非常に大きい。我が国だけが独り車を使わないのは何のわけか。……今の車は車体がとても重くて、空の車だけひくにも牛 1 匹では手ごわい。また車の土台両側二つの車輪の間がとても広くて空の隔たりが多くて実際効用は少ない。それでも大車に牛五頭を結んで 15 石を運搬したら、牛 1 頭や馬 1 頭で各々 2 石ずつ運搬するより、3 分の 1 の利益をもっと得るようになる[329]。

と述べて、牛や馬で運搬するのに比べて 3 分の 1 の利益しか得ることができないから、車がまともに利用されないと指摘している。そこでこれを解決するために中国の車を模倣して製作すれば、利益がはるかに多いであろうと主張している[330]。要するに車製作技術の改善を通じて、車の経済性を高めようと主張したわけである。

このように車が使用されはするが経済性がなかったので、大部分の貨物運搬は馬や牛を利用するしかなかった。1728 年（英祖 4）、京江の運負役を担当する馬契が、戸曹が輪運価を支給しなかったという理由で貨物運送を拒否するや、戸曹では馬契を廃止し、駄運の代わりに車を使用して貨物を運送することを主張した[331]。これに対して英祖は、

舟車を製造した後に大小運用に車があまねく便利だったら、どうして馬
　　を使用するのか。およそ輸運する物件は大きいものと小さいもの、重いも
　　のと軽いものがある。戸曹で費用を削りながら、運送量は2倍になると主
　　張するが、1匹の馬で運搬できるものも車を使用しなければならないのか。
　　これは少ないものを守って大きいものを捨てることだ。まして闕門中は車
　　が入っていくことができない所だ[332]。

と述べて、車使用の便利であることを認めたが、多くの理由で車使用が普遍化
できないことを述べている。ソウルでも車の使用が普遍化されなかったから、
大部分の貨物は牛や馬、そして人の背負子に依存して運搬された。しかし先に
見たようにソウルの運輸業、関西地域の貨物運搬等には漸次、車の使用が増え
ていたのは明らかな事実である。

2. 海上交通の発達

（1）船舶の種類と区分

　我が国は6千海里の長い海岸線と、7大江を含む河川が国土を横切りなが
ら流れて、水運交通が発達し得る良好な条件を持っている。特に車の使用が
普遍化されなかったため、商品運送の効率的な手段として船舶が重視されて
いた[333]。茶山（丁若鏞）はこれに対して、

　　　我が国は3面が海に囲まれ……江と海を通う大きい船、小さな船は千、
　　万と推測される。穀食・魚・塩・材木・柴炭速をすべて船で運搬する。国
　　には車がなくて、雌牛を交尾させたり、馬に乗って走る風俗がない。日用
　　百物の運搬は船でなければ担いで運ぶという二つの方法だけだから、船の
　　使い方がこのように何より緊要だった[334]。

と述べて、船運がもっとも重要であると言っている。
　朝鮮後期に船で運航することは、海運と水運の二つの種類があった。海運は
海を舞台にしたもので、水運は江や河川を利用する船運を指す[335]。だから船

舶も、海運に使用される海船と水運に使用される江船に区分された。さらに海船は杉船・桶船に、江船は艪船・広船と区分され[336]。また挟船というものがあったが、この船は主に黄海道や平安道で運航されたもので、杉船の従船として使用されただけで、独自に行商や漁採はできない 船舶だった[337]。

海船と江船は用途が違うだけに、大きさと用量も違った。江船は幅が狭くて長さの長いことが特徴だった一方、海船は江船に比べて幅が広くて長さが短かった。海船は風浪が多い海を運航しなければならないので、沈没しないように下積みが広い一方、江船は幅が狭いとか暗礁が多くて水勢が強い地域を運航しなければならなかったので、狭くて長かった[338]。そして陸水では 海水より船舶が早く老朽化されるので、改造年限も全体の使用期間は10年であったが、江船は 海船より1年短縮された[339]。

また主要な江では、海流が上ってくる地点を基準に、水上と水下地域に区分したが[340]、水下で使用する、すなわち海洋と江で同時に使用できる船舶を水下船、水上地域を運航する船舶を水上船と言った[341]。江の流れの差異のために水下船は水上地域を、水上船は水下地域をまともに運航することができなかった[342]。1750年の均役法実施以後、各地域の船舶に対する収税が均役庁に一元化されたが、この時作られた〈均役事目〉に見える各地域別船舶の種類を見れば、次表1-6の通りである。

表1-6に見られるように、船舶の種類は大きさによって大・中・小・幺船などと区分されたが、用途に従って米穀を運搬する唐刀里船や土船、軍事上の防禦目的を遂行する待変船、薪を運搬する柴灰船、江で税穀を運送する站運船、海の税穀運送船である漕船、中国の密貿易船である唐船の追捕任務を担当する追捕船、あわびを採取する採鰒船、塩運搬船である運塩船等、多様に区分されていた[344]。

一方、軍船の種類も多様であった[345]。これら軍船も、一部は商品流通や税穀運送に利用されたりもした。朝鮮後期の軍船は戦船・亀船・兵船・防牌船・伺候船として、体制が整備された[346]。戦船には左右に艪が各10個ずつ、総20個があった。法制的に見る時、戦船の艪は左右に各8個ずつとなっている。しかし18世紀以後船舶の規模が大きくなるにつれて艪も増えて、左右に各10個ずつ設置された。艪が左右に10個ずつある場合、艪と艪の間に格軍が4人、

第2節　交通の発達と全国的海路流通圏の成立　99

表1-6　朝鮮後期 地域別船舶の種類[343]

地域	一般船舶	特殊船舶
京畿	大船（6把 以上），中船（5.5～4把），小船（3.5～3把），幺船（2.5～2把），小艇（1.5把 以下）	京江唐舩船（唐刀里船），嶺南土船（税穀運送），江都柴船，江華私汲船，江華別庫船，江華待変船，軍門柴灰船（銭器船），麗州水站船
真書	京畿と同一	追捕船（荒唐船追捕），進上船
湖西	1等船(8把 以上)，2等船(7.5把 以上) 3等船(7把 以上)，4等船(6.5把 以上) 5等船(6把 以上)，6等船(5.5把 以上) 7等船(5把 以上)，8等船(4.5把 以上) 9等船(4把 以上)，10等船(3.5把 以上) 幺船(2.5把 以上)	衫船，広船，柴船，護漕船，水営看水船（魚箭に付いた小さな船）梭船，安興鎮待変船
湖南	大船（6.5把 以上），中船（6～4.5把）小船（4～2.5把），船（2把 以下）	
嶺南	衫船（船端がある船）桶船（船端のない飼葉桶のような船）槽船（農土船：江海合流処を往来）挟船（杉船の従船）漁艇	統営採鰒船，左兵営採鰒船 左右沿海漕船，蒜山倉運塩船 牧場運藁船，竜唐江漁艇
関東	衫船，桶船，水上船（杉船と同様）	
関北	衫船，麻艎船（別名 麻尚船），耳船	

典拠：『経世遺表』巻14，均役事目追議2 船税

格軍を指揮する長が1人ずつ、5人が一組を成して櫓一つを動かした。だから櫓を漕ぐには2人が一組になって交代で漕ぐとか、または両方で2人が向かい合って漕いだものと推定される。これから見ると、戦船に乗船する人員は、櫓軍100人に砲手24人を含めた戦闘要員64人を含んで、総164人であった[347]。

一方、中宗代に出現した小型軍船である挟船の格軍は3人であった[348]。壬乱中に初めて出現した伺候船は、戦船・亀船等の大型軍船の従船で、乗船人員は沙工1人、格軍4人だった。この船は挟船より大きく、一般化された船舶で、実際にこの船が各陣営に配置されて、冬に水軍が商業活動をするのに利用されたりもした[349]。

兵船は左右に櫓が3個ずつ、総6個があって、長さが40尺ほどである一般戦闘艦だったが、船板が薄くて、米穀を積んで運ぶには不適当な船と見なされ

た[350]。櫓軍の数は一櫓に各 2 人ずつ、左右を指揮する櫓軍の頭 2 人を含んで、全部で 14 人だった。このほかに沙工 1 人、砲手 2 人がいて、総乗船人員は 17 人であった[351]。

一方、防牌船は、1555 年（明宗 10）の乙卯倭変以後、板屋船・挟船とともに、倭族防禦に緊要なものとして使用されたが、壬乱の時姿を消してから、仁祖代にまた製造された。防牌船は当初西海で使用しようと造ったものであったので、三南では使用されなかったが、1704 年（粛宗 30）に黄海・平安両道の海岸防禦のために三南で製作、使用するようになったし、英祖代にはその数が急激に増加した[352]。1740 年（英祖 16）に新しく製造された海鶻船は、兵船・防牌船より少し大きくて、乗船人員は 55 人だった[353]。

（2）航海術と造船術の発展

17 世紀後半以後、多様な船舶の出現により海上交通は発達した。この時期海上交通の発展を推進した基本的な要因は、何よりも商品貨幣経済の発展による商品流通量の増大であった。商品流通に対する社会的要求が増大するや、自然と航海術と造船術も向上した[354]。

17 世紀以後、航海術と造船術の発展に最大の寄与をした勢力は京江船人たちであった[355]。京江船人たちは、17 世紀中期にすでに漢江上流を運航する水上船で、沈没事故が多発し多くの船人が嫌った安興梁を越えて、湖南地域まで下って税穀を賃運するほどであった[356]。そして長山串のために関西地域を航海することが大変危険であったのに、1671 年の大飢饉でソウルの米穀が不足して状況が切羽詰ると、政府では京江船人を募集して関西米 5 万石を運送した。このような事実も、京江船人の航海術が他の地域に比べてずっと優れていたことを示している[357]。

このように最初は主に個々の船人たちの経験に依存して発展した航海術が、儒者がこれに関心を持つことによって科学的に体系化される。李瀷は『星湖僿説』〈潮汐弁〉で、潮汐現象の 原因、東海と西海、日本、中国、朝鮮の潮汐現象の差異を詳らかに記録してあり[358]、韓百謙も潮汐現象は地球が太陽に従って回るために起きることで、潮水の進退は月に従い、盛衰は太陽に従うと主張した[359]。李圭景も船で海と江を通行する時、風浪を恐れないで通う方法につ

いて記録した^{360}。

　申景濬の『道路攷』にも、船舶運航に必要なさまざまな技術と情報が〈附録〉として記録されている。この記録は、一般船人たちの経験に基づきながらも、中国側と西洋の文献も参考にして作成したものであった。その内容を見ればまず、日時と地域による潮流の変化状況が分かるように、1) 潮汐一月内盛衰之日、2) 潮汐一月内進退之時、3) 中国折江潮信、4) 済州潮信比呉越差早一時、5) 太陽歌（定太陽出没以応潮信時刻長短）、6) 寅時歌、等を記録している。また風雨の変化を察することができる方案として、1) 占日、2) 占月、3) 占雲、4) 占霞、5) 占雷電、6) 占地、7) 占水、8) 占禽、9) 占獣、10) 占魚、11) 占竜、12) 占虫を記録している。そして風雨に対する経験を総体的に並べて船の運航に助けとなる内容として、13) 風雨総論、14) 花信風、15) 燃燈節、16) 中国琉球冊使海中風候記、17) 逐月暴風日を記録した。16)、17) の記録は、既存の経験を土台にしたもので、中国東南地域にだけ該当するのではなく、我が国にも当てはまると申景濬は特記している。これ以外にも、18) 江海起風止風方を記録して、多少神秘的に海で風を起こしたり止むようにする方法を提示することはしたが、19) 海中取清水方では、西洋人たちが海水で食水を作ることを引用して提示するほど、当時の水準では非常に科学的な運航方法と運航時の対処の要領を記録している^{361}。

　したがってこの〈附録〉は、いわゆる航海技術書としての価値を持つものであった。このように18世紀中期、航海技術書が製作されるということは、それだけ航海術が実質的に発展していたことを反映するものだと言える。

　一方、京江船人の造船技術水準は、17世紀後半から鴨緑江辺まで名前を響かせていた。鴨緑江は水勢が非常に急で険しくて、船舶が上流地域にまで通じることができなかった。そのため上流地域の塩の価格が非常に高かった。民人が春に塩1石を借りた後、秋に返す時は、米4石を支給しなければならなかった。これは鴨緑江辺住民の大きい苦痛であったが、その中でも高価な塩を陸路で上流まで運搬することが最大の苦痛だった。各鎮堡の土卒たちが馬を借りて険しい峻嶺を越え、何日も運搬したが、その過程で馬が死ぬ場合も多かった。こういうわけで塩運送は貧しい土卒たちの怨望の対象になった。このような江辺民人たちの苦痛は、1677年（粛宗3）、波路に慣れたソウル沙工の高雲竜が、

鴨緑江をさかのぼることができる船を建造することで解消された[362]。また京江船人たちは各鎮浦の船舶が退船になって、取り換えられる時に、その払い下げを受けて修理し、使用したりもした。京江船人の手を経た退船は、数十年間、何ら問題なしに使用できるほどであった[363]。

一方、船舶を利用した商品流通が活発になると、船舶の規模も漸次大きくなっていった。これは18世紀以後、軍船・漕船・京江私船等、すべての船舶で共通に現れた現象である。軍船の場合、三浦倭乱以後、政府では小規模倭寇の侵略に大型船舶である大孟船がまともに対応できないようになるや、海防における大船主義をあきらめて、小型軽快船を主とする海防対策を用意した。しかし小型軽快船も倭寇の防禦に効率的ではなかった。そこで乙卯倭変以後、板屋船が登場するにつれ、海防の小船主義が衰退して大船主義に回帰した。

このような大船を主とする海防対策が定着するのは、壬乱以後のことだった。大型船舶である戦船と亀船が日本との海上戦闘で目覚しい戦果を上げたからである。したがって壬乱以後には、大型船舶である戦船を主として主力戦艦を編制する一方、これに付随する兵船・盾船体制により、軍船編制が整備された[364]。これらの軍船も時期の下るほど規模が大きくなったが、これは戦船[365]、兵船[366]、亀船[367]等、すべての船に共通して現れた現象である。これは各軍船を改造するとか改修する度に、水軍の指揮官が大きい船舶を選好したからである[368]。

軍船だけではなく、税穀を運送する漕運船や京江私船の規模も大きくなった。これは各船舶の積載量の増加現象を通じて察することができる。漕船の法的積載限度は、17世紀後半まで500石であったが、18世紀初には600石に、また18世紀後半には1,000石に増えた。一方、税穀賃運に投入された京江船は、18世紀中期にすでに積載量を1,000石にすることを公認されたし、一部の船人は税穀をたくさん積むために、法的積載限度の2倍を超える積載量2,000石の船舶も建造した[369]。

18世紀には航海術の発達と船舶規模の増大とともに、新型船舶を建造するための実験も行われた[370]。

1700年（粛宗26）には、戸曹判書の金構が江華島で実験的に建造した輪船について、精密に調査、報告をしている。金構は、「一葉船と速度を競争する

と言っても大きい船舶が優れているが、新しく製作した輪船は大きさが小さくてその制度を皆実現したと見ることができない」と評価した。粛宗は、「輪船は物力がたくさんかかり、利害を完全に計ることができなかったので、すぐに施行できない」と言って、江華にまた戻して改善することを命令する一方、「すぐに戦船として使用できないと言っても、兵家では奇妙な計略もあるので、まったく不可としたのではない。前頭船路が開かれる時、江華から統営や全羅道水営に送ってもう少し大きい船舶を造ることを試験」してみるように命令した[371]。

また李舜臣の孫である李民秀も、海南水軍使である時に車輪船を作り、備辺司に送ってその製造方式を各道に頒布することを請うた。しかし朝廷では何の反応もなく、実用化されることはなかった[372]。輪船は車輪で水を打って動く船で、風がなくても運航できたので、鄭厚祚・李漢・安鼎福・李圭景なども輪船について論じているが[373]、実用化されるには技術的に不完全なところが残っていた[374]。

そして1740年（英祖16）には、全羅左水使・田雲祥が新しい軍船として海鶻船を製作し、運航することに成功したが、他の地域では製作されず、ただ全羅左水営に1隻があるだけであった[375]。

このような新しい船舶の建造と実験にもかかわらず、18世紀後半の我が国の造船術は、中国に比べて多くの差異があった。朴斉家は我が国の造船術に対して、

　　一体船を作るのは沈まないようにするものである。今船を見れば、材木をよく削らなくて隙間から漏れこむ水がいつも冷たくて、船の中で小川の水を渡るようにすねまでたくして通う。その水を汲み出してしまおうとして、日々に一人の努力をむだ使いする。船に水がたまるので、穀食を一杯に積むことができずに、下敷きとしてわらと石を積むが、それが積む穀食より倍にもなりながらも、下にある穀食はむしろ腐る恐れがある。座った席が凹んで楽ではないので、1日も船に乗れば尻は何日間か痛い。また9、10月頃の寒くなる時に船の苫などが用意されなくて、霜柱を直接受けて苦労がいっそう甚だしいので、船に乗る楽しさがない。だから船に乗る人

と載せた荷物が船の中で一カ所に集まるようになって、一杯に積むことができないと同時に、高く積むこともできない。あるいは苫を用意することはしたが、短くて船首と船尾側が空いているために、雨が降れば船が雨水を盛る道具になってしまう[376]。

と述べ、造船術が出鱈目なために我が国の船は長期間の航海に不向きであると指摘した。このような朴斉家の説明はおそらく、津船や京江水上船についてのものと思われる。津船や水上船の場合、海を航行するのではないので、建造の不始末さはあり得ることである。しかし18世紀、京江船人が建造した京江大船、すなわち海を航行する水下船は、2,000石を超える米穀を十分に積むことができるほどであったという点で[377]、朴斉家のこのような指摘は、我が国の造船術の一側面を一方的に誇張したものであるに違いない。また彼は、造船術だけではなく、船舶を接岸する築港等の施設もまともに整えられなかったと、次のように指摘している。

　　船が着く所に橋を架けないで人は背負って渡し、馬は跳びこえるようにする。もともと陸地から橋を架け、船に上がって船の中の厚板で降りなければならないのに、そんな設備をしないで馬を陸地に跳びおりるようにしたら、どうして馬の足が折れないだろうか。このために我が国では、「船にうまく乗る馬だ」、「船に乗ることができない馬だ」という言葉まで生まれた。これは橋を架けないためだ[378]。

朴斉家のこのような指摘も、一面を誇張したものと推測される。18世紀後半以後、海上交通の発達によって、浦口周辺の有力家が相当な物力を投資して、船舶の接岸施設などをあちこちに建設しているからである[379]。

(3) 海上交通路の発達
1) 安興梁
18世紀以後、造船術と航海術の発展は、それまで海上交通の障害であった険灘を克服し、全国を自由に連結できるようにした。17世紀中期まではなお、

湖西の安興梁と海西の長山串のために、全国が海上で連結されるには多くの障害があった[380]。

　忠清道泰安半島にある安興梁で、三南地域の税穀を運搬する漕運船や京江船が、毎年数十隻ずつ沈没した。朝鮮後期の税穀運送において、この問題を解決することが一番重要であった。したがって高麗時代から泰安半島を横切る運河の建設が試みられた[381]。このような試みは朝鮮後期にも何度も続けられた[382]。純祖代にも忠清右道暗行御史として派遣された秋史・金正喜が、それ以前に人々が工事したのを引き継げばすぐ掘浦できると言って、あらためて掘浦論を主張したりもした[383]。しかし多くの民力を投入しならなければならない関係で、このような運河建設計画はある時には着手されもしたが、すべて失敗に帰した。

　掘浦方式が多くの弊害を起こして失敗するや、1658年（顕宗1）には金堉がここに漕倉を設置して、険灘を克服する方案を提起した[384]。1669年（顕宗10）には礼曹判書・金佐明が金堉の主張を容れて、安興梁に南北倉を設置した[385]。南倉は安興梁の手前に設置され、北倉は安興梁を越えた所に設置された。4月以内に到着する三南の漕運船は、直接京江まで到達するようにし、5月以後に到着する漕運船は南倉で租税穀を荷役した後に、空の船で安興梁を経て北倉に到着するようにして、その間に税穀は陸運で北倉まで運び、また船に積んで京江まで運搬するようにしたのである。安興梁を越すことがいかに危険であったのかをよく表す事例である。この方式は、税穀の荷役と運搬等に多くの民力が消耗されて、周辺の民人に莫大な弊害を与えた。そのため長く施行されることができずに、すぐ革罷された[386]。1675年（粛宗1）には、安興梁に防禦営が設置された[387]。安興に防禦営が設置されたのは、粛宗年間の海防体制強化の一環だったが、漕運船の監視と険灘を越えるのに助けになるためのものでもあった[388]。

　17世紀中期まで京江と三南を連結するのにこのように大きな障害だった安興梁は、18世紀中盤に優れた航海術を持った京江船人によって完全に克服された。李重煥は『択里志』でこの事実を、次のように語っている。

　　全羅・慶尚・忠清三道は賦税を皆漕運でソウルに運搬するから、水路に漕軍を置いて1年中列をなして相次いで輸送する。またソウルの多くの宮

家と士大夫が三南地方に庄土を置かない者がなく、皆がその輸送を望んでいる。船人たちは水路に慣れており、商人たちもやはり多くて、安興梁に行くのが自宅の庭を歩くようである[389]。

17世紀に運河を掘削するか、それとも南北に漕倉を設置して避けようとした安興梁を、18世紀中期には「自宅の庭を歩くように」航行していたのである。

2）長山串

京江から平安道で行く航路にも長山串の険灘があり、自由に航海ができなかった。次の記事はそういう事情をよく示してくれる。

> 平安道の軍糧と救荒穀を輸運できないようにすることと、祖宗朝に船舶を通行できないようにしたことは、すでに法令によって定められたことである。宰相や朝官の庄土で生産された穀物なども、同じく運送を一切禁断する。これを犯す者はすべての船舶を属公とし、辺方地域に送る。これと接触した人と浦口の監考、および碇泊した浦口の守令と色吏は従重科罪とし、監司を推考する[390]。

この資料は、16世紀末まで平安道とソウルの航路が険難で、租税穀はもちろん、士大夫の農場の穀物も海上運送を禁じていることを物語っている。一方、この禁止規定が法制化されたということは、すでに16世紀中期から先進的な航海術を持った船人たちが、険灘である長山串を越えて航海したことを物語ってくれることでもある[391]。ところがこのような法規定自体は、16世紀には長山串が非常に危険なため、平安道と京江の間の船路は一般的には開かれなかったことを示す反証である。

平安道と京江を連結する海上交通路は、17世紀を契機にして漸次開かれていたが、1638年（仁祖16）、資装木1,000同を平壌と海州に運送するのに船運と陸運のどちらが良いかに対する次の論議を見れば、17世紀中期にも長山串の険灘を越えるのが決して容易ではなかったことがよく分かる。

> 前に資装木1,000同を運送するのに、200同は船運で海州に納め、800

同は平壌に船舶で直運するように決定した。しかしこれを運搬する船隻を用意しにくいし、船格も求めにくい。特に今、秋が深くて風が強い時なのに、海路に慣れない船格らが長山串を越える時に破船になる心配が多い。だから 陸運も一つの方法である。……船運は非常に早くて 陸運は遅いが、今向かい風が強く吹き、海路が非常に険しい時は陸運することが楽だ[392]。

このような記述を見れば、17世紀中期までも、長山串を通過するのが自由ではなかったことを推測するのに十分である。

このように長山串の水勢が険しくて海難事故が頻繁に発生するため、1675年（粛宗1）に長山串のすぐ下にある甕津半島に所江防禦営が設置された。これは安興防禦営の設置と同時に行われたものであった。防禦営を設置した後に、破船の危険を減らすために海西地域の戦船の大きさを縮小した。これと同時に、長山串を行き交う船舶の安全な航海を支援していた[393]。このような措置にもかかわらず、長山串は18世紀前半まで、相変らず船運で連結されにくい所として残っていた。もちろん、関西地域と京江が船運で直接結ばれる場合もなくはなかった。庚辛大飢饉が間近に迫っていた1671年（顕宗12）には、平安監営の関西米を京江船を利用して船運していた。この時運送された米穀量は大米1万5,000石と小米3万5,000石で、総5万石に達した[394]。

しかしこの事例は、ソウルの急な食料事情を解決するためのものであり、一般的には18世紀前半まで船運が不自由であったものと見える。この事実は、1731年、平壌の関西米をお金に変えてソウルに運送する時に、開城までは馬匹で運送し、開城から京江までは船運した事例から察することができる[395]。この方式は、18世紀関西米運送の一般的な方法であったと思われる。海西の木綿も、関西米運送の例によって、各邑で馬匹で開城まで運送した後、開城で川がとけるのを待って、翌年の春に地土船で京江まで運送していた[396]。

しかしこのような事情は18世紀後半に変わった。1782年（正祖6）には、関西米3万石を1,000石以上を積む京江大船15隻で運送した[397]。この時、関西米の漕運は、「各年已行之例」によって 運送されたという記録に見られるように、1782年以前の18世紀中期から、関西米船運が普遍化されていたように見える。ただ1782年に決まった船価が1671年に決まった船価と同一である点

から推し量るに[398]、18世紀前半までは関西米の船運は非常に珍しい方であったと見るのが正しい。そうであったものが、18世紀中期からは船運で運送されるようになったのである。このことは、関西米の船運に対して交わされた正祖と左議政・李福源の対話からも察することができる。

> 上が言われるに、今海西運米のことは深く憂慮されるところだ。……海西の長山は普段から険津と称されている。海西穀を上送する時、長山鎮の指路護送等の仕事を厳しく指揮して疎かにすることがないようにしなければならないと。左議政の李（福源）が申し上げるに、張山の船路は最近はいかにも平穏で以前より良くなっています。ですが格別に指導すればもっと良いでしょうと[399]。

ここに見られるように、18世紀後半、長山串の船路は漸次困難を克服して、船人たちが自由に航行できる所に変わっていた。このような変化は自然に生じたものではなく、17世紀後半以後の造船術と航海術の発展によるものであった。

18世紀後半、長山串を越す航海が自由になったので、禹禎圭は1788年（正祖12）、平安道の租税を本道に留置しないで、漕運制度を実施してソウルに上納するようにしようと主張した。彼は、「関西に漕運が行われないのはただに長山串の暗礁のためだけではなかった。丙子胡乱以後中国に捧げるものが多かったし、使客支供に所用されることが多かったからだ」と言って、「今、使客の往来が珍しいから関西の租税も漕運で上納するようにしよう」と主張した。彼はまた、「多くの人々が関西地域の漕運が不可能な理由として長山串の険灘を挙げている。しかし今、商人たちの船は自由に往来しているのに、どうして漕運船だけが妨害されるわけがあるのか」と言って、船舶が長山串を航行するのに何の困難もないことを、漕運実施の重要な根拠としている[400]。

このような主張に対して備辺司でも、海運が可能だという点は認めたが、関西地域が両乱以後一度も改量されたことがない地域であるため、田制が紊乱してこれを施行できないと言って、結局、関西地域の漕運制実施は留保された[401]。

関西地域の漕運実施は留保されたが、次の事例に見られるように、商船の往

来は非常に活発に展開されていた。19世紀初め、関西地域がひどい凶年になり、米価が急騰するや、三南地域の 米商船が関西地域に押し寄せた。しかし平安監司と守令が米価を下げるのが活民の第一と思って米価を強制的に下げると、三南地域から押し寄せた船商たちが皆、船首を海西地域に回している。このために関西地域場市では飢えた百姓たちがお金を持っていても穀物を求めることができなくなった[402]。これは、関西地域の米穀市場が波路を通じて三南地域と密接に連携されていたことを示すものである。

このように18世紀後半以後、関西地域と京江地域間の海上交通が自由になるや、関西地域の 海運産業は大きく発達した。関西地域は我が国で商品貨幣経済がもっとも進展した所であった。そのため海上交通によって全国的市場圏の中心であるソウルと連結されるということはすなわち、平安道の地域的市場とソウルが海上で連結されたことを表している。このような現象は、18世紀中・後半を経る中で、おおむね完結されたようである。こうした平安道地域の海上交通発展の様相を茶山（丁若鏞）は次のように言っている。

　　　関西の船は東北海の船と比べられない。西方へは渤海に行き、南へは浙楊（黄州から長淵に至る）、洱水、薩水、能水（能成江）、浯水（成川にある）に臨んで小さな船、大きい船が平壌に集まってくる。帆が竹の森のようにびっしりと立ち並んでいるのにどうして論じないのだろう。関西の賦税は皆、事大に使用され、魚塩船税も皆本地方に残して、その用途に提供する。今ソウルの官庁に捧げないということを論じないのは、疎陋であると言わざるを得ない[403]。

丁若鏞の言及に見られるように、関西地域が京江と船舶で連結されるということは、すなわち中国が我が国の海上流通と直接連結されることを意味した[404]。18世紀に西海岸で唐船と潜商活動をすることを徹底的に規制したのも、このような事情によるものと判断される[405]。

3）東南海岸

東海岸は17世紀前半に至っても、波が非常に高くて船舶通行が難しい地域であった。そのため朝廷では、倭賊防禦に何の施設も必要とせず、諸鎮を廃止

したりした地域であった。ところが17世紀後半以後潮流が変わって、倭船も鬱陵島まで進出して魚を獲るほどに、船舶通行が自由になった[406]。18世紀後半、東海岸には海流の影響で江陵・三陟地域に倭船が集中的に漂流している[407]。

特に慶尚道南海岸と東海岸は同じ嶺南であったが、船舶流通の条件は大きく違った。南海岸地域は島も多く潮流の流れもあって、虫食いの憂いがなかったので、5、6年経っても船舶改造の必要がなかったが、東海岸は潮流がないために船の老朽化が早く、建造して2年にもならないうちにまた改造しなければならなかった。16世紀初には、南海岸の統営までの航行時日は 機張や釜山から行けば4、5日なら十分だったが、蔚山から行けば10日くらいかかった[408]。しかし18世紀後半には、東海岸全体を航行するのに必要な時日が10日ほどだったので、航行速度も早くなったことが分かる[409]。

このような航海術の進展のおかげで、嶺南の租税穀も17世紀前半を基点として海を通じて船運されるようになった。もともと嶺南の租税穀は倭供として出費される沿海一帯の租税穀を除いて、忠州の可興倉に輸送されて、站運された。洛東江の水運に従って尚州まで運搬された後に、鳥嶺を越して可興倉まで運送し、また南漢江水路に従って竜山まで站運されたのである[410]。しかし光海君代から、嶺南の租税穀も海を通じて船運され始めた[411]。嶺南の租税穀は初めは京江船で賃運されたが、1760年に漕倉が設置されて、漕運船で運送された[412]。

18世紀前半には嶺南の租税穀だけではなく、南海産の魚物も京江まで船運されていた[413]。また東北産の北魚は元山浦に集荷されてから、北魚商によって平康の三防間路と抱川の松隅場、楊州の楼院店を経てソウルに駄運されたが、19世紀以後、元山から出発して東海岸と南海岸の昌原・馬山浦等の地を経て、恩津・江景浦まで船運されていた。このような北魚流通には、咸鏡道のほかにも、南海岸、西海岸の船舶まで参与した[414]。このように恩津・江景浦まで到達した北魚は、京江に搬入されてソウル市民に供給された。

これらの事例は、18世紀以後の海上交通の発展によって、東海岸の船舶流通も以前の時期と大きく変わったことを示してくれる。しかし東海岸の船舶運航がいっそう自由になりはしたが、相変わらず西・南海岸に比べて活発な方ではなかった。これは金正浩が19世紀中期に描いた『大東輿地図』で、西海岸と南海岸の海岸線は正確に描かれた一方、東海岸と今の浦項一帯は不正確に描

かれたことからも斟酌することができる[415]。

　東海岸の商品流通が南海岸と西海岸に比べて活発ではなかったと言っても、海上交通は倦まず弛まず発達して、18世紀後半からは全国を完全に連結した。このような全国を連結する海上交通の中心は、言うまでもなく京江であった。

3．全国的海路流通圏の成立

　17世紀以後、海上交通が発達するにつれて、次第に沿海地域に対する関心も高くなっていった。もともと壬乱以前には、沿海地域の多くの漁場は礼賓寺で収税し、中央の官吏に食事等をもてなす「宣飯」に主に使われたが、壬乱以後宣飯が廃止になると、これらの漁場を諸宮家に賜給することで、漁場に対する折受が本格化された[416]。宣祖代に翁主に土地を賜給する時、土地が不足して、代わりに漁場を折受したことが始まりであった[417]。沿海地域の漁場・塩盆・漁箭等に対する収税は必ず折受した後に初めて可能なことだったが[418]、大部分の権力機関では折受がなくても差人を派遣して利を得ることが一般的であり、ひいては監営や守令も沿海地方で聚貨するのに尽力した[419]。そのため以前の巡撫使行は浜辺の戦船・軍兵・軍旗を点検する仕事に限られていたが、1695年（粛宗21）、三南巡撫使を派遣する時、沿海の民弊および道内各邑の変通革弊をすべて調べることが一番重要な任務とされた[420]。沿海地域が軍事的な意味よりも流通中心地として重要性が高くなると、商業や漁採・魚塩の利益をめぐって問題が多かったことを反映するものである[421]。

　それゆえ壬乱以後、沿海地域が開発され、ひいては島に対する関心も高くなった。もともと陸地と遠く離れた島では、松の保全のために人が居住できないようにすることが祖宗朝の法であった。しかし壬乱の時に多くの人々が戦乱を避けて島に移住したし、朝廷でもこれらを支援したので、島の人口が増加した[422]。17世紀後半には陸から遠く離れた島も、各衙門や多くの宮家、そして土豪輩らが占拠して、海利を独占した[423]。

　島に対する関心が高まったことは、1707年（粛宗33）、羅州の前にある可住島［可居島］に対する対策変化を通じて察することができる。可住島は外敵が侵入する入り口なので、住民たちを追い出して空地とするのが、既存の海防対

策であった。しかし何度も住民を追い出しても、引き続き流民たちが集まってきたため、朝廷ではこの島を訓練都監に移属させて、開墾を許諾する一方、そこから収税することで、軍餉に加えるように決定した[424]。

英祖年間になると、島に居住する人口も漸次増加した。例えば1738年（英祖14）、京畿道南陽府の承皇島には600～700余戸が居住したが、この地域に中国の唐船が出没して、交流が活発になった結果であった。そのため備辺司でも、京畿沿岸に摘奸郎庁を派遣して、島の住民の状況と土地開墾等の事情を調査した[425]。湖南・京畿地域だけではなく、嶺南の南海岸地域の島でも、居住民が英祖代以降一貫して増加した[426]。

このように島の居住人口が増加するや、1748年（英祖24）には、陸地の多くの邑に官長・面任・洞任等を置くのと同様に、湖南地域の多くの島にも官吏を置こうという意見が提示された。島に居住する者は大部分、逃亡奴婢や犯法者たちで、中央政府で効率的に統制できないからであった[427]。したがって中央でも、島地域に対する統制を強化して、摘奸郎庁を派遣するとか、訓練都監に移属して屯田を設置し、ひいては島嶼地域に邑を設置しようという論議まで展開されていたのである。このような対策が用意されたのは、以前に比べて中央政府の島嶼地域に対する把握能力が高くなったからだった。羅州沖の可住島に対する対策で見るように、以前は島に対する掌握能力が高くなかったので住民を追い出すのが唯一の対策であったが、海上交通の発達によって島に対する統制能力が高くなると、これらの地域に居住を許諾した後、収税を通じて支配することに変わったのである。

一方、このような海上交通の発達と島嶼地域の開発にともなって、領土に対する観念も拡大されるに至った。17世紀末、安竜福が鬱陵島の領有権を確立させようと努力したことや、18世紀以後の「海防論」の流行も、このような傾向を示すものである[428]。

これとともに18世紀以後、島を根拠地とする海賊たちも多く現れた。彼らの主な目標は米穀船商で、活動舞台は湖南で海西等の地域で広がっていた[429]。粛宗末年、全羅道扶安の屏山半島と近くの島を根拠とした「劇賊」勢力の存在は、沿海地域と島地域の開発を前提にしなくては不可能なことであった[430]。

このように沿海地域と島嶼地域の開発によって、18世紀以後、全国の沿海

地域を船舶で連結する全国的な海路流通圏の成立が可能となった。18世紀後半には、全国の沿海地域を連結する沿路とともに、全国を海上で連結する海路がすべて把握されている。全国の海沿路は総1万526里で、8路に区分されたが、その内容は表1-7の通りであり、海路の具体的な経路は附録1の通りである。附録1をもとに把握される海路の経路を図で表せば、次の図1-3のようである。

全国の海路は、大きく三つの路に区分された。第一に、京江を中心に通津の留島を経て咸鏡道慶興から豆満江に入る航路と、二番目に、京江から義州までの航路、そして三番目に、海南から済州に至る航路である[431]。これらの海路には、各航路の主要地点の左側と右側の島・浦口・鎮の名前が詳しく記録されている。特に島の俗名、異名等をすべて記録して、船人の航海に助けとなるようにした。このような海路は、島に対する把握が正しくできなければ到底作成することができなかったという点で、当時の海上交通発達の様相をよく反映し

表1-7　18世紀後半 八道海沿路の経路

道	海 沿 路
咸鏡	(1) 慶興 – 慶源 – 穏城 – 会寧 – 茂山
	(2) 富寧 – 鏡城 – 慶興 – 阿吾地 – 徳明鎮 – 磏也駅 – 律山駅 – 会寧駅 – 輸城駅 – 魚遊澗鎮 – 鏡城
	(3) 明川 – 吉州 – 端川 – 利原 – 北青 – 洪原 – 咸興 – 定平 – 霊興 – 高原 – 文川 – 徳源 – 安辺
江原	歙谷 – 通川 – 高城 – 杆城 – 襄陽 – 江陵 – 三陟 – 蔚珍 – 平海
慶尚	寧海 – 盈徳 – 清河 – 興海 – 延日 – 長鬐 – 慶州 – 蔚山 – 機張 – 東莱 – 梁山 – 金海 – 熊川 – 昌原 – 漆原 – 鎮海 – 固城 – 晋州 – 泗川 – 昆陽 – 河東
全羅	(1) 光陽 – 順天 – 楽安 – 興陽 – 宝城 – 長興 – 康津 – 霊岩 – 海南 – 珍島 – 霊岩 – 務安 – 羅州 – 咸平 – 霊光 – 茂長
	(2) 扶安 – 万頃 – 臨陂 – 沃溝
忠清	舒川 – 庇仁 – 藍浦 – 保寧 – 洪州 – 結城 – 海美 – 瑞山 – 泰安 – 唐津 – 沔川 – 牙山 – 直山 – 平沢
京畿	水原 – 陽城 – 南陽 – 仁川 – 広州 – 安山 – 富平 – 金浦 – 通津 – 豊徳 – 開城府
黄海	黄州 – 鳳山 – 載寧 – 安岳 – 長連 – 殷栗 – 豊川 – 長淵 – 海州 – 甕津 – 康翎 – 平山 – 延安 – 白川
平安	義州 – 竜川 – 鉄山 – 宣川 – 郭山 – 亀城 – 定州 – 嘉山 – 博川 – 安州 – 粛川 – 永柔 – 順安 – 平壌 – 甑山 – 咸従 – 竜岡 – 三和

典拠：『増補文献備考』巻35、輿地考 関防 海路；『道路攷』。

114　第1章　京江地域 商業発達の背景

図 1-3　18 世紀後半の全国の海路と1907年の航路

--------- ：18世紀後半の海路
───── ：1907年の航路

ている。

　図1-3で見るように、18世紀後半の海路は1907年の航路に比べて、沿岸ときわめて近い地域を選んでいた。1907年以後汽船が導入されてからは、沿岸航路でもより遠い海を航行することが可能になったことを物語っている。言い換えれば、帆や櫓を使用して運航した朝鮮後期の海路は、風を避けることのできる陸地と非常に近い地域しか航行できなかったことを示している。遠い海に出てこそ通過できた安興梁と長山串で沈没事故が多発せざるを得なかった事情を、この海路図を通じて理解することができよう。

　これら沿海地域はどのように結ばれていたのだろうか。これに対する具体的な記録はまだない[432]。本書の附録2に見られるように、全国の沿海地域に総500余個の浦口と鎮・串があり、これを拠点にして全国は海上で連結されていた。これらは概して、郡県を単位に最大の浦口を中心に周囲の小浦口が連結され、さらに郡県と郡県の間では各道や地域の中心浦口がその地域の海上流通圏の中心として機能した。これらの中心浦口が海上で連結されることで、名実ともに備わった全国的海路流通圏を形成することができたのである。

　言い換えれば、海路流通圏は八道の海沿路地域の中心浦口がその地域の小浦口の流通拠点として機能するとともに、これらの中心浦口は海沿路を通じて陸路に連結されたが、これは場市網と連結されることを意味した[433]。また海沿路地域の中心浦口は全国的海上流通圏の中心である江景浦・七星浦・元山浦・京江浦口等と有機的につながりながら、全国が船舶で連結される流通網を持つようになったのである。

註
259　『続大典』工典　橋路。この規定がまともに実行されたかは疑わしい。茶山（丁若鏞）は「我が国の道里は未開発状態なので、西路以外は概して尺量せずに、いわゆる10里があるいは15里になったり、いわゆる1舎〔30里の距離：軍隊が1日に歩く距離のことであるが、我が国の里数で50〜60里を示す場合もある。〕があるいは2舎近くにもなったりして、初めて旅行する者は狼狽してじたばたすることが多い」と言っている（茶山研究会『訳註 牧民心書』10部 工典 6条 道路）。
260　『続大典』工典　橋路。このような擺撥制度は1597年（宣祖30）に設置されたもので、辺境の公文書を伝達するためであった。擺撥制度が成立した当時は、騎撥

では25里ごとに1站を置き、歩撥では30里ごとに1站を置いた。『続大典』で西路が騎撥となっているのは、註259)の茶山の指摘のように、道がよく整備され、測量も正確だったからである。一方南路と北路は、道が険しくて整備されていなかったので、歩撥と規定された。参考のために『万機要覧』に規定された撥站を見れば、西路は騎撥で、京畿・京営站から黄海道・旧官門站（金川）を経て平安道の所串站（義州）に至るまで全部で38站であり、北路は京畿・豆険川站（楊州）から江原道の豊田站（鉄原）を経て咸鏡道の阿吾地站（慶興）まで全部で64站となっている。また南路は、京畿・新川站（広州）から忠清道・林烏站（忠州）を経て慶尚道・草梁站（東萊）に至るまで全部で34站だった（『万機要覧』軍政篇1 駅遞 撥站）。『万機要覧』では『続大典』より西路と南路は少しずつ減っている。これは流通路の発達の結果であると思われる。ただ、北路の場合59站から64站に増えているが、これは北路の終点が鏡城から慶興に北上したからである。

261 『典律通補』刑典 禁制。「他国人処 路程記書給者 清人処負債者 并一律論」
262 現在奎章閣に残っている道里に関する書籍は『路程表』（奎7702の1）、『大韓十三道程里表』（奎9963）を含めて全25種があり、蔵書閣には『程里表』など6種が所蔵されている（これについては『奎章閣韓国本総合目録』1167-1168頁,『蔵書閣図書韓国版総目録』517頁参照）。これ以外にも、朝鮮後期に編纂された邑誌や牧民書の類に、ソウルと各邑までの距離だけでなく、隣の邑との距離が詳しく記録されている。朝鮮後期の邑誌編纂状況と邑誌の地理認識に対しては、楊普景「朝鮮時代邑誌の性格と地理的認識に関する研究」（1987,ソウル大博士学位論文）が参考になる。
263 『弘斎全書』巻9、序引道里総攷序。正祖の序文が入っている『道里総攷』を筆者は直接見ることができなかった。現存の与否さえ確かめるあてがなく、内容の見当をつけることができないが、ただ正祖の序文に列郡之境界、四沿之程站、烽燧駅撥之第次、潮汐之信、風雨之候、場市之名と明らかにしていることから見て、後述する1770年に申景濬が編纂した『道路攷』と類似のものであったと思われる。
264 申景濬は1770年（英祖46）に刊行された『東国文献備考』輿地考を担当したが、この本は他ならぬ〈輿地考〉の底本として著作されたものと思われる。実際に〈輿地考〉の郷市条を見れば、元本と邑誌の相異を記録しているが、ここでいう元本がすなわち申景濬の『道路攷』であることが確実である（申景濬については『旅庵全書』（景仁文化社 影印本）解題；李相泰「申景濬の歴史地理認識」『歴史研究』38、1984、参照）。
265 申景濬『道路攷』（奎7327）序。
266 同上。
267 この道が『林園経済志』では大路であるソウル―太白山路に昇格された道路である。

第 2 節　交通の発達と全国的海路流通圏の成立　117

268　『林園経済志』倪圭志 巻5、八域程里表。
269　申景濬『道路攷』付 郷市。
270　『林園経済志』倪圭志 巻5、八域程里表。
271　『東輿紀略』(奎6240)。
272　金良洙「朝鮮粛宗時代の国防問題」『白山学報』25、1979；李泰鎮『朝鮮後期の政治と軍営制変遷』韓国研究院、1985、225-232頁、参照。
273　『承政院日記』417冊、粛宗30年3月15日、452頁。「鉄串浦 乃是江都往来之直路 且草陵陵行大路 亦由於此 故自華家出給物力 勧募僧徒 使之築城石橋 且移孔岩津船於楊花渡 以便公私往来之路矣」
274　漢江辺の渡し場の状況については、本書第2章第2節「1. 京江渡し場の整備と渡し船の増置」参照。
275　道路幅を見れば『経国大典』では大路56尺、中路16尺、小路11尺(営造尺)、道路両方の溝渠(溝)各2尺だった(『経国大典』工典 橋路)。この規定は『続大典』でも変わらずにそのまま転載されている。一方『磻渓随録』には、都城内路は大路36歩(2歩)、中路18歩、小路9歩(1歩)、地方邑城内路は大路18歩、中路9歩、小路6歩、一般道路は大路12歩、中路9歩、小路6歩(カッコの中は溝渠の幅；『磻渓随録』巻25、続篇 道路橋梁)とあり、また正祖代に刊行された『舟橋指南』では御路の幅を4把と規定している。
276　衿川は1795年に始興郡と改称された。
277　新作路の名称はこの記録とともに、水原城を築造した顚末を記録した『華城城役儀軌』に、水原城内の東将台から長安門まで、そして長安門から迎華亭までの十字大路を新たに建設したが、これを新作路と命名したと記録されている(『華城城役儀軌』巻6 新作路)。
278　『備辺司謄録』178冊、正祖15年正月21日、712頁。「広州則旧路修治 使役稍異別無貽弊之可言 水原則新作路 皆以佃夫赴役 而本月旬間 以官庁米四石出付……毋論新旧路 較量把数 差等施賞 大抵旧路修治 新路開拓 労逸本自懸殊」
279　『書啓輯録』(奎15083)巻9、摘奸史官 鄭文始 書啓(甲寅1794年11月)、「治道時民戸則或十五六日 或十三四日 分日赴役而雇価毎日為一銭 牛馬貰役如之是白遣 班戸則或三四日 或二三日赴役 而無奴班戸初不挙論是白如乎……治道時抹木亦皆斫取於班賤墳山私養之木 毋論株数之多寡 初無分銭之給価是白遣 作路時田畓割入処 間多有之 聞自本官尺量長広 将為計数給価」
280　『備辺司謄録』191冊、純祖即位年11月13日、256頁。「今番道路修治肆覲坪以上至于露梁 則比前輦路 更加数把之広」
281　上と同じ条。「始興道路修治 視広州果川 更為闊遠 鑿通夷塞 比他邑為多」
282　『程里考』(奎7546)。
283　『道路攷』や『林園経済志』でもソウルから東北地域に行く道はソウル—楼院—

金化—金城—鉄嶺—安辺—元山と行く道しか現れていない。これらの記録では平康に行く道は楼院—漣川—竜潭—鉄原—月乃井店—平康のコースが記録されているだけで、平康から雪雲嶺や三防間路、すなわち秋河嶺を越えて安辺・元山・徳源に行く道はまだ表示されていない。また18世紀中期の尹斗寿の〈東国輿地之図〉にはこの平康―三防間路が表示されていないが、19世紀中期に金正浩が作った〈大東輿地全図〉には三防間路が表示されている。

284 『備辺司謄録』115冊、英祖22年6月5日、616頁。「三防一路 無高山竣嶺之阻 而自安辺直達平康 為上京之捷路 近来南北商旅 皆由此作行 便成坦道 此不可全無防守 或築塁設関以時開閉 或設置別将譏察非常 有不可已 為先令道臣別為摘奸詳度事宜」

285 『備辺司謄録』171冊、正祖11年10月2日、965頁。「東北交界関防 只有鉄嶺一路 素称天険 而不知何間 忽生三防間路 以其捷且夷也 故商路咸湊 駄載無碍 至有店幕村閭之聚 蓋此乃直通松都之旧路 亦為西京往来之便近捷径」

286 『北学議』内篇、車。

287 『備辺司謄録』171冊、正祖11年9月25日、952頁；同171冊、正祖11年10月2日、965頁。

288 同上書、171冊、正祖11年10月2日、965頁。

289 同上。

290 『備辺司謄録』171冊、正祖11年10月2日、969頁。

291 『備辺司謄録』192冊、純祖即位年3月15日、311頁。「本道只存鉄嶺一路 不通他岐者 法意有在 而近来商賈之入北者 或従平康之雪雲嶺 或従平康之三防 昔之一路 今為三路」

292 『日省録』高宗4年5月23日、221頁。

293 『日省録』正祖21年5月3日、25冊、10-11頁。「銀渓即直通北関之大路 而駅站之凋残 近年益甚 蓋自二十年来 淮陽之界 忽生薬水浦間路 誘客網利 回賓作主商賈行旅 無不由是直路 六站只応使星伝命之役……間路之設店漸広 駅路之失業転甚」

294 『備辺司謄録』168冊、正祖10年3月16日、653頁。「訓錬大将 具善復曰 楊州不但為北路要衝 亦多有間路 地勢則設施防営 事甚便矣……摠戎使 金思穆曰 楊州一路既接関北 又通漢江諸路 為近畿要衝之地 設置防営 以作捍禦之計 似可便矣」

295 洪熹裕『朝鮮商業史（古代・中世）』科学百科事典総合出版社、1989、339頁。

296 『続大典』刑典 禁制。

297 『承政院日記』800冊、英祖11年閏4月18日、680頁。「咸鏡監司 李箕鎮上疏曰……蓋本道異於他道 勿論公私卜水陸運 雖係法典所載 守令祭駄之属 自防護所 一切捜検而後送之 水之元山津 陸之草原谷口両駅 乃其設防最要処 而禁物被捉則属公 即法例然也 自有此営以来 至今所遵行者 而特以人不畏法 犯禁者衆 公不勝私 見発者鮮矣」

298 『備辺司謄録』41冊、粛宗13年2月12日、14頁。「咸鏡監司状啓中一款 以為 茂山之民呈状 請開鏡城魚游澗之路 聞其曲折 則所謂朴下遷 即一聚落所居之地 請居其地 仍欲通路於鏡城 聞来为駭然 厳題峻斥 朴下遷切勿許入之意 分付本府自 朝家 若不別立禁令 則此路従必開通云 辺地之新開捷路 甚非所宜 使之厳飭禁断」

299 『英祖実録』巻69、英祖25年2月甲午、330頁。「六鎮通路 皆有九岐 吉州当其衝 城津可禦三路矣」

300 『正祖実録』巻46、正祖21年3月丙申、11-12頁。「前掌令 呉鵬南上疏曰……自鏡城 通六鎮之路有二焉 一則茂山嶺路也 一則葛坡嶺路也 自慶源沿江由茂山嶺路而至鏡城 則為五日程 自慶源犯鏡城境由葛坡嶺而至鏡城 則為三日程 而俱是大路也」

301 上と同じ条。「茂山之南 所謂長坡地 在於白頭山下 北距茂山府為二日程 西距雲竜堡為三日程白山一帯 最為要害処 而沿江百里 無一鎮堡之守 識者之憂久矣近年以来 人民漸聚 土地増墾 以戸則殆過二百余家 以地則可設一二鎮堡」

302 『正祖実録』巻6、正祖2年11月癸丑、72頁。「済州牧使 金永綬 奏曰 臣嘗待罪 南兵使 窃有所見 本営之北 有二大嶺 即磨天 磨雲 本営之南 又有二嶺 即双加 咸関也 横截四嶺而有一大路 既有此路則宜無他路 而嶺下沿海之辺 有間路 直抵安辺無所関隘 臣謂磨天 咸関 両嶺之下 積石為塁 断其間路 以防捷径為宜」

303 『備辺司謄録』34冊、粛宗4年11月4日、385-387頁、〈平安道継援将革罷事目〉。「至於頃日 新設安義堡 防亀城之路者也 幕嶺 即防朔州之路者也 愢塞則守当嶺以塞昌城之大路」

304 『典律通補』刑典 禁制。

305 『粛宗実録』巻18、粛宗13年12月辛亥、115頁。「領議政南九万覆啓以為 端川四堡 乃是自甲山出来之路……甲寅(1674)年間 自吉州由西北踰雪嶺通甲山 開路之後 吉州二堡 移置於雪嶺之路 端川四堡為内地 別無更置鎮堡之事」

306 『公文謄録』(奎 古4206-28)巻1、壬申(1812)正月24日、関西賊変事。

307 『備辺司謄録』160冊、正祖3年正月6日、676-677頁。「大関嶺 即是東沿之第一要衝 略設城堡 置一別将而守之 則可為緩急之一助」

308 嶺南路については崔永俊「朝鮮時代の嶺南路研究」『地理学』11、1975、参照。

309 『備辺司謄録』36冊、粛宗8年8月4日、536頁。「嶺南左路自湖西之丹陽界 踰竹嶺而行 即一関隘要害処也 旧有鵲岩築城設場之所 而且与醴泉豊基相接 中間空曠之処 流民亦多聚集云 今以武弁解事者 差送別将 為先収拾 作為屯堡」

310 『粛宗実録』巻46、粛宗34年11月壬辰、307頁。「(李)寅燁以鳥嶺等処 趁明春始築秋風嶺八良岾雲峰等 次第設築之意陳達 上可之」

311 『慶尚道聞慶県鳥嶺山城節目』(奎17209) 嘉慶14年(英祖25、1749);『備辺司謄録』123冊、英祖27年 12月16日、234-235頁、〈慶尚道聞慶鳥嶺山城節目〉。

312 上と同じ条。「城内峰巒絶険渓間暴急既無開野可耕之処 有非人民楽生之地而但

以路通京城行旅絡繹之故 不農不商之輩 從四方而来集 養客資生 土民之業農奠居者 絶無而僅有是乎所」

313 『備辺司謄録』40 冊、粛宗 12 年 2 月 23 日、919 頁。「竹嶺鳥嶺之間 多間路 而地勢険隘 可合設防 請置召募鎮於丹陽之界」

314 禹禎圭『経済野言』関防設置之策。「且鳥嶺之築城鎮守者 皆出於懲前毖後之計 而近者又通一路於尚州西原之界 又開一嶺於聞慶槐山之間 此為嶺湖往来之捷径故 凡商賈行旅 莫不由此二路 而不由鳥嶺 然則鳥嶺重関 反作空地 是豈設鎮為守之本意哉 今宜厳飭 聞、槐、清、尚等邑 設禁於二処捷路 毀去酒店 無使行人往来」

315 『承政院日記』1718 冊、正祖 17 年 6 月 14 日、258 頁。「慶尚道暗行御史 李相璜別単……自禁松峙路之後 尚州松面数三里民人 無路通行 別開草径 面里移属湖西間 路一切防塞事也」

316 高東煥「朝鮮後期交通の発達と全国的市場圏の形成」『文化歴史地理』8、1996、参照。

317 『備辺司謄録』244 冊、哲宗 8 年 7 月 28 日、122-123 頁。「江原監司 李鐘愚所報……自今創設一薬令於営下 春以正月十五日 秋以九月十五日 創開設行事 指日定式先自関東而有無貿遷 転以及於嶺南 終而止於湖西之意 発関布諭於八道四都……今若設置薬令於該営営下 而月日則与嶺南湖西 互相推移而先後之 則貿遷有流通之効 湊集獲沾漑之利」

318 『備辺司謄録』40 冊、粛宗 12 年正月 24 日、915 頁。「舟車之用 本為天下之通利 而我国惟咸鏡道外 皆不用車」

319 『備辺司謄録』37 冊、粛宗 9 年 4 月 4 日、653-654 頁。

320 『備辺司謄録』40 冊、粛宗 12 年正月 24 日、915 頁。

321 同上。

322 『備辺司謄録』41 冊、粛宗 13 年 2 月 12 日、14 頁。

323 『備辺司謄録』43 冊、粛宗 15 年 10 月初 2 日、239 頁。「冬至使 柳命天所啓……蓋車子乃使行転輸之用 五六年前創始者也 平壌安州義州 三処有之 新旧車統計 則其数多至八百余車矣 一車所載 不過三負之重」

324 『備辺司謄録』44 冊、粛宗 16 年 3 月 10 日、285 頁。「特進官 李宇鼎所啓 臣於前冬関西往来時 問行車便否於各站守令 則皆以為自行車之後 出站各邑民人等 無雇馬載運之弊 此則似為便好 而第其中終始難行之弊有三 最難者 車材已尽 実無経用之路 而且斫伐運致之際 其弊不貲 其次自中和至義州 不以牛駕車 皆以馬代駕 一番往返 殆無全馬 則一路馬匹之病棄 亦不可不慮 其次大小嶺峙 踰越之際則必須人力推車 故調発民丁 予候於嶺底 而卜物之来到日時 未的其遅滞 畏糧留待 動費累日 直路之民 亦有怨苦」

325 『備辺司謄録』43 冊、粛宗 15 年 10 月初 2 日、239 頁。「自中和至義州 車夫糧資及馬糧統計 則米太一百二十余石 雇馬之価統計 則銭文九十余両 所費既甚不貲 且

西路雖云平坦 而亦多有峴 故不能以一馬運行 加出挍馬 又出人夫 使之扶護登陟論 其所費 則比諸刷馬之價 不啻倍蓰 其為弊端 有不可尽言……上曰令廟堂新監司到任後問其便宜而処之可也」

326 『正祖実録』巻16、正祖7年7月丁未、384-385頁。「用車之利 什百於馬也……独我東方 不能用車者何也 人之恒言 大約有二 一曰道路之巖険也 一曰牛馬之鮮少也……今欲行車 莫如取法於中国……試言大者 一則商賈転輸 百貨流通也 一則貢献賦税 雇賃費省也……故一行車制 国不期富而自富 民不期足而自足 兵不期強而自強矣」

327 『大典続録』工典 舟車。「各処行用取利車者 漢城府烙印録案 各司及大小人員家用車者 亦烙印別録 若冒録他人車者 官吏及家長以制書有違律論 車者属公」

328 『磻渓随録』巻1、田制上、雑説。「如車輛茶酒之類 本皆後世謀利之弊政 車則国俗不知使用 当使興行 不当税 唯京中 有以車為業者 当量定其業 税無過数日 可也」

329 『北学議』内篇、車。

330 同上。

331 馬契・運負契については本書第2章第3節を参照。

332 『承政院日記』671冊、英祖4年9月28日、976頁。

333 朝鮮後期の実学者たちは皆、運送手段の効率性を考慮して、車の使用と船の建造技術の改良を通じた船運発展を論じている。『北学議』外篇 通江南浙江商舶議。「夫百車之載 不及一船 陸行千里 不如舟行万里之為便利也 故通商者又必以水路為貴」；『林園経済志』倪圭志 巻2、船利。「貿遷之道 馬不如車 車不如船 我国東西南皆海船無有不通」

334 『経世遺表』巻14、均役事目追議 総論。

335 韓末日帝初期、日本が海運業を掌握した後、海上交通路の区分は沿岸航路・河川航路・近海航路と区分されている（『朝鮮之海運』朝鮮総督府通信局編、大正13年（1924）3月）。韓末時期の海運業の状況と以後の日帝の浸透については、次の研究が参考になる。
安秉珆「李朝時代の海運業—その実態と日本海運業の浸透」『朝鮮社会の構造と日本帝国主義』龍渓書舎、1966；韓祐劤「船運と転運使の問題」『韓国開港期の商業研究』一潮閣、1970；李憲昶「韓国開港場の商品流通と市場圏」『経済史学』9、1985；羅愛子「開港後の清・日の海運業浸透と朝鮮の対応」『梨大史学研究』17・18合集、1990。

336 『経世遺表』巻14、均役事目追議、海税。

337 同上書、巻14、均役事目追議、船税。

338 朝鮮前期の海船と江船の規模を見れば次頁の表の通りである（典拠：『経国大典』工典 舟車、単位：営造尺）。

	大船		中船		小船	
	長さ	幅	長さ	幅	長さ	幅
海船	42尺	18尺9寸	33尺6寸	13尺6寸	18尺9寸	6尺3寸
江船	50尺	10尺3寸	46尺	9尺	41尺	8尺

339 『大典註解』工典 舟車。「舟車十年改造 船在陸水 易致朽破 故改造之限 於海船減十年」

340 韓㳓劤『開港期商業構造の変遷―特に外国商人の浸透と韓国人商会の成立過程を中心に』韓国文化研究所、1970、21頁。ここで「水下は'ムルアレ'（水の下という純韓国語）と呼ばれ、江口で海潮が上ってくる地点までの江流を意味する」と規定している。

341 茶山（丁若鏞）は、水上船はただ漢江にだけある船で、原州・春川・狼川・楊口等の数個の邑にだけあると言っている（『経世遺表』巻14、均役事目追議船税）。これは水上船が漢江にだけ存在したというよりは、均役庁船案に登録されて納税する水上船を指してのことであったと思われる。均役庁船案に登録されていない水上船は他の川にもあった。

342 『備辺司謄録』176冊、正祖14年2月20日、511頁。「蓋因中間之謬例 水下船担当水上之役 水上船担当水下之役 当其載運之時 水下船不能行上江之浅灘 水上船不能当下江之険濤」

343 平安道が省略されているのは、この地域の船舶に対しては船税を徴収しなかったからである。

344 朝鮮後期の海船と江船の種類と大きさについては崔完基『朝鮮後期船運業史研究』（一潮閣、1989）、163頁の「表9. 朝鮮後期海船の種類と大きさ」、「表10. 朝鮮後期江船の種類と大きさ」参照。これらの表は『万機要覧』を根拠に作成されたもので、船舶の規模別の分類は詳しいが、船舶の用途による分類は詳しくない。したがってこの本では〈均役事目〉に基づいて船舶の種類を分類した。

345 朝鮮後期の軍船の種類と規模については金在瑾『朝鮮王朝軍船研究』（韓国文化研究所、1976）、170-177頁の表を参照すること。この表は『続大典』と『万機要覧』に基づいて各鎮営・水営・兵営に配置された軍船の種類と数を把握したものである。

346 金在瑾、前掲書、1976、207-216頁参照。

347 1704年と1716年に制定された軍船の乗船人員の編成を見れば次の通りである。『粛宗実録』巻40、粛宗30年12月甲午、128頁、〈各船軍制定額数〉、戦船164人、兵船17人、亀船148人、伺候船5人、偵探船79人。
『備辺司謄録』69冊、粛宗42年10月24日、840-841頁、〈各船船制定額数〉、戦船164人－船直2、舞上2、舵工2、繚水2、碇水2、射夫18、火砲匠10、砲手

第 2 節　交通の発達と全国的海路流通圏の成立　123

24、左右捕盗将 2、櫓軍 100 人〔左右 櫓 8 間（1 間に櫓軍 4 人、長 1 人 = 80）余軍 20 人〕；亀船 148 人-船直 1、舞上 1、舵工 1、繚水 1、碇水 1、射夫 10、砲手 16、櫓軍 48；偵探船 79 人-船直 1、舞上 1、舵工 1、繚水 1、碇水 1、射夫 10、砲手 16、櫓軍 48；兵船 17 人-舵工 1、砲手 2、櫓手 14；伺候船 5 人-舵工 1、櫓軍 4。」

348　金在瑾、前掲書、160-162 頁参照。
349　『漂人領来謄録』（奎 12956）巻 3、康熙 18 年（1679）2 月 2 日。「矣徒等　皆是西生鎮土兵　以受代資生為白有如乎……上年九月分　趁魚二十八石十斗　価布十三匹等物　載於本鎮伺候船一隻　逢授於矣徒等処　進往金海梁山等地　反売租石納上亦教是去乙」
350　『備辺司謄録』9 冊、仁祖 23 年 3 月 7 日、748-749 頁。
351　註 347 参照。
352　金在瑾、前掲書、1976、210-212 頁参照。
353　金竜国「田雲祥と海鶻船」『学術院論文集』人文社会篇 13、1974。
354　朝鮮時代の造船術については姜萬吉「李朝造船史」『韓国文化史大系』3、高麗大民族文化研究所、1968 を参照。
355　崔完基『朝鮮後期船運業史研究』一潮閣、1989、202-207 頁参照。
356　『備辺司謄録』28 冊、顕宗 10 年 2 月 10 日、10-11 頁、〈安民倉事目〉。「湖南漕運之米　京江船人　持水上船　下去賃載者頗多　此後乙良一切禁断為白乎旀　如有違令下海過弓山（安眠島の下にある島—引用者）者　沙工捉囚　船隻属公為白斉」
357　『備辺司謄録』30 冊、顕宗 12 年 2 月 1 日、83-85 頁、〈平安道運米事〉。
358　李元淳「星湖李瀷の西学世界」『朝鮮西学史研究』一志社、1987、144-145 頁。
359　朴星来「'星湖僿説'の中の西洋科学」『韓国古典シンポジウム』3、一潮閣、1991、213 頁。
360　李圭景『五洲衍文長箋散稿』巻 60、〈水行諸術弁証記〉。
361　申景濬『道路攷』附録。
362　『備辺司謄録』35 冊、粛宗 5 年 3 月 9 日、414-415 頁。「鴨緑江水勢甚急　此多険悪之灘　自前不能通船　江辺各邑之民　貿塩於沿海之邑　塩価甚貴　春貸一石之塩秋以四石米償之　民不堪其苦　且江辺辺将等　自監営春秋各例給塩一石　各鎮堡土卒輩　為此一石之塩　雇馬運去於累日之程　踰越峻嶺　馬多取斃　貧寒土卒　以此呼寃　臣待罪関西時　適聞京居沙工　高雲竜者　習於操舟　且能造船　募致営下造作軽舟　以為通塩之地」
363　『備辺司謄録』99 冊、英祖 12 年 6 月 17 日、281 頁。京江船人の退船改造と造船事業については、本書第 3 章第 2 節「2. 京江船人の成長と資本蓄積」参照。
364　金在瑾「朝鮮後期の軍船」前掲書、1976、212-217 頁参照。
365　『粛宗実録』巻 40、粛宗 30 年 12 月甲午、127 頁。「船制漸大　大者左右櫓　或之二十四間　応入櫓軍　当為一百二十名　以古制八十名之櫓軍　決不可運用　亀防船櫓

軍 亦不能遵守 而各以土卒 苟充備数 実渉虚疎 一番変通 勢所不已」
『備辺司謄録』142 冊、英祖 27 年 2 月 28 日、126 頁。「臣於嶺南沿海詳見戦船亀船之制 戦船則毎於改造時 其体漸長」

366 『正祖実録』巻 48、正祖 22 年正月丙戌、66 頁、〈戦兵船漕運変通条例〉。「兵船即載兵運糧之具 船体之比前稍大 実宜於緩急之相須 此合変通之道」

367 『備辺司謄録』41 冊、粛宗 13 年正月 1 日、3 頁。「亀船……一如戦船 漸次高大 勢所固然」;同 142 冊、英祖 27 年 2 月 28 日、127 頁。「亀船則当初如艨衝 而体制軽便 迭送出入於倭陣 而上覆厚板 能避矢石 自舟内放銃 故倭皆敗走 且臣得見 忠武公李舜臣事蹟 所記冊子 則亀船左右 各開六銃穴 而今則各開八穴 雖以此言之 亀船之比前 過大可知」

368 『備辺司謄録』49 冊、粛宗 21 年正月 23 日、657 頁。「戦船之制 万暦乙卯年間 巡撫使権盼 定大小長短之制 統制使以下 各営各官各鎮浦 以此定式 尺量成冊 尚在統営 而厥後雖僉万戸之船 務勝而高大為観美 漸失旧制」

369 京江船の積載量の変化については本書第 3 章第 2 節「1.税穀賃運の拡大と京江船人」参照。

370 新しい船舶の建造は主に軍船であった。軍船の製造については次の研究が参考になる。
今村鞆『船の朝鮮』1937;海軍本部戦史編纂室『韓国海洋史』1955;崔永禧「亀船考」『史叢』3、1958;趙成道「亀船考」研究報告』2、海軍士官学校、1963;金竜国「壬辰倭乱後亀船の変遷過程」『学術院論文集』人文社会編 7、1968;金竜国「田雲祥と海鶻船」『学術院論文集』人文社会編 13、1974;姜萬吉「李朝造船史」『韓国文化史大系』3、1968;金在瑾『朝鮮王朝軍船研究』韓国文化研究所、1976。

371 『承政院日記』392 冊、粛宗 26 年 7 月 25 日、924-925 頁。

372 茶山研究会『訳註 牧民心書』第 10 部 工典 6 条 匠作。茶山はこのことを、「お爺さん忠武公・李舜臣は亀船を作って外敵を防禦したから、先祖の後をよく引き継いだ孫だとするに値する」と高く評価した。

373 李圭景『五洲衍文長箋散稿』上、四裔攷輪船制度弁証説。

374 海軍本部戦史編纂室、前掲書、328 頁。

375 金竜国、前掲論文、1974、参照。海鶻船の様子について『万機要覧』軍政篇舟師全羅左水営条では、「その出来ばえは頭は低くしっぽが高くて、前が大きく後が小さくて、まるで鷹のようで、船端の両方に附版を置いて両翼を模倣した。風に乗らないし非常に軽くて早い。中からは外を見られるが外からは中をうかがうことができない。櫓を漕ぐ兵丁と射手がすべて身を隠して櫓を漕いでうった」と記録されている。

376 『北学議』内篇、船。

377 註 369 参照。

第 2 節　交通の発達と全国的海路流通圏の成立　125

378　『北学議』内篇、船。
379　高東煥「18、19 世紀外方浦口の商品流通の発達」『韓国史論』13、1985、246-247 頁。
380　これ以外にも朝鮮前期には江華島の手石梁が危険な地域であった。手石梁の危険を避けるために、高麗の時から金浦で掘浦が試みられたし、朝鮮時代に入ると燕山君代に金安老がまた試みたが成功することができなかった（『万機要覧』財用篇 2、漕転 漕規 金浦掘浦）。金浦掘浦については、朴広城「金浦掘浦と漕転倉について」（『畿甸文化研究』1 集、仁川教大、1972）が参考になる。
381　李鍾英「安興梁対策としての泰安漕渠および安民倉問題」『東方学志』7、1963。
382　『度支志』外篇、版籍司 漕転安 興掘浦。
383　『備辺司謄録』214 冊、純祖 26 年 7 月 2 日、769 頁。
384　金堉『潜谷先生遺稿補遺』箚〈論漕運水路箚 戊戌 九月〉。
385　『備辺司謄録』28 冊、顕宗 10 年 2 月 10 日、9-12 頁、〈安民倉事目〉。
386　『度支志』外篇、版籍司 漕転 廃漕倉。
387　『備辺司謄録』31 冊、粛宗元年 10 月 3 日、201-203 頁、〈安興防禦使事目〉。
388　安興防禦営はその後、泰安に移されたようである。粛宗 38 年にまた安興に移設しようという論議が上申されているからである（『承政院日記』468 冊、粛宗 38 年 5 月 5 日、411-412 頁）。
389　『択里志』卜居総論 生理。「全羅慶尚忠清三道 則賦税皆漕至京師 故水道皆置漕軍 歳内鱗次輸運 且京城諸宮家及士大夫家 無不置庄土於三南 皆仰其転輸 船人水路慣熟而商賈亦多 視安興如履門庭矣」
390　『受教輯録』雑令 嘉靖 甲子（1564、明宗 19）承伝。
391　『明宗実録』巻 16、明宗 9 年 5 月庚戌、196 頁。「領経筵使 尚震曰 長山串 在古不通舟楫 而今則人多工巧 故行船便利爾」
392　『備辺司謄録』5 冊、仁祖 16 年 8 月 18 日、385 頁。
393　『備辺司謄録』31 冊、粛宗元年 9 月 6 日、189-191 頁、〈黄海道所江防禦使事目〉。
394　『備辺司謄録』30 冊、顕宗 12 年 2 月 1 日、83-85 頁、〈平安道運米事〉。「一, 度支経用罄竭 前頭継用 全恃於関西運米事 勢万分絶急 趙二月晦間三月旬前 装載発送爲白良沙 可無狼狽之患……. 一, 本道駕海船隻 其数不多是如爲白乎等 而京江船隻 依前例自本司募得下送 而募得船隻遠地下去之際 難保其無虞 若有不足之弊 則就本道船隻中 択其完固者充補載送」18 世紀後半、京江船舶が湖南と湖西から運搬する租税穀の総量が 16 万石であったということと比較すれば、その規模が非常に大きかったことが分かる。
395　『備辺司謄録』90 冊、英祖 7 年 11 月 23 日、172-173 頁。「海西作米之代 当以両西分定木綿 一千四百同 移納京師 而運納之際 若除駄価 又有所損 即聞地部運来関西銭時 以両西路傍列邑 兼済募馬 限松都載運云 今亦依此例 木綿運納時分十運定

126　第 1 章　京江地域 商業発達の背景

差員 限松都運致 而到松都後 以本府経歷定差員 照数封留 待明春海氷以本府地土船運納京師事 令廟堂分付開城留守処何如 上曰依為之」

396　同上。
397　『備辺司謄録』165 冊、正祖 6 年 9 月 16 日、253 頁。「平安監司 徐浩修状啓也 以為本道穀 漕運之挙 参考各年已行之例 清北八邑 清南十一邑 大米一万石 小米二万石 酌量分配 各定差員 捧留海倉 陸続装発 而船価依前例 清南則毎十石一石十斗 清北則毎十石二石……京江完固船 可載千余石者 限十五隻 并船主格軍星火起送 漕運節目 令該曹磨錬下送事」
398　関西米運送の時の船価については本書第 3 章第 2 節「2. 京江船人の成長と資本蓄積」の「表 3-6 朝鮮後期の 10 石当たり地域別船価」参照。
399　『備辺司謄録』165 冊、正祖 6 年 9 月 29 日、257 頁。
400　禹禎圭『経済野言』関西賦税上納之議。
401　『備辺司謄録』173 冊、正祖 12 年 8 月 16 日、131 頁。
402　禹夏永『千一録』賑政。「関西大饑設賑 而道伯及各邑守宰 皆以勒減市直 為第一活民之策 三南米商船載米穀 及到関西界 聞風回避迫于海西 故関西場市 遂絶穀物 飢民持銭 無以販穀」
403　『経世遺表』巻 14、均役事目追議 船税。
404　『箕営謄録』(奎 15134) 巻 2、戊辰 (1868) 11 月 15 日。
405　『備辺司謄録』57 冊、粛宗 32 年 2 月 9 日、517-518 頁、〈海防審察条件〉。
406　『粛宗実録』巻 49、粛宗 36 年 10 月甲子、370 頁。「且東海 古有水宗而船舶不通 故革罷諸鎮矣 数十年来 水宗大変 而倭船比比漁採於鬱陵島 誠可寒心 極為分遣御使於東西海浦 舟楫之不完者 申飭改造 櫓卒之未備者 督令責立 革罷之鎮 依前復設」
407　『正祖実録』巻 6、正祖 2 年 12 月己卯、84 頁。「上曰 漂倭之必泊於江陵三陟者何也 対曰嶺東九郡 無非沿海 而倭船之泊 不於襄蔚等地 而必泊於江陟両界者似是水勢之有所使然而然也」
408　趙之瑞『知足堂先生文集』蔚山民弊疏。「左右道 形勢之異也 右道有潮汐 水舶得朔望烟燻 故無虫蝕之慮 東海無潮 不得烟燻 故造船未幾 便有虫蝕之患 右道則島嶼星羅 浦多蔵風 処処可以泊船 東海則茫茫巨洋 無之蔵船 風飄波蕩 易致破壊 故本府之船 下有虫蝕之傷 上受風波之侵 未及二年 輒議改造 視右道五六年不改者 苦歇何如也……自東海乃過機張釜山 須得好風 四五日 乃達統営 一番往還 動経両句」
409　『正祖実録』巻 16、正祖 7 年 12 月丁卯、416 頁。「(嶺南督運御使 金載仁 以移転穀発送馳啓) 且右沿与左沿有異 距嶺東界水路 至於近十日程 厳寒険洋 皆得利渉 有不可取 自見状本 憂慮交中」
410　崔永俊「南漢江水運研究」『地理学』35、1987。
411　『仁祖実録』巻 19、仁祖 6 年 9 月丙子、291 頁。「本道田税 毋論遠近 載運於可興 而沿海一帯 則尽入倭供 無外洋船運之規也 外洋船運 始於昏朝」

412 嶺南の漕運については本書第3章第2節「1. 税穀賃運の拡大と京江船人」参照。
413 高東煥「18世紀ソウルにおける魚物流通構造」『韓国史論』28、1992。
414 『内需司庄土文績』(奎19307) 巻15。「各処商賈中 自北道貿来北魚 下陸於昌原等処是如可 更為移載於本浦 (江景浦—引用者) 者 勿論南北船是遣……八道船隻中 自相買得於昌原等処 来泊於本浦権売 此所謂自販」
415 朴星来「科学技術」『韓国史10—中世社会の解体』「5章 文化と民衆生活」ハンギル社、1994を参照。
416 『顕宗実録』巻7、顕宗4年12月己未、392頁。「壬辰乱前 有宣飯之挙 故諸処漁場 礼賓寺収税 経乱以後 物力不逮 宣飯遂廃後 漁場亦不収税 作一閑地 宣祖大王 仍命賜給宮家 此折受之所創 而至于今日 其弊無窮矣」
417 『英祖実録』巻71、英祖26年6月庚寅、371頁。「昔在宣廟末年壬子 (1612；この年は宣祖末年ではなく光海君4年なので、壬寅 (1602) の誤植と判断される—引用者) 翁主有賜牌而無実入 故以魚塩之税 分而与之 以代田土 此不過一時権宜之制 而至於今日 則官家之例受既準 而海水之折占漸加 宮家折受外 又有地方官税 有京衙門所属処 有監水営所納税」
418 『備辺司謄録』75冊、景宗4年閏4月24日、526頁。「各処漁場漁箭塩盆税 必須折受然後 始可収税 而近日各司 初不折受 任意占得 直送差人収税 事甚不当」
419 『備辺司謄録』49冊、粛宗21年正月23日、657-663頁、〈三南巡撫使齎去応行節目〉。「一曽前巡撫使之行 只為海辺戦船軍兵軍器検飭之事是白如乎 今番則軍務之外 専為沿海民瘼及道内各邑 勿論陸海 凡有変通革弊之事 皆令訪問詳察」
420 上と同じ条。「近来諸宮家各衙門 凡於沿海之地 皆有差人興利之事」
421 高東煥、前掲論文、1985、276-283頁、参照。
422 『李忠武公全書』巻3、状啓 請令流民入接突山島耕種状。「前因豊原府院君 柳成竜書状拠 備辺司行移内 諸島可以避乱 又作屯田之地 流民入接便否 参酌施行事 臣商量 其避乱人可接処 則莫如突山島」
423 『備辺司謄録』60冊、粛宗36年11月13日、44頁、〈両西両湖巡検使齎去応行節目〉。「一即今生歯日繁 陸地養松非但其勢尤難 其間亦不無難堪之弊是去乎 祖宗朝凡於海中絶島之地 不許民居 皆令養材木 実出深長之慮 凡海島中可合養松処 或為各衙門諸宮家設屯為白去乃 或為土豪占拠之地是白等 并為詳察以啓為白斉」
424 『粛宗実録』巻45、粛宗33年8月戊戌、268頁。「可住島在湖南海中 初以此島為賊路初程 駆出居民而空其地 近年来流民復集 朝廷将復駆出 世紀請勿駆出 仍属訓局 以備軍餉 并従之」
425 『備辺司謄録』104冊、英祖14年7月10日、658頁。「近来唐船 極為可慮 而京畿西沿 海防尤為虚疎 故徳積島事後 臣令訓将発遣将校 審察仁川南陽間 沿海形止 而来矣 日前訓局将校還来 列書両邑間 大小諸島 以示之 殆近三十 所居民人 多或累百戸 小不下数十戸 其中承皇島 民戸最多……此島中実戸 幾至六七百戸 皆無身役 以

糧餉屯歲納 若干稷石云」
426 『承政院日記』726 冊、英祖 7 年 7 月 4 日、148 頁。「慶尚監司 狀啓……興善島 駆馬時 以前則其民鮮少 故入送陸民矣 今則民戶頗多 此蔚山則以牧子駆馬 請蔚山例 以牧子駆馬事也」
427 『英祖実録』巻 67、英祖 24 年 5 月己丑、290 頁。「全羅監司 韓翼謨所懷 対日我国三面還海 而島嶼之多 莫如湖南 其遠者 或距官府三数百里 是惟得罪於国家者 及逃奴婢之所萃 雖白昼殺人 官無有得知 所謂海浜遐遠 不霑王化之地 処置不得其宜 則実有無窮之慮 臣意欲観 島之大小 或置官長 或置里正 如各邑洞面任之属 以綱紀之 而亦難遥度 徐当審勢条奏焉 上曰所奏誠是 到営後 商量状陳」
428 韓永愚『朝鮮後期史学史研究』一志社、1989、296-380 頁を参照。
429 『備辺司謄録』182 冊、正祖 18 年 11 月 17 日、302 頁。「近聞京江米商輩 或有貿穀於湖海諸処 以為盗所劫 空手逃還者有之云 厳飭諸道 凡係譏訶之方 従長措処」
430 鄭奭鍾『朝鮮後期社会変動研究』一潮閣、1983、128-130 頁を参照。
431 『増補文献備考』巻 35、輿地考 関防 海路；申景濬『道路攷』。
432 全国の各郡県にある浦口の現況は附録 2 を参照すること。参考として、1907 年に朝鮮統監府が開設した命令航路は南鮮航路・東鮮航路・西鮮航路・北鮮航路の 4 種類に区分された。具体的な経由地は附録 3 の通りである。
433 沿海地域の浦口 500 余個と、現在正確に把握できない沿江地域の浦口を合わせれば、全国の浦口数は 1,000 個をずっと上回るように見える。朝鮮後期の場市が 1,000 余個という事実と合わせて、全国の商品流通網が浦口と場市を通じて緊密に連結されたことが分かる。

第3節　浦口間商品流通の様相と浦口商業の発達

1. 船商の社会的地位と経営形態

　朝鮮後期船舶による商品流通の実態については、これまで船運業に関する研究の中で断片的に言及されているだけで、本格的な研究は行われてこなかった。そのため各地域相互間の商品流通の性格や質、そして地域間商品流通の時期別変化の様相に対しては正確に明かされていない。このように船商活動に対する具体的な研究が不振であった理由は、船商たちの活動を伝える資料がきわめて制限されているからである。

　この節では、日本や中国に漂流した船商たちが送還される過程で残された調査記録を土台にして、船商経営と浦口間商品流通の具体的実体に近付いてみようと思う[434]。

　これらの資料を分析するのに先立って前提とすべきことは、資料が漂流民に対する記録であるため、商品流通の一般的な姿とは一定の距離があるという点である。例えば、漂流は大部分、冬季に集中的に発生し、また例外があるが、漂流船舶の大部分が小規模船舶であるという点も念頭に置かなければならない。そのため漂流民関係資料に基づく分析は、当時の実際を完全に表すと見ることはできない。しかし現在のところ、朝鮮後期の船商が展開した商品流通の実際を具体的に知らせてくれる資料として、これより詳しい記録はない[435]。したがってこれを分析して、浦口間船舶による商品流通の実態を考察することも、一定の意義を持つと言える[436]。

（1）船商の身分と社会的地位

　船舶をもって商品流通に参与する者は、資本を出す物主と船舶の所有者である船主、航海責任者として船長格である沙工、そして櫓を漕ぐ格軍から構成される。物主を除いた船主・沙工・格軍を通称して船人と呼んだ。これらの中で

船商と称することができる者は、物主と船主だった。しかし時によっては、沙工や格軍も小規模な商品を持って独自に販売活動に参与する場合もあった。17世紀中期以後、漂流した船商たちの地位は、「取利資生」、「興利資生」、「興販資生」、「貿穀資生」等の表現に見られるように、大部分が専業の船商たちであった。概して外方船商層は、物主と船主が一致して、専業的に船商活動を行ったと考えられる。すなわち経営と資本が分離されず、零細な資本で小型船舶に日常的に必要な物件を各地域を回りながら販売する形態が、外方船商活動の主な姿であった。漂流記録に表れた船主と沙工、格軍、物主の身分を見れば、表1-8と表1-9の通りである。

表1-8、表1-9から分かるように、物主と船人が区別されている場合、物主は大部分が両班層や官吏層で、船人に比べて身分的に優越した。これらの物主は、船人たちに一定の利益を分けてやることを約束するとか、船人を雇傭して商品流通を代行させる商業資本家だった。

船主は大部分が良人や私奴であった。しかし17世紀にも下層両班出身者が船商になったりしたし[437]、凶年になって生きる術がない場合、幼学も家財道具を売って、他の地域から穀物を購入して販売したりもしたが[438]、このような場合はきわめて例外であったと考えられる。社会的に船に乗るということ自体が賤視されただけでなく、航海に慣れない両班が船を使うことは危険だったからである。

沙工は船長として、他の船人に比べて技術熟練度が要求される職責であったので、身分によって決定されるよりは、技術熟練度によって決定される側面が多かったはずである。表1-8に見られるように、両班層は一人もいなかったし、良人より賤民の比率が高く表れている。船に乗ることが伝統的に賤視されたので、当然の現象と思われる。

格軍は櫓を漕ぐことを担当したので、一番つらい役を負った人たちだった。表1-8で格軍の身分は賤民が151人（私奴128、寺奴21、駅奴2）、身良役賤層が2人（能櫓軍1、水軍1）、良人が135人（良人114、保人5、募軍16）、閑良が1人となっている。概して良人下層以下の身分層から構成されたが、良人よりも賤人層が多かった。

格軍らは大部分、船主や船商に雇傭され、賃金を受けて船に乗った。18世

表 1-8　17世紀後半～18世紀前半 船商の身分

年	物主	沙工	格軍	典拠資料
1673		私奴 1	私奴 1	謄録
1674	武学 1			謄録
1692	忠賛衛 1		私奴 3, 能櫓軍 1	謄録
1695		水営土兵 1	私奴 5, 寺奴 1	謄録
1699		良人 1	私奴 7, 良人 1	謄録
1699		良人 1	私奴 5, 良人 9	謄録
1699		良人 1	私奴 5, 良人 1	謄録
1700		私奴 1	私奴 1	謄録
1701		私奴 1	私奴 17	謄録
1701		私奴 1	私奴 5, 良人 2	謄録
1701		良人 1	私奴 7, 良人 1	謄録
1702		私奴 1	私奴 1, 良人 4	謄録
1704		募軍 1	募軍 9	謄録
1705		良人 1	良人 11	謄録
1706	色吏 1	寺奴 1	私奴 1, 寺奴 3, 良人 2	謄録
1708		私奴 1	私奴 13, 寺奴 2	謄録
1708		寺奴 1	私奴 9, 寺奴 7, 良人 4	謄録
1709		私奴 1	私奴 7	謄録
1710		良人 1	私奴 4, 良人 2	備 60, 粛 36.9.6
1710		良人 1	私奴 3, 良人 2	備 60, 粛 36.7.14
1714		良人 1	良人 4	謄録
1714		寺奴 1	私奴 1	彙考
1717		駅吏 1	私奴 2, 良人 2	謄録
1717		私奴 1	私奴 8, 良人 9	謄録
1717		良人 1	私奴 4, 良人 7	謄録
1717		私奴 1	寺奴 8, 良人 2	謄録
1717		私奴 1	私奴 4, 良人 8	謄録
1717		良人 1	私奴 1, 良人 11	謄録
1717		海夫 1	私奴 5, 良人 15, 保人 1	謄録
1718		良人 1	私奴 2, 良人 1	謄録
1719		良人 1	私奴 3, 良人 14	謄録
1722		禦営保 1	水軍 1, 馬隊保 1, 水軍保 1, 乞人 1, 良人 1	謄録
1726	両班 1	海夫 1		謄録
1726			私奴 4, 駅奴 2, 良人 3	謄録

備考：謄録 =『漂人領来謄録』、彙考 =『同文彙考』、備 =『備辺司謄録』
身分表示横の数字は漂流人の数字を表す．

表 1-9　19世紀後半 船商の身分

年	物主	船主	沙工	格軍	典拠資料
1869	両班 1			良人 6	左捕庁謄録 巻14
1885	良人 1	両班 1	良人 1		金等状啓
1886		良人 1	良人 1		金等状啓
1895			閑良 3		鄭等辺報謄録

紀末、格軍に支給される賃金は毎月6両で、米12斗ほどであった[439]。そして
その際に雇傭される格軍は、農民層分解の結果、土地から分離された流離民
の場合が多かった。1722年、東萊府の沙川村で格軍に雇傭された者は、全羅
道・順天から流離してきた乞食であった[440]。また丙寅洋擾が発生した年であ
る1866年、右捕盗庁に異様船と接触したという罪名で逮捕された船人3人の
うちの2人も、流離民だった。彼らは夏には漁業で生計を立てたが、船が運航
しにくい冬には労働力を売って生きていく者たちであった[441]。このように格
軍の大部分が流離民で充員されたのは、櫓を漕ぐには特別な技術を必要としな
かったからである。格軍は船の大きさによって編成が違ったものと見られるが、
漂流民の関係記録を概観する時、一般船商の船には概して10人内外が乗船し
たものと思われる。

　しかしこのような身分構成は、19世紀後半になると変化を見せる。表1-9
に見られるように、物主と船主は大部分が両班層であり、沙工や格軍も大部分、
良人となっている。これは朝鮮後期の身分制の動揺現象を反映したものと見ら
れるが[442]、他方では、船舶を利用した商品流通で相当な利潤が発生したために、
もう少し上位の身分層が船商活動に参与したことを意味する。特に19世紀後
半には、船舶を利用した商品流通の規模が零細な船商活動という性格を脱して、
資本と経営が分離されながら、資本の規模と船団が大型化されたので、経済的
に実力が優越した両班層たちも船商活動に大挙参与した。

（2）船商の経営形態

　漂流民資料に現れる船商の経営形態は、船主・沙工・格軍、そして物主がど
のような方式で結合して商業活動をするのかによって、非常に多様に現れる[443]。
凶年や各種応役のために一時的に船舶を利用して商業活動に従事する場合や、
貨物運送業・旅客運送業・船舶賃貸業等の営業もあったが、船商の支配的な経
営形態は大きく次の二つに区分される。第一に、船人が商人として直接商品流
通の担当者になる場合と、第二に、物主が船舶や船人を賃借、雇傭して商品流
通を担当する形態である。

　第一の類型は、零細小資本と船人たちが結合して成り立つ零細小商人営業で、
その中でまた次のような4種類の類型に分けて見ることができる。

①まず船商が船主を兼ねながら、自身が所有するさまざまな商品を沙工や格軍に分けてやって行商する形態である。1673年梁山郡・南面の船主姜以望は、自身の所有する商品を沙工と格軍たちに雇価として支給し、沙工と格軍はこれをもとに商業活動に参与している[444]。これは一人の主導的な船商と、彼に従属的な零細小商人が船業を基礎に結合した形態と見られる。

②船商たちが同等の資格で同業者の地位を有しながら商業活動に参与する場合である。これは大部分、同じ地域に住む人々が自ら船業者を構成して船商活動に従事する場合と見られる[445]。彼らは船舶の運航においては船主・沙工・格軍等に分かれるが、商業活動では各自が自身の商品を持っていくつかの浦口を中心に商業活動に参与する独立商人であった。これは船舶を利用しはするが、実際には一般の行商と異なるところのない商人層であると言える。1701年長興の商人9人も、自ら沙工・格軍になって船舶を賃貸し、共同で商業活動をしている[446]。

③船商が船人を兼ねる形態の中には、自身が直接魚物を捕獲しながら魚物販売に従事する場合と、漁採船から魚物を購入して販売する場合がある。1778年、霊岩人の姜賢雄ら13人は、自身が捕獲したイカを、捕えると即時に販売した後、そのお金で木綿を購入して 霊岩に帰ってきた。彼らは漁夫かたがた商人として、生産者と同時に商人であった[447]。この場合、魚物流通量は小規模であったし、自身の生活根拠地を拠点にして近隣の地域だけを往来する、単純な営業形態を示している。彼らは厳密に言えば商人と言うよりは漁夫と言うべきであろう。彼らの大部分は家族すべてが船に同乗して魚を獲る、船を家として生きていくきわめて零細な漁夫たちであった[448]。このような類型の船商層、すなわち自身が漁夫という生産者であると同時に販売者でもある場合は、非常に広範囲に現れている[449]。

　一方魚物船商の中には、本銭で正租18石を積んで魚物を購買した後に、他の所に販売する人々がいた。彼らは初めは漁採を兼ねたが、漸次、魚物生産から脱して、魚物流通にだけ専念する魚物船商に変わったであろうと推測される。それで彼らを「海夫漁採為業者」と称していた[450]。

④他人の船舶を賃借して船商活動に参与する船商も少なくなかった。彼らは船商と言うよりは一般の行商が船という運送手段を利用して商品を運送し、

陸地で商業行為をする商人という性格を持っていた。例えば1686年慶尚道・固城の格軍等は、皆が「興利為業」するのに、同じ地域に住む人の船舶を借りて乗り、全羅道・興陽に行って塩82石を共同で購入してそれぞれ販売している事例や[451]、1728年慶尚道・迎日の沙工と格軍7人すべてが「興利資生之民」なのに、釜山浦居住民の船舶を賃借して迎日の佐須浦を出て、咸鏡道・利城に行ってスケトウダラ60同を購入、釜山浦に来てそれぞれ販売する事例から、これを確認することができる[452]。

　船商経営の二番目の類型は、物主が資本を提供し、船人たちは雇傭されて船商活動に参与する場合である。沙工と格軍は自身の責任の下で商業活動をするのではなかったので、資本を出す物主に雇傭された地位であり、物主がすべての商品流通を責任を持って管轄した。物主は大部分の場合船主を兼ねたが、他の船主の船舶を賃借したりもした。具体的な例を挙げると、1731年咸鏡道・慶興に暮す2人の物主が北青に行ってスケトウダラおよび雑色魚物を購入し、江原道・高城に暮す船主尹正民の船舶に格軍・沙工・物主等と魚物を積んで、慶尚道に行って魚物を販売している事例[453]、1784年京畿道・陽城の船商があちこちの浦口を回っている途中、慶尚道・漆原で自身の同僚4名が漆原に残るようになると、船人4人を雇傭し、穀物を積んで江原道・平海で販売している事例[454]、1886年慶尚道・盈徳県の船人たちが物主・金仁九のお金1,300両を積んで咸鏡道・北青の新浦で北魚30駄を1,200両で購入した後、慶尚道・迎日、浦項等で販売している事例等を挙げることができる[455]。

　一方、魚物船商では、前述の③の類型のように生産者ながら販売者を兼ねる場合は、生産性が低くならざるを得なかった。漁採船が直接販売まで行うようになれば、消費地まで行く途中に魚が腐敗する恐れがあるので、豊富な漁場を目の前にしながらも魚の捕獲を中断して、魚物販売市場に帰ってこなければならなかった。このような不合理性を克服する流通形態として出現したのが、ほかでもなく出買船であった。出買船は、漁場で直接漁船から魚を買い入れ、塩蔵・冷蔵等の方法で貯蔵して、隣近の魚物販売市場に運送する役割をしただけでなく、一つの流通機関として買集・販売も専担した。出買船人たちは漁獲物を転売するとか、前貸の方法で漁採船を支配したりした。出買船はすべての海岸で活動した。西海岸の石持漁業で出買船が栄えたことは、1908年（隆熙2）

農商工部で刊行した『韓国水産誌』によく現れている。

> 販売方法はまず出買船の手を経て一番近い市場に運搬された後、各地方に分けられる。出買船はたいてい漁船に対して資金をあらかじめ融資してやり、出漁時にはいつも漁船と一緒に漁場に至って漁獲する横でこれを買収する。漁船は絶対にその特約出買船以外には自由に販売することがない。出買船が漁獲物を買収する時には、石持1,000匹を700匹と計算して、残り300匹は利子として受け取る。時によっては1隻の漁船に3隻ないし5隻の前貸出買船がある。これらはその漁船の周囲に碇泊して、順に漁獲物を買収する。……出買船が輸送、販売する所は、南海岸では釜山・統営および三千浦であり、七山灘では法聖浦・群山および江景であり、延坪列島ではソウルの麻浦・鎮南浦の各市場である。出買船は漁獲物を生かしたまま市場に輸送するが、季節あるいは場所によって、船の中で塩蔵したりする[456]。

西海岸の石持漁業のほかに南海岸の鱈漁業でも、漁獲期に慶尚・全羅・忠清道から出買船が寄り集まって魚を買収し、付近の市場や各地方に輸送、販売したし[457]、東海岸のスケトウダラ漁では、漁場と集散地の間の価格差が大きく運搬に従事する者の収益が多かったが、彼らは大部分、元山・咸興地方の魚商で、新浦・新昌・遮湖等の漁場で鮮魚を買収して販売した[458]。出買船も船人と物主が分離されている場合に該当し、典型的な魚物船商であると言える。

船商経営の形態の中には、前の二つの類型以外にも、商人が貨物運送業者に運送料を与えて商品を他の所に運送した後、販売する場合もあった。1885年、物主の鄭淳瑞が三陟で購入したわかめ700円を慶尚道・泗川で販売するために、三陟の船主と沙工等にわかめの運送価として110両を与え、泗川までわかめを運送している事例[459]、そして1895年、慶尚道・東萊府の商人がお金400両で蔚山の塩浦で塩を購入し、東萊に運送するために船舶を80両で賃貸している事例がこれに該当する[460]。

このように商品流通において運送業と商人が分離されるのは、近代以後に一般化された類型であるが、前近代的商品流通においては、海運業の危険性と運送業の未発達のために、制限された範囲で行われた。しかしこのような流通形

態は、貨物運送業の成長とともに、漸次普遍化されて、19世紀後半には全国的な範囲で現れていた。

船商活動ではないが、船舶を利用した営業として、貨物運送業・旅客運送業・船舶賃貸業なども行われた。貨物運送業は「貰卜為業」することで、官穀や商人たちの商品を運搬してやって、その代価として船価を受けるものであった。1677年慶尚道の金海から釜山まで家を建てる木材運送料として正木5疋を受けた運送業者は、また釜山から機張に行く塩を運送している[461]。これらは専業の貨物運送業者として、当時は「賃漕之利」を得るために営業する者と表現されている[462]。

18世紀まで外方浦口の貨物運送業は、概して沿岸を中心に成り立っており、遠海までは及ばなかったものと見られる。外方を中心に活動した地土船の規模が海を渡るほど大きくなかったからである[463]。しかし19世紀以後、特に開港を前後した時期には、貨物運送業の舞台が全国に拡大された。1895年東莱府の船人たちは、三陟と蔚珍を舞台に貨物運送業に従事したし[464]、仁川の済物浦の船人たちは、慶尚道・東莱の平林浦、蔚山の塩浦等の地まで貨物運送を担当している[465]。また仁川府の船人たちは、蔚珍・竹峰浦まで船舶で貨物を運送する場合もあった[466]。これらの資料に見られるように、18世紀には「賃漕之利」と表現されたが、19世紀中期以後には、貨物運送業を「貰卜為業」と表現している。

貨物運送料の水準はどれくらいだったろうか。1677年金海から釜山まで家の材木と穀物の運送料は正木5疋であったし[467]、1885年江原道・三陟から慶尚道・泗川までわかめ700同の運送料は110両であり[468]、1895年東莱と蔚山の間の塩運送料は80両であった[469]。

旅客運送業は定期的なものではなく、船商活動や貨物運送業に付随して現れる。すなわち、船舶と行先が同じ乗客があれば、貨物や商品と一緒に乗船させて旅客を運送した。19世紀前半まで、旅客運送業は独自の営業として成長することができなかったのである[470]。

一方、船舶の賃貸も行われた。船人たちは他人の船舶を賃貸して、商業活動を行ったりもした[471]。船舶を賃貸した場合、賃貸料は船舶の大きさと賃借期間によって違ったが、1696年釜山面・開雲浦で4カ月の船舶賃貸料は銀貨3

両5銭だった[472]。

　以上見たように、船商の経営形態は多様であったが、大部分は船商が船主を兼ねて沙工と格軍を雇傭し、商品流通を担当する形態であった。18世紀後半からは海上交通の発達により全国的な海路流通圏が成立し、船舶を利用した商品流通が活発になりながら、漸次、船主と船商が分離され、ひいては零細商人が主軸を成した船商が、大規模資本を動員しながら全国を舞台に活躍する商業資本家たちに対峙しながら、商業資本主と船人の分離が成し遂げられたものと見られる。

2. 浦口間商品流通の様相

　朝鮮後期の地域間商品流通の連結関係は、自然条件と航海術の発展によって違った。18世紀中期、海上流通圏の状況に対して1751年（英祖27）朴文秀は、

> 湖南の商船は利益が非常に多いが、嶺南の場合は道内の行商に過ぎず、右沿岸は東海産物資の流通にとどまって、利益が湖南のようではない[473]。

と述べて、嶺南は主に洛東江の水運と東・南海岸の沿海を利用した慶尚道地域内の商品流通であり、東海岸は主に関北地域と嶺南東海岸を連結する程度だったし、海上流通が一番活発な所は京江を含む西南海岸地域だったことを言っている。

　18世紀以後、全国的な海路流通圏が成立しながら、海岸別に孤立していた海上交通網は漸次、全国を障害なしに連結する海路流通圏に統合された[474]。このような時期的な海上流通圏の変化を念頭に置きながら、漂流関係資料を中心に各地域浦口の間の商品流通の様相を見ると、附表「全国浦口間商品流通状況表」の通りである。附表をもとに、各郡県別浦口間商品流通の実態を分析しようと思う[475]。

（1）全羅道地域

　全羅道は我が国で海運交通が一番発達した地域だった。ソウルはもちろん、

西海岸に沿って関西まで、南海岸の嶺南地域と東海岸の関東・関北地域まで連結されていた。全羅道南部地域の海上交通の中心地は、羅州の栄山浦、霊光の法聖浦であった[476]。これ以外にも康津・海南・霊岩・長興・済州等の地が海上交通で連結された。南海岸は多くの島嶼地域を含んでいるので、これら島々と結ぶ流通圏も重要であった。

1）康津

　康津は全羅右水営が海南に移転するまで所在した地域で、南海岸の多くの島々を含む海上流通の要衝であった。18世紀後半に描かれたものと推定される『嶺湖南沿海形便図』（国立中央図書館所蔵）によれば、康津県に所属した浦口は15カ所だった[477]。100余隻の船舶が碇泊できる南唐浦、馬島船艙（10隻）、古今島船艙（10隻）、助楽島浦口（300隻）、弓項島浦口（300余隻）、草安島浦口（100余隻）、芿島浦口（20隻）、尺賛島浦口（11隻）、薪智島船艙（9隻）、東串之浦（30隻）、余鼠島浦口（50隻）、青山島浦口（50隻）、莞島船艙（10隻）、大茅島浦口（3隻）、小茅島浦口（1隻）等が調査されているが、康津は全羅南道の島嶼地域と商品流通を行う中心地だったことが分かる[478]。

　附表でも見られるように、康津は莞島・済州・秋子島等の島嶼地域に穀物や陶磁器を供給しており、附近の島からは海産物や薪が供給された。また康津は霊岩・七山浦等の地域も結ばれていたが、康津と商品を交換する形態は、生産条件が似ていたので固定された交換関係が形成されるよりは、時期によって多様な内容を示している。

　附表によれば、康津は全羅道地域内部と交易するよりは、むしろ慶尚道と交易する仲介地としての性格が強かった。康津―統営―昌原―機張―蔚山―長鬐―延日―平海までつながる交易路において、康津は全羅道を代表する地域であった。康津の穀物や綿花などの農業生産物および陶磁器と、蔚山の塩、機張・迎日・長鬐等の地の鰊をはじめとする魚が交換された。このような交換関係は、16世紀後半から19世紀前半までほとんど変わらずに維持された。康津は西海岸の中心浦口であった恩津の江景浦とも結ばれていたが、主に康津の穀物と江景浦の手工業製品などの商品が交換された。一方1806年、康津の船商である金奉哲はわかめ67貼を船舶に積んで、ソウルと仁川、平壌等でも販売している[479]。これで見ると、康津の浦口流通圏は附近の島嶼地域だけではなく、嶺

南南海岸はもちろん、東海岸の平海と西海岸の京江と平壌まで含む広範なものであったことが分かる。

2）羅州

栄山江下流に位置する羅州の栄山浦は、海と江が出合うという地理的な利点によって、全国でも指折りの海上流通の中心地だった[480]。仁祖代までは栄山浦に漕倉があって、湖南・南部地域の税穀運送の中心地の役割をした。栄山倉は 1511 年（中宗 6）に廃止されてから 1629 年（仁祖 7）に復設されたが、1630年、1631 年に相次いで漕運船が七山島沖合で沈没すると、また廃止された[481]。

羅州には栄山浦だけではなく、戦船廠と駐竜浦・古慕浦・八慕浦が海に面しており[482]、栄山江沿岸には竹浦・沙湖浦等があった[483]。羅州では栄山浦を中心に、周囲の珍島・黒山島・住可島・砂島等の島と全羅道の多くの浦口、そして慶尚道とソウルと結ばれていた。栄山浦は全羅道内陸地域との商品流通の中心地であった。

附表によって羅州を中心にした浦口間商品流通の実態を見れば、康津と同じく、附近の島とは穀物と魚が主に交換されていた。そして臨陂・宝城等の地域からは穀物が供給された。羅州が全南地域の主要商業中心地であったので、近隣の農村場市で販売される穀物が羅州に集荷されてから、周辺の島に流通された。

羅州と慶尚道地域の間の商品流通は、統営―巨済を中心に成り立っていたが、羅州の穀物が慶尚道で販売された。附表 32 の場合のように、穀物をソウルで購入して栄山浦で販売する様子も現れているが、これはソウルが全国の米穀流通の中心地であったことを見せてくれるものだと言えよう。

3）順天

順天は全羅左水営があった地域で、全羅南道の南海沿岸の水上交通の中心地であった。順天の中心浦口は竜頭浦・召羅浦であった。このほかにも順天には水営船艙（収容可能船舶数 15 隻）、邑倉浦（100 余隻）、古突山船艙（数十隻）、堀浦（2 隻）、折里島浦口（5 隻）、由也島浦口（6 隻）、狼島浦口（10 隻）、防踏船艙（4～5 隻）、白峰島浦口（2 隻）、水泰島浦口（6 隻）、横于島浦口（17隻）、多里島浦口（小船 3 隻）、豆里島浦口（小船 3 隻）、小里島浦口（小船数十隻）、盖島浦口（小船 15 隻）、安島浦口（小船 60～70 隻）があった[484]。『増補文献備考』・

興地考 海防条にも20余個の浦口が記録されているように、順天は湖南南海岸の水上交通の中心地であった。特に慶尚道と地理的に近くて、交易が盛んであった。

附表に見られるように、順天は商品流通の中心地というよりは、漁業基地としての性格が強かった。大部分が、魚を直接獲って慶尚道地域の浦口で販売する、漁夫兼商人だったからである。特に順天と統営の間の商品流通が盛んであったが、これは順天と統営が南海岸の軍事中心地であったからである。順天と慶尚道を結ぶ流通網は、統営を経て巨済―密陽―機張―蔚山―興海―盈徳―平海―蔚珍とつながっていた。これらの間の交易形態は大部分、魚物購買と販売を中心に成り立っていた。この形態も19世紀まで、ほとんど変化がなかったものと見られる。

4) 霊光

霊光には漕倉である法聖浦があって、穀物流通の中心地だっただけでなく、干乾し石持でも有名な魚物集散地だった。法聖浦は18世紀中期、栄山浦とともに全国的な海上流通の中心地に数えられていた[485]。霊光には法聖浦(収容可能船舶500〜600隻)のほかに、九水浦(300隻)、左牛村浦(小船10余隻)、多慶浦(5〜6隻)、荏子鎮船艙(15隻)、鮑作島浦口(50隻)、於義島浦口(4〜5隻)があった[486]。

附表で見ると霊光地域と結ばれている浦口は、ソウルから釜山に至る幅広い範囲となっている。京江の豆毛浦にも霊光旅客主人が存在するほど、霊光とソウル間の商品流通は活発だった[487]。霊光の法聖浦は周辺すべての浦口の中心地の役割を果たしたものと思われる。

5) 霊岩

霊岩には船所鎮浦(収容可能船舶10隻)、都市浦(10隻)、梨津浦(30隻)等、16カ所の浦口があるが[488]、この中では都市浦・梨津浦が商品流通の中心的浦口だった。これらを中心に、周辺島嶼地域と活発な商品流通を行った。附表で見るように、島嶼地域と交易する形態は、米穀を販売し、島から魚類を購入する方式であった。凶年には霊岩の商人が島で粥を売りに通ったりした。康津との交易は、康津で米穀と木綿を購入して、霊岩で販売する形態だった。

一方、霊岩と慶尚道地域の間には他の地域と同じく、霊岩の穀物と慶尚道地

域の魚・塩が交換された。そして霊岩と恩津・江景浦―ソウルとつながる流通路では、主に霊岩の水産物を恩津・江景浦で販売し、恩津・江景浦で多くの雑貨を買い入れて霊岩で販売した。

6) 長興

長興には海倉浦（収容可能船舶30隻）、会寧浦（30隻）等、船舶を収容することができる浦口が25カ所記録されており[489]、『増補文献備考』にも水門浦・観音浦・豚道頭浦・泉浦等が記録されている。長興地域の中心浦口は水門浦だった。ここでは慶尚道地域と活発な商品流通が行われた。流通網は長興・水門浦―釜山―梁山―機張―蔚山・軍令浦―長鬐―延日―興海―清河―盈徳―寧海―平海―蔚珍―三陟と連結されていた。長興の穀物と慶尚道の魚物が交換された。特記すべき点は、17世紀末から18世紀初まで船商たちの交換手段として貨幣ではなく、正租・白米が使用されたということである。附表で見るように、1710年代に至れば米穀と貨幣が併用されたが、1730年代以後貨幣に変わっていったことが分かる。

7) 海南

海南は朝鮮後期に康津にあった全羅右水営が移ってきた地域で、全羅道の一番端に位置して、海上交通に有利であった。海南には海艙（収容可能船舶4～5隻）、水営船艙（40隻）のほかにも[490]、三寸浦・淙川浦・古於蘭浦・立巖浦・館頭梁・魚成浦等、多くの浦口があった[491]。海南は済州に出発する海路の起点だったので、済州・珍島・莞島等の地と商品流通関係が緊密であった[492]。慶尚道地域では昌原―東萊―蔚山と連結されていた。海南の浦口間交易形態も、他の地域とほとんど同一であった。ただ附表103に見られるように、1763年、海南地域から洛東江の水運に従って尚州まで商品流通が行われていた。これは、南海岸の浦口流通圏が洛東江水運全体を含んでいたことを示す事例である。

8) 興陽

興陽には古邑浦・鉢浦・白石浦・又浦・狗浦・長先浦・入浦等があり、これらの浦口と全羅道だけでなく、慶尚道・咸鏡道地域とも連結されていた。商品流通形態は、興陽の米穀と慶尚・江原・咸鏡道の魚物が交換された。

9) 済州島・秋子島・珍島等の島嶼地域

済州には明月浦・道道里浦・貴日浦・高内浦・涯月浦・貴徳浦・甕浦・板浦・

釜浦・朝天浦・北浦・咸徳浦・禾北浦・金寧浦・別防串・健入浦等、多数の浦口があったが、中心浦口は 禾北浦・健入浦であった。

附表に見られるように、済州地域と陸地を連結する商品流通圏は、海南・康津・羅州の栄山浦・霊光等が登場している。済州と陸地の間で流通される商品は、凶年や進上物品の運送過程に付随するものが多かった。済州から搬出される商品はわかめ、あわび等の水産物、馬と驄帽子・涼台・革靴等の手工業製品であった。このほかにも、済州からは薬材・竹製品等が陸地に搬出された[493]。

陸地から済州に搬入される品物は、主に穀物だった。済州で生産される米穀量では絶対的に需要を充足させることができなかったから、米穀は大部分陸地から入ってきた私商たちから供給された[494]。しかし陸地との交易において、済州民は非常に不利であった。凶年に穀物を購入するために馬を船に載せて陸地に出かけたが、馬1頭の値段で米1石しか支払ってくれなくても、これを甘受しなければならなかった[495]。18世紀中期、済州地域で貿穀商が販売する米穀は1年に大略3,000石くらいだった[496]。附表で見るように、済州と江景浦を直接連結する商品流通も形成されていた。

済州地域の船商活動で特記すべきことは、済州の船商たちが中国や日本で漂流した時、自身らの出身地を済州と言わないで、康津や海南・羅州等、他の地域の人間と偽装するという点である[497]。これは日本に漂流すれば日本人が済州人を皆殺害するという噂のためであり[498]、中国でも済州人を忌避するからだった[499]。

一方、秋子島や珍島等の島嶼地域と結ばれている陸地の浦口は、長興・海南・霊岩等であったが、これらの地域との交易も、他の島と同じく穀物と海物を交換する形態であった。

(2) 慶尚道地域

慶尚道の中心浦口は、倭館がある東莱と釜山浦、昌原の馬山浦、金海の七星浦だった。これらの浦口を中心に慶尚道内の浦口流通が形成され、また咸鏡道・全羅道・ソウル地域の中心浦口と連結されていた。特に関北地域が凶年の場合、嶺南地域の穀物が関北に移転されたが、1732年の浦項倉の設置を契機にして[500]、嶺南東海岸と関北・関東地域の間の浦口間商品流通も活発に

第 3 節　浦口間商品流通の様相と浦口商業の発達　143

1）巨済

　巨済には船艙浦（収容可能船舶 1,000 余隻）、加背梁浦（数百隻）、栗浦（100 隻）、古多大浦（100 隻）、旧助羅浦（100 隻）、知世浦（数百隻）、玉浦（数百隻）、永登浦（数百隻）、七川島・松浦（数十隻）、農所浦（40 隻）、長木浦（数百隻）、細浦（数十隻）、狸浦（数十隻）、竹島浦（数百隻）、豆毛浦（30 隻）があり[501]、このほかにも加耳浦・河清浦・沙等浦・竹林浦・糸外浦・黄浦・吾非浦・問多浦・烏壤浦・山村浦・溟珍浦・塔浦等があった[502]。巨済は 100 隻以上の船舶が碇泊可能な浦口だけでも 9 カ所になるほど、海上交通が発達した地域であった。

　附表で見るように、巨済は島だが米穀生産が豊かで、主に米穀で近隣地域の魚を購入した。附表 171 に見られるように、19 世紀前半には巨済で生産された大根を釜山で販売する船商も現れたが、これは大根が商業作物として栽培され、釜山で売られたことを意味する。巨済島で全羅道地域と交易した事例が現れないのは、巨済が穀物生産地役という点で全羅道と産物が似たり寄ったりだったという点も原因の一つになるが、より重要なことは、巨済から全羅道に航行する船舶の漂流がほとんどなかったという資料の限界であろう。

2）固城・統営

　固城は三道水軍統制営（統営）の所在地で、軍事的重要度が高い地域であったと同時に、海上の収税等の権限を掌握していたので、商品流通の要衝地でもあった。固城には積珎浦（数百隻）、竹林浦（数百隻）、頭竜浦（数百隻）、三千浦（数十隻）、巨乙望浦（数十隻）、唐浦（数十隻）、掘項浦（1 隻）、羽浦（数百隻）、竹島浦（100 隻）、旧所非浦（数十隻）のほかに[503]、附録 2 で確認される南村浦・三千浦・所乙非浦・加背梁・安営浦・愁月浦・陽知浦・元春浦・双峯浦・水火浦・魚礼郷浦・池浦・馬所浦・恵叱伊浦・佐申串・乙上串・住嶽串・海平串・召所浦・加次浦・唐項浦・資火浦等があった[504]。

　附表に見られるように、固城を中心とする商品流通は、咸鏡道・咸興地域から全羅道・興陽まで、範囲が非常に広かった。東海岸の慶尚道・江原道・咸鏡道の魚と固城の穀物が交換された。全羅道・興陽とは米穀（統営）と塩（興陽）が交換されている。

3) 機張

機張は南海岸と東海岸の接界地域で、魚の捕獲と流通の中心地だった。機張には武知浦（数十隻）、旧豆毛浦（10隻）、項串浦（数百隻）とともに[505]、『増補文献備考』にも冬柏浦・加乙浦・碁浦・伊乙浦・公須浦が記録されている。附表に現れる浦口間の流通状況を見れば、機張は慶尚道沿岸地域の迎日・釜山等と連結されていた。

4) 金海

金海には仏巌津・江倉浦・七星浦があったが、七星浦は洛東江河口に位置して、洛東江水運と南海岸の海運が連結される、いわゆる「江と海が会う地域」で、京江と恩津・江景浦とともに、19世紀初まで海上流通の3大拠点の中の一つに数えられていた[506]。附表に見られるように、貨物運送業が盛んなことも七星浦のこのような性格を反映するものである。七星浦を中心とした商品流通網は洛東江の多くの浦口と連結されていたし[507]、巨済・釜山・機張等の地域だけではなく、東海岸の蔚山・平海・杅城まで結ばれていた。金海と江原道地域とは、金海で穀物を供給し江原道地域で魚を供給した。

5) 東萊・釜山浦

対日貿易の中心地である東萊には水営船艙浦（1隻）、包伊浦（1隻）、盆浦（数百隻）、釜山浦（数千隻）、倭館浦（7〜8隻）、旧西平浦（数百隻）、多大浦（数十隻）のほかに[508]、『増補文献備考』にも甘浦・丑山浦・漆浦・南乃浦・石浦・栽松浦・甘東浦・海雲浦等が記録されている。

附表に見られるように、東萊は嶺南地域から運送される公作木・公作米の運送需要によって、他のどの地域よりも船運業が発展した。そのため浦項倉穀の北道運送にも東萊船舶が動員されたし、蔚山と咸鏡道地域を行き交う船商たちも、東萊で船舶を賃借した。東萊を中心にした流通網は、東萊近処の機張・慶州等と連結されていただけでなく、咸鏡道・北青や洛東江上流まで連結されていた。附表196に見える東萊から東海岸を連結する商品流通によると、東萊船商が貨幣で蔚山で米穀を購入した後、これを北青で販売し、そこで乾魚を購入して興海でこれを販売して、東萊に帰ってきている。また巨済・知世浦で塩を購入して洛東江沿いに販売する塩船商の根拠地も東萊であった。一方、東萊近辺の各営邑と私商が船運した米穀と、倭人が持ってきた雑物を浦口で密かに

交換したりもした[509]。

　釜山浦は東萊府で数千隻の船舶を収容することができる一番重要な浦口だった。だから釜山浦は慶尚南道海岸の多くの浦口を連結する地域内市場の中心であるとともに、他の道と結ばれる流通拠点であった。附表に見られるように、巨済・蔚山・金海・絶影島・梁山の甘同倉・梁山の知泥浦等、釜山と近い浦口だけではなく、東海岸では寧海の丑山浦と江原道、南海岸では泗川―昆陽―統営等、遠距離地域とも連結されていた。

　釜山浦と隣り合う浦口間の流通形態は、絶影島とは薪を採取して販売する柴商たちが活動したし、そのほかの浦口とは塩や魚を購入する形態であった。特に釜山―蔚山の間では蔚山が19世紀前半に塩産地として成長したことを反映して、塩の流通が活発だった。東海岸とは釜山の穀物と東海岸の魚が交換された。

6）梁山

　梁山地域は洛東江の入口に位置したので、金海の七星浦とともに洛東江水運の中心地であったのみならず、甘同倉があって、穀物の集散地でもあった。東頭渚浦・大渚浦・椏浦等があったが、浦口間の流通は主に慶尚道沿岸地域との交流だった。梁山と巨済・興海・機張等が船舶で連結され、交易形態は梁山の手工業製品、魚と巨済・興海・機張等の農業生産物、塩などが交換された。

7）延日

　延日には浦項浦（数千隻）・注津・林谷浦・冬乙背串・通洋浦等があった。浦項倉は咸鏡道が凶年になれば米穀を供給する拠点だったし、この地域の中心的な浦口であった。注津は全国で一番先に鰊を漁獲する所で、ここの漁獲量を基準にして豊漁の与否が予想された[510]。附表に見られるように、延日は慶尚道東海岸地域で咸鏡道と商品を交易する拠点だったが、浦項の木棉と咸鏡道のスケトウダラが交換された。

8）蔚山

　蔚山には西生浦（300余隻）、開雲浦（300余隻）、長生浦（300余隻）のほかにも[511]、塩浦・魴魚津・柳浦・渚海浦等があったが、中心の浦口は西生浦と塩浦であった[512]。蔚山と長鬐の間は鰊の産地だった。鰊は咸鏡道と江原道沿岸で漁獲され、11月から冬至までは蔚山沿岸で漁獲された。そのため冬季に各地域の魚商たちが蔚山や長鬐に押し寄せたが、この地域の鰊は南海岸はもちろ

ん、ソウルまで運送されて売られた[513]。

蔚山は鰊の産地としてだけでなく、19世紀初め以後、東南海岸で一番規模が大きい塩産地だった。蔚山から塩を積み出した浦口の名前がすなわち塩浦だった。附表の225-243までの内容にもよく表れているように、全羅道・慶尚道各地域の塩商が蔚山・塩浦で塩を購入しに押し寄せた。浦口間の交換形態は、蔚山の塩、鰊と他の地域の魚、穀物等が交換される形であった。

9) 熊川

熊川には安骨浦（数百隻）、薺浦（数十隻）、豊徳浦（数百隻）、天成磨巨里浦（数十隻）のほかにも[514]、釜谷浦・熊浦・徳山浦・梁谷浦等があった。江原道地域の凶年を契機に、ここでも貿穀活動を行う船商が生じたが、これは隣接する馬山浦の影響と見られる。

10) 昌原

昌原は馬山倉がある漕倉地域だった。そのため税穀運送による商品流通量が多かった。昌原には馬山浦を含めて、只耳浦・沙火浦・馬山浦・合浦・余音浦があった。中心の浦口は数千隻の船舶が碇泊できる馬山浦で、ここは慶尚道地域だけではなく、全国の海上流通の中心浦口だった[515]。附表に見られるように、他の地域と流通される内容は、昌原で穀物を供給し、他の地域で魚を購入する形態だった。18世紀以後には咸鏡道地域まで流通路が連結され、機張・蔚山・平海・江陵・寧海・咸興等の地域の魚と麻布が馬山浦で流通した。元山浦で集荷された北魚が 馬山浦を経由して忠清道の恩津・江景浦に流通されたが[516]、これは馬山浦が東海岸と西海岸を結ぶ中継地域であったことを示す事例である。実は馬山浦は、金海の七星浦や羅州の栄山浦のように大きい江を擁していないにもかかわらず、非常に繁栄した浦口として発展した。その理由は、東海岸と西海岸を結ぶ全国的海運路が完成されながら、これら遠距離海上流通の仲介港として発展したからである。

(3) 江原道地域

1) 平海

慶尚道・全羅道地域の船商たちが咸鏡道の魚を交易する時、ほとんど大部分が平海を経由した。平海は18世紀後半、6大路の中の一つであるソウル―平

海路の終点として、陸路交通の中心だったので、これを基盤として江原道地域海上流通の中心地に成長した。

平海には越松浦・仇珍浦・正明浦・厚里浦等があったが、中心の浦口は越松浦であった。附表に表れる流通実態を見れば、平海と湖南との交易は平海の魚と湖南の穀物が交換され、平海—蔚山の交易では塩産地である蔚山の特性が反映されている。鬱陵島との交易も平海を中心に成り立っていた。

2）三陟

江原道地域で平海とともにもっとも重要な海上中心地であった三陟には、三陟浦・蔵吾浦があった。附表に見られるように平海が江原道地域の魚類流通の中心地であったとすれば、三陟は米穀流通の中心地であった。三陟の米穀船商たちは18世紀前半に恩津・江景浦まで行き、米穀を買ってきて江原道地域で販売した。特に太白山脈のために内陸地域と結ばれていない嶺東地域は、水路を通じて米穀を流通するしかなかったので、江原道東海岸の行政中心地であった三陟府を中心に米穀が流通した。

3）杆城・高城

江原道北部地域の流通中心地は杆城と高城だった。杆城には黄浦・松池浦が、高城には高城浦・鳴沙浦があった。商品流通状況は、咸鏡道からは魚を購入し、慶尚道からは穀物や木綿を買って魚を売る形態であった。

4）蔚珍およびその他の地域

蔚珍地域と江原道のその他の地域（江陵・通川）の交易形態も、他の地域と特に違うところがない。主に江原道地域は魚を供給し、他の地域からは穀物が供給された。先に述べたように、蔚山とは塩の購入が主な交易目的であった。

（4）咸鏡道地域

咸鏡道では咸鏡道産の貂蔘・麻布・北魚と三南産の綿布類をソウルを通じて交換することが、陸路を利用した一般的な商品流通だった[517]。これに反して米穀流通は、大部分が海運に依存した[518]。特に麻の栽培が盛んであったので、凶年になると麻布と米穀の交換与否が住民の生計にとって重要であった[519]。そのため1732年（英祖8）、関北地域の凶年に備えて浦項倉を新設したし[520]、関北地域にも内需司の奴婢貢として受け取った穀物を咸鏡道に留置して保管す

る交済倉を設置した。

　交済倉は1737年（英祖13）、徳源・元山浦に設置されたのを最初として、1742年（英祖18）には咸興の雲田交済倉と利原の者外交済倉が設置され、1754年（英祖30）には吉州以北の各邑に拡大設置された後[521]、1784年（正祖8）には関北のすべての邑に交済倉設置地域を拡大した[522]。このように交済倉を設置した後には、嶺南地域が凶年になった場合、交済倉穀を船運で嶺南地域に移転させた。これにより関北地域と嶺南地域の海上流通は海産物だけではなく、米穀も活発に流通された。

1）徳源・元山浦

　元山浦は咸鏡道沿岸地域で生産される水産物の集荷市場だった[523]。これは元山浦が咸鏡道地域とソウルを結ぶ陸路交通の要地だったからである[524]。したがって元山浦は18世紀前半にすでに咸鏡道でもっとも重要な浦口に成長して、その繁栄ぶりが京江と比較されるほどだった[525]。元山浦は咸鏡道地域の中心浦口としてだけでなく、全国的な浦口流通の中心地であった。附表に表れる流通形態を見れば、徳源の船商たちが洪原で苧布・木綿を販売し、長鬐・迎日地域では魚を販売している。

2）咸興

　咸興は監営の所在地として行政の中心地だったので、各種税穀の運送、進上物品等の流通で重要な地位を占める地域であった。咸興には雲田浦・徹塵浦・都蓮浦があったが、ここから慶尚道の蔚山・興海・盈徳・昌原等と結ばれていた。咸鏡道では乾魚や淹魚が嶺南地域に供給された。咸興地域は、元山浦とともに慶尚道や全羅道から搬入された商品が一旦集荷されてから、咸鏡道の他の浦口に分送される、地域内商品流通の拠点であった。

3）安辺・利原・洪原

　咸鏡道の安辺・利原・洪原地域の商品流通は、昌原の馬山浦を中心にしたものであった。これから推しはかると、咸鏡道の海上流通は馬山浦を仲介地として、湖南西海岸まで連結されていたことが分かる。流通形態は乾魚や塩漬けの魚を販売し、米穀や各種物貨を昌原から購入するものであった。

(5) 西海岸地域[526]

1) 忠清道

海上流通の中心地は恩津・江景浦であった[527]。江景浦のほかにも市津浦[528]、林川の古多津から舒川浦の間の鎮浦[529]、貢税倉村等が海上交通の中心地として数えられていた[530]。慶尚道の魚と忠清道の穀物が、全羅道地域とは多くの種類の物資が相互に交換された。

2) 京畿道

京畿道地域は、沿海地域だけではなく、全地域が海運と水運で連結されるほどに、海上・水上交通が発達していた。主要な商業拠点であった開城と京江、水原と京江が直接船運で結ばれていた。そのため18世紀前半まで、黄海道や平安道の米をソウルに運搬する時は、長山串の険灘のために開城まで陸路で結び、開城からは海路でソウルまで運送することが一般的だった[531]。18世紀中期には、京畿道の秋収米を水原からソウルまで運送する方法も、陸運から船運に変わっている[532]。

附表に見られるように、開城を中心にした商品流通は江景浦と連結されていたし、仁川や江華・陽城等、京江の咽喉地から、18世紀後半には東海岸の蔚山・平海・蔚珍等の地域まで結ばれた。開城と江景浦は当時、全国でソウルに次ぐ重要な商品市場であったので、二つの地域の間の商品流通はソウルを中心にした流通圏に劣らず重要であった。

3) 平安道

平安道地域は長山串の険灘によって、18世紀前半まで大型船舶ではない場合には大部分、平安道内でのみ海上で連結されていた。附表を見ても、たとえ漂流船舶という限界はあるが、大部分が平安道内で船商活動をする船舶であった。平安道内の流通は、直接魚を漁獲して販売する小規模零細魚商たちや、薪を採取して販売する柴商等の場合が多かった。これらは大部分、小規模船舶で漁獲と行商をしたので、それだけに漂流しがちであった。しかし附表359に見られるように、19世紀中期に至ると、平安道・三和府から慶尚道・迎日まで、活動範囲が拡大されている。これは先に見たように、18世紀後半以後、平安道地域で他の地域と航行するのに大きな障害であった長山串の険灘が克服されたから可能になったのである[533]。

4) ソウル

　京江は全国の水運と海運の中心地だった。したがって京江船商たちは資本力や船舶の規模、航海術等、すべての面で他の地域の海上流通を圧倒した。そのために京江を中心とした海上流通は、他の地域と多くの差異を見せている。たとえ制限的な漂流関係記録ではあるが、附表でもこのような側面が反映されている。

　京江船商が活動した分野は塩の船商や貿穀商、そして税穀運送業であった[534]。塩の船商は平安道や黄海道地域で塩を購入して京江で販売したし、米穀商は京江で米穀を購入して平壌で販売したり、あるいは全国各地域の穀価の差異を積極的に利用して、多くの富を蓄積した。税穀運送業に従事した京江船人であった扶安の大同米運送責任者も同様に、米穀の地域別穀価の差異を積極的に利用して、米穀流通に参与しながら多くの富を蓄積している。

3. 浦口市場圏と商品流通の性格

（1）浦口市場圏の分布

　以上で考察したことを土台にして、各地域別浦口市場圏の構造を見れば、各郡県に小浦口を連結する中心的な浦口が存在し、これら郡県の中心浦口が各道の大浦口を拠点にして商業活動をする形態であったと整理することができる。

　18世紀中期、李重煥は洛東江河口の七星浦、栄山江河口の法聖浦・沙津浦、全州の沙灘、錦江の江景浦を、商品流通の中心地として挙げている[535]。その中でも大浦口として発展した所は七星浦と江景浦[536]、そして元山浦であった[537]。これらが大浦口として商業中心地に発展した要因は、第一に川と海が会う地点、すなわち潮水が上ってくることができる地域だったという点、第二に特定生産物の集散地であったという点、第三に内陸地域と連結される交通上の要地でありながら、背後に大場市が存在したという点である。

　附表に表れる事例をもとに、各道別浦口市場圏の分布を考察することにしよう。全羅道では羅州の栄山浦、霊光の法聖浦が、南西海岸だけではなく、内陸沿岸の浦口流通の中心だったし、康津と海南は湖南・南海岸地域の海上流通の中心として、島嶼地域とも結ばれていた。

慶尚道では東莱の釜山浦、金海・七星浦、昌原・馬山浦が海上流通の中心だった。これらの地域はすべて南海岸に位置した浦口であった。嶺南東海岸の浦口は、南海岸に比べて海上流通の中心地として成長するには多くの障害が存在した。馬山浦は地域内流通の拠点だっただけでなく、東海岸と西海岸を連結する仲介地域として発達した浦口であった。七星浦は洛東江水運によって結ばれる水上交通の拠点でもあった。

　江原道では平海の越松浦と三陟の三陟浦が流通の中心であったし、咸鏡道では徳源の元山浦と咸興の雲田浦が海上交通の中心だった。その中でも元山浦は咸鏡道内の中心浦口だっただけでなく、全国の海上流通の拠点であった。そのため咸鏡道地域の北魚を含めた特産物は、まず元山の船商たちによって西海岸まで流通された。一方、咸興は咸鏡道の行政中心地だったから、雲田浦は咸鏡道内部の市場の中心として、特に六鎮地域の間の商品流通拠点であった。

　忠清道の中心浦口は恩津の江景浦だった。当時江景浦は、全国の3大流通市場の一つとして繁栄したが、近隣の小浦口の商品が皆ここで流通された[538]。一方、京畿道の中心浦口は開城・江華・仁川だった。

　ソウルの京江は、地域別商品流通の中心地としての性格を脱して、今や全国を舞台とする船商活動を展開した。資本力、航海術等で他の地域の船商を圧倒したし、宮房権力などと関係を持ちながら、地方で潜商活動等を通じて多くの富を蓄積した。

　18世紀以後、我が国に形成された浦口と浦口間の流通の様相は、各地域の中心浦口を中心に沿岸浦口が連結され、これら中心浦口を拠点に他の道の大浦口が連結されるものであった。そしてまた、大浦口を商品流通の拠点として大浦口と大浦口、大浦口とその周囲の場市を連結する形態であった。大浦口中心の発展は、船舶によって運送される大規模な物量を、早い時日内に消費できる大きな消費市場が浦口周囲に形成されていることで可能だった。このように各地域の中心浦口を中心に沿岸浦口が連結され、これら中心浦口を中心に他の道の中心浦口が連結されたが、特定産物が集荷される浦口の場合は、直接他の地域の中心浦口とも結ばれた。慶尚道・蔚山は19世紀初、塩の産地として有名であったが、塩を購入するために咸鏡道・江原道・全羅道だけではなく、京畿道・仁川の船舶まで蔚山・塩浦に集まっていた。

152　第1章　京江地域 商業発達の背景

(2) 浦口間商品流通の性格

　船舶による商品流通は、大部分、専業的な船商によるものであったが、凶年や応役を契機に、商人ではない者が一時的に商品流通に参与する場合もあった。例えば1664年、興陽の民19人が訓錬都監税の納付のために船商に出た事例[539]、1695年釜山浦民7人が凶年で他人の船舶を借りて船商活動をしている事例[540]、1707年寧海府のひどい凶年で、官吏が穀物を購入するために他の物件を販売している事例[541]、1741年霊岩郡の小安島に暮す文隆章ら20人が凶年を契機に小安島で馬の鞍と海苔、わかめを購入して、霊岩・都市浦で売り、その代わりに穀物を買い入れている事例[542]等は、応役と凶年を契機に行われる非専業的商人層の一時的な商品流通であった。

　このような事例を除いた大部分の場合は、恒常的な流通経路を有する商品流通であった。専業的な船商によって形成された商品流通における商品流通経路は、条件の変化がない限り、相当期間固定されるのが普通であった。特に生産場所が制限された魚や塩、そして各種特産物の流通ではなおさらそうだった。穀物流通の場合、18世紀以後、次第にソウル・平壌を中心に流通市場が形成されながら、恒常的な商品流通へと発展することはしたが[543]、外方では主に地域別の価格差が米穀流通の重要な動機であった。

　例えば1694年、江原道・原州の金仍同は大麦を買いに慶尚道・統営に行く途中、寧海地域が安いという話を聞いて、寧海で殻麦を購入している[544]。また1869年、ソウル・奈洞に暮す両班の金致鎮は、平安道・清北地域の穀物値段が高い（米1石に20両）という噂を聞いて、値段が安い忠清道内浦地方（米1石10両）で穀物を購入し、清北地域で売って莫大な利益を残している[545]。1871年にはソウルの西江・玄石里に暮す鄭仲倹は、扶安の大同米800石を積んで京江に来る途中、江華島・玉浦で石当たり14両2銭で販売した後、また全羅道・古阜の東津浦で石当たり9両5,6銭あるいは12、13両で800石を購入して上納している[546]。

　このような性格の米穀流通は、季節的、地域的な価格差によるものではあるが、外方で地域的な価格差が日常的に現れているためであり、流通自体は恒常的で構造的なものだったのである。すなわち、農事の豊凶が分かる前に、郷村の富民・富商たちが保管しておいた穀物を他の地域に移して、穀物価が上がる

のを期待することに見られるように[547]、外方でも米穀商品化の進展によって、次第に米穀市場が形成されつつあった。たとえソウル・平壌等の大都市のような恒常的需要ではないと言っても、米穀が商品として全国を対象として流通していたのである。特にこの時期には、米穀生産の過程でも商品生産が進展して、各地域の米穀が特定の名を付けて全国的に流通した。全州・金堤・万頃の完米、黄海道・延白平野のメサル、鳳山の長腰米、驪州・利川地域の細稲などが代表的な米穀であった[548]。したがって米穀は、船商たちが販売するもっとも代表的な商品になっていた。

一方、各地域別の商品交易の様相は、主に東海岸の浦口では魚を供給し、全羅道の浦口では穀物を供給するという交換体系であった。嶺南南海岸の浦口はこれらの交換の中間的地帯として、穀物―魚、魚―穀物等、多様に現れている。湖南沿海の浦口と島嶼地域の交易形態は、大部分島嶼地域が海産物を供給し、内陸浦口が穀物を供給する関係が形成されていた。済州地域では特産物である馬と手工業生産物である涼台、驄帽子などが、海南・康津等の地域に供給されていた。

次に海上で流通する商品の特性を見てみよう。船舶を利用する商品流通でもっとも普遍的であるのは、米穀と水産物の交換だった。水産物の生産地が特定地域に限定されているという点を念頭に置く時、この交換形態は地域的分業に基づく商品生産の展開を前提にしたものと言えるが、一面では非自給的な必需品の獲得を目的とする自然的分業に基づく商品流通としての性格を強く持つ。

漂流民資料に現れる商品交換の姿も、大部分、米穀と魚の交換であった。銅銭流通が一般化する以前の18世紀前半まで、船商たちは米穀や綿布を交換手段にして、商品流通に参与した。ソウルや主要商業都市で貨幣通用が17世紀末から一般化されるが、海上流通ではそれより少し遅れた18世紀前半に至って、初めて金属貨幣を流通手段とする商品流通が一般的になったのである。

米穀と魚の交換以外にも、綿花や木綿と穀物・水産物を交換する形態が現れるが、これは 農業で綿業が専業化されたことによる流通形態だった。そして手工業製品と穀物・魚の交換形態は、済州地域と陸地の間の交換行為において典型的に現れているし、梁山と巨済の間でも現れるが、これは梁山が洛東江河口の甘同倉がある地域で、手工業製品の集散地であったことを反映するもの

だった。

　18世紀中期以後は、主に銅銭を交換手段として利用した。この場合、自身が居住する浦口を去ってまず商品の購買処に行き、必要な物品を購入した後、購入した商品の販売処に行って商品を販売してから、自身の故郷に帰ってくるのが一般的な形態であった。しかし自身の故郷を根拠地にしないで、全国各地の浦口を対象に、自由に活動する船商層も多かった。彼らこそ、船舶を利用した商品流通を発展させる典型的な船商だった。

　18、19世紀の浦口市場圏の分布を全体的に見れば、咸鏡道・江原道の東海岸（元山浦が中心）と慶尚道の東海岸・南海岸（馬山浦が中心）を連結する市場圏、洛東江の水運と嶺南・南海岸（七星浦・馬山浦が中心）と湖南・南西海岸（栄山浦・法聖浦が中心）を連結する市場圏、そして恩津・江景浦を中心にして湖南・南海岸、嶺南・南海岸、京畿、京江一円を連結する市場圏、京江を中心とする南海岸・忠清・平安道地域をすべて包括する西海岸の市場圏、三和府を中心に大同江および平壌を含む長山串以北地域の市場圏などと大別することができよう[549]。

　浦口の間で交換された商品は、主に米穀と塩、および水産物だった。これらの商品は生産地が固定されていただけに、交換関係も長年変わらないのが普通だった。船商たちは東海岸では慶尚道の米穀で江原・咸鏡道の水産物を交易したし、湖南地域の米穀で嶺南・南海岸と東海岸の魚、塩などと交換した。また湖西・湖南の米穀は、ソウルや黄海・平安道で販売された。一方、漢江の水運を利用して漢江上流の木材がソウル等で販売されたりもした。

　このような浦口の間で見られる交換形態は、社会的分業に基づく商品生産の展開を前提にしたのだった。そのために18世紀以後、各地方に穀物市場が形成されながら、船商の活動は大きく活性化され始めた。

4. 浦口商業の発達とその方向

（1）浦口の流通拠点化と浦口の増設
1）流通拠点としての変化

　17世紀以後、背後に大きな消費市場を控えた大浦口は早くから商品流通の中心地として発展したが、そうではない小浦口は商品流通の拠点としての性格

が微弱になるしかなかった。小浦口の機能は主に魚塩の生産と流通、外敵に対する防禦、そして税穀運送であった。この中で特に重要なものは魚塩生産の機能であった。当時、宮房・衙門による浦口折受が大部分、魚塩税徴収のために行われたという事実や[550]、浦口住民が大部分、漁夫をして生計を営んでいたという点は[551]、小浦口において商品流通よりは魚塩生産地としての機能が重視されたことを意味する。

外方の小浦口は軍事的機能も担当した[552]。主要な浦口に鎮を設置して外敵と海賊を防禦したが、そうではない浦口でも軍事機能が強調された。延安・甑山浦の場合、浦口を設置する時から軍器と軍物を守ってきたし[553]、海南の大浦里では平常時には軍需品を保護し、有事時には船卒を充当したという事例も、このことを示している[554]。

国家が重視する外方浦口のもう一つの機能は税穀運送であった。「沿海沿江之邑 以米上納」という大同米の上納規定に見られるように、沿海邑は田税と大同を米穀で納付しただけでなく[555]、その上納も現地の地土船を利用するように規定されていた[556]。このように18世紀以前の小浦口は 魚塩生産、軍事的防禦、税穀運送の機能が重視されて、商品流通の機能はこれらに付随して現れるだけであった[557]。

小浦口で商品流通が発達するのは18世紀以後のことだった。社会的生産力の発展に基づく商品貨幣経済の発展によって、小浦口で流通する商品の量が増加しただけでなく、種類も多様になった。魚塩を中心とした状態から、米穀とその他の日常物品も流通するようになった。例えば黄海道・金川の江陰七浦の場合、浦口創設初期には魚塩の両種にだけ税金が賦課されたが、1832年には魚塩以外に大米・小米・雑穀・花梨銭草・雑卜等にも税金が賦課されるようになった[558]。このような現象は、江陰七浦にだけ限ったものではなかった。19世紀中期の浦口収税は、魚塩船税だけではなく、浦口で流通するすべての物品に対して税金が賦課された[559]。すなわち商業税のような税金が賦課されたのである[560]。

このように浦口を中心とした商品流通が発展するようになれば、浦口に対する折受も、魚塩税徴収のためのものから、浦口で流通する商品に対する流通税（商税）を徴収するなど、浦口の商品流通掌握を目的に行われるようになった。

この事情は、大浦口に発展した恩津・江景浦の商税賦課をめぐって於義宮と忠清監営の間で展開された次の論議によく表れている。

　　於義宮が折受した恩津・江景浦の商税を於義宮に還属せよという命令が忠清道に下された。この命令に対して忠清監司・洪奭周が報告するには、「商税と船税は名目が各各違う。均役庁を設置して以後、すべての船舶が納税しているのに、今（商税を―引用者）また於義宮に還属することはまさに畳税である。……一物両税する方法は本来ない。於義宮の収税は均役法以前のことであった。……今もし均役庁に税を納付し、また宮税を納付したら、どうして両税ではないのか。地税・商税と船税は違うと言うが、これはそうではないのだ。船舶があって初めて碇泊する所があり、また航行する商人があるのだ。船舶がなければ皮がない毛のようだ。どうして名目が少し違うので船税ではないと言って若干の税金を取り、江民たちにさらなる弊を起こすことができるのか」[561]

すなわち於義宮では、船税とは異なる商税という名目で江景浦に出入りする商船に対して徴税しようとしたが、忠清監営では商税は船税と違わないという理由で、於義宮の商税徴収を否定した。この論争はその後続いたが、於義宮に所属になった当時は徴税ができなかったが、1822年に江景浦の所管処が於義宮から竜洞宮に変わるにともなって商税が賦課された[562]。

この論議において、既存の船税や地税と区別される項目として商税が設定されているという点が注目される。ある商品の交換過程で収税が成り立つということは、商品流通が恒常的に存在して、商品流通過程で生ずる利潤の量も収税が可能な程度にまで達したことを意味するからである。したがってこの例は、魚塩生産に従属していた商品流通が独自の機能として発展したことを示すものと言うことができる。

浦口を中心にした商品流通の発達により、浦口そのものが消費市場と交換媒介地として、場市と同一の機能を持つようになる。例えば唐船がよく出没する西海岸の浦口は、「交市」と異なるところがなかったし[563]、商業が発達した浦口は「都会」と認識されただけでなく[564]、浦口の住民たちも大部分、漁船で

はなく商船で生計を立てていると述べている[565]。ひいては 19 世紀には 浦口を「浦市」と表現したし[566]、都賈商業に対する禁断令も場市と浦口の双方に同じように下された[567]。これはすなわち、浦口自体が市場圏の核心に変わったことを反映するものである。外方浦口が商品流通の拠点に変化したことは、朝鮮後期に存在した遠隔地貿易の量をいっそう豊かにしたのみならず、その質においても一定の変化をもたらしたのである[568]。

2）浦口の増設とその性格

浦口における商品流通が活発になれば、新たに浦口が設置されたり、廃棄されていた浦口が復設されたりした。全国的な海路流通圏が形成された 18 世紀後半以後、浦口の新設と復設は続いたが、新たに設置された浦口は以前の浦口と性格が異なった。

18 世紀前半期までの浦口設置は、概して魚塩船税を取るために官や浦口周辺の勢力家によって行われた。勢力家たちは官から許可証を受けて浦口を設置し、設置者が魚塩船税に対する独占的な収税権を有した[569]。浦口設置者の各種収税権は売買・相続等、自由に処分することができる財産権の一種だった[570]。官で発給する許可証には浦口の境界が明示されて、海面上昇等の自然災害によって地形が変わるとか、浦口が毀損されても、その境界内部に対する権利は引き続き有効であった[571]。

このように 18 世紀前半、均役法実施以前の浦口の設置は、魚塩船税の徴収を目的として設置されたので、浦口が設置される条件も背後の消費市場や生産地等と関連なく、ただ魚塩生産に適合した地域で船舶が接岸できる地形に施設だけ取り揃えれば良かった。そのため浦口の設置に大きい経費と物力が投与されなくて済んだ。

しかし 18 世紀後半以後に新設された浦口は、魚塩船税を徴収するためではなく、商品流通を媒介して、商業利潤を確保するためのものであった。例えば 1839 年、黄海道・延安府の楡頭倉下里にある盤伊浦の場合は、

　　　昨年秋、朴元甫が急に陰険な心をもって彼の弟の義汝に名前もなく文書
　　もない旅閣を盤伊浦と□倉の間に新設した。彼ら兄弟は他面他里に浦口を
　　新設することはどんな人も口出しすることができないと壮語している。し

かし盤伊浦の葛仁里とは 15 里離れているが、□菖蒲とはわずか 3 里しか離れていないところで、□菖蒲の入口にあたる所である。朴義汝は彼が居住する郡と新渓・谷山・兎山の 商人たちを 40 余年の友達だと言って、自身の旅閣に引き入れており、彼の兄・元甫は延安部に居住しながら中間で商人たちを操縦するので、商人たちが人情に縛られて仕方なく新設の旅閣に引き入れられる者が十名中に九人にもなる[572]。(□は解読が不可能な字—引用者)

とあって、朴元甫が盤伊浦と□倉浦の間の葛仁里に浦口を新たに設置して、新渓・谷山・兎山等の商人を自身の浦口に誘引している。これは、浦口設置を通じて商業拠点を形成することで、商業利潤を得ようとするものであった。このような目的で浦口を設置する例は、1829 年に漢江下流に新設された徳隠浦[573]の場合によく表れている。

徳隠浦は自然に港ができ、船舶の接岸が容易であるため、浦口設置の論議がずいぶん前からあった。幸いに財力者が数年間、経費と物力を投資し、材木を集めて家を建てて船人を募集したし、商売の元金を分けてやった。また各処で、徳隠浦を行き交う船商に対しては還穀とさまざまな雑役を侵奪しないように邑と監営に呈訴して、節目を作った。だから遠近の船商たちがこの消息を聞いて集まってきて、徳隠浦から商品を出荷しようとした。洞民たちの中で土地を失って農業を営むことができない人も、背負子で荷物を運んでやって生計を維持したり、ある人は馬車で荷物を運んで生計を維持するようになったから、人々はここを楽土と思って大きい村を成すようになった[574]。

すなわち財力のある者が多くの資本を投資して浦口を造成しただけでなく、船人を募集して商売の元手を分けてやる一方、浦口を出入りする船商たちに身役と還穀、およびさまざまな雑役に対する侵虐を防止することで、積極的に商品流通を誘導しているのである。

このように商品流通のために浦口が設置されるという現象は、新設の浦口に

限られたものでなく、廃棄されていた浦口が復設される時でも同様に現れている。浦口が復設される場合にも、以前の場所に設置されないで、浦口商業に有利な所に設置された。これは 1861 年、全羅道・光陽県津下面の船所鎮浦市の場合に見られる。

> 本県の海倉で営業をしていた旅閣が廃止されてから長く経つ。復設する時には適切に昔のところに復旧しなければならないが、海面が低くなって船が通行できないので移すしかない。(光陽県境内の) 津下面・船所津は嶺南と湖南の要衝に位置する。商船は皆ここを経てこそ海や陸地を運航できるので、人が集まってくることができる所で、その状況もあまねく適当な所だ。だからここが浦口を新たに設置するのに一番適当な所だ[575]。

すなわち、廃止されていた旅閣を復設しながら場所を津下面・船所鎮に移したが、その条件が商船の航海に便利で、嶺南と湖南の要衝に位置しているという点を挙げている。この点は、この時期の浦口新設や復設が、それ以前の時期に魚塩生産を目的としていたのとは性格が大きく異なることを示している。

このように浦口商業の発達によって浦口が復設になる様相は、忠清道・魯城の魯山浦でも現れる。魯山浦はもともと、石城・恩津の大平野に接している浦口であった。そのため石城・恩津の民衆が魯山浦に井堰を作って数千石の水田を灌漑していたので、朝廷で魯山浦の船舶通行を禁止した。しかし 1806 年、魯城県監は私船の通行に邪魔になると言ってこの井堰を崩して、船舶を通行させた[576]。これは海上流通を許容することで商業税を徴収し、地方財政に充てようとしたもので、19 世紀以後、海上流通の利益が相当なものだったことを示す事例であると言える[577]。このように守令すら、数千石の水田を耕作することによる利益や厳重な朝廷の禁令まで無視して浦口を復設するほどだったから、そうでない所でも資本を投資して浦口を設置する場合が多かったはずである。

浦口の設置は概して、「天成港口 便於船舶」(天然の港で船舶に便利) な地形に財力者が多くの経費を投資し、船舶が接岸できる施設とともに、旅閣等の建築物を造るというものであった[578]。浦口新設に莫大な経費を投資する層は大部分、浦口主人層だった。先に見た楡頭倉・下里の盤伊浦の朴元甫は浦主人で

あり、徳隠浦設置の時に出資した4人は浦口主人として官で認められていた。また「□洞竜淵 有一海港 即潮水出入無主空地也 成一家舎 謂之以船主人」という記事でも、浦口の設置者が船主人となっていることが分かる[579]。彼らは資本を浦口設置に投資することで浦口主人権を獲得し、この権利をもとに商業利潤を集積した。浦口主人層による浦口の設置は、積極的に船商層を誘引することで新しい流通市場を創出するという性格を持っていた。このように、浦口商業の発達にともなって浦口に対する多様な形態の投資が行われたが、これは浦口商業の発展をいっそう促進させた。

一方、新設の浦口が商品流通の中心地に変わると、自然と農村社会から流離した人々を収容することができるようになる。徳隠浦の場合のように、「無土失農者 或以担負為業 或以駄運資生」といった事例や、竜頭面・新成村に浦口が新設されると、恒産がない流離民たちが村を形成して産業が発達したという事例がそういう例であった[580]。

新設の浦口ではなく大浦口であった京江地域と恩津・江景浦では、このような性格がさらに著しかった。1808年、江景浦でも田地がない非常に困窮した民人が、北魚船が到着すれば北魚を売って利益を得るとか、あるいは北魚を運んでやって手間賃を受け取って暮していたが、このような部類が数百人に至るほどだった[581]。このように、浦口は富の増殖手段として財力家の投資対象になったのみならず、農村経済内部から流離した層を収容する商業都市の性格も帯びていた。新しい流通中心地として新設浦口が増加するという事実は、18世紀末から19世紀初にかけて地方場市が大型化されるという事実[582]とあいまって、朝鮮社会内部で場市と浦口を結ぶ有機的商品流通網が成立したことを意味するものであり、同時に新しい流通網の創出、すなわち商品流通市場の拡大を意味するものでもあった。

(2) 浦口間の商圏対立

18世紀以後、浦口が商品流通の拠点に変わるにつれて、隣りあう浦口の間では商船誘致をめぐって競争が起こった。これは、江景浦・元山浦・京江等の大浦口と周辺の小浦口間の商圏対立という形態を取りながら現れた。

江景浦は、17世紀後半から京江と双璧を成すほどに海上交通の中心地とし

て成長した大浦口だった。しかし宮房と船主人たちの江景浦に対する侵奪がひどくなると、江景浦周辺の咸悦・熊浦や臨陂の羅浦等の地域では江景浦に向かう船商たちを誘引しようとした[583]。このような様相は江景浦付近の小浦口でごく一般化されていた。熊浦・羅浦のほかにも韓山の新牙浦、舒川の杜茂峙、臨陂の西浦・鶏浦、沃溝の沙王浦等と[584]、礪山の羅岩浦でも江景浦に入って行く商船を誘引していた[585]。

江景浦以外の小浦口で江景浦に入って行く商船の誘致が可能だったということは、江景浦の市場圏が江景浦外郭地域に拡大され、江景浦を経由しなくても北魚等、船商が搬入する商品を流通させることができる体制が整えられたことを意味する。これは、18世紀にソウル商圏の拡大がソウル周辺の松坡・楼院等の商業拠点の創出につながって、市廛と対立する新しい商品流通体系が整えられたのと同じ脈絡であると言えよう。言い換えれば、江景浦に従属する形態で維持されていた周囲の小浦口の商圏が大きくなって、江景浦の市場圏と対立する流通圏が形成されたのである。このような19世紀の江景浦周辺の浦口の発達状況を見れば図1-4の通りである。

図1-4 江景浦周囲の浦口発達図

19世紀に展開された商船の誘致競争は、小浦口の成長という条件とともに、大浦口の過重な収税と、浦口主人層の横暴のために可能であった。船商たちは大浦口のこのような侵奪を避けて、周辺の小浦口に向かった。このように小浦口の商船誘致が活発になって江景浦が衰退するや、江景浦の船主人たちは他の浦口で江景浦に入ってくる船舶を誘引する者を処罰してくれることを条件に竜洞宮に服属したりもした[586]。権力機関に投托することで、小浦口の商船誘致を阻止しようとしたのである。しかしこれは成功しなかった。そのため江景浦の船主人層や竜洞宮の収税額は大幅に減少しただけでなく、商船の到泊も減って、浦口の人たちがいなくなる状況に至っていた[587]。このことは次の資料によく表れている。

  江景浦は一邑の大都会だ。単に一邑だけではなく、全羅道と国全体の都会でもある。すべての物貨が積まれているので、邑全体が頼っている。最近、米商船が集まるのが漸次少なくなって、村が静かになるのが日ごとにひどい。以前は興盛していたが、今は衰退した。……今年のような日照りに遭ったら、これがたとえ天が下した厄運と言っても、どうして人事が呼んだことではないのか。官属の侵漁が多く、住民の習俗がますます貧しくなった。だから富商大賈が大部分、ここを離れて引越しする計画を抱いていて、農舎漁戸が守られることができなくなった。世人たちは恩津は江景で支えると言うが、今はその言葉だけあって実利は全然ない所になってしまった[588]。

このように江景浦が相対的に衰退するようになった原因は、江景浦周辺の小浦口で活発に展開された商船誘致のためであった。

徳源の元山浦でも隣りあう浦口の間の商船誘致競争が現れていた。元山は東海岸の北魚集荷地であったが、19世紀には北魚船が元山浦に行かず、浪城津や鴨鴎津・高梯津に行って北魚を買い入れた[589]。これは徳源府の過度の収税のためであった。このように元山浦に行っていた北魚船商らが他の浦口に向かうようになると、収税権を喪失した徳源府では収税量の減少を理由に浪城津・鴨鴎津・高梯津等に出入する北魚船に対して収税を敢行しようとした。しかし

第 3 節　浦口間商品流通の様相と浦口商業の発達　163

浪城津が属していた安辺府では、もともと船税を賦課していなかった。そのため浦口同士の商船誘致競争は、浦口が位置する郡県の間に収税権をめぐる紛争を引き起こした。当然、安辺府では、「徳源府で隣の邑で収税することは不当であるだけでなく、浪城津に来る船舶がすべて元山船であるはずがない」と言って、これを拒否した[590]。19世紀に入って江景浦と同じく元山浦でも、官属や主人たちが収税量の過重のために、北魚船が元山よりは周囲の小浦口で北魚を買い入れていたのである。

　京江でもこのような商船誘致競争による商圏対立が発生した。もともと京江浦口は、各浦口の間に分業的な営業体制が形成され、互いに侵犯しなかったが、浦口商業の発達によって各浦口の間に競争的営業体制が発生した[591]。したがって京江でも各浦口の間で商船を誘致しようとする競争が熾烈に起った。京江各浦口の間だけでなく、京江が全国の海上流通の中心地に成長するにつれて、次第に漢江下流にも商業中心地が新たに生まれるようになった。これによって漢江下流である幸州江辺も商業で盛えたが、先に見た徳隠浦も幸州山城の近くにある浦口であった。そのため1864年頃には幸州近辺の有力者、林重培が江辺収税所を創設して、ここを行き交う商船や船舶に対して収税していた[592]。このように京江下流地域が商業的に繁栄するようになると、当然のように江景浦と同じく、京江に進入する船商を誘引する様相も現れた。こうした現象は、京江辺が各種無頼輩や権力機関に侵奪されることによって、いっそう促進されたものと思われる[593]。

　19世紀以後現れる浦口間の商船誘致競争は、大浦口と小浦口の間で主に起きたが、小浦口の間でも発生した。先に見た延安・盤伊浦の場合、浦口主人・朴義汝が盤伊浦ではなく葛仁里に浦口を設置して商船を引き入れたのも、このような事例であった。また牙山の白石浦と魯山浦の間でも商船誘致競争が起こった。魯山浦は先に見たように、もともと、商船の到泊が禁じられた浦口であったが、18世紀末に魯山県監の主導で商船誘致が許された後に、隣の浦口である白石浦と商船誘致競争を繰り広げたのである。1852年、魯山浦の浦口主人が白石浦に向かっていた船舶を中間で捉えようとしている途中、白石浦の主人に奪われると、この船舶を白石浦ではなく魯山浦に行っていた船舶だったと主張して、紛争が発生した[594]。

このような浦口間の商船誘致競争の主体は、多くの事例から分かるように、大部分浦口主人層だった。彼らは商船を自身の浦口に誘致して商品を流通させることで利益を得ようと、互いに対立したのである。このような主人層の商船誘致努力は、非常に積極的であった。次の資料は、そのような状況をよく示している。

　　　近来、小浦口の奸民輩が群れをなして敏速で小さな船舶を別に造って海口で待ってから（江に沿って―引用者）上ってくる船舶があれば、江を塞いで捕らえるが、船を奪うことと違うところがない。各処の商船が100隻あっても1隻も（江景浦に―引用者）到着することができない。だから船舶に頼って利益を得ていた10戸の中で1戸も残っていることができなくて、散り散りになってしまった[595]。

　すなわち、小浦口の主人たちは船商が江を上ってくる前からあらかじめ海口に出て、商船の誘致行為を行っていた。それほどに自身の商圏を拡大するのに積極的だったのである。
　このような小浦口を中心にした商船誘致競争は、朝鮮社会の商品貨幣経済がいかに成熟したのかを表す兆候だった。大浦口が地域間商品流通の中心としての機能をしたとすれば、小浦口は地域内商品流通の中心地としての機能を果たしたと見られる。小浦口の発展は、当時五日場として体系化された場市と有機的な連係網を形成することで、地域内市場圏の土台を構築することだったからである。このように最初は大浦口に従属していた小浦口が、大浦口の市場を蚕食しながら新たに成長したという事実は、地域内市場が十分に発展したことを反映するものであったと言えよう。
　地域内市場は、朝鮮後期以来の社会的分業の発展によって、市場向けの生産を追い求めた小商品生産者養成の土壌であった。言い換えれば、小浦口を中心とした地域内市場が地域間市場の中心である大浦口と互いに対立しながら発展したという事実は、朝鮮後期の商品貨幣経済が到達した水準が、次第に偶然的で季節的な価格差による商品流通を克服して、小商品生産者を自立できるようにする、すなわち商品の価値が価値通り実現する市場を志向していたことを意

味する。このような浦口商業の発展は、全国の海上流通の中心地であった京江地域の商業と商業勢力を成長させたもっとも基本的な土台であった。

註
434　朝鮮人の漂流についてはこれまで、日本と朝鮮の対外関係の側面に注目した研究が進められてきた。主要な研究は次の通りである。荒野泰典「近世日本の漂流民送還体制と東アジア」『歴史評論』400、1983；高橋公明「朝鮮外交秩序と東アジア海域の交流」『歴史学研究』573、1987；高橋公明「中世東亜細亜海域における海民と交流」『耽羅文化』8、1989；関周一「15世紀における朝鮮人漂流人送還体制の形成」『歴史学研究』617、1991；李薰「朝鮮後期対馬島の漂流民送還と対日関係」『国史館論叢』26、1991。

435　本書で利用した主な資料は、『同文彙考』漂民条と奎章閣所蔵『漂人領来謄録』（奎12956 7冊）、『漂人領来差倭謄録』（奎12954 12冊）、そして各種年代記と奎章閣所蔵漂流関係記事である。『同文彙考』漂民条の記録は主に17世紀後半から19世紀後半の間に活動した船人たちが、中国と日本または沖縄に漂流してから送還される時、これらの国と朝鮮の間に行き来した外交文書を集めた記録である。ここには対馬島主と清の礼部から朝鮮の礼曹に送った〈対馬島主出送漂民書〉と〈盛京礼部漂民出送咨〉があるが、漂流民に対する簡単な情報が入っている。『漂人領来（差倭）謄録』は、1641年から1751年まで朝鮮から日本に漂流した人を対馬島から領来差倭の護送で送還された記録を礼曹・典客司で謄録したものである。この記録には東莱府使が差倭をどのように接待したのかとともに、送還された朝鮮人漁夫・船商たちに対する詳しい審問記録が載せられている。これを根拠に、17世紀中盤から南海岸や東海岸で広げられた船舶を利用した商品流通の実際をある程度把握できる。

436　この資料に基づく詳細な分析は、高東煥「朝鮮後期の船商活動と浦口間商品流通の様相―漂流関係記録を中心に」『韓国文化』14、韓国文化研究所、1993を参照。

437　『漂人領来謄録』巻2、康熙12年（1673）。「姜以望 雖云出身 而興販往来 則可知其卑微 矣身木花貿来次」

438　同上書 巻1、辛未（1691）。「幼学 金南杓 年五十六……矣徒等 皆是珍島郡東面義信村居生為如可 当此大無之年 生理為難 尽売家蔵 或持正木 或持鍮器 上年七月初六日 自本郡離発 同月十一日 到泊霊岩境 秋子島 貿穀一百四十石 同年八月初四日 還帰本土為白如可」

439　『同文彙考』元編 続 嘉慶6年（1801）正月29日。「李東柱 自写供詞 小的年三十三歳 是朝鮮国慶尚道南海県河平里的人 家有伯仲兄無父母妻子 因家貧 於今年閏四月間 雇給同村住的許大突 販麻布船上揺櫓 毎月給工銭六弔 開船後 行之大海中洋 忽被大風 将船碇壊」

一方、1788年、禹禎圭は『経済野言』で、嶺南の漕運を廃止し京江船で賃運すべきことを主張しながら、格軍に毎月米12斗を朔料として支給することを提案している（『経済野言』嶺南漕運変通之策）。『同文彙考』にある弔は1,000銭（分）を表すので、格軍の賃金は毎月60両になる。しかしこうした額数は当時の通念上、あまりに巨額で、現実性がない。『同文彙考』は漂流した朝鮮人を中国で審問した記録であるので、朝鮮人が6両と言ったのを6弔と記録したものと思われる。また18世紀末の米価を1石当たり5両と計算すれば、京江船格軍の月当たりの賃金は4両程度であった。これから見ると、格軍の月賃金は大略4〜6両の水準であったことが分かる。

440　『漂人領来謄録』巻9、康熙61年（1722）壬寅5月28日。「船主 安時奉 格軍 崔分石 丁泰重 崔竹来 矣徒四名等段 俱是本府沙川村居民是白遣 姜出立 矣身段本以全羅道左水営居生之人 乞食転到於沙川 依接於金再重家為白在果 矣徒等持船隻 受価資生」

441　『左捕庁謄録』（奎15145）巻14、丙寅（1866）7月18日。「異様船潜通罪人 安春得 張致京 李斗成 三漢 為本府捕校 姜慶範所執捉 行止極渉殊常……安春得 矣身段 本以水原北面古索村胎生 早失怙恃 流入長湍東坡地 為人船格 或以漁業資生……張致京 矣身段 本以旧豊徳居生之漢 早失父母 流寓於長湍東坡酒店家 冬則傭賃生涯 夏則漁業資活矣……李斗成 矣身段 以長湍東坡地居生漢 或使撥馬或為船漢 寄食於矣身三寸家是白加尼」

442　鄭奭鍾「朝鮮後期身分制の崩壊—蔚山府戸籍台帳を中心に」『19世紀の韓国社会』大東文化研究院、1972。

443　船主でありながら自身が直接船を使う船人として「船商活動」をする者以外にも、貨物運送だけを専門にする「貰卜為業者」、船主として船商たちに船を貸して賃貸料を受け取る「船舶賃貸業者」、そして船を賃借し船人を雇傭して船商活動をする「以船商為業者」、さらに小型船舶を持って直接漁採をしてこれを近隣の浦口で販売する「以船為業者」などがあった。このほかにも、自身は船に乗らないで船人を雇傭し商品流通に参与する物主商人もあった。

444　『漂人領来謄録』巻2、癸丑（1673）12月12日。「姜以望……矣身木花貿得次 以与同郡人 沙工私奴有落 閑良金廷漢 私奴漢生……各持租石 去九月初六日 進去于巨済地 同月十九日 回還為乎矣……出来之時 円木 二百八十斤 中匣枝 三百二十八櫃、小竹竹 七百介段 沙格女人并十四人処 都給為乎旀 矣身段 小烟竹 一百五十介 汝紙 二百張 円木 一百六十五斤 焼酒湯器 五坐、小盤 二竹、酒一桶、簟古 一斗五升 菁根 二十斤等物 出身喪人是如 別為覓給為有斉 漂風時 船中所載 各人等雑物段 都合租十一石零 木花五百余斤是如乎」

445　『漂人領来謄録』巻4、乙亥（1695）3月23日。「矣徒等 皆是全羅道興陽県大西面南塘里居生之人 以明太貿得次以 中船一隻良中 本銭穀物載之 矣徒十一名同騎

第 3 節　浦口間商品流通の様相と浦口商業の発達　167

上年三月二十三日発船 同年閏五月二十日 到于江原道杆城 地貿得明太後 同年十月二十三日 回来是白如可 同年十一月十三日 午時量 到于蔚山地 猝遇狂風漂流」

446　『漂人領来謄録』巻3、辛巳（1701）5月13日。「矣徒等設置 以全羅道長興府居民興利資生為白如乎 貿魚次 本銭正租 六十石 同里居 鄭善伊船隻良中装載 上年十二月初五日 転向慶尚道興海地 青魚貿得 今年正月初五日 還向本土為白如可及到長鬐境浹西里前洋 猝遇悪風 臨風漂流」

447　『同文彙考』附篇続乾隆43年（1778）。「難民 姜賢雄等 十三名 俱係朝鮮国全羅道霊岩邑人 駕船在本国 捕採烏魚 旋即売買 布匹等貨 使船回霊岩 被風多損船隻」

448　『漂人領来謄録』巻1、己亥（1659）11月初6日。「海辺之人 以船為家 故毎当漁採之時 例為挙族出海是如為白在果」

449　漂流民資料の大部分は、漁夫でありながら販売者でもある漁採船に関するものである。しかしこれらに基づいて商品流通の状況を分析することは大きな意味がないので、本書では分析しなかった。

450　『漂人領来謄録』巻3、壬午（1702）7月29日。「矣徒等 俱是全羅道霊岩郡 北平終面 所安島居生 海夫漁採為業者為白如乎 貿魚次 本銭正租十八石載船是白遣今年正月二十二日 矣徒六名 同騎発船 二月初二日 直到巨済地 仍向加徳島為白如乎 及到半洋 猝遇悪風 不能制船」

451　『漂人領来謄録』巻1、丙寅（1686）4月26日。「固城敗船 格軍私奴成信等七名段皆是興利為業者為如乎 租三十石 同里居李興建所持船隻良中賃載 上年十一月初二日 下海進去 全羅道興陽地 貿塩八十二石 回還為如可 同月十八日 到順川境 猝遇悪風 所載塩石 尽為投海 漂流」

452　『漂人領来謄録』巻11、戊申（1728）6月初7日。「迎日居 沙工 崔先伊等 八名……矣徒等 俱是興販為業為白如乎 戸曹属船主 迎日釜山村居 李世山船隻借騎 明太魚貿来次 持銭木一同二十二匹 上年九月十三日 卯時 自住須浦発船 到于咸鏡道利城地 明太魚六十同貿載 今年正月初二日 自其処離発 回向本土是白如可」

453　『漂人領来謄録』巻11、辛亥（1731）5月初9日。「矣徒沙格 并十名中八名段 居在江原道高城地 二名段咸鏡道慶興地居生之人 興利次為業為白如乎 慶興居金鼎績 車万共 矣徒両人段 以物主本銭佩之 来到北青地 貿得明太魚 与雑色魚物 装載於高城居船主 尹正民船隻是遣 沙格物主并十名 同騎一船 上年十二月二十二日 自北青楡津発船将向慶尚道矣 同月二十四日到蔚珍 二十八日巳時 自本県竹島前洋発船為白如可 猝遇狂風 不能制船」

454　『同文彙考』附篇 甲辰（1784）。「京畿道陽城居民十名 船行歴諸処 以至慶尚道漆原地 四名則以有幹留之漆原 而雇其所居民四名載穀物 到江原道平海 回船之際同道蔚珍居民一名亦同載 一船共十一名 去年十二月下旬発平海 二十七日 俄遭悪風漂流」

455　『金等状啓』（奎18125）光緒12年（1886）。「漂民船主 崔化景所告内 矣等十名

以慶尚道盈徳県中南面新江口居民……作為沙格 貫卜為業 北魚貿取次 物主 金仁九 銭一千三百両 糧米器容并載 去年十月初八日 自本土発船 十一月初六日 到咸鏡道 北青府新浦 北魚三十駄 給価一千二百両貿載 慶尚道迎日浦項地 発売次」

456　農商工部水産局『韓国水産誌』1冊、1908、228-229頁。

457　同上書、1冊、254頁。

458　1903年、新浦で1駄（2,000匹）が14円25銭であったスケトウダラが咸興では卸売価格19ウォン50銭、小売価格22ウォン50銭であった。出買船は漁獲地域と販売地域を連結しながら多くの利益を得ていたのである（同上書、1冊、221頁）。

459　『金等状啓』光緒12年（1886）正月22日。「漂民船主 魏大栄所告内 矣徒九名 以江原道三陟府遠徳面芙湖里居民 矣身所持均庁属二把杉船良中 作為沙格 貫卜為業矣物 主鄭淳瑞所貿甘藿 七百同 慶尚道泗川地発売次 定貫価一百十両 糧米器用并載 去年十二月初七日早朝 自本土発船 同日夕時量 到平海揮羅浦外洋 西北風大作 船具傷損 漂蕩大洋 卜物投海 出没死生」

460　『鄭等辺報謄録』（奎18106）巻2、乙未（1895）2月初3日。「金周瑞所告内 矣身以慶尚道東莱府沙下面平林里居民 以商為業矣 銭四百両 載持於文順実船隻 蔚山塩浦至貿次 定貫価八十両同騎 去年十二月二十一日 自本土発船 同日到左水営境海外洋 逢風漂流事」

461　『漂人領来謄録』巻3、丁巳（1677）3月27日。「沙工金海人李鉄伊年四十二 格軍梁好白 年三十七 徳民年四十一 梁山人私奴丑生……矣徒等 備船為業為白如乎上年九月二十五日 釜山居金納上称名人処 正木五定受価後 其矣甕及家材木輸運入釜山 而且有運塩事 進去機張県為白如可 上年十月初二日 猝遇狂風 漂流」

462　『同文彙考』附篇 己酉（1790）。「咸鏡道徳源居民九名 一船為賃漕之利 去年五月初八日 離発本土往来於諸処 留碇於慶尚道延日 尋復欲赴同道蔚山運載穀物 既到同道長鬐 以十二月二十八日 自長鬐進翌日 将及蔚山浦口 西風迅急騰波猝怒不能制船」；のような本附篇 丙戌（1796）。「江原道三陟居民十一名 為賃漕之利 去年十月上旬 開船本土往于同道平海 運載乾魚若干 又添居民二名 一船為十三名 同月下旬 到慶尚道寧海 十一月朔日 自寧海離発之際 西風暴起 船械忽損 卜物投水 一任流蕩」

463　『備辺司謄録』206冊、純祖17年11月11日、66頁。「地土船 則皆是艍舫小艇 無以駕海」

464　『鄭等辺報謄録』（奎18106）巻2、乙未（1895）2月初8日。「漂民船主閑良金千寿所告内 矣徒八名 倶以慶尚道東莱府沙下面瀛仙洞居民矣身所持均庁属 三把杉船良中 作為沙格 船業資生 江原道三陟至貫卜輸運次 糧米一石 銭五十両 器用并載 去年八月二十七日 早朝 自本土発船 十月初十日 到江原道蔚珍竹峰浦 留連十五日 離発向往三陟 到中洋逢風 不能制船」

465　『鄭等辺報謄録』巻2、乙未（1895）2月初3日。「漂民船主 文順実所告内 矣徒

七名 倶以京畿道仁川府済物浦居民 矣身所持 均庁属 三把半杉船良中 作為沙格船業資生矣 慶尚道東莱釜山港至貫卜輸運次 糧米二石 器用并載 去年十一月十三日 自本浦発船 十二月初十日 到東莱平林浦 多日留連 同里居金周瑞銭四百両載持 蔚山塩浦至 貿塩次 定貫価 八十両 糧米一石并載 二十一日 申時発船 二十三日 到東莱左水営境海外洋 西北風大作 不能制船」

466 『鄭等辺報謄録』巻2、乙未（1895）2月初8日。「趙良訓所告内 矣徒八名 倶以京畿道仁川府北同面車慕里居民 矣身所持 均庁属 三把半杉船良中 作為沙格 船業資生矣 江原道至貫卜輸運次 糧米二石 器用并載 去年七月二十一日 自本浦発船次次転進 十月十七日 到江原道蔚珍 竹峰外洋逢大風」

467 註461参照。

468 註459参照。

469 註460参照。

470 『同文彙考』附篇 己未（1679）。「全羅道康津之船 輸土物於京師 而将帰旧里 十一月二十八日 中流猝遇黒泛浪之中……所乗之人 四十一口 其中或曰落榜而帰者 或曰以射芸登科者 或商或農 各説其情 聞之不敢慘惻」

471 『同文彙考』附篇 続 辛卯（1831）。「東莱居民十一名為経商 故行于同道蔚山借船隻 載米穀 去年六月十七日 離発到咸鏡道北青 発売之後 貿載乾魚 七月上浣発船到景尚道寧海地 売其乾魚 以十一月中浣 発向本土 猝遇大風 勢不能支 漂洋連日」

472 『漂人領来謄録』巻2、丙子（1696）8月初10日。「矣身船隻乙 釜山面居 開雲浦鎮撫 劉業失 自上年十一月至今年二月為限 捧貫銀三両五銭 許給矣 已満定限乙仍于 今年二月晦日 由陸路進往釜山面 同船隻推尋 仍為乗騎 及到左水営前洋猝遇狂風 不能制船」

473 『英祖実録』巻73、英祖27年2月丁丑、394頁。

474 高東煥「朝鮮後期交通の発達と全国的市場圏の形成」『文化歴史地理』8、1996。

475 地域間の商品流通状況を分析するに際して前提しておくべきことは、これら漂流民資料が包括する地域の限定性という問題である。この附表には全部で366個の事例が含まれているが、大部分が日本に漂流したもので、中国に漂流した事例は22個に過ぎない。したがって東海岸と南海岸の船商活動には詳しいが、西海岸の活動は正しく把握しにくい。西海岸の船商活動は他の資料を通じて把握しなければならないであろう。

476 『択里志』卜居総論 生理。「舟商出入 必以江海相通処 管利脱賃……故全羅則羅州之栄山江 霊光之法聖浦 全州之沙灘 水雖短 皆以其通潮而聚商船」

477 この地図は、『嶺南沿海形便図』と『湖南沿海形便図』を合した水路図で、嶺南は寧海から河東まで、湖南は光陽から竜安までが描かれた地図である。この地図は沿海地域の浦口と水路を描いた地図の部分と、各郡県の船泊処と各浦口の収容可能な船舶隻数、および附近の烽燧等を記録した部分に区分される。この記録に

は台風などに備えるために各浦口で忌避される風向きも記録している。地図に対する説明は、李燦『韓国の古地図』(汎友社、1991)、384-385頁参照。
478 『湖南沿海形便図』康津。( )の隻数は収容可能な船舶数を表示したものである。
479 『各廛記事』人、丙寅(1806)8月 日。「金奉哲招内 矣身全羅道康津人 藿商為業六月良中 貿藿六十七貼 到泊于新高介浦口 而千宗万為主人 使之発売 通于京廛人売買云」
480 註476参照。
481 『度支志』外篇、版籍司 漕転 廃漕倉。
482 『増補文献備考』巻35、輿地考 関防 海防。
483 『輿地図書』全羅道 羅州 山川条。
484 『湖南沿海形便図』順天。
485 註476参照。
486 『湖南沿海形便図』霊光。
487 『内需司庄土文績』(奎19307)巻1、〈訓示 沙村里 竜山 三湖 東湖 孔徳里 玄湖 西湖等 三所任及旅閣主人等処〉。「東湖(豆毛浦—引用者)平壌主人、霊光主人、末灘主人、白川主人、京旅閣」
488 『湖南沿海形便図』霊岩。
489 『嶺湖南沿海形便図』長興。
490 同上書、海南。
491 『増補文献備考』巻35、輿地考 関防 海防。
492 申景濬『道路攷』済州海路。
493 『林園経済志』倪圭志巻3、貨殖八域物産。「済州饒薬物橘柚 若緊材文木 山多鹿 蓋海魚所化也 取皮取茸 皆価重 養馬為国牧淵藪歳貢許多 済民亦富畜 私市遍於国中 又多畜牛 人皆饒肉 土脈浮浅 必駆牧踏実然後方稼蓋牛黄馬髪 最為軽貨 綿布価貴 畜犬衣其皮 道内多竹田 貢杠竹箭竹及扇竹 守宰造扇 饋朝貴知旧厥費不些 民受其弊 東俗必戴広簷竹笠 織竹為簷」
494 『備辺司謄録』154冊、英祖46年6月1日、961頁。「本道(済州—引用者)事情雖有朝家移粟之挙 若無私商貿遷之路 則災年絶海生穀無路……雖以常年言之 一島之民 全頼於私商穀物 此時私卜之添載 事難一切厳禁矣」
495 『備辺司謄録』182冊、正祖18年11月24日、319頁。
496 『羅里浦改節目』(奎4559)英祖21年(1745)。
497 1770年、済州船人の夫次吉ら7人が中国に漂流した時、彼らは全羅道康津県の人と偽装したし(同上書154冊、英祖46年6月21日、968-970頁、〈済州漂還人問情別単〉)、1706年、日本に漂流した済州船人7人は日本で康津人と偽り自白して、『同文彙考』には康津人と記録されているが、東莱に送還された後、朝鮮の官員に調査を受けた記録である『漂人領来謄録』では済州人と記録されている(『漂人領

第 3 節　浦口間商品流通の様相と浦口商業の発達　171

来謄録』巻 5、康熙 45 年（1706）6 月 20 日）。
498　『漂人領来謄録』巻 18、戊午（1738）6 月 29 日。「沙工 李万雄言内 矣徒等本以
　　済州土民 漂泊彼地 而似聞倭人等 忌憚済州人 故果以羅州境内 栄山浦人換称是如
　　為乎等以……栄山浦民換称事段 俗語倭人若逢済州人 則輒皆他殺云 故果以飾辞言
　　及為白乎旀」
499　『備辺司謄録』154 冊、英祖 46 年 6 月 21 日、968-970 頁、〈済州漂還人問情別単〉。
　　「済州二字 本諱於大国云 故以朝鮮国全羅道康津県居民 漂風辞縁書納 則更無所問」
500　『万機要覧』財用篇 6、諸倉 浦項倉。
501　『嶺湖南沿海形便図』巨済。
502　『増補文献備考』巻 35、輿地考 関防 海防。
503　『嶺湖南沿海形便図』固城。
504　『増補文献備考』巻 35、輿地考 関防 海防。
505　『嶺湖南沿海形便図』機張。
506　『林園経済誌』倪圭志、巻 2、貨殖 貿遷。「大抵国中諸水 漢水最大……其次則江
　　景津……其次則金海七星浦……三処為船利之最」；『択里志』卜居総論 生理。「舟
　　商出入 必以江海相通処 管利脱貫 故慶尚則洛江入海処為金海七星浦」
507　金海は当時、洛東江河口の鳴旨島で生産される官塩流通の中心地だった。この
　　塩は洛東江水運に従って慶尚道内陸地域に流通されたが、その流通の中心地がす
　　なわち金海・七星浦であった。鳴旨島の塩生産については、姜萬吉「朝鮮時代公
　　塩制度考―鳴旨島塩場を中心に」（『史学志』1、1970）が参考になる。
508　『嶺湖南沿海形便図』東萊。
509　『典律通補』刑典 禁制。「倭館朝市 各営邑及私商船運米売買者（細註 - 各衙門
　　私以公貨 訓別処成送公文者 切禁）倭人齎来雑物 浦口潜商者（細註 - 知џ通事同
　　罪）并杖百徒三」；『備辺司謄録』104 冊、英祖 14 年 7 月 12 日、662 頁。「嶺南沿
　　海地方詐称漁採 乗小船中流 或有漂倭来泊 則与之潜商 亦多其弊」
510　『万機要覧』軍政篇 4、海防。
511　『嶺湖南沿海形便図』蔚山。
512　『道路攷』海路。
513　『林園経済志』倪圭志巻 3、貨殖 八域物産。「蔚山長鬐之間産青魚 青魚先見於北
　　道 循江原東辺 仲冬始産於此 漸南漸細 漁商遠輸京師 必及冬至之前 則可以貴」
514　『嶺湖南沿海形便図』熊川。
515　『嶺湖南沿海形便図』昌原。
516　『内需司庄土文績』（奎 19307）15 冊。「各処商賈中 自北道貿来北魚 下陸於昌原
　　等処是如可 更為移載於本浦（江景浦―引用者）者 勿論南北船是遣……八道船隻
　　中 自相買得於昌原等処 来泊於本浦権売 此所謂自販」
517　『林園経済志』相宅志巻 2、八域名基 八域総論。「関北……山饒貂蔘 民人貂蔘換

貿南商之綿布 然非富厚者 不能得也」;『各塵記事』地、辛未（1691）2月　日。「東北元無木綿 故魚商之所貿去 尽是木疋与衣也」

518　『備辺司謄録』124冊、英祖28年1月6日、241頁。「北道在於一隅孤絶処 若遇凶荒則隣道比境穀物 無貿遷相資之道 惟有泛海運粟一路」

519　『備辺司謄録』182冊、正祖18年11月17日、302頁。「関北之民 毎当歉歳 既無以穀資活之道 則必以馬興布南米転換」

520　『万機要覧』財用篇6、諸倉 浦項倉。

521　『備辺司謄録』127冊、英祖30年8月23日、518頁、〈咸鏡道吉州以北各邑交済倉節目〉。

522　『万機要覧』財用篇6、諸倉 交済倉。

523　『林園経済志』相宅志巻2、八域名基 八域総論。「関北……元山村 浦民聚居以漁採為業 而海道東北通六鎮 六鎮及沿海諸邑商船 皆維泊於此 凡魚塩海菜細布軽鬆貂蔘楛梯之材 皆於此之出売 故商賈委集 物貨委積為大都会 民多富厚」

524　『承政院日記』800冊、英祖11年閏4月18日、680頁。「咸鏡監司 李箕鎮 上疏曰……蓋本道異於他道 勿論公私卜水陸運 雖係法典所載 守令祭駄之属 自防護所 一切捜検而後送之 水之元山津 陸之草原谷口両駅 乃其設防最要処 而禁物被捉 則属公 即法例然也 自有此営以来 至今所遵行者 而特以人不畏法 犯禁者衆公不勝私見発者鮮矣」

525　『備辺司謄録』120冊、英祖25年10月22日、976頁。「徳源元山 処於海浜 生理甚饒 民居櫛比 殆如京江之三江」

526　西海岸は海上流通が活発だった地域であるが、漂流関係資料の不足のため郡県別の分析が不可能である。

527　江景浦の商品流通構造については、李栄昊「恩津江景浦の商品流通構造」『韓国史論』15、1986、参照。

528　『林園経済志』相宅志巻2、八域名基 名基条開。「市津浦……商船所集 連艫接木危 人物雑沓為互市 故名市津」

529　上と同じ条。「鎮浦……舒川郡南二十六里即海浦也 自林川古多津至舒川浦 通謂之鎮浦……居於江海間 舟楫之利 可堪漢陽之江」

530　上と同じ条。「貢税倉村……地既饒魚塩又以漕倉之故 人民稠而商賈至多富厚之家」

531　『備辺司謄録』90冊、英祖7年11月22日、172-173頁。

532　『備辺司謄録』118冊、英祖23年11月8日、818頁。「京畿秋収米之陸運自納 自是旧規 似可許施 而年前水原等邑 変通船運」

533　これについては本書第1章第2節「2.海上交通の発達」参照。

534　京江船商の活動については本書第3章第2節「3.京江船商の活動と成長」参照。

535　『択里志』卜居総論 生理。「舟商出入 必以江海相通処 管利脱貰 故慶尚則洛江入

第 3 節　浦口間商品流通の様相と浦口商業の発達　173

　　海処為金海七星浦……全羅則羅州之栄山江 霊光之法聖浦 興徳之沙津浦 全州之沙
　　灘 水雖短 皆以其通潮而聚商船 忠清則……惟恩津江景一村 居忠全両道陸海之間 為
　　錦南野中一大都会 海夫峡戸 皆於此出物交易」
536　註 506 参照。
537　註 523 参照。
538　『嘉林報草』5 月初 4 日報巡営（『各司謄録』10 冊、忠清道巻 5、565 頁）。「韓山
　　円山浦居 常人 十一人及 両班二人……興販次 昨日良中 青魚 四十余同及銭文五十
　　両 満載船隻 同騎向往江景場市是如可 到本郡大同面隣津前洋 為竹網所触 同船隻
　　仍為覆破」
539　『漂人領来謄録』巻 2、康熙 3 年（1664）4 月 16 日。
540　同上書、巻 2、康熙 35 年（1696）正月 12 日。
541　同上書、巻 5、康熙 46 年（1707）閏 3 月 22 日。
542　『同文彙考』元篇、乾隆 6 年（1741）。
543　李世永「18、19 世紀穀物市場の形成と流通構造の変動」『韓国史論』9、1983、
　　219-239 頁。
544　『漂人領来謄録』巻 4、康熙 33 年（1694）閏 5 月初 8 日。
545　『左捕庁謄録』巻 14、己巳（1869）7 月 25 日。
546　同上書、巻 9、辛未（1871）11 月　日。
547　『備辺司謄録』199 冊、純祖 9 年 6 月 12 日、78 頁。「近来民習漸就巧濫 雖以郷
　　民言之 若見秋事之将歉 則不待豊凶之已判 凡富民之綽有余粟者 富商之潜自畜穀
　　者 一見両暘之 少或失時 則把作射利之好機 必為船輸馬載 転于他道他境 以為乗時
　　刁騰之計」
548　洪嘉裕『朝鮮商業史（古代・中世）』科学百科事典総合出版社、1989、193-198 頁。
549　李憲昶は、開港以後、開港場を経由する国内分業に立脚した遠隔地商品流通圏
　　を慶尚道の綿布・米穀などと咸鏡道のスケトウダラ・麻布などが交換される東海
　　岸流通圏、そして全羅・忠清・黄海等の地の米穀・苧麻布・綿布などがソウル市
　　場に移入されることを基軸とする西海岸流通圏と大きく分けて、この流通圏は『択
　　里志』段階ですでに形成されていたと述べている（李憲昶「開港期の市場構造と
　　その変化に関する研究」ソウル大博士学位論文、1990、153-154 頁参照）。しかし
　　朝鮮後期の浦口流通圏は 2 大遠隔地流通圏よりもさらに細分することができると
　　考えられる。
550　朴広成「宮房田の研究」『仁川教大論文集』6、1970；朴準成「17、18 世紀 宮房
　　田の拡大と所有形態の変化」『韓国史論』11、1984。
551　『備辺司謄録』73 冊、粛宗 46 年 3 月 15 日、263 頁。「所謂大浦里……浦民之所
　　以資生者 不過漁艇数十隻……而常時則保護戦器 有事則以備船卒」
552　『増補文献備考』巻 34、輿地考 関防 海防。

553 『延安甑山浦監官節目』(奎 18930)。「延安甑山浦客店監官 即徐景九之十三代祖 創始設港者也 所在軍物与軍器 世世守儲 永襲監官 至於数三百年之久」

554 註 551 に同じ。

555 『湖西大同事目』。

556 『秋官志』漕転事目 粛宗 20 年 (1694)。

557 高東煥「18,19 世紀外方浦口の商品流通の発達」『韓国史論』13、1985、240 頁。

558 『道光十二年竜洞宮所属黄海道金川所在江陰七浦各種収税節目』(奎 18343 の 4)。「金川所在江陰七浦……創設之初 故船人魚塩両種 定監官収税上納 而其外各種未及定税者 即為浦民奠接之意也……自本宮有此定税之挙 非徒為恤民之広捧京郷息鬧之方……定税物種；大米 小米 雑穀 花梨錢草 雑卜」

559 『備辺司謄録』250 冊、哲宗 14 年正月 12 日、9 頁。「浦口収税者初非魚塩船税之見漏原案 乃是各項物種之随載責税 皆是畳税」

560 19 世紀浦口収税の類型については、李栄昊「19 世紀浦口収税の類型と浦口流通の性格」『韓国学報』41、1985 を参照。

561 『備辺司謄録』205 冊、純祖 16 年 12 月 21 日、6 頁。

562 『内需司庄土文績』(奎 19037)巻 15、竜洞宮手本。「忠清道恩津県所在江景浦北魚船収税処 即於義宮折受之地 而壬午 (1822) 十二月分 因下教移属本宮後 定監官収税 毎年七月内 税銭一千四百三十両式備納矣 咸豊七年 (1857) 六月　日」

563 『碧録』(奎 古 4250-93) 巻 5。「黄海道暗行御史 沈敦永別単 則其一沿海各邑 毎年唐船要取海利 出没各浦 甚至於物貨売買 有無相資 無異交市……庚子 (1840)」

564 『要考』(奎 古 5125-49) 巻 1。「金浦之地 当海山之交 居両湖之樞 人物之所都会 貨財之所委輸於此焉」

565 『備辺司謄録』243 冊、哲宗 7 年 3 月 5 日、869 頁。「環浿江幾十洲居民 多以商船為業 而箕海両道交界 黄州鉄島地 忽自昨秋 因順和宮牌旨 創出無前之税……商賈無以湊集 物貨無望貿遷 収税一款 函令革罷為辞矣」

566 『咸豊十一年辛酉八月　日所属 全羅道光陽県玉谷面太仁島海衣及津下面船所鎮浦市収税冊』(奎 18288 の 22)。

567 『錦営啓録』(奎 15092) 巻 7、乙亥 (1875) 12 月 13 日。「物種都買 是所謂権利也挽近以来 毋論陸海所産 挙皆中間操縦……以此意行関八道四部各場市各浦口都買名色 函令革罷」

568 浦口で流通される物量も場市よりずっと大きい規模であったと推測される。このことは、開港以後に調査された資料であるが、『平壌府十三府所産及各項条成冊』(奎 19458) の三和郡・甑南浦の収税額が三和郡の場市の 2 倍に達していることからも推測できる。

569 『江華府所管魚塩船漁網及各処収税革罷与仍存成冊』(奎 15139)。「本府属信島前洋及永宗三木里 竜遊島旺山里等地 漁船及漁基税銭 通津幼学 韓驤錫家 立案収

第3節　浦口間商品流通の様相と浦口商業の発達　175

捧 而年条雖遠 立案回録云 則未知創在何年 創雖久年 係是私税 永為革罷」

570　『内需司庄土文績』（奎19307）巻20。「徳隠浦主人 朴義栄 金士徳 方致奎 梁泰華……汝矣身 多年経紀 積費心力 克成浦事乙仍于……伝子伝孫 私自売買 一依貢物主人例 施行向事」

571　『忠清道庄土文績』（奎19300）巻20、牙山県立案。「右立案成給事 即接本県居李生員宅奴次得所告内 矣上典宅 買得本県二西面浦桟浦筏於本県権徳山宅奴明哲 而其境界 則南自本県薪門 右冬音 左仁門 中至中坪 右大角 左薪坪 下至永雄海」この資料は浦口を設置する時に官が発給した立案ではなく、浦口主人権を売買する時に官庁で売買事実を証明するために発給した立案で、浦口の境界が明示されている。このことから推測して、浦口を設置して官庁から立案を発給される時も、このように四標が規定されことが分かる。

572　『黄海道庄土文績』（奎19303）巻2。「昨年秋 朴元甫 忽生不測之心 使渠之弟義汝 無名色無文巻旅閣 新設於盤伊□倉 両浦之間 渠之兄弟 做作壮胆之説 他面他里 如是設浦之事 何人是非云是乎乃 自盤浦至葛仁里 相距十五里 □倉浦則不過三里咽喉之地也 朴哥入於該郡新渓谷山兎山 各処商賈 称以四十余年親旧 誘引渠家 其兄元甫 居在府内 中間指揮商賈 拘於人情 不得已牽往者 十分九」

573　徳隠浦の位置は本書第2章第1節「2.京江商業地域の拡大」の「図2-1　朝鮮後期の京江区域図」参照。

574　『徳隠浦新設節目』（奎18343の8）。「右節目為永久遵行事 今此徳隠浦 天成港口 便於船舶 設浦之論 厥惟久矣 今幸有財力之民 多年経紀積費心力 鳩材築室 募集船人 収斂鉅財 散給商本 呈営呈邑 成出節目 使各処船商之来往本浦者 還餉身役及諸般烟役 一并勿侵 則遠近船商 聞風来集 皆欲出於是浦 洞民有無土失農者 或以担負為業 或以駄運資生 視若楽土 儼成聚落……己丑（1829）十一月　日」

575　『咸豊十一年辛酉八月　日所属 全羅道光陽県玉谷面太仁島海衣及 津下面船所鎮浦市収税冊』（奎18288の22）。「本県海倉廃業之廃閣 厥惟久矣 事当復設旧址 而以其浅灘 舟楫莫通 勢不可擬議是矣 境内津下面 船所鎮 処在嶺湖要衝浜海 而商舶不無関由沿陸而旅行 足可来集 其形便之周宜 正是開是設浦之地」

576　『承政院日記』1912冊、純祖6年5月25日、647頁。「至若魯城之魯山浦 奥自国初 禁其通船之路 故本県漕倉 設置於隣邑石城之地 雖莫重船船 不得来泊 是以石城恩津両邑 各有一大坪而接於魯山浦者 両邑之民 築洑於浦口 灌漑於両坪 其所蒙利者 殆之屢千石畓 而為衆民厚生之本矣 近時魯城県監 謂有所妨於如干私船之来泊 使之毀洑通船 以致両邑衆民之失業 其所云私船往来 不過一浦村些少之利 而両邑失耕者 乃至於屢万余民之呼怨 漕船既不得来泊 則私船烏可以相通乎 此事理解 而登於年前繡啓 而姑未更築 農民嗷嗷 此亦朝禁不能行之致也」

577　註576の資料にあるように、暗行御史の書啓と上疏によって魯山浦の商船碇泊を停止せよという措置が取られたが守られなかった。魯山浦は註594から分かる

ように1852年に隣り合う牙山・白石浦と商船の誘致競争をする浦口に成長した。
578 　註574の『徳隠浦新設節目』参照。註572の盤伊浦新設においても、「無名色無文巻旅閣」の新設を設浦と表現している。
579 　奎章閣古文書（以下、「奎古文」と略す）125065 立案。
580 　『竜頭面新成村民倉完減節目』（奎 経古 362.4Y.8）。「嘉慶十二年（1807）五月……竜頭面民人 丁漢国 李東信等 昨秋呈状内以為 矣等所居之村 即是新設浦口 而就利蝟集之類 雖曰無恒産 村様已成 産業稍厚」
581 　『忠清水営関牒』（奎 15122）巻1、戊辰（1808）4月27日。「浦民数百名 連日等訴内 矣等倶以無田土至窮之類 若値北魚船之来到 則或為売給取剰 或為曳引受価 以為頼活之資矣」
582 　韓相権「18世紀末、19世紀初の場市発達に関する基礎研究―慶尚道地方を中心に」『韓国史論』7、1981。
583 　『竜洞宮謄録』（奎 19573）乙丑（1865）10月25日、全羅監営営吏処。「挽近以来咸悦熊浦 臨陂羅浦等処 無頼射利輩 不顧判下所重 景浦入去北魚船 中間勒執私自卸下 恣意売買 不為納税 以致莫重上納 欠縮之境」
584 　『内需司庄土文績』（奎 19307）巻7、竜洞宮手本 道光20年（1820）正月 刑房。「下浦捉船之漢 則韓山新牙店元道一 舒川杜茂峙宋啓弘 全羅道臨陂西浦金兄謙鶏浦 韓聖挙 沃溝沙王浦李福哲等 各自本道厳刑定配……以杜其弊 以完宮納 使浦民船商 得以安堵之地事」
585 　『要考』（奎 古 5125-49）己亥（1839）春、〈礪山羅岩横執商船故論報〉。
586 　『竜洞宮納恩津県江景浦下陸物種出浦物種定税完文』（奎 25134）。「近因下陸西浦或之中間突出横執来船之故 景浦諸民 幾至渙散 自本宮手本 啓下於備局行会本道 与完営 文移往復 使本道執船之漢直捉来 先囚後論報 巡営文移諸邑事 先文定式 而為先五六漢犯科者 至於配 今無如前執船之弊 在邑非但除弊 該浦則大蒙稟決 至復旧是如乎 江景浦船旅客主人等 願属本宮時 所食口文中 二帆船一両一帆船五銭式 収納事」
587 　『要考』（奎 古 5125-49）巻1。「為各別挙行者 茲以執捉禁断事 既有所伝令是在果……今此船隻罕入 亶係一浦興衰 而其中一二民 私自牟利 徒思肥己 不念全浦之利害 刺船水下 暗為売買 以致商船之中間還帰 豈容若是 究厥所謂万万痛憎」
588 　上と同じ条。「江景者 即一邑之大都会也 非但一邑抑亦一国一道之都会也 百貨之所委積 一邑之所支頼也 挽近以来 米商舶之湊集漸少 閭里之蕭索日甚 昔盛今衰……今年遇亢旱之災 雖曰厄運之自天 豈無人事之所召 官属之侵漁多端 居民之習俗日偸 富商大賈多懐遷徙之計 農舎漁戸莫有安保之恩 世所称恩津之以江景撑支者 今殆有其名而少無其実矣」
589 　『公移占録』（奎 7662）巻1、論浪城津事状 回移徳原府論浪城事関。「目今北船之捨元山而他適者 非独浪城而已 翕谷之鴨鴎津 通川之高梯津 種種往泊 数亦不少」

590 上と同じ条。「浪城即下道地分也 今春商舶之来 不無所益 蝿者見腥 任其営営不責一分官税矣 今伏見徳原論報顕教 船税段 自徳原府依前収納 以此意文移安辺府 俾無両邑畳税之弊是乎所 本邑既無税 則畳税与否 初非可論是乎乃 非折受非上司 而収税於隣境 恐是法外……北船来此者 必曰元山船者 未知何故也」

591 これについては本書第2章第2節「3. 京江と浦口間の競争的営業体制の定着」参照。

592 『日省録』高宗1年1月24日、97頁。「大王大妃殿教曰 事之駭悪 莫甚於幸州江辺収税之説 今既禁革 因此更有処分矣 京外雑類 憑藉宮房内司 作弊外邑者 前後申禁」；『日省録』高宗1年1月25日、99頁。「秋曹啓言 幸州江辺収税創設罪人林重培 厳刑一次後 機張県定配 即為押送」

593 京江における船商に対する侵奪については、本書第3章第2節「3. 京江船商の活動と成長」参照。次の記事はこのような姿を示す適切な例であろう。
『右捕庁謄録』巻21、丙寅（1866）2月21日各江伝令。「即聞各処貿米商 㤼於捉船 至於中流 不敢到泊於京江云 此乃奸細之徒 憑公作弊也 至今為始 自営建都監以下 米穀所載船 如有執捉之弊是去等 為先結縛 捉上亦 以此意 暁諭於各江頭民及遠近浦口後 即為来告是矣 所謂加設輩之為弊 不一其端 入聞之日 当以賊律施行 知悉挙行宜当向事」

594 『竜洞宮謄録』（奎19573）壬子（1852）8月 日。「北関商船来泊之際 所謂魯山浦主人云者 遮截中流暗地突出 欲奪白石浦入来之船 是如可 現露於本浦 而敢生荷杖之心 反称渠浦入来之船 為白石浦所奪是如 誣訴本県兼官 温陽官理屈見落 而悪習未悛 至於議送営門之境云 世豈有如許無恥頑悖之漢乎」

595 『内需司庄土文績』巻7、竜洞宮手本。「近来小浦奸民輩 多聚徒党 別造飛艇 伺侯海口 上来商船 截江執捉 無異白奪 各処商船百無一到 仰利之戸 十不存一 必至於渙散」

第2章
京江地域の商業発達の様相

第1節　京江辺の人口増加と商業地域の拡大

1. 京江辺の人口増加と住民構成

　漢江は五台山から発して忠州の西北で達川と出合い、原州の西側で安昌水と合流して楊根の西の方で竜津と出合う。そして広州の境界で渡迷津になって、広津・三田渡・豆毛浦・漢江津・露梁津・竜山江・西江・楊花渡・孔巌津などを通過して交河に至り、臨津江と合流して通津の北の方に至り、祖江になって海に流れていく[1]。長さ514kmになる漢江の本流はこの竜津から祖江までで、京江はその中、漢城府が主管する広津から楊花渡までを言う[2]。

　京江は全国の海上・水上交通の中心地であった。特に17世紀後半以後、ソウルの商業都市としての発展に京江の果たした役割は大きかった。そしてそれだけでなく、ソウルが商業都市として成長することによって京江も大きな変化を経験した[3]。

　京江が経験した変化の中で一番目立つのは、人口の増加とその構成員の変化である。京江辺の人口は17世紀前半の胡乱〔女真族＝満州族の侵攻〕以降、かなり減ったことが分かる。1645年（仁祖23）城外地域の民戸は沿江地域が1,431戸、山底地域が830戸であった。これは胡乱以前の沿江1,837戸、山底977戸より総553戸が減った数値である[4]。このような民戸の規模は17世紀後半以後、急激に増加することになる。例えば1663年の『北部帳戸籍』に現れた沿江地域の戸だけを集計しても総504戸になっているし[5]、1670年（顕宗11）には沿江山底民が5,000戸にまで増加している[6]。

　このような人口統計は結局1645年から1670年の間、京江辺に大幅な人口増加があったことを反映するものである。またこれは17世紀後半の統計に表れた漢城府の人口増加が大部分京江辺の人口増加によるものであるという推測を根拠付けてくれるものでもある。なぜなら17世紀後半以後に拡大したソウルの地域空間も大体は京江辺であったからである。17世紀後半5,000余戸に達し

た沿江山底民は1743年（英祖19）には8,463戸まで増加したが[7]、この数値から見ると京江辺の人口は17世紀後半以後、着実に増加したと考えられる。

17世紀中期、ソウルの経済圏も京江を中心に大きく拡大していった。このような事情は磻渓（柳馨遠）が当時の全国郡県の地域空間を経済圏単位で再編すべきと主張して著述した『郡県制』漢城府条によく表れている。彼は漢城府の経済圏と統合できる地域を漢城府に編入すべきだと主張したが、その地域として楊州郡では楊州の西山以外の浄土などと、楼院の蘆原、康泰陵の苗洞、建元陵の王山川、広津と三田渡の下流地域を、高陽郡では昌敬陵・鴨島・幸州付近を、そして果川と衿川では鴨鴎亭の沙平坪から孤峴以内地域と銅雀津から楊花渡に至る京江の南側地域の10里までを挙げている[8]。漢江以南である露梁津も人口が多くてソウルの経済圏内に含まれるので、たとえ郡県の境界を山川を基準にして分けるのではなく、人事の便利をもって分ければ露梁津も漢城府に属するようにすべきだと主張した[9]。磻渓の主張でも確認できるように、ソウルの経済圏と統合されるとして漢城府に編入すべきと主張した地域はすべて京江辺であった。

磻渓のこのような主張は17世紀後半、豆毛浦・トゥクソム（纛島）・竜山・西江・漢江がそれぞれ南部の 豆毛坊・屯之坊・漢江坊に、西部の竜山坊・西江坊に編制され、漢城府に帰属されることによって実現したように見える。京江地域が坊制に編入されたことは、17世紀以後京江地域に商業聚落として契が発達したことを反映するものである[10]。1789年の京江辺の行政編制と人口数を見れば次の表2-1のようになる。

1789年の漢城府の総契数は338契であったが、京江地域は64契で全体の19％になる[11]。これらのうち、竜山坊が20契で、中部の長通坊（30契）の次にその数が多い。京江辺各坊の戸口は総1万1,136戸、3万4,545人で漢城府全体の戸数4万3,929戸の25％を占め、人口は18万9,153人のうち18％を占めている。

各坊を比較すれば、竜山坊が漢城府で一番人口の密集した坊であった。例えば竜山坊の瓮里契は1735年に、戸だけでほとんど1,000余戸に達していた[12]。1789年の『戸口総数』でソウルの47坊（城内35坊、城外12坊）の中1,000戸を超す城内の坊が5個に過ぎなかったことから、竜山坊の人口密集度の高さが

表 2-1　1789 年 京江辺の行政編制と人口数

部	坊	契	戸	口
南部	漢江坊 (3)	夢賚亭契、漢江契、鑄城里契	406	1,145
	屯之坊 (8)	西氷庫 1 契、西氷庫 2 契、之於屯契、瓦署契、梨泰院契、青坡契、典性内契、典内外契	1,241	3,589
	豆毛坊 (7)	豆毛浦契、神堂里契、箭串 1 契、箭串 2 契、新村里契、水鉄里契、中村契	1,425	4,484
西部	竜山坊 (20)	麻浦契、青坡 1 契、青坡 2 契、青坡 3 契、青坡 4 契、万里倉契、孔徳里契、土亭里契、東門外契、新里契、新倉内契、兄弟井契、賑恤庁契、灘項契、桃花洞内契、桃花洞外契、瓮里上契、瓮里中契、瓮里下契、沙村里契	4,617	14,915
	西江坊 (10)	墨石里契、栗島契、唐人里契、新井里契、新水鉄里契、舊水鉄里契、倉前里契、賀中里契、上水溢里契、下水溢里契	2,168	6,239
北部	延禧坊 (16)	阿硯里、細橋里 1 契、細橋里 2 契、延嬉宮契、加佐洞 1 契、加佐洞 2 契、城山里契、甑山里契、水色里契、鶴岩里契、九里契、望遠亭 1 契、望遠亭 2 契、望遠亭 3 契、合井里契、汝矣島契	1,279	4,173
計	6	64	11,136	34,545

典拠：『戸口総数』

どれほどのものであったのかがよく分かろう。竜山坊の内の契一つの規模が城内に位置するたいていの坊の人口規模を凌駕するほど、竜山は都市化していた[13]。そして竜山坊 20 契の中、瓮里契だけが 1,000 戸に至るという点は、漢城府が公式的に把握した竜山坊全体の戸口数 4,617 戸よりも実際竜山坊に居住する人口数がずっと多かったことも推測できる。このように京江辺の人口数が増加すると、1736 年（英祖 12）には三江儒生 30 余人が童蒙教官 8 人以外にもう一人を増置することを要求することもあった[14]。

京江の各村落が漢城府 5 部に編入されても、行政管理は都城内の地域とは別に行われた。都城内の 5 部の坊契民には政府各司から必要な物資を運送する運輸役・負持軍役・氷役・松木拾虫役・北岳祭所修掃役・南山堂直役・洞内卒更・禁庭掃雪・道路治修役・誉士軍役・廟社宮園掃雪除草・道路橋梁補土築沙役などの坊役が賦課された[15]。城内の 5 部の坊民に賦課されていた坊役が京江居住者には免除され、その代わり国家公用の各種貨物と各司の物品を運搬する運役が賦課されていた[16]。

第 1 節　京江辺の人口増加と商業地域の拡大　183

　17世紀以後、商業中心地として発展し始めた京江には、ソウルのどの地域よりも地方から移住してきた人々が多く居住していた。例えば南部豆毛坊の中村里（中里）契の形成過程でもこのような模様を察することができる。中里はもともと牽夫たちの集団居住地であった。孝宗時代、国家危急時に馬夫の充員を円滑にするため各邑で小壮者100余人を選抜し、箭串坪に居住するようにしてこれらに位田を支給した。この人たちは「牽夫」と称し、彼らが居住する村を新村中里と呼んでいた。牽夫たちには訓錬都監の軍兵である砲手と殺手の例により坊役が免除されていた。しかし1700年頃には牽夫たちだけの集団居住地だった中村里に、地方や外部からの移住者が大挙寄り集まることになった。漢城府ではこれがきっかけで中村里に坊役を賦課するようになり、とうとう1705年には漢城府で戸籍を作成して中里の名称も削罷し、箭串里に統合して坊役を賦課した。そこでもともと暮していた牽夫たちは馬夫として負担する役が過重になる上に、坊役まで負担しなければならなくなり、大体逃散するまでに至った。そこで牽夫たちは新たに流入された両班や閑雑人などをすべて逐出して、自身たちの坊役を免除してくれるよう要求して粛宗の允許を得たのである[17]。

　地方から上京して京江に定着した住民たちは主に商業活動に従事するほか[18]、各種貨物の荷役や運搬労働を通じて生計を維持していた。次の資料にはこのような事情がよく表れている。

　　都城内の住民たちは府吏、胥徒、軍隊、卒伍などで皆豊かに暮す者たちであり、そのほかの遊民は坐板行商して糊口する。また各廛の市井は貢物がある。その他これをもって自生できない者の中でもっとも困難な者を選んで発売を行い、都城内の住民たちは皆生きていくことができる。ところでただ江上居民だけは専ら田税船の到泊時に税穀を各倉に運搬してその雇価を受けて生きている。……大抵八江は都城の襟喉之地にして江民の生涯は専ら卜駄運負に頼っている。だから三南税船が京江に来泊すれば碇泊した所の江民の中で馬を持っていない者は担いで荷を下ろして、馬を持っている者は貨物を倉庫まで運搬して雇価を受けて生きていく[19]。

彼ら京江住民たちは貨物荷役・運搬の雇価で 1 駄荷当たり 2 銭ずつもらい、朝と夕方には麻浦市場で飯を買って食べるような、初期の埠頭労働者の性格を持つ集団であった[20]。だから彼らは「1 日働かなければ 3 日食べる物がなくなってしまう」手間取り労働者であった[21]。このように手間取り労働で生計が立てられたので、当時京江には多くの貧残民たちが寄り集まっていた。このように 18 世紀末の京江には城内 5 部民と城外 4 郊よりも風餐露宿する貧民が多かったのである[22]。その他にも京江住民たちは雇価募立で運営する軍兵として働く場合も多かったが、主には扈衛軍官[23]、訓練都監軍兵[24]、禁軍、馬兵などであった[25]。例えば 1735 年（英祖 11）、漢城府で馬契の財政不足を解決するため、家座によって洞銭をすべての京江民から徴収すると、これに反発し馬契を襲撃した人々も皆軍兵であった[26]。

京江地域にはこのように軍兵が多かったので、1703 年（粛宗 29）にはソウル近郊の盗賊を防ぐ対策で禁軍の中から三江民を特別に指定し、盗賊を取り締まるようにする規則を定めたこともあった[27]。江民たちの大部分が軍兵だったという事実は、粛宗・英祖年間に扈衛庁・訓練都軍兵の手持物販売を禁乱廛適用対象から除き、自由に販売を許容したことで乱廛の主体と目されていた点と関連して考えれば、当時軍兵の乱廛人たちの大部分は京江周辺に住んでいた人たちだと考えられる[28]。

このように外方から上ってきた沿江居民たちは大体、傭賃の類として山陵役など各種土木工事に労働者として雇備されていた。例えば 1698 年（粛宗 24）荘陵封陵役で仮家などの製造に雇備されていたゴルトップザングイ［長鉅］募軍は「本来属した所のない江辺に居住する桶商」たちであったし、1789 年（正祖 13）に荘祖の永祐園墓所を造成する時にも竜山に居住するクルトップザングイ［引鉅］募軍が一つの集団を構成して雇備されていた[29]。このように京江周辺には労働力を提供しながら生きていく非熟練・熟練労働者たちがたくさん居住していたのである。

一方、外部からの移住者でなくもともと京江で居住していた人々は主に船業に従事した。彼らは漁夫や、または京江船で税穀賃運に参加する京江船人たちであった。彼らは江辺で累代にわたって生活してきたわけで、全国各地から寄り集まる船商を接待して生計を立てる旅客主人業を営んだりしていた[30]。その

一部は 18 世紀中期以後、権勢家と結託して京江富民・京江富商・京江無頼輩などと呼ばれながら市廛を頂点とする商品流通体系に挑戦する勢力に成長する。これも言うまでもなく、17 世紀後半以後の京江商業発展の結果である。

18 世紀京江地域は貧民と富商を含めて 4 万人以上を収容できる商業中心地として繁盛したのである。18 世紀ソウルの商業都市としての成長には、このような京江辺の人口増加と経済的繁盛がその土台になっていたのである。

2. 京江商業地域の拡大

京江が商業地域として発展する前には、主に税穀運送・津渡・漁採などの機能を果たしていた。そこで 17 世紀後半以前には税穀が荷役される竜山・麻浦地域は、主に税穀主人と倉監たちが管轄していて[31]、京江の渡し場には最初は管轄する所がなかったが[32]、1710 年（粛宗 36）になって各軍門に所属され管理されるようになる[33]。そして京江の漁村は均役法が施行される前には議政府・忠勲府・耆老所などの諸上司により分割折受され税金を納めた。このような諸上司の徴税は自分が折受した漁所に限定されてはいたが、実際には漁所から発給した帖文を持たない往来船舶に対しても徴税して、問題を起こしていた。諸上司では青魚・石魚・雑魚などを京江で販売する船舶に対しても各 3 両ずつ、船舶 1 隻当たり 1 年に 9 両を納めていた[34]。このように漁所だけではなく京江を出入りする魚物船商にも徴税して問題を起こすと、1724 年（景宗 4）に政府は京江に対する中央各司の徴税を禁止した[35]。これは特に成均館が過度に収税することに対して下された措置であった。

成均館では 1670 年代から京江地域で獲れる沈魚の漁所と漁箭に対する収税権を行使して 1 年に総 1,200 余両を京江の漁夫たちから徴収していた[36]。この時に収税権行事対象は沈魚と塩佐飯に限定された[37]。しかし成均館の典僕たちは生鮮・乾魚などにも収税権を行使した。京江の船漢たちが不満を訴えると、備辺司ではこれを認め、1724 年に諸上司の京江収税を禁止した。政府では京江収税を禁止した代わりに成均館に 300 両の養士の資を支給した[38]。その後京江に対する収税権は市廛商人である魚物廛人に属するようになった。これで魚物廛人たちは沈魚だけでなく魚物廛の花利、水陸行商および京江主人を従属さ

せ、京江での魚物生産と流通を掌握することになったのである[39]。

内・外魚物廛では、京江に出て船舶に積まれた魚物の多少を問わず市価で換算した後、その3分の2を支払って購入し、残り3分の1は税銭として差し引いた[40]。これによって京江に対する収税は18世紀前半以後、市廛人たちが行使するようになった。このように京江は中央各司が分割管理していた状況から、京江が商業中心地として変貌した18世紀前半以後、市廛勢力が管轄するように変化したのである。

ここで注目すべき点は、京江に対する支配の主体が変わったことだけではなく、収税対象も変わったという点である。1724年以前、成均館の京江収税は魚塩に対するものであったが、1724年以後の魚物廛人の収税は魚物流通に対するものであった。このような変化は京江が津渡・漁採・税穀運送の中心地という性格から次第に全国的な商業中心地に変わっていったことを示してくれるものであろう。

18世紀京江の商業発達によって現れた変化での中で真っ先に感知できることは、京江商業地域の拡大現象である。京江という用語はソウルを中心に流れる「漢江」をすべて指称する言葉であったが、京江の主要な中心地を根拠として三江・五江・八江と呼んだりもしていた。

京江は18世紀以前には三江と呼ばれたが、18世紀中期からは五江、そして18世紀後半には八江とも呼ばれていた。例えば1757年（英祖33）に京江の商業中心地に派遣されて沿江居民たちの苦痛を廉察した洪良浩は五江御使であったし[41]、1781年（正祖5）には徐竜輔が八江御使として派遣された[42]。これは京江の商業中心地が拡大することで現れた現象として理解される。朝鮮後期京江の商業中心地の現況を表示すれば、図2-1のようになる。

三江は漢江・竜山江・西江を指称する用語として、南山の南側一帯から露梁までを漢江、その西側から麻浦までを竜山江、麻浦の西側から楊花渡し場までの西江を合わせて呼ぶ名称であった。三江は名実相符した京江水運の中心地として租税穀運送の拠点、そしてソウルと他の地域を結びつける重要な交通路であった。

漢江地域は現在の漢南大橋附近から露梁津までで、ここにある豆毛浦は漢江上流から運送される各種物資を集荷して、またソウルへと搬入する所であった。

第 1 節　京江辺の人口増加と商業地域の拡大　187

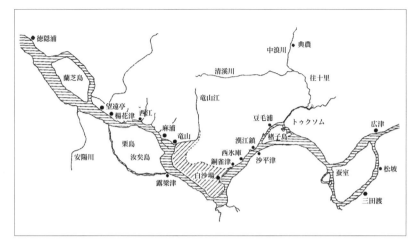

図 2-1　朝鮮後期の京江区域図

　特に豆毛浦の下にあった漢江津（現在の国鉄の漢南駅周辺）は広州へ渡る渡し場で、ここからソウルの物貨を三南地域へと送る重要な通路でもあった。
　竜山江地域は慶尚・江原・忠清・京畿道などの地域の税穀を漢江上流から積んでくる站運船の終着地であった[43]。いわゆる税穀運送の中心地として、竜山は朝鮮初期から発展してきたのである[44]。ここには銅雀津・露梁津など、外部地域に通じる渡し場があって交通の要地でもあった。特に竜山江の下流に位置する麻浦は、西海岸と漢江上流を結ぶ要地として、税穀ではなく一般の商品が荷役され売買されていた。西江と竜山が税穀運送の中心地であったのに対して、麻浦は魚物と商品流通の中心地であった。
　西江地域は海を通して京江に搬入される黄海・全羅・忠清・京畿などの税穀が集荷される所であった[45]。すべての税穀は一旦西江で荷役され、再び京江辺や都城内の倉庫へと水上船や担ぎで運搬される、朝鮮後期の税穀運送の中心地であった。
　三江を中心に発展していた京江は、18世紀中期になると五江と呼ばれるようになる。五江が具体的に何処を指すのか、詳細な記録は残っていないので、五江の位置に関しては研究者ごとに推定を異にしている[46]。ただ韓末に編纂された鄭喬の『大韓季年史』は五江を楊花津・西江・麻浦・銅雀津・漢江であると記録している[47]。

18世紀後半には京江地域が八江と呼ばれていた。八江の具体的な地名を残した記録もまた見当たらない[48]。八江は8個の特定の「船村」を指称するというよりは、概して京江辺の商業聚落が集まっている8個の「地域」を意味するようである。これは19世紀初め、左・右捕盗庁の巡邏区域を十二江として表現したことから確認できる。左・右捕盗庁の京江巡邏区域に見える十二江区域は、次の表2-2のようになっている。

表2-2　19世紀初頭　京江12江の区域

江	右捕盗庁 巡邏区域 (6江)		江	左捕盗庁 巡邏区域 (6江)	
	自	至		自	至
西氷庫	鋳城里	梨泰院	漢江	南伐院の西側	夫峙の鷲鷺亭
竜山	梛契	万里倉	豆毛浦	南伐院の東側	水鉄里
麻浦	孔徳里	玄石里	藁島	新村および豆毛浦の北側	箭串橋の玄巌
西江	倉前里	新水鉄里			
望遠亭	細橋里	楊花津	往十里	永渡橋	峨嵯山の典農里
延曙	正禧坊	塼石里	安巌	新設里	中浪浦
			典農	清凉里	筏里

典拠：『万機要覧』軍政篇1、捕盗庁巡邏字内

　表2-2で分かるように、京江は漢江・豆毛浦・トゥクソム〔藁島〕・往十里・安岩・典農・西氷庫・竜山・麻浦・西江・望遠亭・延曙の12江に分けられた。1868年閏4月に右捕盗庁から各江に出された伝令の受領地が西氷庫・竜山・麻浦・西江・望遠亭・延曙であったという点から、捕盗庁の巡邏区域は19世紀後半まで維持されていたことが分かる[49]。この規定から見られるように、19世紀初期に京江は12区域に分けられ、それぞれが江と呼ばれていたことを確認することができる。

　京江の各江の具体的な地名としては、『万機要覧』と『大韓季年史』の記録を通じて五江が漢江・西江・麻浦・竜山・望遠亭であったと推定できる。『大韓季年史』には竜山の代わりに銅雀津、望遠亭の代わりに楊花津と推定されている。竜山は先に説明したように京江の核心地域であったし、三江にも含まれる地域なので五江から外されたことは簡単には納得できないことである。それゆえに露梁・銅雀津のソウル側沿岸である竜山を含ませることは当然であろう。そして望遠亭と楊花津は同一の地域を表現するようになっているが、捕盗庁の

管轄区域には楊花津ではなく望遠亭に記録されているので望遠亭を五江に含ませても良いであろう。

一方、八江は捕盗庁の巡邏区域である十二江の中で京江沿岸区域である漢江・豆毛浦・トゥクソム・西氷庫・竜山・西江・麻浦・望遠亭の地域を指すようである。例えば1789年（正祖13）八江の父老たちに対して弊瘼を詢問したが、これに応じたのは西江民・汝矣島民・パムソム（栗島）民・麻浦民・望遠・合井契民・トゥクソム民などであった[50]。このことから八江には西江・竜山・トゥクソム・望遠亭地域が含まれていたことが分かり、ここに漢江・麻浦・豆毛浦・西氷庫を含めると八江の地名が確かめられたことになるであろう。以上のような京江の名称の変化を表で提示すれば、次の表2-3のようになる。

表2-3　京江の名称変化と内容

名称	時期	区域
三江	18世紀以前	漢江、竜山江、西江
五江	18世紀中期	漢江、西江、竜山、麻浦、望遠亭
八江	18世紀後半以後	漢江、西江、竜山、麻浦、望遠亭、豆毛浦、西氷庫、トゥクソム
十二江	19世紀前半	漢江、西江、竜山、麻浦、望遠亭、豆毛浦、西氷庫、トゥクソム、延曙、往十里、安巌、典農

このような京江の名称の変化から、我々は京江の商業中心地が漸次的に拡大されていたことを確認することができる。すなわち税穀集荷機能が中心であった時代に一番早く発展を遂げた漢江・竜山・西江を中心に三江という名称が使われていた。しかし18世紀中期以後、ソウルが商業都市として発展すると、これに従い京江辺に人口が増加して京江が新しい商業中心地に変化することになり、この過程で税穀集荷と津渡機能をする竜山・西江よりも商品流通の中心地である麻浦が成長することになった。また望遠・合井地域も商業中心地として発展して五江という名称の変化があったと理解される。18世紀後半には京江浦口の商業がいっそう発展し、商業中心地が8カ所に増えるにつれて名称も八江に変わり、19世紀前半にはまた十二江にまで拡大されたのである。

一方、京江は八江に分けられただけでなく、潮流の到達地点を基準にして水上地域と水下地域とで区分されることもあった。水上地域は潮流が流れない地域であり、水下地域は海から潮流が上ってくる最上流地点までを指していた。

水上・水下地域は水の流れを異にするので、この地域を運航する船舶の種類と性格も違っていた。そこで軍門でも水上船と水下船の両種類の船舶を用意していなければならなかった。訓錬都監の場合、10隻の水下船は秋と冬には江華で待変船として非常事態に備え、春と夏には三南の税穀を輸送していた。また14隻の水上船は鳥銃色3隻、火薬色6隻、新営4隻、薬房1隻に区分してソウル周辺の軍需物資の輸送を担当していた[51]。

京江地域を水上・水下地域に分割することは、商権とも関連があった。商人たちも水上地域を担当する商人と、水下地域を担当する商人に分けられていた。松坡などを現地調査した1984年の報告によると、京江の客主や旅閣などもウィッガング（水上）旅閣、アレッガング（水下）旅閣に区分されていたし、ウィッガング旅閣は西氷庫・豆毛浦・トゥクソムで、アレッガング旅閣は 西江・麻浦・竜山・望遠・合井などの地域で活動していたことが分かる[52]。これは京江が竜山を境界にして水上・水下地域に分けられていたことを反映する。

水上と水下を区分する境界は時期によって変わっていた。漢江の長年の堆積作用によってだんだん潮流の上ってくる地点が下流の方へと下がったからである。朝鮮前期の文宗代には全羅・忠清など、海を通じてソウルまで運送する租税穀は竜山に荷役され、慶尚道・江原道など漢江の上流を通じて運送する租税穀は豆毛浦に荷役された[53]。成宗代にも竜山江の川口に砂が積もり塞がれると、漢江の下流を通じて運送された税穀を豆毛浦で受け入れたりすることもあった[54]。しかし朝鮮後期には、竜山江の上まで潮流が上ってくることがなかったようである。このような事情を『択里志』では次のように表現している。

> 朝鮮時代に至って都邑が決まり、塩倉沙岸が急に潮水の侵入で破壊され湖水が竜山まで入ってくるようになると、八道の漕運船が全部こちらに碇泊するようになった。竜山の西側には麻浦・土亭・籠巌などの江村があり、西海の利益を狙って八道の船が全部集まってきた。城内の公侯貴族たちがよくこちらに亭子を置いて宴会の場所として利用していた。この300余年の間に漢江水が徐々に浅くなってきて、漢江の上には潮水が至ることがなくなり、塩倉の沙岸にも毎年泥が積もり将来塞がるような形勢に見えるが、これはまだ分からないことだ[55]。

ここでも分かるように、朝鮮初期には漢江津の上まで潮流が通じていたが、朝鮮後期になると漢江津の上まで潮流上がってくることはなかった。それゆえに漕運船の大部分は竜山湖の内側にある塩倉沙岸に碇泊した。このことから水上と水下を区分する境界は朝鮮前期には漢江津であったが、朝鮮後期には竜山が基準であったのが分かる。このように潮水の流れが変わったので、先に述べた通りに朝鮮前期には漢江下流の租税穀が竜山に集荷されたが、朝鮮後期には漢江上流の租税穀だけが竜山に荷役され、漢江下流を通じて上ってくる漕運船は西江で荷役されるようになったのである[56]。1640年（仁祖18）頃からは、漢江の流れは水草が繁茂して堆積されたため、漕運船が上ってくる時に漢江下流の両方にある豊徳・交河・高楊・通津・金浦・陽川郡から指路護送をして京江まで上ってくることができたのである。

　次の『万機要覧』の記事で分かるように、19世紀に入ってから潮水が出入する地域は漢江下流の方により下がったように思われる[57]。

>　京江（幸州の塩倉項）：近年草などがたくさん生え、砂で塞がって水が浅くなるため（幸州の塩倉項がひどい—原註）大船が通行できなくなり、大船は必ず潮水が上がった後に出発する。漕運船が京江に到着するのは晦日や半月の時が多い。これは晦日と半月に潮水が満ちて（潮水が満ちることをサリ、潮水が引くことをジョグムと言う—原註）、上弦と下弦には潮水がだんだん引くからである[58]。

19世紀に入ってから漸次京江が砂などに塞がれ、潮水が竜山や西江に至る時期はサリの時である半月や晦日に制限されたので、大型船舶によって運送される漕運船だけではなく、各種米穀船商や魚物船商の船も、漢江下流地域に接岸して商品を荷役するしかなかったのである。

　1899年、日本海軍省の調査によれば、吃水（船が水に浸る限界線）6フィート以下の船舶だけが漢江を遡ってソウルに到達できたし、吃水12フィートの船舶は必要によってソウル付近のナンジ島の近くまで到達できたことが調査されている[59]。19世紀後半期になると大型船舶が漢江を遡ってくる境界がだんだん下流へと移動したのである。

このことにより京江の商業中心地も下流地域へと移動した。先に述べたソウル行政区域の変動でも表れているように、18世紀前半には京江の上流・中流地域である漢江坊・豆毛坊・屯之坊・竜山坊・西江坊が漢城府で編入されていたが、18世紀後半になって京江の下流地域である延禧坊・延恩坊・常平坊が漢城府に編入されたことは、まさにこのことを反映するものである。

以上見た通り、18世紀以後京江は水上と水下地域、そして八江地域に分化されながら商業中心地域が拡大されていった。このように商業中心地になることによって、京江の周辺には各種市廛ができた。麻浦には塩廛・米廛・漆木廛・雑物廛・艮水廛と土亭藁草廛・土亭柴木廛などが、竜山にも塩廛・柴木廛・瓮里蛤灰廛が、西江には・米廛・柴木廛のほかにも黒石里の柴木廛があったし、その他にトゥクソムの柴木廛、豆毛浦の柴木廛などが開設された。京江に設置された市廛の種類から、京江が米穀・木材・魚物・塩の販売の中心地であったことが分かる[60]。

このように京江に市廛が大いに設置され、都城内部を凌駕する商業中心地として成長するようになると、自然にソウルの道路も京江に通じる道路が繁盛するようになっていた。茶山（丁若鏞）は19世紀初期のソウルの道路状況を説明して、

> 我が国の王城5部内のエオゲ（阿峴—引用者）は西江へ行く道で、薬店峴（薬峴—引用者）は竜山へ行く道として米穀を運搬する所で、車がぶつかり、人の肩がぶつかりあう所である[61]。

と言い、ソウルの道路の中でも竜山と西江に通じる道路が一番繁盛していると言っている。茶山のこの文章は、ソウルの商業に京江の占める位置をよく示すものと言えるだろう。

18世紀後半、京江の商業が繁盛していたことは三江に設置された酒家が600〜700余所であったし、ここで酒の製造に消費される米穀だけで1年に数万石以上であるという記録や[62]、酒を仕込んでおいた甕が1,000個になる酒家もあるという記録などを見ると、推測できるであろう[63]。このように酒の製造・販売業の中心地もまた京江だった。そこで江民たちは、9円以下の麹を製造・

販売することは禁乱廛律に抵触しない点を利用して麴を販売し、城内の酒肆が潰れてしまう事態にまでなったりしていた[64]。ここからも分かるように、18世紀以後の京江は商業中心地路だけでなく、盛り場の様子もあったのである。

一方、18世紀後半京江民たちの間には訴訟事件が頻繁に起きていた。当時の人々は京江民たちを「五江好訟之民」と表現していたし[65]、甚だしくは沿江住民自らも争訟をよく起こすことを大きい弊端と見なすほどであった[66]。京江民たちは5部に訴訟を申し立てて自分の意向通りに解決にならなかった場合、また漢城府や刑曹で越訴して、この段階でも自身の要求が貫徹されなければ、国王に直訴する上言と撃錚の方法まで動員して自身の利害を貫徹しようとしていた。18世紀後半、正祖代に京江民たちの上言と撃錚が頻繁に展開されたが[67]、これらは大体商業利潤をめぐったもので、18世紀以後京江辺の商業発展を反映するものである。

特に京江でお金を儲けた者は相当な威勢で沿江地域を支配していた。京江富民たちは京江の貧残民たちを勝手に侵虐したり、ひいては殺人まで犯した。このような横暴に対して隣人たちは何の対抗もできず、黙っているだけであった。甚だしくは殺人事件を審理する場にまで旗を掲げながら威勢を誇示するほどであった[68]。またこれらの横暴を制御するため京江に派遣された漢城府の将校たちを100人余りが群をなし、殴打して傷を負わせるほどの威勢であった。これは「邑の力が及ばず、監営の威勢も通じない」ほどで、彼ら京江辺の有力者たちに官権は微弱であったし、京江で彼らの力は強いものであった[69]。

このように京江で各種利害関係が対立し、ひいては富民たちによる小民侵虐が増えると、朝廷でも1757年（英祖33）から京江に御使を派遣して住民たちの被害を是正しようとした[70]。18世紀後半、京江に派遣された御使、備辺司郎庁などの現況を見れば表2-4のようになる。

京江に派遣された御使の活動は貢市人に聴取する場合に準じて行われた。朝廷では京江民たちを商人として把握したのである。この時の聴取の内容は京江商人たちの利害関係に関わるものなどが大半で、営業権の保障や奪取問題、京江船人たちの絶対的な利害関係の関わる作隊法の復旧や官属の船舶執捉の禁止などのようなものであった。

正祖代には京江商人に対する関心が以前より高くなった。舟橋司を創設して

表 2-4　18 世紀後半　京江に派遣された御使の現況

年度	御使	典拠資料
1757	五江御使 洪良浩	『耳渓洪良浩全書』巻 24
1759	江上御使 李潭	『備辺司謄録』英祖 35 年 7 月 初 2 日
1762	江上御使 厳璘	『備辺司謄録』英祖 38 年 11 月 初 1 日
1764	三江御使 洪述海	『英祖実録』巻 103、英祖 40 年 5 月 己卯
1772	三江御使 趙英鎮	『英祖実録』巻 118、英祖 48 年 4 月 丁丑
1775	三江御使	『承政院日記』1912 本、純祖 6 年 5 月 25 日
1781	八江御使 徐竜輔	『書啓輯録』八江御使 徐竜輔 別単
1789	八江夫老詢	『備辺司謄録』正祖 13 年 12 月 12 日
1791	八江摘奸郎庁派遣	『備辺司謄録』179 冊、正祖 15 年 7 月 18 日

ベダリ（舟橋）を造る時、京江船を動員した対価で京江船を舟橋司に所属させ、湖南・湖西の税穀を運送するようにしているからである[71]。特に正祖は京江船人に対する支援と保護政策を通じて、これらを育成する政策を取ったのだが、自分の政策が江民に信頼を与えられないことを大きく懸念していた[72]。これは正祖自身が京江地域を非常に重要視していたことを反映するもので。それほど京江商業の比重が大きかったことを示してくれるものであろう。そこで正祖は 1789 年（正祖 13）に八江の夫老たちに弊害を直接詢問したり[73]、1791 年（正祖 15）にソウルに洪水が起きた時、備辺司の摘奸郎庁を都城内 5 部と 4 校地域には 1 人を派遣したが、八江には徐竜輔・鄭東観・崔賢重・李泰馨など 4 人を派遣するほどであった[74]。

　18 世紀以後、京江地域はソウルが商業都市に成長するのと軌を一にして、商業中心地も拡大されていった。京江には各地の貧残民が寄り集まって商業や荷役作業に従事しながら生計を立てることができたので、京江周辺の人口数は 18 世紀当時に政府の公式人口統計でも、すでに 3 万人以上になり、実際に流動人口と漏落人口を合わせれば公式人口統計の倍に近い人口が居住したものと推定される。17 世紀後半以後、ソウルの成長はすなわち京江を中心にした全国的海運業の発展の結果であった。ソウルの成長は京江の拡大と発展をもたらし、また京江商業の発展もソウルの商業都市への発展を促したのであった。

註

1　『東国輿地備攷』漢江条。
2　漢江水運に関しては次の研究が参考になる。
　中村栄孝「漢江と洛東江」『青丘学叢』12、1926；崔完基「朝鮮後期京江船の機能と力量」『郷土ソウル』45、1988；崔完基「水上交通」『漢江史』ソウル特別市史編纂委員会、1985；崔永俊「南漢江水運研究」『地理学』35、1987。
3　漢江辺の商業聚落の発達人口増加に関して次の研究が参考になる。
　劉元東「近世漢江辺 新興商人の発達」『斗渓李丙燾博士九旬紀念 史学論叢』1987；文希英・崔永俊「朝鮮時代漢江辺の商業聚落」『地理学叢』12、慶熙大、1984。
4　『備辺司謄録』9冊、仁祖23年11月29日、803頁。「伝曰 江居民戸 比於乱前則幾戸減縮乎……乱前沿江一千八百三十七戸 山底九百七十七戸 合二千八百十戸 并応蔵氷之役矣 乙酉(1645)式年 則沿江一千四百三十一戸 山底八百三十戸 合二千二百六十一戸 以此計之 則乱後減縮 五百五十三戸云」
5　『北部帳戸籍』の中に1788年延禧坊に含まれた10個契の戸だけを合計した数。
6　『蔵氷謄録』（奎12902）巻2、庚戌（顕宗11）12月初10日。
7　『蔵氷謄録』巻4、癸亥（英祖19）10月18日。
8　『磻渓随録補遺』郡県制 漢城府。「楊州之自西山以外浄土等地 及自楼院蘆原 康泰陵苗洞 建元陵限王山川 循広津三田渡以内地割入 高陽之昌敬陵 鴨島 幸州近処等地 亦入之 自鴨駆亭沙平坪 至孤岘以内地 又自銅雀之楊花渡 漢江之南十里地割入」（細註：即果川北面 半衿川東境也）。
9　同上。「露梁等地 係是江外地面而至近京城 凡於分地建邑 雖以山川為界 実以人事所便為主 属于漢城為是」
10　1751年「三軍門分界総目」と1789年『戸口総数』、1865年『六典条例』の間に南部の漢江坊・屯之坊・豆毛坊の契の構成は変動がないが、西部には多くの変化があった。竜山坊の場合、1789年には1751年に比べ御営庁倉契・青坡5契・槨契が廃止され、桃花洞契が内・外契に、甕里上・下契が甕里上・中・下契に分化されて総21契から20契に減った。この中で槨契は18世紀後半に桃花洞外契に名称が変わったのが確認される（奎古87020参照）。一方、西江坊でも水溢里契が上・下2契に分化され、9契から10契に増加した。北部の変化はもっとも大きく、もともと1751年に北部の沿江地域は有契無坊地域であったが、1788年に延禧坊が坊制に編入された。1751年には望遠亭1、2契しかなかったが、1789年には望遠亭3契が新設され、細橋里・加佐洞契の場合も1、2契に増えてきた。それから1751年13契から1789年16契に増加した。
11　『戸口総数』漢城府。
12　『承政院日記』796冊、英祖11年3月13日、494頁。「雖以大洞言之 甕里民戸 殆至千戸 以応役者 不過二三人」

13 人口密集により瓮里上・下契は瓮里上・中・下契に分化された。
14 『英祖実録』巻42、英祖12年12月 丙辰、527頁。
15 金東哲「18世紀坊役制の変動と馬契の成立および都賈化様相」『韓国文化研究』創刊号、1988。
16 これに関しては第2章第3節で詳論する。
17 『承政院日記』440冊、粛宗34年3月9日、782頁。王の允許にもかかわらず、漢城府はこの地域に続けて坊役を賦課したように見える。景宗2年にも再び牽夫が居住する新村中里に対する坊役免除を要請しているからである。「昔在孝廟朝 懲創壬辰兵乱時 牽夫渙散之弊 召募外邑諸員 設置牽夫 使之止接於箭串即今新村中里……近年以来 京兆称以坊民 苟簡如蔵氷貰馬等 種種雑役 間或侵責 故本寺或草記定奪 陳達榻前 不知其度」(同冊 548冊、景宗2年12月3日、787頁)。
18 『承政院日記』800冊、英祖11年 閏4月18日、678頁。「上曰 江民専以殖利為事悪習多矣」
19 『承政院日記』1970冊、純祖9年8月29日、60頁。
20 『正祖丙午所懐謄録』禁軍 辛大昌所懐、ソウル大古典刊行会刊、158頁。(以下頁の表示はソウル大古典刊行会 影印本の頁数で記す)「江民資生之道 専靠於馬背而一駄之雇価 不過二銭 朝夕買食於麻浦之市」
21 『正祖丙午所懐謄録』禁軍 崔徳禹所懐、153頁。「江郊賤民 赴役十里 将失一日之業 一日失業 必失三日之食也」
22 『備辺司謄録』179冊、正祖15年7月17日、828-829頁。「比諸城内五部及城外四郊 其数培蓰 沿江浜水之地 勢固然矣 言念渠輩 風餐露宿 沐雨途泥之状 如在目中 寧不切矜」
23 『扈衛庁謄録』辛丑(1721)年11月20日。「扈衛軍官 多在三江江上人」
24 『承政院日記』1064冊、英祖27年 正月15日、587頁。「訓鍊都監言達曰 都監之設置戦艦 待変江都者 意非偶然 騎船沙格 常時択定然後 緩急可恃 故沿江居民中 択其有根着勤幹人 充定軍伍 給料布典守」
25 『承政院日記』800冊、英祖11年 閏4月18日、678頁。「江民不過 禁軍 軍兵」
26 金東哲、前掲書、1988、142-145頁参照。
27 『万機要覧』軍政篇2、竜虎営 軍額。
28 『備辺司謄録』126冊、英祖29年7月9日、431-432頁。「此輩(扈衛庁軍卒—引用者) 毎以無料称冤 而全以売買資生 故自前主張 有手業勿禁之令 又有特売数疋木 勿以乱廛施行之令 以此各其本廛之民 輒以扈衛軍卒之濫觴難禁……即今諸軍門軍卒 兼為市業者 不可勝数」
29 尹用出、前掲書、1991、210頁参照。
30 『忠清道庄土文績』(奎19307)巻5。「矣身本以貧寒之民 無田土無料之民 故居在江上 只以生計者 以江辺旅客商賈主人 累代資生矣」

31　田川孝三『李朝貢納制の研究』東洋文庫、1964、590頁。
32　『承政院日記』140冊、孝宗7年7月11日、884頁。「京江津船 内則無主之 外則京畿主之」
33　『粛宗実録』巻49、粛宗36年10月 乙丑、371頁。
34　『備辺司謄録』75冊、景宗4年4月13日、515-516頁。
35　『度支志』外篇、版籍司 船税 節目。「景宗 四年 甲辰閏四月 備局甘京江船税弊端 知委節目 依此挙行 一船人来泊京江 各衙門諸宮家差人 称以各其漁所納税 勒徴税銭 今後一并革罷 暗自収税者 船人来告本司」
36　『備辺司謄録』112冊、英祖19年閏4月11日、379頁。
37　『市民謄録』坤、己巳（1749）8月　日。
38　『備辺司謄録』89冊、英祖7年4月27日、18-19頁。
39　『市民謄録』坤、庚申（1740）6月　日。
40　同上。
41　『耳渓洪良浩全書』巻24、論五江民弊疏 丁丑（1757）
42　『備辺司謄録』163冊、正祖5年9月29日、50頁。〈八江宣諭詢瘼御使 徐竜輔別単〉
43　『漢京識略』山川 竜山江。
44　金竜国「竜山攷」『郷土ソウル』34、1976。
45　『漢京識略』山川 西江。
46　李源明の「漢陽遷都と漢江」（ソウル特別市史編纂委員会『漢江史』1985、375頁）では、五江の位置を竜山江・麻浦江・露梁津・纛島（トゥクソム）・楊花津に推定し、崔完基も「朝鮮後期京江船の機能と力量」（『郷土ソウル』45輯、1988）でこの説に従っている。崔完基は『朝鮮後期 船運業史研究』（一潮閣、1988、204頁）では五江を京江船人の根拠地として京江沿岸の一定地域を言うのではなく、特定船村を指称するものとして捉えている。一方、洪憙裕の『朝鮮商業史』（科学百科事典総合出版社、1989、274頁）では竜山・麻浦・土亭・籠岩・楊花津を五江として推定していた。
47　『大韓季年史』光武2年11月23日。「屯聚三湖（即麻浦也―原註）之負商 発通文于各地方 揭榜於京江各処曰 吾等力募集壮丁 家家戸戸 若有不応者 并為他殺於是五江（謂 楊花津 西江 麻浦 銅雀津 漢江也―原註）人民 騒然如蜂大乱」
48　八江の具体的な地名として崔完基は広津・三田渡（松坡津）・豆毛浦・漢江渡・露梁津・竜山江・西江・楊花津などを挙げていて（『朝鮮後期船運業史研究』204頁）、孫禎睦は竜山・麻浦・西江・銅雀津・西氷庫・豆毛浦・纛島（トゥクソム）・松坡を挙げている（『朝鮮時代都市社会研究』138頁）。洪憙裕は豆毛浦・漢江津・西氷庫・露梁津・竜山・麻浦・西江・楊花津と推定した（『朝鮮商業史』274頁）。
49　『右捕庁謄録』（奎15144）巻23、戊辰（1868）閏4月16日、各江伝令。
50　『備辺司謄録』175冊、正祖13年12月21日、461-464頁。

51　『万機要覧』軍政篇 2、訓練都監 舟車。
52　文希英・崔永俊、前掲書、1984 参照。
53　『文宗実録』巻 12、文宗 2 年 3 月 丙申、471 頁。「全羅忠清道漕転 自海外而貢進者 入積於竜山倉 慶尚江原道漕転 自水上而貢進者 入積於豆毛浦 以留山水之情」
54　『成宗実録』巻 86、成宗 8 年 11 月 庚寅、533 頁。「戸曹啓 今竜山江口 沙土填塞 慶尚道田税漕運不便 請自明年京中諸司所納田税 泊豆毛浦輸入 従之」
55　『択里志』卜居総論 生利。
56　註 45 参照。
57　『度支志』外篇、版籍司 漕転 事実。「（仁祖 18 年）近来水道変遷 草嶼繡錯 故指路護送 左右推委 今後則分水左右 六邑輪廻護送 事為便当」
58　『万機要覧』財用篇、漕転 漕規 険灘。
59　日本海軍省水路部『朝鮮水路誌』2 篇、漢江近海、1907。
60　『備辺司謄録』166 冊、正祖 8 年 3 月 21 日、383-388 頁。「市民銭貨散貸別単」。この別単には竜山塩廛が記録されていないが、『備辺司謄録』205 冊、純祖 16 年 4 月 8 日（918 頁）の記録に竜山塩廛が 18 世紀初期には存在していたことが分かる。
61　『牧民心書』工典六条 道路。
62　『正祖丙午所懐謄録』武臣兼宣伝官 李煕爕 所懐。「江上各処貿販之人 大醸則将至数百石 三江酒家 幾至六七百 則統計一年所費 幾過累万石」
63　『英祖実録』巻 118、英祖 48 年 4 月 丁丑、418 頁。「三江御使 趙英鎮復命 奏三江買酒狼藉 至有千余甕醸置者」
64　『備辺司謄録』170 冊、正祖 11 年 正月 初 1 日、801 頁。「銀曲廛市民 以為曲子九円以上 乱廛定式之後 江村男女 遍満城内城外 乱売坊曲 酒肆失業渙散 考閲前後文案 革罷定式 俾得保存云 昨年九円定式 一則為市民 一則為江民 則到今呼籲 出於権利之計 原情勿施」
65　『正祖丙午所懐謄録』126 頁。「至於西部 則坊内甚広 兼管五江好訟之民 日不暇給 如無」
66　『正祖丙午所懐謄録』153 頁。禁軍 崔徳禹 所懐。「臣既生長於江干之村 習知江民之弊 請以耳目之所記覩 仰陳以沿江之弊有三……其三曰 江民之好争訟也……蠢蠢為利 惟知一金 必争奪之道 無事巨細 輒至号籲 自帰迫隘 以敗厚風 填日法庭 訟者不絶 無時闢港官差相続 公私揺揑 莫此為甚」
67　韓相権『朝鮮後期の社会と訴冤制度』一潮閣、1996。
68　『審理録』西部 林技郁獄。「大抵江上牟利之輩 粗有富名 行悪無比 侵虐貧残之氓 故犯剽殺之挙 而隣里之人 莫散誰何 又従以右袒於検時 立幟於推庭者 往往有之是如乎」
69　『公移占録』（奎 7662）「論報麻浦民 李文尚事状」。「向以麻浦居民 李文尚崔仁得 勒奪民牛 殴打官差事 有所論報矣……李文尚段 京兆回移 雖云捉付該邑将校 是如是乎

矣 伊時将差交付捉来之際 又被何許無頼輩 百十為群 截路劫奪救死扶傷 至今未蘇……京江之民亦民也 外邑之官亦官也 官則如是之弱 民則如彼之強 紀綱所在 固已寒心 況巡司之移文 京府之発牌 又非外邑官令之比 而血戦争雄必勝乃已者 雖謂之変異非常可也 五江民習 自来狡悍牟利為業 其人為事……邑力既無所施 営威又不能行 則沿江小民 将為此輩 呑噬都尽 豈不痛哉」

70　京江の戸口把握や商業問題は漢城府で担当・管轄していたが、いろいろな犯罪や民弊に関わるものは京畿監営でも管轄していたようである。そのため1750年代以前には主に京江の民弊は京畿監営で管轄していたと思われ、18世紀後半からは漢城府を管轄する捕盗庁管轄に変わったと推測される。このような事実は註69の麻浦民の李文尚を逮捕するため真っ先に派遣された官吏が京畿監営の将校であった点、そして1754年江上都賈の革罷を京畿監司が主導していた点からも推定できる（『備辺司謄録』127冊、英祖30年8月27日、521頁）。とにかく京江に御使を派遣したという事実は京江地域をかなり特別な地域として見なしていたということを反映するものと言える。

71　舟橋司と京江船人については本書第3章第2節「2. 京江船人の成長と資本蓄積」参照。

72　『正祖実録』巻12、正祖5年10月 丙戌、270頁。「教曰向因漕船事 官吏誅求之弊 必須通禁 然後臭載可息 江民可蘇 特令廟堂措辞発関……観此状文 但日知委而無一矯弊之意 若此則朝令不可行於湖南一道乎 朝家将失信於江民 寧有是也」

73　『備辺司謄録』175冊、正祖13年12月12日、456-457頁。

74　『備辺司謄録』179冊、正祖15年7月18日、828-829頁。

第2節　海運・水運の中心地化と商業構造の変動

1. 京江渡し場の整備と渡し船の増置

　京江は昔から三南地域からソウルに入ってこようとすれば必ず渡らなければならなかったので、その主要地点には津渡（渡し場）が設置されていた。漢江の上流から渡迷津・広津・三田渡・漢江津・西氷庫・銅雀津・露梁津・楊花津・孔岩津・祖江渡・臨津渡・長山津などが漢江沿いの主要な渡し場であった。漢江津は嶺南および湖南・湖西地域から板橋を経てソウルに入ってくる渡し場であったし、銅雀津は湖南と湖西地域から振威を経てソウルに入ってくる渡し場であった[75]。露梁津は始興・安養・水原へ行く渡し場であったし[76]、楊花津は仁川と江華へと行く渡し場であり、三田渡は広州を経て嶺東と嶺南へ行く渡し場であった。

　京江の渡し場は朝鮮初期には津渡別監が管理していたが、1415年（太宗15）に渡丞と改称し、その後別将と改められて兵曹の所属となった。渡し場に配置された津夫の数も大渡は10人、中渡は6人、小渡は4人であり、漢江渡の場合はソウルと三南地域を結ぶ要衝であったので10人の津尺を追加で入役させた[77]。また朝鮮初期から京江の主要渡し場には位田を与えて渡し場を維持、管理するようにした。しかし丙子胡乱以後には江辺の士大夫たちに位田を脱占され、津夫たちはいなくなった。津船は減り、残っていた船も修理しないまま放置され、渡し場の機能を果せなくなっていた。人々が江を先に渡るための争いが生じて途中で渡し船が沈没する事故さえ起こることもあった[78]。

　1655年（孝宗6）にはこのような津渡の状況を改善するために、士大夫が脱占していた位田を復旧する一方、これを土台にして津船を胡乱以前の水準に整備するようにした[79]。しかし津夫に志願する者が少なく、楊花渡に4人、孔岩津に6人、三田渡に1人、広津に1人など、16人しか充員することができなかった。それだけでなく、渡し船の調達も難しくて、京江の渡し場はか

なり縮小されてしまった。そこで1656年（孝宗7）に京江津船の中で、京江の南側沿岸の渡し場は京畿監営で主管したが、漢城府の方の渡し場は主管する所もないほどであった[80]。

胡乱以前のような京江津船の復旧が不可能になると、1657年（孝宗8）には各衙門で木1同ずつを出させて木50同を用意し、工曹がこれを使って京江津船50隻を建造するよう命じた。1660年には京江津船の改造費用を、胡乱以前のように位田の収穫に依存することなく、京江船に対して収税することによって解決するように決定した。

1682年（粛宗8）には海防体制強化の一環として、京江津渡が整備された。この時「京外各処の渡し船が非常に不足しているので、不足な所に船を加設し、重要な渡し場でありながら船舶がない所には工曹に命じて津船を設置すること」という伝教が下された。それから工曹で全国の津渡と津船の状況を調査した[81]。これを契機にして漢江下流の渡し場が拡充された。

漢江下流の津船は本来楊花渡に2隻、孔岩津に5隻があった。この時江華・仁川に行く渡し場である楊花渡の利用が増えると、津船1隻を追加で配置するように決定した。しかし楊花渡の上の屯之山に渡し場を新たに設置して5隻の津船を増置すれば、楊花渡に津船を増置しなくて済むという建議があり、楊花渡に津船を追加配置する代わりに屯之山に渡し場を新たに設置したのである[82]。同時に江華と陸地を連結する渡し場の中、江華島以外にも通津の方に津船3隻を増置した[83]。このような渡し場の増設は、当時江華島の守備を強化して墩台を修築するなど、海防体制を大大的に強化する目的で設置したものであったが、ソウルと江華、仁川の間の通行量の増大を反映するものでもあった。

17世紀まで工曹が管理していた京江津渡は、1710年（粛宗36）に三田渡は総戎庁、漢江津は訓錬都監、楊花渡は御営庁、露梁津は禁衛営、松坡津は守禦庁というように、軍門が管理する体制に変わった。軍門では別将を置いて津船を管理した。別将は各軍門で独自に任命［自辟］する職責であった[84]。各軍門では江村の閑遊人50人を募集して隊を編成した後に、各種雑役を免除し、その代わりに津夫で輪回立番するようにして津夫を充当した[85]。すなわち1655年（孝宗6）までなされていた、位田を支給して津夫を充当する方式が廃止されたのである[86]。しかし津民に対する免役措処はまともに行われたりはしな

かった。景宗年間に頒布された漢城府都民に対する坊役節目を見ると、津民に対しても氷役・貰馬役などの各種雑役がを賦課されていたのである[87]。おそらく、京江津渡の津夫も次第に他の賦役と同じく、雇価募立方式で充員されたのであろう。

このような京江津渡の管理体制は1741年（英祖17）にまた変更された。守禦庁に所属していた松坡津の別将が広津、三田渡、新川の上江を一緒に管轄し、御営庁に属した楊花渡の別将が孔岩津と鉄串津を一緒に管轄するようにしたのである[88]。

本来、均役法以前の船舶に対する収税は、海船は戸曹で、京江船は工曹で担当することが原則であった[89]。しかし大部分の京江船隻は多くの宮家、各衙門に所属されて、船税を工曹に納めなかった。そこで備辺司では多くの宮家、各衙門所属の船舶数を4隻に制限し、残りの船舶に対しては工曹で収税して京江津船を改造するようにしたが[90]、多くの宮家、各衙門で船舶の実数をまともに報告しなかったので施行されなかったのである[91]。それで京江津船の改造費用は、依然として各衙門から出給する木1同で充当された[92]。

1713年（粛宗39）当時、各衙門や多くの宮家に配分された船舶数は、勢力があまりない衙門でも70余隻に至るほど多かった[93]。その分、工曹の収税額が減っていたのである。そこで1713年（粛宗39）には各衙門と宮家に所属されていた船舶数を定額化して、定額以上の船舶はすべて工曹で収税するようにした。この時決まった〈諸宮家各衙門所属船隻酌定数〉によれば、各衙門、多くの宮家に所属された船舶は全部で220余隻であった。残りの京江船舶は工曹で郎庁を派遣して徴税した[94]。その後、各衙門から支給していた津船改造費用は京江船収税をもって用意できるよるようになった。衙門に所属されていない船舶に対して収税したので、工曹では郎庁を京江に派遣しなくても津船の改造費用を用意することができたのである[95]。

このように津船の改造費用を自ら用意できるようになると、工曹では1713年に造船所を設立して、直接津船を建造した[96]。しかし京江に郎庁を直接派遣しないで税だけを納めるようになると、衙門などから密かに差帖を発給してもらって徴税を避ける京江船人が増えてきた。従って工曹では収税量が減り、津船の改造費用が手におえなくなったのである。そこで工曹は1729年（英祖5)、

再び郎庁を派遣して収税する制度を修復させようとして王に要請し裁可をもらったが[97]、なかなか守られなかった。1739年（英祖15）にも改造費用の不足で造船所の監官が津船を建造できなかったことがあった。その対策として用意されたのが、京江船人が自ら津船を建造するようにする方案であった。

工曹が管轄していた造船所では各津の別将の監督下に津船を建造したが、これを京江船人たちをその構成員とする船契が担当するようにしたのである[98]。この時の船舶の建造費用も、工曹から京江船に対して収税した700〜800両を船契に支給したようである[99]。そのため、京江船人が運営する船契の津船建造も船税収捧がうまくいかず、多大な困難を起したのである。

そこで1742年（英祖18）以後、津船新造と改槊は京江津渡を管轄する軍門が担当するようになった。ただ工曹では京江船に対して徴収する船税を軍門に支給した[100]。年均役法の実施ですべての船税の徴収処が均役庁に一元化されると、工曹では均役庁に津船改造費用として1年に2,400両を要求した[101]。これは工曹が直接収税する時より3倍も増加した額であった。これに対して均役庁は、京江津船63隻のうち、毎年5隻は改槊、5隻は改造すれば1年に費用が1千両から900両ほどが必要になるので、各津船を順次、5年に1回ずつ改造および改槊するように提議した[102]。この提議が受け入れられ、1751年（英祖27）均役庁で『各津船新造改節目及井間冊』を作成し、その後から井間冊によって京江津船を改造改槊した[103]。

一方、1754年（英祖30）には工曹が津船新造と改槊費用を均役庁から受領した後、再び軍門に支給する方式が廃棄され、各軍門から備辺司に報告した後備辺司がこの費用を支給する形に変更された。そして期限がきた漕運船を軍門に販売し、軍門は退船に利益を付けて京江船人に販売することで津船の改造費用の不足分の一部を補充するようにした[104]。18世紀中期以後には軍門で津渡の管理、津船の製造まですべてを掌握するようになったのである。

軍門の津渡管理体制は均役法が施行された1750年以後、再び変わった。各津渡には軍営で鎮を設置し、京江船隻に対する船税収税権を新たに規定した。露梁津は京江の津渡が軍営に隷属される前の1703年（粛宗29）、一番先に創設されたが、1750年（英祖26）に禁衛営に隷属された。訓練都監では1753年（英祖29）に漢江鎮を、御営庁では1754年（英祖30）に楊花鎮を各々設置した[105]。守

禁庁に所属された松坡鎮では広州・東甕室・広津・禿音地域の船舶に対する船税を納め、訓練都監に所属された漢江津では鴨鴎亭・豆毛浦・トゥクソム・夢賚亭・漢江津・西氷庫の船舶を、禁衛営に所属された露梁鎮では果川・新村里・沙村里・欄契・兄弟井契・麻浦地域の船舶を、御営庁に所属された楊花津では土亭里・甕里上契・甕里下契・玄石里・栗島・多仁里（当隣里─引用者）・下中里・合井里・水溢里・望遠井1・2契・始興・新井里地域の船舶収税を担当した[106]。軍門が船税を納めてこれを均役庁に帰属させたのである。しかし松坡津で納める船税だけは松坡津が「待変之地」という理由で広州府に帰属された。松坡と三田渡が国防上重要な地域という点が勘案されたのである[107]。しかし1754年（英祖30）には松坡津の三田渡に対する収税権も均役庁に帰属された[108]。

漢江津・露梁津・楊花津が官が管理する官津であった一方、西氷庫と銅雀津は官が管理する渡し場ではなかった。西氷庫は18世紀中期まで王が行幸する時の津路であったが、平時には農船があり、一般民の渡し場としては使われなかった。私津である銅雀津は険津で、さまざまな船が沈没して水死する事故も発生した[109]。

軍門によって京江の各津渡が管理される体制は、19世紀以後も変わらず維持され続け、むしろその範囲が京江以外の地域まで拡大された。19世紀初期には京畿地域の楊根の竜津は訓錬都監に、坡州の臨津津と長山津は総戎庁に各々所属され[110]、1857年（哲宗8）には竜虎営が江華島へ渡る文殊津を隷属させて収税した[111]。

18世紀初期京江の各渡し場が軍門に隷属されて以降、18世紀中期には各軍門で渡し場に鎮を設置したのみならず、19世紀に入ってから漢江の下流地域まで管轄区域を拡大したのは、流動人口の増加により譏察などの任務が重要になったことと、同時に渡し船が単純に通行人を渡してくれる役割だけではなく、南漢山城と江華島の待変船の機能を兼ねていたからである[112]。しかしそれよりも重要なのは、商業中心地として成長した京江を軍門の管轄下に置くことで、軍門が京江を舞台に活躍する商人の得る商業利潤の一部を掌握することができたからであった[113]。

一方、17世紀後半以後、京江が商業中心地として成長することによって、京

江津渡の整備と同時に津船もだんだん増加した。孝宗代には50隻あったが、粛宗初年の大々的な津渡整備と拡充の結果1683年（粛宗9）には57隻と7隻が増加したのである[114]。また『続大典』が編纂される18世紀中期には63隻が京江津船の定額であった。津船の配置状況を見れば広津に4隻、松坡に9隻、三田渡に3隻、新川に2隻、漢江津に15隻、露梁津に15隻、楊花渡に9隻、孔岩津に5隻、鉄串津に1隻などであった[115]。このような配置状況は、正祖年間に漢江津と露梁津には10隻だけとし、残りは西氷庫と銅雀津に5隻ずつ各々分けて配置するように変更された[116]。銅雀の渡し場はソウルと水原を結ぶ渡し場として正祖年間にソウル—水原の路が新作路として新たに開設されることで通行人が増加し、従ってここにも渡し船が増置されたのである。これ以外にも銅雀津には禁衛営6隻、御営庁2隻、訓錬都監1隻など、各軍門の津船も配置された[117]。

　以上見てきた通り、17世紀後半の京江津渡の整備と津船の増置、そして19世紀に至る各軍門管轄津渡の拡大現象は、京江が商業拠点として成長すると同時に、ソウルと外方を連結する交通路の発展を反映するものであった[118]。

2. 全国的な海運・水運の中心地としての発展

　京江はすべての漕運の集結地であったいう点、ソウルと三南地域を連結する陸・海上交通の中心地であったという点、そして各種魚物が生産・流通される地域であったという点から、早くから商業地帯として発展していた[119]。その中でも京江の商業発展を促進した一要因は、何よりも京江が海上と水上交通の中心地であったという点である。

　京江は全国の海路と水路がすべて通じる交通の要地であった。水運では東南の方（南漢江）には清風の黄江、忠州の金遷、木渓、原州の興原倉、驪州の白涯村が、東北の方（北漢江）には春川の牛頭と浪川の元巖が、正北の方（臨津江）には漣川の澄波渡まで通じるので、これらの地域と水運で連結されていた[120]。海運でも全国の海路流通圏の確立に従って三南地域と海西・関西だけでなく、関北地域の東海岸まで連結された。特に水運で通じる地域とは京江の商船が信用取引をするほどであった。それで『択里志』では京江を「海峡に

通じる利益を左右し、我が国の船運の利益を引き受ける所として利益を狙って富者になる者が一番多い所」と記している[121]。

京江は租税穀運送の中心地であった。18世紀後半、ソウルに運送されてきた租税穀は嶺南の漕船60隻によって6万余石[122]、両湖の漕船81隻で大略8万余石[123]、そして両湖地域の直上納邑から京江船で運送される米穀は湖南10万余石、湖西6万余石であった[124]。1年に30万余石が三南から京江へと搬入されたのである。

搬入された租税穀はまた百官の禄俸や貢価としてソウルで流通された。禄俸で支給された米穀は大部分自家消費されたものと推測され、貢価で貢人に支給された米穀はソウルで商品として流通された。18世紀中期の貢価の規模は概して30万石ほどであったが、その半分は銭・木で支給されたし、残りの15万石程は米穀で支給された[125]。18世紀後半になると、貢価で供給された米穀は15万石から20万石程に増加した[126]。

ソウルはこのように租税穀30万余石をはじめ、士大夫たちの農場から収穫した秋収穀、米穀商が搬入する米穀が集まってくる国内最大の米穀市場であった。1785年(正祖9)、左承旨の柳義養はソウルの人口20万人の1年米穀消費量を100万石と推算したが、その中で20万余石は貢価から提供され、20余万石はソウルの士大夫たちの外方田土から収穫した私穀で充当されると記している[127]。残りの60万余石は貿穀船商たちによって調達されると考えなければならないであろう。

貢価だけでなく、士大夫の秋収穀20万余石と米穀商人たちが供給する60万余石も、すべて京江を中心に流通されていた。このように京江で流通される米穀を「江米」または「江上米」と呼んでいた[128]。江上米は全国の米価の動向に非常に敏感であった。他の地域が凶作で米価が上がれば、京江の貿穀商たちは南部地域から京江に上ってきた米穀を数箇所に分けて保管しておいて、米代が急騰した地域へと再び送り多くの利益を残したが、このように外方へ搬出される量は江上米の3分の1に達するほどであった[129]。

19世紀以後、外方から京江に米穀が集散されて、また外方へと分散される模様は次の記事によく表れている。

ソウルの場合は近来江上に穀食を積んでおいた人々が凶年になると時を逃せないと言って皆が積んでおいたものを出さない。彼らは法司が気付くことを恐れ、夜に誰も知らないうちに江外の遠い所に移しておくとか、船舶に載せて発船する。湖南・湖西の米価が上がればその地域へ分送されるものが3、4日の間に何千石にのぼるか分からない。もしこれを禁じなければ、江上の穀食は全部なくなり、ソウル民の糊口穀食はなくなるであろう[130]。

　地方の米代が上がれば3、4日の間に数千石の穀食が送られるほどに、京江の米穀収集規模は大きかった。全国海運の中心地としての京江は、18世紀中期以後の全国の米穀が集散されてからまた外方で流通される米穀流通の中心地であったため、全国の米穀価格を調節する中心市場の機能を果たしていたのである。

　このように京江が全国海運の中心地として成長するにあたっては、京江という地理的利点とともに、京江船人たちの優れた造船術と航海術によるところが大きかった[131]。これによって漢江水路を利用する交通も、17世紀後半以後増えてきた。1675年（粛宗元年）江華留守が水路ではなく陸路でソウルを往来している途中、馬匹を忘れてしまう事件が発生すると、朝廷では江華府からソウルを往来する時は必ず水路を利用することを正式化した[132]。また1777年（正祖元年）には凶年になり、各道の減税要求が多くて税入が9万石にも至らなくなると、戸曹では南漢山城穀を代わりに支給して財政に充当することに決め、南漢山城穀を水運で都城内に移した[133]。以前は南漢山城穀を運搬する時に多くの費用と労力がかかる陸路を主に利用したが、18世紀後半からは京江の水運を利用して穀物を輸送したのである。米穀だけでなく黄海道で生産される鉄を運搬するのにも船舶が利用されるようになった。鉄の運搬に必要な大船を忠清・全羅水営で特別に製造したり[134]、長湍で生産された鉄を運搬するために禦営庁所属の船舶が動員されたりもした[135]。

　このように京江で水上・海上交通が活発になることによって、当然京江船舶も増えてきた。1660年（顕宗元年）に竜山以南の江村に碇泊した船舶は総191隻であった[136]。1702年（粛宗28）には200石から1,000石まで積むことので

きる京江船は 300 余隻まで増加した[137]。18 世紀前半京江には米穀運送船を含めて、漁船などの雑多な船舶まで含めればその数は 2,000 余隻に達すると推定される[138]。特に 18 世紀後半、作隊法が導入されて京江船によって税穀運送が独占された時、1,000 石まで積める京江大船だけでも 120 余隻に達した[139]。

18 世紀後半には船舶数だけでなく、船舶の規模もだんだん大きくなってきた。京江船の法定積載限度は 17 世紀後半 500 石から、18 世紀後半には 1,000 石にまで増加した。しかし京江船は法定積載量を超過して、普通 1,500 石を積んでいたし、2,000 石を積む船舶も建造された[140]。18 世紀後半には京江船で税穀を賃運するという規定が定着し、京江船の中で税穀運送に投入される大きい規模の船舶が増えるようになった。

京江が海運中心地として成長することによって、19 世紀には京江の航路を整備する事業も進行した。1821 年には、漢江下流である通津の三灘に多額の経費を使い、突出していた暗礁を取り除いて航路を順調にさせる作業を行った[141]。1889 年には竜山の灘項契民たちが江辺を修築して船舶の接岸を容易にする作業を行った[142]。このような事業などは京江を運航する船舶に対する収税権を確保しようとする者か、その地域で荷役運輸業を通じて利益を得ようとする人々によって行われた。先に見たように、外方で浦口の新設に莫大な資金を投資するのと同じ脈絡である。このような航路整備事業も、京江が全国の海運・水運の中心地として発展するのにともなって現れた現象であった。

京江は 17 世紀後半以後、海上・水上交通の発展によって重要性が大きくなってきた。京江は漢江の水運だけでなく 18 世紀以後に成立した全国海路流通圏の中心であった。そのため京江は全国で生産されるすべての商品が船運され、京江に集散されてから再び船運で全国に流通される全国市場圏の中心地として成長したのである。こういうわけで京江は全国の商品流通の調節と商品価格を決定する商業中心地として発展するようになったのである。このような条件を背景に、京江の浦口間の商業構造も変動した。

3. 京江と浦口間の競争的営業体制の定着

京江に存在した多くの浦口のうち、竜山・西江・麻浦などは税穀運送と関連

して早くから商業中心地として発展した。京江は米穀・魚塩・木材流通の中心地であったが、都城内地域と関連しては、そこの商品の卸売市場として機能していた。小売商や行商たちは京江で魚塩や木材、酒類などを購入した後、都城内の消費者に販売した[143]。

京江が全国的海上流通の中心という位置のため、京江の各浦口では他の浦口の侵害を受けない特定の営業を独占的に行っていた。すなわち、

> 八江民が資生するには各々その方法がある。望遠・合井の両里では氷魚船をもって業を営み、西江は税大同穀草船で業を営んでいて、露梁は秀魚船で、麻浦は青石魚船で業を営み、各自がその業を守って互いに業を奪うことがなかった[144]。

と言い、八江はそれぞれ別の業種を専門にしながら互いに侵犯することなく、独占的営業権を保障してもらったのである。それでは京江各浦口の具体的営業状況を見てみよう。

竜山は漢江上流から来る租税穀が荷役される所であった。ここには掖庭所属と各衙門の散料、各司員役の給料を支給する軍資監があり、30余万石の米穀を貯蔵していた[145]。訓錬都監軍兵たちの給料を支給する倉庫である別営も1597年（宣祖29）、竜山に設置されたが、こちらから支給される1カ月分の給料も米3,500石、田米20石、豆580石であった[146]。また1640年（仁祖18）には各司の元貢の不足物種と別貿物種の貿易価を保管するため、竜山に戸曹の別庫を設置した。別庫には1年に米1万7,000石、田米3,100石、豆2,300石を出給していた[147]。それだけでなく、大同法の実施以後には三南の大同米を収納する江倉庫が1657年から竜山に設置されたし[148]、宣恵庁の旧賑倉庫も竜山にあった[149]。

このように竜山には各衙門・軍門の倉庫が多数あったので、竜山民たちは各種物資の荷役運輸業に従事したが、その代表的な業種が運負契・馬契・募民契・役人・車夫・馬夫色掌・牽夫などであった[150]。またここには竜山柴木廛・甕里蛤灰廛などの市廛があり、薪と貝類などを販売した[151]。

竜山江の下流である麻浦は、西海岸と漢江上流地域を結ぶ交通の要地であっ

た。西海岸で商品を積んで漢江に入ってきた船商は、大部分は麻浦で荷物を下ろした後、都城内に入ったり、または水上船に載せて漢江の上流へ移動した。麻浦には漢江上流から木を載せた船がたくさん集まり、西海の魚物がたくさん入ってきて生鮮・乾魚物・塩辛塩などの海産物が集荷される所であった。特に漢江の河口や忠清道で獲って作ったえびの塩漬けや生鮮の漬物の取扱処として有名で、塩醢廛市民の統制を主に受けていた。

麻浦は京江浦口の中で18世紀初期までは旅客主人が存在した唯一の地域であったので[152]、全国の魚物船商たちは皆麻浦に寄り集まった[153]。麻浦に到着すれば、旅客主人は内・外魚物廛にこれを知らせて売買を斡旋した[154]。竜山で貨物荷役作業と運輸業に従事した者たちが大部分外部から移住してきた者であったのに対し、旅客主人たちは京江辺の地着きが多かった。旅客主人たちは18世紀以前までは江辺の旅客・商買を接待する営業利益が少なく、貧しい者が大部分であった[155]。しかし18世紀中期以後にはだんだん船商に対する支配権を強化させて富商大買として成長した。18世紀中期、江上富民・京江牟利之輩・江上富漢などの表現は大部分麻浦を中心に活躍した旅客主人層を指称するものであった[156]。

西江と竜山が税穀運送の中心地であれば、麻浦は商品流通の中心地であった。そのため麻浦には京江浦口の中でも一番市廛が多かった。18世紀後半に確認される市廛は麻浦塩廛・麻浦米廛・麻浦漆木廛・麻浦雑物廛・麻浦艮水廛・土亭藁草廛・土亭柴木廛[157]と麻浦塩醢廛[158]などがあった。麻浦は京江の中でも一番繁盛した商業中心地であった[159]。

官僚の禄俸用米穀を保管する広興倉と司僕寺の江倉庫[160]があった西江は、黄海・全羅・忠清道の租税穀と京畿道下流地方の物資を輸送する船が集まる税穀運送の中心地であった[161]。西江に漕運船が碇泊すれば戸曹の差人が単子を点検し、その後に判書・郎庁が西江にある点検庁で、漕運差使員と一緒に租税穀を点考した。点検を終えた税穀は竜山や楊花津、そして都城内にある各倉庫へと荷役運搬されたが、西江から竜山・楊花津までは船で運送された[162]。

西江も麻浦とともに塩に漬けた生鮮を取り扱う浦口であったし、塩魚船で魚を獲る漁民たちが活動していた。西江にも米廛・柴木廛・黒石里柴木廛などとともに[163]懸房があったが、ここで毎月出す贖銭は38両で、漢城府・刑曹・司

第 2 節　海運・水運の中心地化と商業構造の変動　211

憲府に分納した[164]。

　西江の水鉄幕里には水鉄で器を鋳造することを業にする水鉄匠人たちが集団居住していた。もともと彼らには大同法の実施以前から奉足〔手助けする人〕600 人が支給され、宗廟・陵寝と各殿および各上司で所用される釜などを供給していた。しかし大同法の実施以後から奉足が 3 分の 1 に減ってしまい、釜を供給する仕事も貢物に変わって、水鉄匠人たちは酒がめなどを納付しただけであった。しかし、水鉄匠人に対する税は変わらず、多くの弊を惹起したのである[165]。西江の前のパムソム（栗島）には造船所があって、船匠らが居住していた[166]。またここには薬草や菜蔬などを栽培する商業的農業が盛んで[167]、昔から富裕な人々が多く暮しているといわれていた[168]。

　楊花津周辺の村としては望遠・合井が盛んであった。楊花津は仁川や江華へ行く時の渡し場として、交通の重要地域であった[169]。また昔から景観が優れ、成宗の実兄である月山大君（1454-1488）が喜雨亭（後に望遠亭に改称）を造ったし、中国の使臣が来れば風流を楽しむ所でもあった[170]。月山大君は喜雨亭だけでなく、その周辺に築台を築いて私氷庫も設置した。その後この地域の住民たちは氷を採取、貯蔵して氷魚船の営業を独占していた[171]。そのため、大闕内にあった内氷庫も 1789 年に楊花津に移された[172]。この地域は、18 世紀後半に盛行していた民間蔵氷業の中心地であったのである。望遠・合井地域は鮮魚を取り扱ったので、生鮮廛市民が鮮魚流通を統制した[173]。

　露梁津は舟橋が設置された所で、始興・水原へ行く重要な渡し場であった。18 世紀後半には露梁津にも各地の漁船が集まり、魚物売買が盛んであったが、麻浦や西江には及ばなかった。麻浦と西江は水が深くてまた幅も広く、富商大賈の大きい船舶も碇泊できたが、銅雀と露梁津は水が浅くて幅も狭く、軽い船舶だけ通うことができた[174]。露梁津にもパムソムと同じく造船所があったが、漢江の津船や各種船舶を製作したと思われる[175]。

　漢江津は三南地域へと通じる渡し場として重要な所であった。ここには漢江上流から来る唐辛子・にんにく・じゃがいも・さつまいもなどの農産物と木材・長斫などが流通された[176]。

　豆毛浦の近処には東氷庫と西氷庫があった。東氷庫は倉庫一つで、宗廟社稷以下国家の祭祀に使う氷を貯蔵していた。東氷庫に貯蔵する氷は清渓川下流で

はなく、豆毛浦と楮子島の間の漢江から直接に採取したし、氷の厚さは4寸以上であった[177]。東氷庫に貯蔵された氷は1万244丁であった[178]。ここでは毎年2回ずつ水神・雨神・冬神である玄冥氏に司寒祭を奉行し、毎年師走に司寒祭を奉行した後に氷を採取して東氷庫に貯蔵した[179]。西氷庫は倉庫が8個で、御廚と百官に分けてやる氷13万4,974丁を貯蔵していた[180]。豆毛浦には豆毛浦柴木廛があって、薪を販売していた[181]。

　トゥクソムはソウルから忠北地方と慶尚道へと行く街道の要所で、ソウル外郭の商業都市として繁栄していた。特に漢江上流から送られる木材の集散処として、1656年（孝宗7）には戸曹で収税所を設置して公私木物に対し什一税を納めた[182]。その後、トゥクソムはソウルの木材を供給する主要なる市場として成長した。これは次の記事によく表れている。

　　　京中の牟利輩がいろんな奸計をなして平民の生業を奪おうと企てることが多くて非常に痛憤すべきことである。かつてからトゥクソムの住民は他に生計を立てられるすべがなく、柴木を売って業にしながら、一方では平市署の公用木材を酬応していた。家ごとに設廛してひたすらこれをもって資生した。近来鄭昌梯という者が平市署書員の鄭益周と浮動して平市署に誣訴して市案に名前を上げたという言い訳で、他の市廛の乱廛を禁じて利益を独占しようとした。400～500戸の上中下民人たちの生計が一瞬に鄭昌梯に奪われたのだ[183]。

　トゥクソムは500余戸に至るすべての住民たちが家ごとに店を開いて木材を販売するほど、ソウル最大の木材市場であったのである。ここで「有銭之輩」たちは漢江の上流から来る木材を独占して江辺に積んでおき、出荷量と時期を操縦しながら市廛商人である内外長木廛に販売していた[184]。トゥクソム民たちの営業行為は市廛商人を凌駕していたのである。一方トゥクソムは炭の販売も活発でスッカンゴルと呼ばれたりもしていた。

　今まで見てきた通り、京江の多くの浦口は各々の特性を持って自分だけが独占的に遂行する特定の業を営んでいた。しかしこのような独占営業体制は、他の地域の商人が営業権を侵犯することによって次第に崩壊していった。独

占営業権の侵犯による紛争もよく発生していたが、その中でも望遠・合井と麻浦・西江の間で起きた紛争が一番大きかった。1789年（正祖13）竜山・麻浦民たちは「望遠・合井の両里の住民たちは氷魚船で生計を立てているのに、最近には望遠・合井の謀利輩が利益を得ようと、本業以外にも他の営業を兼併しようとして麻浦の青石魚船まですべて誘引して行く」と呼訴した[185]。これに対して漢城府と備辺司では、

> 漁船の碇泊は各々主人によって往き来するもので、本来決まった所はない。前には旅客主人が麻浦にしかいなかったが、近来には各江に散在している。だから青石魚船も主人に付いて麻浦に都集しないのも当たり前のことである。主人の役をすでに売っておいて、各江の船舶を全部碇泊させようとすることは理に合わないことである[186]。

として、旅客主人権を他の地域に販売したので、船商が主人の住む他の地域へ行くことは当たり前だ、という立場から既存の京江の専業的営業構造を否定した。

また望遠・合井の両契民たちも「我らはひたすら氷魚船を接待することで生きてきたのに、近来になって西江民人たちが氷魚船を奪取して西江に碇泊させ、失業する場合が多い」と呼訴していた[187]。このような望遠・合井民と西江民との間の紛争は淵源が非常に深いものだけでなく、何回も繰り返された事件であった。

この紛争は、1755年合井里民の鄭燧が、自分の旅客主人権を他の地域に販売した後に氷魚船が麻浦などの地に碇泊すると、氷魚船は望遠・合井地域に都泊〔一括碇泊〕しなければならないと主張して、他の地域の江民との争訟が始まることになった。その後鄭燧によって何回も上言と撃錚が行われ、その途中で何回も判決が引っ繰り返されたりすることもあった。1772年漢城判尹の経筵稟啓と1775年の三江御使の書啓などで、鄭燧の主張が誤ったものであることを明白にして、氷魚船は旅客主人権が設定された地域に従って散泊することが正しい、という最終的な判決が下された。ところが鄭燧はこの判決を不服とし、また1782年に撃錚をして都泊を主張した。この時もやはり散泊で決定さ

れた[188]。その後にも鄭燧はこれを不服として1786年・1789年と続けて撃錚をして都泊を主張した[189]。これに対して西江黒石里の金浦旅客主人であった黄福徴[190]は、

> 私たちは京江民で、金浦船隻がソウルに到着すれば彼らを接待してその対価をもらう旅客主人業で生きてきた。旅客主人権を400両で買い入れしてから何年も経った。いわゆる接客之道はどんな物種であっても京江に積んできたものは旅客主人の利害によって看検することが八江民の通行規則である。ところで漁船の中で北部字内の望遠・合井の両契人と西江・籠厳民は漁船を回泊させる計策を立てて互いに争訟している。氷魚船は各江でもともと決めた主人に従って碇泊するようにして、京城の無頼中都児輩たちが介入して江民の生業を勒奪しないようにすべきであろう[191]。

と告げ、旅客主人が給価買得した権利に従って漁船が碇泊するべきであると主張した。

　漢城府と備辺司でも「漁船が碇泊する所は売買の利益がある所であれば何処でも構わない。漁船が行き来するのはその利益の所在を追うことである。そこで漁船を1カ所だけに碇泊させようとすることは理に合わない」として鄭燧の主張を認めなかったのである[192]。

　このような紛争は基本的に各浦口の旅客主人権が自由に売買され、麻浦だけにあった旅客主人が他の浦口でも営業をするようになることから発生した紛争であった。これはまた、京江商業の繁盛によって京江の各浦口の間で商船の誘致をめぐった競争の様子を示してくれるものである[193]。

　一方、江上市廛の間でも営業権をめぐって多くの紛争が発生していた。例えばトゥクソム民と内長木廛の間では木材販売権をめぐって、市案を偽造する不法行為まで犯しながら熾烈に対立した[194]。また新廛設立をめぐった紛争も現れた。京江の米廛は西江米廛と麻浦米廛の2カ所があったが、竜山民人たちが麻浦まで行って米を購買することが不便という理由で、竜山に米廛を設置してほしいと、次のように要求してきたのである。

西江と麻浦には全部米廛がある。竜山七契は繁盛して人口も多いのに、竜山民たちは峠を越えて麻浦まできて米を購買しなければならない。雪でも降り積もることになると、老弱者と窮残之類は糧穀がなくてご飯が食べられない時も多いので、竜山に米廛を設置して民弊をなくさなければならない[195]。

しかし備辺司では、竜山に米廛を設置すれば麻浦米廛の営業損失が大きい、という理由で竜山民の要求を呑んでくれなかった[196]。これは失敗に終わったが、麻浦で独占していた米穀販売権を侵犯しようとする竜山民の試みとして見ることができる。

竜山塩廛と麻浦塩醢廛の間でも塩の流通をめぐった紛争が発生していた。江上で塩を販売する竜山塩廛はもともと京塩廛の外廛で、京塩廛は船運されてくる塩に対して、竜山塩廛は車に積んでくる塩に対して各々収税した。ところで麻浦の塩醢廛が江上の営業権を所有しているとして、竜山塩廛が自分の外廛であると主張したのである。結局、麻浦塩醢廛は京塩廛が竜山塩廛で納める収税額の中の5分の2を取るようになった[197]。これに対して京塩廛が、

　二去壬子(1732)年に竜山廛が京塩廛に帰属されて駄塩税をもらい国役に応じてから数百年になった……塩醢廛は国役を担当していないだけでなく、塩辛で名声も得たのに、どうして塩の収税に関与するのか。奪われた塩税を再び本廛に還元させなければならない[198]。

と主張すると、備辺司では麻浦塩醢廛は国役を担当しないのに収税することは過ちである、と言って麻浦塩醢廛の収税を否定し、京江の塩流通に対する収税は京塩廛と竜山塩廛が担当するようにした[199]。この紛争は今まで麻浦で塩辛の流通に対してのみ管轄権を行使していた麻浦塩醢廛が、竜山塩廛の塩流通に対する独占権を侵犯して発生した事件であった。この紛争は最初、竜山塩廛と麻浦塩醢廛が共同で塩流通権を掌握するように処理されたが、麻浦塩醢廛が国役を担当していないという理由で、結局は竜山塩廛の独占権が認められることに決定された。

以上で見てきたように、米穀・魚塩・木材・流通の中心地である京江の商品流通市場で既存の商圏を威脅する新しい動きが出てきていたのである。このような動きは直ちに既存の商圏を崩壊させ、新しい流通構造を創出するまでには進展しなかったとはいえ、次第に既存の商人たちが所有していた営業独占権が有名無実なものになっていき、京江の営業体制を競争体制に変化させるものであった。

旅客主人や江上市廛が営業権を保有した管轄区域を基址と言った。この基址の中では旅客主人や江上市廛が独占流通権を行使していた。そのため基址の境界は営業範囲を決定する重要な要素であった。基址の外では自由な売買が許容されたが、18世紀後半まで、基址の中では旅客主人権の独占的営業権は保障された[200]。しかしこれも19世紀以後には変わったようで、例えば江上大柴木廛の基址は漢江津から望遠亭までで、所管する物種は退船材・家材椽などであったが、退船材の売買権は栗島の船匠に奪われ、家材椽の売買権はトゥクソムを基址にしている内外長木廛の商人たちが境界を越して流通に参加することで、大柴木廛の営業権を損していた[201]。このほかにも明礼宮が管轄していた元山、瑞山、泰安、烟島、京江主人基址地内でも旅客主人の知らないうちに勝手に売買することもよく発生した[202]。

このように、18世紀後半を経ながら京江の独占的営業体制は次第に各浦口間の競争的営業体制に変わってきた。強力な独占権を行使しながら都買商人として成長した旅客主人の基址内でも、さまざまな勢力の浸透から独占的営業体制が損なわれることもあった。このような商業体制の変化によって既存の商圏を守ろうとする商人と、既存の商圏を侵犯して自分の営業権を定着させようとする商人の間に続々と紛争が発生した。これは呈訴・上言・撃錚の形で現れた。先に見たように、18世紀後半には京江民たちを「好訟之民」と指したのは、まさにこのような京江辺の営業体制の変動からくる現象であった。

註

75 『備辺司謄録』123冊、英祖27年8月7日、186頁。「漢江則嶺南及両湖之由板橋者 皆従漢江 両湖之由振威者 皆従銅雀 而従銅雀渉則 自振威当日可抵京城」
76 『舟橋指南』(奎5485)。
77 李鉉淙「京江津・渡・船について—都城出入の交通網を中心に」『郷土ソウル』27、1966、42-50頁。
78 『孝宗実録』巻15、孝宗6年10月 丁巳、30頁。「京江 銅雀 露梁 漢江 広津 三田渡 楊花渡 孔巖等津 丙子以前 則皆給位田 責立津船 乱後各津位田 尽為江居士夫之所占 津人不得耕食 船隻甚小 亦不修治 往来行旅 争渡之際 鮮不免沈没之患」
79 同上条。「概津船設立 所関甚重 漸之墮廃 無以形成 各津位田 令京畿監司 考関田案 明白査出 各津船隻 依旧例優数整待……検筋津船 必准乱前之数」
80 『承政院日記』140冊、孝宗7年7月11日、884-885頁。「京江津船 内則無主之 外則京畿主之」
81 『備辺司謄録』36冊、粛宗8年8月24日、542-543頁。
82 『備辺司謄録』36冊、粛宗8年9月7日、550頁。
83 『備辺司謄録』36冊、粛宗8年11月24日、575頁。
84 『粛宗実録』巻49、粛宗36年10月 乙丑、371頁。
85 『承政院日記』548冊、景宗2年12月7日、793頁。「当初五津設立時節目 則江村閑遊人 募得作隊成案 除雑役輪回立番 脱有緩急 整待舟楫 可以得力於倉卒之際」;『英祖実録』巻24、英祖5年10月 丁未、169頁。「兵曹啓 五津募丁五十名 作隊立番 整待舟楫 節目啓下 行之已久」
86 京江津渡に対しては位田支給が中止されたが、外方の津夫には復戸結を支給し、船舶は官から管理する津船ではなく、私船を賃貸して使うようにした(『続大典』工典 舟車)。例えば総戎庁で管轄する臨津鎮の場合、津夫が74人で、彼らには位土と位畓が支給された(『万機要覧』軍政篇3、総戎庁 諸鎮)。
87 『承政院日記』548冊、景宗2年12月7日、793頁。
88 『備辺司謄録』109冊、英祖17年12月12日、200-201頁。この規定は1744年に刊行された『続大典』に反映され法制化された(『続大典』工典 舟車)。
89 『備辺司謄録』37冊、粛宗9年 閏6月13日、677-678頁。
90 『備辺司謄録』37冊、粛宗9年 閏6月13日、677-678頁。
91 『備辺司謄録』38冊、粛宗10年7月17日、767-768頁。1684年(粛宗10)には工曹から津船改造費用を確保するために各衙門、各宮家に所属された京江水上・水下船を工曹に所属させて収税できるよう要請した。
92 同上。
93 『備辺司謄録』66冊、粛宗39年7月18日、556-557頁。
94 『備辺司謄録』66冊、粛宗39年8月21日、571-573頁。〈諸宮家各衙門所属船

218　第 2 章　京江地域の商業発達の様相

隻酌定数)
95 『備辺司謄録』85 冊、英祖 5 年 4 月 17 日、562 頁。「本曹所管 各津津船 限満改造之数 因本曹之請限 曽前宣恵庁戸曹兵曹司僕寺等衙門 本銭間称貸取用矣 一自本曹発遣郎庁 毎年春秋摘奸収税之後 称貸之路永塞 而摘奸収税之数 亦為不多 故曽於癸巳年 各衙門諸宮家案付船隻作定其限 余皆帰属本曹 使之収税補用事 自備局別単啓下本曹 摘奸不為之故 各衙門船人輩 百出奸計 出没潜商於江海之間 公然免税 故其所税納 逐年減縮矣 今年限満船価 近千両之銭 當今不得上下 使莫重津船 将未免違期 実非細慮 今年為始依前発遣郎庁 沿江所泊船隻摘奸収税事 更為奉承伝何如 答曰允」
96 『備辺司謄録』105 冊、英祖 15 年 10 月 9 日、847 頁。「本曹所管 各津津船 関係甚重 所造物力 専靠於船税 而税捧不敷 造置誠難 故去癸巳年 (1713) 設立造船所 差定監官 税給物力 使之担当監造 兼以激勧之意 入啓定奪矣」
97 註 95 参照。
98 『備辺司謄録』105 冊、英祖 15 年 10 月 9 日、847 頁。「近廃本曹摘奸之規 且多船隻漸縮之弊 税捧大縮 価本難弁 船材亦貴 監官不能支堪……船契自是本曹勾管 故津船監造之役 移付船契 而第念船契完固然後 津船亦且無憂」
99 『備辺司謄録』122 冊、英祖 27 年 4 月 8 日、143 頁。「工曹収捧船税 毎年不過七八百両 以此略略修改」
100 『度支志』外篇、版籍司 船税 事実。「英祖 十八年 備局甘工曹牒呈 津船新造改槊移属軍門矣」;『備辺司謄録』122 冊、英祖 27 年 4 月 23 日、146 頁。「禁衛営達日 京江各津船隻 令四軍門改造改槊事 己有筵稟定奪矣 本営所管各津船隻 今方修改 而所入材木 自京末由鳩聚 関東水上各邑等地 定将校下送 貿取以用之矣 敢達 令日知道」
101 『備辺司謄録』122 冊、英祖 27 年 4 月 8 日、143 頁。「均役庁堂上 洪啓禧所啓 各津津船 凡六十三隻 而工曹収船税銭 以為改造改槊之用矣 船税既帰均役庁 則工曹無以修改 論報均役庁請得修補物力 而所請者為二千四百余両矣」
102 『備辺司謄録』122 冊、英祖 27 年 4 月 8 日、143 頁。
103 『備辺司謄録』122 冊、英祖 27 年 5 月 10 日、151 頁。
104 『度支志』外篇、版籍司 船税 事実。「英宗 三十年 津船移属軍門之後 新造改槊報備局 請得木物矣 発売限満漕船 許売於軍門以為補用何如 上曰依為之」
105 『東国興地備攷』巻 2、関防 ;『万機要覧』軍政篇、守禦庁・御営庁・訓錬都監諸鎮。
106 『万機要覧』財用篇 3、海税。
107 『承政院日記』1073 冊、英祖 27 年 8 月 30 日、233 頁。
108 『英祖実録』巻 82、英祖 30 年 7 月 甲午、536 頁。
109 『備辺司謄録』123 冊、英祖 27 年 8 月 7 日、185 頁。「西氷庫即動駕時津路也

……津渡有漢江 西氷庫 銅雀 露梁 楊花 五処 而西氷庫只有農船 元無行人渡渉之事 銅雀素称険津 且是私津無統摂者 故敗溺之患比比矣」

110　『万機要覧』軍政篇 2、訓錬都監 諸鎮；同書 軍政篇 3、御営庁 舟車、禁衛営 諸鎮。
111　『備辺司謄録』244 冊、哲宗 8 年 6 月 20 日、113 頁。
112　『備辺司謄録』109 冊、英祖 17 年 12 月 12 日、200-201 頁。
113　このことは守禦使の閔鎮厚が 1706 年、松坡場市を設置した事実を通じても推定することができる（本書の第 1 章 第 1 節の註 214 を参照）。
114　『備辺司謄録』37 冊、粛宗 9 年 閏 6 月 13 日、677-678 頁。
115　『続大典』工典 舟車。
116　『大典通編』工典 舟車。
117　『万機要覧』軍政篇 2、訓錬都監 諸鎮；同書 軍政篇 3、御営庁 舟車、禁衛営 諸鎮。
118　このような京江の津渡の状態は 1902 年（光武 6）、内蔵院に所属された渡津会社が設立されてから変貌した。渡津会社では漢江の渡し場に 3 隻、三田渡に 2 隻、松坡渡に 5 隻の渡船を置いた。漢江渡と三田渡は主に人馬用で、松坡には人の専用の 3 隻と牛馬専用の 2 隻があった。『渡津会社章程』（奎 18976）；崔永俊「朝鮮時代の嶺南路研究」『地理学』11、1975 参照。
119　崔完基「朝鮮後期 京江船の機能と力量」『郷土ソウル』45、1988、66-69 頁。
120　『択里志』卜居総論 生利。
121　同上。
122　禹禎圭『経済野言』嶺南漕運変通之策。
123　『度支志』外篇、版籍司 漕転 漕倉。
124　『備辺司謄録』167 冊、正祖 8 年 8 月 20 日、467 頁。「両湖直上納邑 税大同之多寡 縦有豊歉之不同 要之湖南則為十万石内外 湖西則為六万石内外」
125　『備辺司謄録』112 冊、英祖 25 年 9 月 20 日、966 頁。「内局提調 李宗城所啓……今秋年穀幸得登稔 米賤銭貴 不但傷農 貢人受価 亦多落本……貢人之一年受価 於恵庁者 大略三十万石 而十五万石則以銭木上下 十五万石則以本米上下 十年之内 米価漸下 至於今年而極矣 統計言之則三十萬石 受価折半落本 殊為可矜矣」
126　『承政院日記』1540 冊、正祖 9 年 9 月 9 日、279 頁。「左承旨柳義養曰 都下人民 今為二十万余口 而日計二升 則一年当食百万石米 而目今地部所管諸倉及他余貢価所出米穀 零零注合 終不満二十万石 私家穀物則士大夫 富少貧多 家家所謂秋収之輸入城中者 都不満二十万余石米矣」
127　同上。
128　『備辺司謄録』141 冊、英祖 38 年 6 月 21 日、723-724 頁。「大司諫李基敬所啓 近来以忠（兄？―引用者）旱之故 外方米直日下（上？―引用者）江上牟利之輩 争輸所儲米穀而南下 都民所恃者 全在江米 艱食之患 其勢必至」

129 『備辺司謄録』141冊、英祖38年6月27日、727頁。「吏曹参議 趙儼曰……大抵都民数十万口之食 不但有頼於貢米 全仰於三南運米矣 当此凶年 今春則自南上来之穀物 為米商潜自売送于外方者 幾居三分之一云 如此而都民顧安所継糧乎」
130 『備辺司謄録』199冊、純祖9年6月12日、78頁。
131 本書の第1章第2節「2. 海上交通の発達」参照。
132 『備辺司謄録』31冊、粛宗元年1月26日、134頁。
133 『備辺司謄録』158冊、正祖元年10月22日、515頁。
134 『備辺司謄録』33冊、粛宗3年8月5日、309頁。
135 『備辺司謄録』33冊、粛宗3年9月5日、313頁。
136 『承政院日記』162冊、顕宗元年6月14日、1003頁。
137 『承政院日記』408冊、粛宗28年12月18日。「京江船隻中、自千余石容載至二三百石容載之類 尽為捜出 則近三百余隻」
138 註93、94 原資料には1713年宮房や衙門など30余機関に所属された京江船舶は220余隻と記録されている。〈諸宮家各衙門所属船隻酌定数〉を制定する前に、あまり忙しくない衙門でも70余隻を所属させたという記録から推定すれば、小規模の船舶まで含む京江船は最大限2,000隻に昇ったと思われる。このことに関しては崔完基、前掲書、1988、200頁参照。
139 『備辺司謄録』167冊、正祖8年8月20日、467頁。「其所運輸 当用千石容載船 一百六十七隻 目下京江船隻 雖曰比前稍加 統計訓局船隻 而尽数査括 不過為一百二十余隻」
140 船舶積載量に対しては本書の第3章 第2節「1. 税穀賃運の拡大と京江船人」参照。京江船に普通1,500石を積載して、積載量2,000石規模の船舶が建造されるという事実は、日本で17世紀以後から幕末まで千石船（大和型荷船）が登場して海上運送業を主導していた点に比べれば、京江大船の規模がどれほどのものであったか、めどが付く。開港以前の日本の1石は朝鮮の2石に相当した。朝鮮の船舶建造術や船舶の大きさに関しては石井謙治「千石船」（須藤利一編『船』法政大学出版局、1968）参照。
141 『備辺司謄録』234冊、憲宗13年9月20日、847-848頁。「往在辛巳年（1821）間 江民韓劉両漢 称以捐財 削破通津三灘石角 使船路坦順 而私自成契 欲為収税而未果矣」
142 『各処所志謄録』（奎18015）己丑（1889）5月初3日。「竜山灘項契居民等白活 右謹陳所志矣段 矣等浦辺残洞 修築江辺 以便船隻来泊 而其於船物卸載之際 矣等以馬車輸運雇役 全頼資生是白加尼」
143 『右捕庁謄録』（奎15144）巻22、丙寅（1866）4月27日、「回売商 罪女 花景 年四十 供草」。「矣女段 本以延安胎生 去年十月上来 借接坪洞李生員宅庵底是白乎旀 只有将老母率一女 而喪夫之後 生計無路 則得債銭両 毎往江村 貿醢売買資生是白加

尼 昨於不得貿易醊空還之際 逢此酒主 給二両貿酒 無一盃回売 中路被捉」
144 『承政院日記』1669冊、正祖13年12月14日、828頁。
145 『万機要覧』財用篇6、諸倉。
146 『万機要覧』財用篇4、戸曹各掌事例 別営。
147 『万機要覧』財用篇4、戸曹各掌事例 別庫。
148 『備辺司謄録』175冊、正祖13年12月21日、461-464頁。
149 『万機要覧』財用篇6、諸倉 宣恵庁 各庫。
150 これについては本書の第2章第3節で詳論する。
151 『備辺司謄録』166冊、正祖8年3月21日、383-385頁。「市民銭貨散貸別単」
152 『備辺司謄録』175冊、正祖13年12月21日、463頁。「漁船碇泊各随主人 其来其去本無常処 前則旅客主人 皆在麻浦 近来則散在各江」
153 『各廛記事』人、雍正5年(1717)丁未。「自昔及今 八路魚商 咸湊麻浦和買者 実是国初流来之規」
154 『各廛記事』人、嘉慶18年(1813)4月 日。「各江船主人及江主人輩也 各処魚物載到京江 則同主人等 通奇於矣廛人 使矣廛散売各処 自是定式之例」
155 『忠清道庄土文績』(奎19330)巻5。「矣身本以貧寒之民 無田土無料之民 故居在江上 只以生計者 以江辺旅客商賈主人 累代資生矣」
156 京江旅客主人に関しては本書の第3章第1節参照。
157 註151を参照。
158 『備辺司謄録』205冊、純祖16年4月8日、918頁。
159 姜萬吉は「朝鮮前期から漢江辺には魚物廛・塩廛・柴木廛・米廛などができたが、これらは独自的に設立された市廛と、都城内の本廛と従属関係を結んでいた分廛の二種類に区分される」(『朝鮮後期商業資本の発達』72頁)といい、朝鮮前期から京江辺に市廛が設置されたと主張する。しかし西江米廛は1660年頃に、麻浦米廛は1680年頃に設置されたものである。このほか、塩醢廛などの市廛も17世紀以後にできたものと判断される。
160 『万機要覧』財用篇6、諸倉。
161 『東国輿地志』漢城府 山川。
162 『万機要覧』財用篇2、漕転 漕規。
163 『備辺司謄録』166冊、正祖8年3月21日、383-385頁。
164 『典律通補』刑典 禁制。「屠牛懸房 城内二十処 西江一処 毎朔収贖銭 (細註 - 毎処三十八両 収合分納於三法司)」
165 『耳渓洪良浩全書』巻24、論五江民弊啓 丁丑(1757)。「西江水鉄幕里居民 多以水鉄鋳器為業 而当初朝家定給奉足六百名 使之責応 宗廟陵寝各殿及諸上司所用大小中釜鼎矣 詳定之後 奉足減三分之一 而京中雑類結成一貢物 受食厚価 只納鑪口而匠人之税 依旧無減 当此両都監国役鋳器進排十培 常時匠人 実難支保 称冤非

166 『備辺司謄録』231冊、憲宗10年2月13日、483頁。「江上大柴木廛市民等以為……退船材則辛丑為栗島船匠所奪」
167 『漢京識略』山川 栗島。
168 『大東地志』漢城府 山川。
169 『漢京識略』山川 漢江。
170 『東国輿地志』漢城府 山川。
171 『承政院日記』1589冊、正祖9年9月5日、274頁。
172 『万機要覧』財用篇5、蔵氷。
173 『備辺司謄録』175冊、正祖13年12月12日、456-457頁。
174 『各廛記事』人、乾隆54年（1789）12月日。
175 『舟橋指南』舟橋司節目。
176 文希英・崔永俊、前掲書、1984参照。
177 『増補文献備考』巻223、職官考10、氷庫。
178 『万機要覧』財用篇5、蔵氷。ここで丁は一定な規格に伐氷して貯蔵する氷一塊を意味する。氷を数える単位のこと。
179 金甲周「18世紀ソウルの都市生活の一様相—陸契を中心に」『東国大論文集』23、1984、221頁。
180 『万機要覧』財用篇5、蔵氷。
181 『備辺司謄録』166冊、正祖8年3月21日、383-385頁。
182 『東国輿地備攷』巻2、漢江。
183 『承政院日記』724冊、英祖7年6月3日、13-14頁。
184 『市弊』（奎15085）内外長木廛。「乱廛之弊 何廛不患 而矣廛最甚也 蠶島以下沿江諸処 無頼輩 藉勢乱売 而蠶島則乃木物流下初頭 而其中有銭者 私自打発 積置江辺 操縦発売於矣廛 可謂回賓作主也」
185 『備辺司謄録』175冊、正祖13年12月12日、456-457頁。
186 『備辺司謄録』175冊、正祖13年12月21日、461-464頁。
187 同上。
188 『正祖丙午所懐謄録』154頁、禁軍 崔徳禹 所懐。「魚船之泊 無処不宜 販売之利江民攸頼 而乙亥（1755）年間 合井里人 鄭燧者 敢生専利之計 倡為都泊之挙 与諸江民人 互相争訟 上言撃鼓 亦非一再 文案成堆 立落無常 後因壬辰（1772）筵稟及乙未（1775）御使書啓 皆以各処魚船 散泊各江之意 有所定奪 壬寅二月 又因鄭燧撃錚 本府回啓 請依壬辰乙未定奪施行事 蒙允矣」
189 『備辺司謄録』175冊、正祖13年12月12日、456-457頁。
190 奎古文86804によれば、黄福徴は金浦の旅客主人権を同知の鄭万柱から40両で1773年に買い入れしたと記録されている。

第 2 節　海運・水運の中心地化と商業構造の変動　223

191　奎古文 86928、〈漢城府処分〉己酉（1789）　　月　　日。
192　『備辺司謄録』175 冊、正祖 13 年 12 月 12 日、461-464 頁。
193　『承政院日記』1669 冊、正祖 13 年 12 月 14 日、828 頁。「挽近以来 牟利之徒 将欲権利 本業外兼併他業 渠輩所業青石魚船 毎毎誘去云」
194　『市弊』内外長木廛。
195　『備辺司謄録』175 冊、正祖 13 年 12 月 12 日、456-457 頁。
196　『備辺司謄録』175 冊、正祖 13 年 12 月 21 日、461-464 頁。
197　『備辺司謄録』205 冊、純祖 16 年 4 月 8 日、918 頁。
198　同上。
199　同上。
200　1896 年、京江の主人権分布状況は『内需司庄土文績』（奎 19307）巻 1、「訓示 沙村里 竜山 三湖 東湖 孔徳里 玄湖 西湖等 三所任及旅客主人等処」に表れている。これを見れば次のようである。
　　西江：群山主人、京旅閣
　　玄湖：江華主人、海主主人、延安主人、金浦主人、高陽主人、烟島主人、交河主人、京旅閣
　　土亭里：水原主人、済州主人、漣川主人、京旅閣
　　東湖（豆毛浦）：平壌主人、霊光主人、末灘主人、白川主人、京旅閣
　　三湖（麻浦）：安山主人、南陽主人、江華営主人、通津主人、豊徳主人、富平主人、長湍主人、積城主人、昌陵主人、徳積主人、京旅閣
　　竜湖：京旅閣
　　沙村里：京旅閣
　　しかしこの資料は漢城府の公式調査ではなく、明礼宮から元山・瑞山・泰安などの地に対する自分の京江主人権を守るために京城諸処の三所任と京旅閣・京江主人に出した伝令の受信処として記録されたものである。そのため実際の京江旅客主人はこれよりずっと多かったと推測できる。
201　『備辺司謄録』231 冊、憲宗 10 年 2 月 13 日、483 頁。「江上大柴木廛市民等以為矣廛基址 則上自漢江 下至望遠亭 物種則退船材 家材椽等収税 而退船材則辛丑為栗島船匠所奪 家材椽亦為門外長木廛 越境侵奪 資生無路 特為厳飭 俾復旧業 且三南退漕船之戸恵庁公者 属之本廛 依旧例発売事也 物種記載市案 基址各有定処 令本署及京兆 詳査公決 俾無互相侵奪之弊 退漕船許属 事渉煩猥 置之」
202　『内需司庄土文績』（奎 19307）巻 1、「訓示 沙村里 竜山 三湖 東湖 孔徳里 玄湖 西湖等 三所任及旅閣主人等処」「為知悉挙行事 前明礼宮所管 元山 瑞山 泰安 烟島 京江主人基址内 諸島所産魚塩等物 及各様穀物 他船之不得私売私貿之意 已有所令飭是去乙 挽近以来 人心不古 不遵令飭 暗自貿来 恣意私売云 事極駭歎（下略）光武 元年（1895）五月二十三日」

第3節　荷役運輸業と蔵氷業の発達

1. 荷役運輸業の種類

　京江は全国海運と水運の中心地であったので、税穀を含めた各種貨物の荷役運輸業が発達したし、またソウルで消費されるすべての氷をここで提供したので、氷を採取して販売する蔵氷業も京江を中心に発展した。このような京江の運輸業と蔵氷業の変化過程から京江辺の商業発達の模様を察することができる。

（1）公用物資運輸業と税穀荷役運輸業

　もともと貨物荷役と運送作業の担当者は、所管衙門と貨物の種類によってそれぞれ違っていた。17世紀までは営繕監・紫門監と別設都監の各種木石・土瓦・柴草など、政府の公用物資の運輸役は沿江民に坊役として賦課されたが[203]、沿江坊民たちは輸運価で1駄当たり8升、車1輛当たり米4斗を支給された[204]。この運輸役は1707年（粛宗33）に馬契が創立されると坊役から免除され、馬契が専担した[205]。三南で運送される各種税穀の荷役と運搬は竜山にある倉庫の周辺の募民と役人たちが募民契を結成して担当したし、1729年（英祖5）には募民契と別個に運負契が創立されて、これを募民契と半分ずつ挙行した[206]。一方、東氷庫・典牲署・尚衣院に納付する草蘭〔香料用の草〕と柴草〔薪に用いる草〕の運送は果川・広州・高陽・衿川などに賦役として賦課されたし[207]、内需司の郊草（柴草）、柴蘭の輸運は運負契が担当した[208]。また政府の貨物の中で車を利用するものは漢城府所属の車80輛で運送したが、これを引く人を車夫といった。

　都城の内部で車を利用する運送は車契が担当して、馬を利用した貨物の運送は貰馬契が、そして租税穀の運搬は馬夫契が各々担当した[209]。そして京江では税穀の荷役と各倉庫までの運搬役は募民契と運負契・馬契が各々担当したが、募民契と運負契は「担負之役」という表現通り、人が直接、または背負子を利

用して運搬し、馬契は馬を利用して駄運した[210]。このように朝鮮時代の各種運輸役は運搬貨物によって運送を引き受ける担当者が違っただけでなく、運送手段によっても担当者が違った[211]。

このような物資の運輸役はもともとソウルの5部坊民の労働力を直接徴発して遂行するものであったが、朝鮮後期になって江民だけに賦課される役に変わった。また江民たちに対してもだんだん労働力徴発の形態から物納税に、賦役賦課の形態が変わった。これは17世紀以後の役制の変動によって5部の坊民を直接動員して遂行した坊役が、全般的に物納税化するのと軌を一にするものであった[212]。京江の運輸役も物納税を基盤にして雇価代立する趨勢であった。このような趨勢の中で運輸役は、物納税化した資金と政府から支給する貢価を基盤に、馬契・運負契などの貢人契が18世紀初期に創設され、これを専担するようになった。

(2) 各司の草蘭・柴草の運送

各司の柴草の運輸業は、もともと京江船に賦課された役であった。京江船に対する船税は17世紀後半、大部分宮房や上司に所属されて船税納付から免除されたが、各司の柴草運送役だけは免除されなかった[213]。その中でも奉常寺の祭享に使用される柴木の運送は水站船と工曹に配分された京江船が分半して遂行した。これらに支給される運価米5石は宣恵庁から支給した[214]。そして内需司の郊草の運送は1729年に創設された運負契が担当した。東氷庫と典牲署・尚衣院に納付する草蘭と柴草の運送は、果川などの沿江4邑の船舶に賦役として賦課された。しかしこれはすぐに拡大され、中央の各司で使われる各種柴草の運送義務も沿江4邑に賦課されるようになった。

沿江4邑では独自的に船舶を出して物資を運送したが、賦役に依拠した輸送方式はいろいろな弊端を起こしていた。そこで均役庁では毎船の船価として15両を沿江4邑の船主たちから受け取って、楊花・露梁・漢江・松坡などの4鎮に渡し、賃船載運を任せる方式に変更した。しかし賃船船主たちが宣恵庁から支給する船価があまりに安いとしてこれを忌避した。そのため、仕方なく果川などの沿江4邑の船主たちに船価不足分を再度納めて充当するようにし、これが慣例になったのである。しかし次第に船価の不足分として捧げる金額が多

くなっていった。船主たちは均役庁に船税を捧げる一方、船価の不足分まで自分たちが負担することは畳税だと言って不満を抱いていた[215]。そこで1789年（正祖13）備辺司では中央各司で使う柴木運搬の役を京江船舶に担当させた。京江船をすべて登録するようにして井間冊を作った後、この井間冊の順番によって交代に各司の柴草運送を遂行するようにしたのである。しかしこれは船主たちに船価不足額を収斂する時よりもっと大きな問題を惹起した[216]。井間冊通り運送役を行うようになれば、

> 水下船が水上地域を、水上船が水下地域を担当するようになってから載運時に水下船が江上流の低い地域を航海できず、水上船が江下流の険しい波濤を渡れないので、むしろ（船主に船価の不足額を―引用者）収斂した方が良い。[217]。

と言い、水上船が水下地域を、水下船が水上地域を運航しなければならない困難があるので、京江船主たちはこの方法を排斥した。それで1790年（正祖14）には水上船は水上地域だけを、水下船は水下地域だけを担当して各司の柴草を運送するように決定したのである。このように中央の各司で使われる各種柴木の運搬は京江船舶に賦課され、これを水上・水下地域を区分して各船主たちが担当することで決着が付けられた。

(3) 馬夫色掌・馬夫契と税穀運送

朝鮮前期には京江に租税穀が到着すれば、漢城府郎庁が馬夫を動員して租税穀を運搬し、馬夫たちにその対価として毎石当たり米合5勺を支給したが、弊端が多かったので郎庁を派遣する規例を廃止した。その後漢城府では京江民の中から馬夫色掌を選び、租税穀を運送するようにして、運搬費として毎石当たり米3合5勺を馬夫色掌に支給した[218]。馬夫色掌たちは税穀運送役を担当することで受け取る運搬費の一部で、漢城府の堂上・郎庁たちが必要な軍幕・草苫・長木などを専担した[219]。

この馬夫色掌役は18世紀末、京江に住む厳雄賛の家が300余年間にかけて遂行したという記録から推測してみると、16世紀前後の時期に厳雄賛の8代

祖が馬夫色掌に任命されて以来、厳雄賛家が代々担当するようになったと思われる。それ以後、馬夫色掌たちは壬辰倭乱で宣祖が義州へ幸行する時、これに随行して史冊を駄運したし、丙子胡乱の時にもやはり同じ任務を遂行していた[220]。1728年の戊申乱の時にも、厳雄賛の父親が都色掌になって外倉の米太と各種軍旗を運納した[221]。その功労で馬夫色掌役は江民たちの営業として定着したが[222]、これを主管した所が厳雄賛の家門であった。

馬夫色掌業は馬契が創設される前から存在しており、京江民に賦課される多くの雑役を免除してもらいながら京江辺の各種運輸役を担当した。しかし1707年に馬契が創設されて各種公用物資の運送が任されるようになると、これとは別に名目を作って主に漢城府で必要な各種物資の運輸役だけでなく、私的な貨物運送役をも担当した。これは法典に規定されたことではなかったので、朝廷でも分からないことであった。馬契創立以後、馬夫色掌輩がだんだん増加して70余人になったし、彼らは沿江民に賦課された洞銭3両はもちろん、各洞に賦課する雑役も免除された[223]。

馬夫色掌は馬契とともに上下江の公私穀を積んで運ぶ駄運を主管した。彼らはすべての馬価を独占して他の馬主たちにこれを分給することで多大な利益を残し、船舶1隻の貨物を運送するたびに一定の額を馬主から規定にない徴斂をしていた[224]。また彼らは個人営業をする馬夫たちを集めて管轄し、運賃の一部を取っていたようで、五江全体に色掌を置いて営業していた[225]。従って馬を所有して運搬業をする個人たちは、馬夫色掌の指揮によって船舶に積まれた貨物を運送したと思われる。

馬夫色掌業は法典に規定された役ではなかったので、有力者たちによる侵奪がよく発生した。後述するように、1711年には馬契が財政不足を理由に馬夫色掌業を奪おうとしたことがあったし[226]、1759年には勢力家の下属輩たちが漢城府の認可を得て立色掌と称しながらこの営業を横奪したが、厳雄賛の父親が上言してこれをもとの通りに取り戻したこともあった。1765年には韓世柱という両班が黒石・土亭の両里が自分の管轄区域だと誣告して黒石・土亭の両里の馬夫色掌業を奪ったが、やはり厳雄賛が上言して取り戻していた[227]。また英祖代には東山別監輩たちが威勢を利用してこれを横奪したが、また上言して取り戻したし[228]、1781年には厳雄賛の父親が麻浦色掌として任命した張末

峰の収養孫によって麻浦地域の馬夫色掌業を横奪され、これを取り戻そうとする上言・撃錚が続いた[229]。また純祖年間にもこの馬夫色掌業を奪取しようとする京民たちの試みが後を絶たず、馬夫色掌たちは自らの営業権を馬夫契と運負契に永遠に推給して資生するように定めてくれるよう要請していた[230]。

一方、馬夫契も税穀運送を担当していたが[231]、この組織は馬夫色掌や、後述する馬契ともその性格を異にする、漢城府の隷下組織であった[232]。これらは漢城府が必要とする各種衣籠馬や鋪陣器皿などを運搬する馬も提供していた[233]。

(4) 車契と貨物運送

車を利用する貨物運送は概して、政府の公用物資を運搬する所に限られた。個人の貨物は荷担ぎや馬を利用することが一般的であった。そのため車は大体漢城府・軍門・宮家に所属されていた。車を引く者を車夫と呼んだが、この中でも漢城府に所属される車夫を元車夫と呼んでいた。車の運搬量は馬の2倍以上であった。

一方、車は貨物運送だけでなく河川を浚渫する時、砂を運搬するのに使われたりもした。1760年（英祖36）ソウルの河川を浚渫する目的で濬川司が設置され、各軍門がソウル地域を分けて濬川役を担当させるようにすると、禁衛営と御営庁では砂を運搬するための運沙車3輛を備置している[234]。

車夫はもともと漢城府に所属された者であったが、宮家や軍門でも漢城府所属の車と車夫をよく使用したりしていた[235]。

漢城府所属の車夫20余人は、18世紀初めに馬契と同じく車契を結成して、政府が必要とする各種貨物を車で運搬した。車契が所有した車は総80輛であった[236]。車契では政府貨物に対する運賃として、戸曹から1年に総840両を支給された。政府の公用物資運送の外にも車契人たちは各宮房の物資も運送したが、これら宮家から運価をまともに支給してもらえず、18世紀前半には多くの車契人たちが破産してしまい、20余人のうち10余人しか残らなくなっていた[237]。特に彼らには車を引く牛を確保することが重要であったが、18世紀中期に伝染病のために一遍に700余匹の牛が死んでしまい、車契人たちが破産することもあった[238]。19世紀漢城府に所属された車は総15輛であり、車契人

も15人に過ぎなかった。19世紀前半に車契人たちは車1台当たり運送価として米穀4斗をもらい、運送距離は10里に制限されていた[239]。

一方、各軍門でも各種軍需物資の運送のために車を保有していたが、訓練都監には9輛、禁衛営に2輛、御営庁に4輛があった。訓錬都監の車9輛は鳥銃色3輛、火薬色6輛であった。この車は2年に一度新たに作られたが、車の製作費用は18両であり、車1輛に牛3匹ずつが割り当てられた。この牛の買入費は1匹当たり30両で計上していた。これも2年に一度支給されるもので、御営庁・禁衛営と同じく1年に15両を支給した。御営庁・禁衛営では初めて車を用意する時、牛を購入した後に毎年の飼育費として牛1匹当たり15両ずつを支給していた[240]。

2. 馬契と公用物資運輸業

(1) 駄運坊役の廃止と馬契の創設

政府公用物資の駄運役は朝鮮初期から正式化された坊役で、漢城府工房がこれを管掌していた。各衙門は運搬する物件がある場合、漢城府に公文を送れば、漢城府で駄数を決めて該当する部に指示し、坊民を差定してこれを行った[241]。この駄運役も、蔵氷役のように初めは都城の内外を問わずすべての坊民に賦課されたが、17世紀以後からだんだん沿江坊民だけに賦課されたようである。そのため1707年馬契が創設される以前まで、営繕監・紫門監と別設都監の各種木石・土瓦・柴草など、政府の公用物資の運輸役は沿江坊民に輪廻賦課された。沿江民たちは運送距離の遠近によって戸曹から運賃として当6升から8升位をもらうのが普通であった[242]。例えば1791年（正祖15）の運賃は10里当米8升に規定されていた[243]。しかし沿江民がもらう駄価、すなわち運賃は規定にはるかに及ばない6升から4升位であった[244]。

このように沿江民の坊役で運営された駄運役は17世紀後半からさまざまな問題を惹起するようになった。1684年（粛宗10）には、

　　沿江坊民の夫馬の役は平時にもきわめて煩重する。また戸曹で給価するのも非常に小額で江民の怨望が積もった。今、国の賑恤時にあたり、各都

監の雑物の輸運の馬で分定した数がすでに 550 駄にのぼっているが、以前に分定したのもまたどれぐらいであるか分からない[245]。

と告げて、沿江民は国の賑恤という単一事務だけでも 550 駄にのぼるほどの過重な負担を背負っていたが、それに相応する運賃はまともに支給されなかった。このような状況はその後にもますます深刻になっていった。京江民が 1 年に運搬しなければならない量は 1 万余泰にのぼったが、実応役戸は 1,000 余戸に過ぎなかったので、戸曹から受け取る 1 泰当たり 8 升米の雇価では運役を維持することができなくなったのである[246]。そのため 1707 年竜山に暮す有馬之人 50 余人が政府の公用物資の運搬を担当する馬契を創設した。馬契では戸曹で支給する 1 泰当たり雇価 6 升米と、京江民 1,300 戸から毎年 3 両ずつ、総 4,000 両を洞銭にして、これに基づいて輸運役を専担した[247]。

馬契は大小の国役で運送役を専担する貢人契として創設された[248]。しかし馬契の具体的な運営の姿を察することのできる資料はほとんど残っていない。ただ 1759 年（英祖 35）江上御使として派遣された李潭の報告の中で、馬契に直掌という職責があり、倉底民人たちが税穀運送と荷役を担当したし、直掌が戸曹でもらった駄価を倉底民人に分けてやる役割をしたことが分かる[249]。

馬契は税穀荷役と納倉を担当した募民契とは違って政府の公用物資を運送し、輸運価を正式に戸曹から支給してもらう別貿貢人として成立した。これは 18 世紀、政府の貢物政策が手厚い貢価を先給する元貢よりは、貢価を市価やそれに準じて後給する別貿を選好するようになって、各種別貿貢人契らが創設されることと軌を一にするものであった[250]。運輸業を担当した馬契、運負契人たちは政府の別貿に応ずる貢人契であり、官庁に対する従属性がもっとも弱い貢人たちであった[251]。このように 18 世紀初期に労力を専担する労力請負貢人契が発生したことは、強制賦役制が雇傭労動制へと次第に移行する 17 世紀後半期以後の歴史的状況を反映するものである。

この時期には馬契だけではなく、負持軍役や道路修治役などの坊役も大部分貢人契が結成されて担当した。負持軍役はもともと京騎兵や上番軍が担当していた。しかし京騎兵・上番軍だけでは不足して、1716 年（粛宗 42）5 部の坊民を雇立させる臨時変通策を実施した以後から、坊役の一つとして位置づけられ

第 3 節　荷役運輸業と蔵氷業の発達　231

るようになったが、その後、弊端が多く、負持軍役は坊役の中でも苦役になった。そこで漢城府では折草廛人 300 余人を決めて負持軍役を担当させ、その対価で折草の独占販売権を付与すると同時に、葉草廛と一緒に煙草を通共発売するように許諾した。以後、折草行商たちが折草廛人たちの折草販売独占に反発することで折草廛の負持軍役応役は置廃を繰り返したが、結局は折草廛人が負持軍役を専担することに落ち着いた。ただ 1742 年に葉草廛人たちが葉草と折草の通共発売に反対したために、折草廛では折草だけを販売するようになった[252]。

また道路と橋梁修治役・填土役も坊民が担当する坊役であった。その中でも特に道路修治役は最大の苦役であった。ところで 18 世紀初頭に「京中の無頼遊手輩」が治道役、勅使時防守役および漢城府の応辦物資を担当することを条件に、燻造契の設置を建議して許諾を受けたことで、道路修治役も燻造契人が担当するようになった。燻造とは、みそ玉麴を作って販売することで、もともと雑穀廛の市案物種であり、御用燻造は司䆃寺、内資寺の貢人が調達していた。従って彼ら燻造契人たちも、葉草廛人たちと同じく、治道役の担当を契機に燻造の販売独占を志向したのである[253]。

初めて馬契を創設した人々は京江の有馬之人でありながら、根着者・富民などで、相当な経済力の持ち主であった。しかし馬契は創設されてから 3 年も経たないうちに江民たちの中で応役戸が半分に減り、洞銭がまともに集まらなくて財政上の大きな困難に直面した。それで馬契人たちは何回も撃錚を上げて馬契革罷を主張したが、漢城府では馬契を革罷すれば沿江民たちに莫大な弊害が惹起されるとして許さなかった[254]。

創設初期から馬契が困難になった原因は、第一に京江応役民の減少、第二に戸曹駄運価減下と未支給などにあった。このような困難を解決するために、馬契人たちは他の人々が担当して多くの利益を残していた京江運負役を馬契が引き受けるべきだと主張することもあった。

1710 年（粛宗 36）馬契人たちは馬夫色掌を廃止して、この役を自分たちが担当するよう要求した。馬夫色掌船たちは洞銭 3 両も出さなかったし、各洞で賦課する雑役もすべて免除されていた。そのため馬契人たちは馬夫色掌を廃止して彼らから洞銭を納める一方、彼らが馬夫色掌役を遂行して得る利益も独占しようとしたのである[255]。このような馬契人の要求を粛宗が一応受け入れ馬

夫色掌役は廃止されたが、先に見たように、馬夫色掌人の撃錚で権利はまた馬夫色掌に還属された[256]。

馬夫色掌役を占めることに失敗した馬契人たちは、1721年（景宗元年）には戸曹、宣恵庁、賑恤庁江倉の募民役人が担当していた税穀の荷役納倉役を占めようとした。備辺司では馬契人たちの要求を一部受容した。すなわち馬契に税穀の荷役納倉役の半分を割愛して、役人たちと共同で運営するようにしたのである。しかしこのような備辺司の決定に募民・役人たちが反発した。そのため備辺司ではそれまで免除されていた洞銭3両を募民役人たちが出すようにする代わりに、荷役納倉役は前のように募民と役人が専担するよう、前の決定を覆したのである[257]。

このような募民・役人に対する洞銭徴収決定にもかかわらず、馬契の都合は少しも改善されなかった。これに加えて、1728年（英祖4）に戸曹では馬契に支給すべき輸運価200石を支給しなかった。そのため馬契人たちは戸曹の貨物運送を拒否した。これに対して戸曹では馬契を革罷し、すべての貨物の運送を漢城府に所属された車夫に担当させて、車1輛当たり馬2泰に相当する運賃を支給すると提案した。しかしこのような戸曹の主張は漢城府の反対で実行されることはなかった。

漢城府の反対の理由は三つあった。第一に、馬契が廃止されるとまた沿江民に対する坊役を通じて政府が必要とする各種貨物運送役を遂行しなければならないのに、沿江民たちを動員することはできないという点であった。なぜならば18世紀に政府は各種事業を大部分雇価募立で行っていたからである。第二に、政府の各種貨物を運送するのに漢城府に所属された車80輛では手に負えなかったし、沿江の貨物は車で輸送するのに不適当であったからである。第三に、さまざまな所で馬が使われるのに、馬契を廃止すれば馬を効率的に動員できないという点である。結局英祖はこのような漢城府の反対主張を受け入れて馬契を存続させるようにし、戸曹で支給していなかった運賃を速く支給するように命令した[258]。

英祖が直接運賃の支給を督励したが、馬契の事情はその後もあまり変わらなかった。そのため1729年（英祖5）、馬契人たちはまた馬夫色掌役と税穀の荷役納倉役を馬契が担当して受価資生してくれることを要求したが実現すること

ができなかった。その上、戸曹で支給する駄価8升が4升に減ったのみならず、駄運物種は以前に比べて増えるようになった。これに加えて戸曹では未支給の運賃を米で支給せず、米1石当4両、米1石当木2匹というとても低い値段に換算してお金や木綿で代給しようとし、甚だしくは1727年からは運賃をまったく支給しなかった[259]。

このように駄運役はだんだん増えたが、沿江民の出す洞銭は減ったし、戸曹から1銭ももらえない状態が続くと、馬契は破産状態にまで至った。そのため漢城府と備辺司では1729年（英祖5）、馬契と運負契が協力して田税穀の駄運役を行うように決定した。馬契と運負契の統合措置であったわけである[260]。もともと運負契が募民契と半分ずつ行う各種税穀の荷役運負役の雇価は十分なものであった。そのため運負契がもらう雇価の一部を馬契に支援するようにしたのである[261]。

(2) 馬契運営の変動と京江民の馬契襲撃

馬契と運負契を共同で応役するようにする措置にもかかわらず、馬契は何年も経たずしてまた破産した。そこで1733年（英祖9）に、既存の馬契人のほかに新たに数十人を募集して駄運役を担当させた。この時新たに参加した馬契人たちは、主に京各司の胥吏[262]や末裔宗室、または漢城府の書吏たちであった[263]。宗室や漢城府の胥吏たちは後に参加したが、江民に比べて2倍にもなる馬を保有したので、次第に彼らが馬契運営権を掌握していった[264]。彼らは当時の権力と密接に結託していたので、生計維持のために駄運役を遂行する貧民たちとは異なり、相当な財力と権力を持った「豪侠人」であった[265]。このような事情は刑曹参判の趙明翼と英祖の次の対話からも確認される。

> （趙）明翼曰く、漢城府の書吏輩が馬契にたくさん加入しています。臣が京畿監司であった時、廟堂で各邑米2斗を（江民に—引用者）収給しなさいという公辞があったが、臣がこれを許さず実施させなかったのであります。
>
> 上曰く、京民之事で江民に米を出しなさいというのは随分悔しいことではないか。これから見れば馬契人は勢力があると言うべきであろう。

明翼曰く、廟堂に関文〔上級官庁が下級官庁に送る文書〕を送って都合をつけるようにすることをみれば勢力がないとは言えません[266]。

ここからも分かるように、馬契人たちは備辺司を動かして自分に有利な関文を得て江民に負担させるほど、権力と癒着した関係にあった。

ところが新たに募集した馬契も、以前の馬契のように財政不足に耐えられず破産に直面してしまった。その理由は、第一に戸曹から雇価を支給しなかった点、第二に馬役が非常に重かったという点、第三に応役戸の減少により洞銭が減縮したためであった。例えば竜山坊瓮里の民戸が1,000余戸なのに、洞銭を出した戸は2,3戸に過ぎないほどであった。漢江辺の民戸の大部分は軍門投属などの方法で免役された。応役してお金を出す者はとても貧しい者だけであった。彼らは釜や服類を売っても3両を用意することができなかったので、結局は家を捨てて逃亡し、応役者はさらに減ったのである[267]。

破産に直面した馬契人たちは、漢城府と結託して馬契財政を安定的に確保できる方案を講究した。1735年（英祖11）漢城府では江民の中から応役戸に限って戸当毎年洞銭3両ずつ納める方法を破棄し、士大夫、軍門軍兵、諸上司下人、掖庭所など、所属を問わず、役の有無に関係なく家産に従って大中戸は5銭、小残戸は3銭ずつ、家戸ごとにお金を出すようにする方案を用意した[268]。このような措置は、沿江の各契が徴収責任者になり家座によって洞銭を徴収するもので、馬契の財政不足を現実的に解決できる方案であった。すでに洞銭を出していた「至貧之類」の立場から見れば、全体の額が3両から5～3銭に減って大きな利益であった、免役されていた各種軍兵たちや江辺商人勢力からは強い不満が惹起された。そのため各契からお金を納める前に、各軍門などでは自分の機関に所属されていた沿江民たちに対する洞銭徴収を奪給してくれるよう要請が殺到した。そこで漢城府ではお金を納めることを一時中止するように各洞（契）に命令した[269]。

漢城府の銅銭徴収猶予決定にもかかわらず、1735年閏4月に西氷庫の洪三八里、李泰運、竜山坊灘項契の金斗培、沙村里契の崔介同、麻浦契の金興俊兄弟、崔応斗、西江坊の金先達などの10余人が、江村の各契軍兵400余人とともに漢江白沙場に集まって謀議した後、江辺馬契の契人である申命相・申昌

暹・趙尚廉・孫永碩・鄭万潤・金竜元・朴泰道・宋斗樞などの家を襲撃して男女老少を結縛殴打し、建物と器物を壊してお金と財物を奪取するなどの暴動が発生した[270]。このような襲撃は4回もあった。江村契人たちがこのような事情を漢城府に呼訴すると、漢城府ではこの事件の首倡者である紅蔘商人など10人を厳治して、西氷庫1契・麻浦・沙村・灘項・瓮里・桃花洞などの任掌輩を、事件を事前に防げなかったとの理由で重く処罰した[271]。

　この暴動の主導者たちは竜山に居住する出身、万戸、通徳郎、幼学などの有力者たちであった。この事件を初期に調査した捕盗庁の報告では彼らを「豪民」、「非無頼常類」、「両班及軍兵」などと分類している。従前に免役された軍兵や両班層たちの主導で乱が起きたのである。彼らは竜山の灘項契・西氷庫・瓮里・竜山などに居住していたし、軍兵400余人は各洞任たちの主導の下で動員された。彼らは各洞ごとに1次集結地に集まってから漢江白沙場にある馬契人の家を襲撃した。この時参加者たちは江村37里民人で、三江の大部分の地域が参加したことが分かる[272]。400余人に達する軍兵たちは、京江辺に居住しながら軍門に投属して馬契貰銭の免除を受けた人々であった。そのため当時の持平李性孝はこの事件を「三江軍兵之聚会作拏事件」と規定し、調査主体は捕盗庁ではなく軍門にならなければならないと主張したりもしていた[273]。

　この事件は、京江が商業中心地に変わりながら各契の有力者たちが京江辺に資本を投資する過程で京各司の胥吏や末裔宗室が馬契に投資して、とうとう彼らが漢城府と備辺司を動かして京江民たちの負担を高め、自分の利益を確保しようとしたが、京江辺の民人たちがこれに反発して起きた事件であった。これは京江辺の「有勢富豪之人」である馬契人たちと京江辺免役者たちの対立であった。免役者たちは都市貧民である軍兵である一方で、京江を根拠にして商業活動を行う零細小商人たちであった。

　この事件は、都市貧民に対する収奪を通じて貢契人の利益を保存させようとする漢城府の増税措処に反対して発生した事件であった。すなわち、非特権的京江辺商業勢力と都市貧民が連合して、漢城府や宗室を基盤にする特権勢力である馬契人たちを攻撃した事件であった[274]。

　この事件が起きると、政府は漢城府が提示した、沿江民すべてに家座によって洞銭を出す方法を破棄する一方、馬契の駄運量を1年に1万疋に限定し、春

秋に分けて米穀で輸運価を支給するようにした[275]。結局、京江辺の非特権的商業勢力が漢城府や宗室を背に負った馬契人たちに勝利したのである。

馬契の財政確保策が水泡に帰すと、馬契は直ちに財政危機に直面せざるを得なかった。そこで漢城府は1729年と同様に、1744年（英祖20）に運負契と馬契を統合することを決定して[276]、田税・大同を運搬する過程で運負契がもらう雇価の中の剰余米410石を馬契に支給することを決定した[277]。すなわち運負契と馬契を統合して国役を遂行するようにしたが、この時の主導権は運負契が掌握していたと思われる。このことは、『続大典』で、貰馬銭はすでに江村の坊民と運石契の募民契が一緒に納付するように規定されていたことから確認することができる[278]。

馬契と運負契の統合は馬契の財政不足を充当しようとする措置であったので、初めは完全統合ではなく、田税・大同を運負して受ける雇価から剰余米410石を馬契に支給する形であった[279]。しかし先に見た通り、馬契がより衰残して、運負契人たちが次第に馬契運営に参加することで、馬契と運負契は実質的に統合運営されたように見える[280]。そのため18世紀後半にはこの二つの契を貰馬運負契と通称することもあった。

3. 募民契・運負契と税穀荷役運輸業

（1）募民契・運負契の創設

大同法施行の前に各種租税穀の荷役運搬は大部分漕運船沙工や格軍、そしてこれらの親族が担当していた[281]。しかし大同法施行を契機に大同米の荷役運搬を専担する人々が出てきた。1608年に京畿大同倉が都城内に設置され、1657年から嶺南・湖南・湖西の大同倉が竜山に次々と設置されることによって、宣恵庁では倉庫を修理したり、積もった雪を片付けて倉庫を守る人々を募集して倉庫周辺に居住させたが、彼らを募民と呼んでいた。この募民の中で京畿および三南の大同米を荷役して倉庫まで運搬する者を役人と言った[282]。

募民に対しては漢城府で沿江民に賦課する各種運役が免除されたが、その数字は宣恵庁募民が50人、賑恤庁募民が44人、御営庁募民が22人で、総116人であった[283]。この募民を中心に大同米の荷役運輸業を管轄していたのがす

第 3 節　荷役運輸業と蔵氷業の発達　237

なわち募民契であった。一方、各倉に所属された倉主人と役人[284]も大同米の荷役と運搬を担当したが、運送対象が厳格に区分されていた[285]。

　江辺で税穀を荷役して倉庫まで運搬する役人たちは、1日働いて3日間の食べものが得られるような手間取り労働者として、非常に貧しい生活を送っていた[286]。倉主人たちは役人に比べて経済的に恵まれていたので、荷役運輸業は次第に倉主人に侵奪されていた[287]。彼らは馬を持って税穀を駄運したのではなく、主に負荷や背負子などを利用して税穀を荷役し、各倉に運搬して宣恵庁からその運賃をもらった。

　運賃は他の政府の公用物資の運搬役に比べてずっと手厚かった。そのため荷役運輸業はだんだん利権に変わっていった。そこで1728年（英祖4）には宗親両班である密山君を尊位〔代表者〕とする役人契が創設され、漕運船の沙工や格軍などが担当していた田税の荷役運輸業を管轄した。役人契には有力家の豪奴と悍僕が参与し、尊位である密山君は香徒者の役割をしていた。役人契は京江での税穀荷役・運搬を主管する団体として、直接荷役運搬を担当する役人たちから100人当たり2石2斗の米を納めた。そのほかにも役人契では所任価・色掌価といって各々3斗ずつ、房米12斗、役人1人当たり3升ずつを役人たちから納めた。こうして納められた量は税穀1,000石当たり17石に達していた[288]。このように役人契が創設されることで税穀荷役作業を担当した役人たちにさまざまな弊端が起きると、1728年（英祖4）英祖は役人契の革罷を命令した[289]。この事実は『続大典』にも反映され、法制化されるまでに至った[290]。この事件以後、宣恵庁の募民を中心にした募民契が、1729年創設された運負契とともに宣恵庁所管の大同米だけでなく、戸曹所管の田税穀の中で、外倉および各司の江倉に納付する穀物の荷役と運搬、入庫などを専担するようになった[291]。

　1729年に創設された運負契は内需司郊草（柴草）の運納を担当する貢人契であったが、竜山坊灘項契に住む金竜元によって創設された[292]。内需司郊草の運搬はもともと江民と江辺に居住する内需司奴僕たちによって2年に1回ずつ輪廻挙行されていた。しかし役があまりにもつらくて弊端が多かったため、運負契を創設してこれを専担するようにしたのであった。もともと運負契には八江民すべてが参加できたが、竜山民金竜元・朴泰道などがこれを独占して、竜山住民だけが参加する運負契になった[293]。これは後に竜山民と竜山を除いた

残り七江民の間の紛争を起こす素地となった。

　運負契はもともと内需司の郊草運搬を担当していたし、税穀の荷役運輸は担当していなかった。しかし募民契が担当する税穀の荷役運輸作業は毎年増えた一方、募民契の人数は少なかったので、募民契人たちは運負契人たちから分米をもらう条件でこの役の半分を分けてやった。これを契機に運負契も税穀運輸業に進出するようになった[294]。これはすなわち、募民契が担当する役の半分（分け前）を運負契がお金を支払って手に入れたことを意味する。運負契は募民契の分役の中で半分を手に入れたことで宣恵庁と戸曹および各司の外倉穀物の卸下・運負・入庫などの役を募民契とともに遂行するようになったのである[295]。

(2) 荷役運輸業をめぐる紛争

　運負契では内需司郊草と草蘭を、各軍営に所属された津船を利用して運送した。運負契は内需司から運賃として400石をもらい、その中で30石は津船沙格たちに支給して、残りは運負契人が取ったので、運負契人たちは莫大な利益を得ることができた[296]。このような内需司郊草の運送慣行は1750年均役法の実施で歯止めがかかる。均役法の実施ですべての船税が均役庁の所管に移管されたことで、それまで京江船に対する船税を納めて津船の改造・改槊費用を充当してきた工曹が費用を用意することができなくなった。そこで工曹では内需司の郊草運送権を占めようとする意図で運負契の津船使用を禁じ、これによって運負契人たちは郊草を運送することができなくなった。これを機会に工曹と「江上無頼輩」たちは1750年船契を創設、内需司郊草の運送権を確保した[297]。

　内需司の郊草運送権を掌握した船契人たちはまた、運負契と募民契が分けて遂行していた田税・大同の「担負運石之役」も奪おうとした。このような船契の試みに運負契人たちが反発して紛争が起きた。この紛争の帰結次第は、1744年運負契と統合されて国家共用の運役を担当していた馬契の利害にも直接影響を及ぼすものであったので、この紛争には馬契も加勢した。そのため運負契と船契の対立はやがて、馬契を主管していた戸曹と船契を主管していた工曹の対立へと拡大された。また運負契の勢力弱化に乗じて訓錬都監を後見人にしていた募民契が内需司郊草の運送と田税・大同運送を独占しようとしたことで、紛

第 3 節　荷役運輸業と蔵氷業の発達　239

争はさらに拡大した。京江の荷役・運輸業をめぐる紛争が貢人契次元から戸曹・工曹・訓錬都監などの政府機関の間の対立にまで拡大されたのである。

　訓錬都監では戦船を江都に備置した後に待変〔変事に備えること〕したが、これがすなわち江都待変船で京江水下船であった。この待変船の運航に必要な沙工と格軍は大部分京江の宣恵庁募民で充定とされた[298]。もともと坊役が免除された宣恵庁の募民は先に見た通り、馬契が破産するまでに至ると洞銭を出さなければならなかった。このように免除された洞銭を出すようになると、洞銭を確実に免除してもらうために、宣恵庁の募民たちは訓錬都監に投属して待変船の沙工と格軍になったように思われる。

　一方、均役法施行の前には江都待変船の改造と修理費用は統営と三南水営から調達するのが通例であったが、均役法施行以後は待変船の改造・修理費用は訓錬都監で用意しなければならなかった。しかし訓錬都監ではこの費用を自身の財政から用意せず、宣恵庁の募民である待変船の沙工たちに転嫁した。このように負担が増えると、宣恵庁の募民たちは、工曹と戸曹が管轄権を争った田税・大同運負役がもともと自分たちが専担していたことから、運負契と分けて遂行した運負役を独占しようとしただけでなく、これを機会に内需司の郊草運送権まで占めようとしたのである[299]。

　税穀の荷役運送権をめぐって訓錬都監・戸曹・工曹の間に展開された紛争は、『続大典』の規定を守ることで結論が出された。すなわち田税・大同の荷役運輸業は運負契と募民契が分けて遂行し、内需司郊草の運送業も運負契が独占するが、ただ運負契は津船ではなく馬や船舶を賃借りして運送するようにした。戸曹の主張が貫徹されたわけである。

　ところでこのような決定が下された後、紛争を惹起した責任者を問責する方案をめぐって、もう一度大臣たちの間で対立が起った。戸曹では工曹堂上・訓錬大将を処罰しなければならないし、船契人たちも厳刑に処すべきことを主張した。しかし処罰権を行使しなければならない刑曹判書の鄭益河が、この問題の処理を備辺司に一任して決訟することを主張した。ここで領議政の金在魯は「このことをどうして備辺司で決訟すべきか」と反発して席を外すと、他の大臣たちも金在魯に従って退出するほどであった。税穀の荷役運送業をめぐる利権争いは大臣たちの間でも表れたのである[300]。このような対立の中、戸曹

の主張が容れられて工曹堂上・訓練大将は厳重推考され、船契の創設を主導した「降霜無頼輩」たちは処罰されたし、1751年（英祖27）船契は廃止された[301]。運負契と募民契の荷役運輸業は均役法以前の状態に後戻りしたのである。

　税穀の荷役運輸業をめぐった紛争は、18世紀末期には募民契と倉主人の間でも発生した。1789年（正祖13）竜山募民契の役人たちは、自分たちが担当する荷役業を京畿大同倉主人に奪われたとして上言をした。しかし募民契人たちの上言は誣告であることが判明して、募民契人たちが処罰を受けた[302]。募民契より倉主人の勢力が強かったことを示してくれるものであると思われる。

　一方、1789年には雇価問題で運負契と募民契の間でも紛争が発生した。運負契と募民契は雇価で1,000石当たり11石7斗5升をもらって分半するように規定されていた。しかしもともとは募民契が主人で、運負契が後になって半分を手に入れた経緯があったので、募民契が雇価で半石を上乗せして取るのが一般的慣行であった。運負契がこのような慣行を指摘して、雇価を正確に分半するよう要求したので紛争が発生したのである。最初は漢城府が運負契の要求を認めて雇価を正確に半分に分けるよう決定した[303]。しかし募民契人たちが反発すると、翌年には「募民契が半石を上乗せして取ることは、募民契人たちの既得権を認めた措置で正当なもの」という判決を下し、それまでの慣行が維持されたのである[304]。

　税穀の荷役運送業をめぐってこのようにさまざまな紛争が発生したことは、これが中央各司の財政にも関わる重要な利権であったことを反映するものである。そのため、それまで運負契や募民契に税穀の荷役運輸業を担当するようにした中央各司でも、自分が管轄する倉庫の傘下に独自に募民して、彼らに税穀の荷役運送業を遂行させるようにした。こうなると1788年（正祖12）運負契人たちは、

　　最近の法が以前と変わり、毎年上納する田税・大同米の中で宣恵庁から均役庁や賑恤庁へ移管する米穀と訓練都監船で積んでくる米穀、そして太僕寺へ移管する米穀に対する荷役運送業を奪われ運送できなくなった。従って雇価としてもらうものがますます減り、負債が山ほど積もって渙散するまでに至った。そのため『続大典』の規定のように奪われた運負役を

返してもらい、以前のように各倉の募民契と半分ずつ挙行するようにしなければならない[305]。

と言って、雇価がますます減り、負債が山ほど積もって運負契人たちが皆散らばるまでに至ったので、各司倉庫の募民たちに奪われた運負役を『続大典』の規定通りに募民契と分けて遂行することを主張した。しかしこれに対して備辺司では「均役庁などにもすでに募民がいるので、訓局などに強いて運負役を運負契などに返すことはできない」と言って運負契人たちの要求を受け入れなかった[306]。この事例から分かるように、税穀の荷役運輸業は倉庫を所有した各機関で独自的に営むほどに分化発展したのである。

(3) 運負契の運負独占の廃止と民間の荷役運輸業の成長

竜山の運負契人たちの各種税穀に対する荷役運送業は他の衙門の募民契創設によって萎縮したが、京江辺の商業発達で一般商品の物動量が増えることにより、税穀を除く全体の荷役運送作業は増加していた。貢人の地位を確保して、馬契の運営権まで掌握した運負契人たちは京江辺の各種貨物の荷役・運負役を独占することができた。運負契人たちは自分たちが貢人であるという点を利用して、京江辺の貧民たちが担当して生計を立てていた一般貨物の荷役運送業まで独占した。すなわち荷役運輸業での独占、いわゆる運負都賈が出現したのである。

しかしこのような竜山運負契の運負都賈は先に叙述した通り、京江商業の発展と京江の各浦口の間に競争的営業体制の定着により、他の浦口の民間荷役運輸業者たちから強力な挑戦を受けることになる。1788年竜山を除いた七江民人たちは、良人の羅元謙を状頭〔訴えの筆頭署名人〕とする撃錚を通じて、竜山運負都賈の運負役独占が法的根拠がないことを主張した。

　去る己酉年（1729）に七江尊位たちが意見を集めて七江民が輸運役を担当するよう漢城府に要請して許諾を受けたが、竜山人の朴泰道と金竜元などの70人が都賈を作ってその利益を独占した。そのため三江御使の書啓で都賈を廃止するよう言われたし、丙申年（1776）漢城判尹も『続大典』

に基づいて施行することを上奏した。ところが『続大典』には江上運石契となっていて、この時の江上の二つの文字は普通七江を示すもので、もともと竜山のみを指称するものではない[307]。

すなわち竜山の運負契が運負役独占の法的根拠としている江上運石契という規定は、八江民全体が参加できるように開放されたものであって、竜山民だけの運負都賈ではないという主張であった。このような撃錚に対して刑曹では『続大典』の規定が竜山江のみを指称するのではなく、八江全体を指称するという点を認めながらも、この問題は漢城府と備辺司の間で論議して決定する問題であって、王に直接撃錚する事案ではないという理由で、七江民の主張を収容しなかった[308]。

その後にも竜山江以外の地域で竜山運負契の運負役独占に挑戦する上言と撃錚が続いた。1789年には西江黒石里の鄭徳良が「運負は江民の本業だ。しかし運負役を竜山民、すなわち運負契に奪われた後に百姓たちが散らばった。再び運負業を各江に還属させてくれること」を要求する呈訴を上げた[309]。このような鄭徳良の要求に対して漢城府では、「運負役は1729年（英祖5）運負役を作貢した後に節目を作った。竜山民の金竜元が契を作って今まで60余年間遵行されながらその権利が転相売買された。だから今すぐ運負役を各江に還属させることはできない」として要求を排斥したし、備辺司でも漢城府の立場に同調していた[310]。運負契の権利は貢物主人権と一緒に権利が売買されて分割されることのできる財産権に変わったので政府が関わる性質のものではない、という理由で排斥したのである。

しかしこのような政府の立場も辛亥通共が実施される1791年（正祖15）には変わった。京江民たちが運負契の荷役運送業独占に対して強く反発すると、政府ではこれを都賈と把握して竜山の運負都賈廃止令を下すようになった。

　　竜山に暮す数十人が運負役を自分の物件にしてしまい、竜山の数十戸が税・大同とたくさんの船隻が碇泊した時に荷役作業を独占した。八江数万人の百姓たちは荷物を背負えなくなった。そしてただ口だけで怨望するだけであった。これがいわゆる都賈の弊端である。今回都賈を大きく廃止す

る時、備辺司で「三南の船は全部王税で、八江民も皆王民なのに荷役作業の利益をどうして竜山の数十戸が独占できるか」といって、竜山の運負都賈を革罷して八江民人にとって誰とでも一緒に荷役作業ができるようにしたら、残る利益で生活できるようになった[311]。

これによって1791年、運負契の独占的営業体制は崩壊された。しかし竜山の運負契の運負都賈が廃止されて以後定着した、貨物荷役運送業の自由競争状態は長続きはしななかった。1806年(純祖6)には竜山の豪富人が都賈を作って1791年に廃止された官都賈である運負都賈大臣に私都賈を創設して八江民業である荷役運輸業を独占している[312]。彼らは主にソウル都城内の有力者として富豪たちと結託し運輸業を独占したのである。このような試みは、18世紀後半にもすでに行われたことがあった。すなわち1776年(英祖52)ソウル都城内の有力者たちは漢城府と結託して運負契を横奪しようとしたが、京江民の反対で失敗したのであった[313]。1806年運負荷役業を竜山の富豪たちに奪われると、京江民たちはこれを馬夫契・運負契が引き受けるよう、次のように要求した。

　　京民の資生方法は多様であるが、……八江之民が自生する道はただこれ一つ(運負役―引用者)なのに、これを京民に奪われ京民は富益富し江民は貧益貧すると言える……これを馬夫契および運負契に返して永遠に自生するようにすること[314]。

このような八江民の要求は部分的に受け入れられただけで、19世紀には京江辺の荷役運送業は京江の富豪と都城内の有力者たちによって全部独占された。ところが彼らによる独占は既存の運負契人による独占とは性格を異にする、競争が前提になった独占であった。すなわち特権による独占ではなく、競争による荷役運送業の独占が成り立ったのである。このような模様は商業流通部分で市廛商業体系の崩壊と新しい私商体系の成立という変化が、貨物の荷役・運送業でもそのまま表れていることを示すものと言えるだろう。

4. 氷契と蔵氷業の発達

(1) 蔵氷役の変化

　朝鮮時代の氷庫は、高麗時代の氷庫制度を模倣して国初から設立された。氷庫に氷を採取して貯蔵する蔵氷役は、朝鮮初期には京畿地域や江原道・黄海道民に戸役として賦課されたが、成宗年間から漸次、上番軍が担当するように変わった。16世紀以後、蔵氷役は中央各司と漢城府民の労働力を徴発して運営する坊役に変わったように見える[315]。

　氷の貯蔵と国家機関への分配は各氷庫を中心に行われた。氷庫は東氷庫・西氷庫・内氷庫2カ所など、全部で4カ所あった[316]。東氷庫は豆毛浦にあった。ここでは各種祭祀用氷1万244丁を貯蔵したが、奉常寺で管理していた。西氷庫は漢江下流の屯之山麓にあった。御廚と宗親、文武、正2品以上の高位官僚、そして多くの上司に分配する氷13万4,974丁を貯蔵して、軍器監・軍資監・礼賓寺・内資寺・内贍寺・司宰監・済用監で主管した。一方、宮闕内にある2カ所の内氷庫は漢城府と紫門監で各々一つずつ管理したが、ここでは公用に使われる氷を貯蔵していた[317]。

　東・西氷庫に氷を納付する役はもともと、都城内5部の坊民に坊役として賦課されたものであった。胡乱以前には三江民たちが直接氷を採取して各氷庫に運氷納入したし、運氷の対価として兵曹では兵曹歩木4同と常木2同を支給した。胡乱以前には三江民たちが多くこの役を遂行することができたが、胡乱直後には氷の供上量が倍に増えただけでなく、三江民の数が減ってこの役をまともに遂行することができなくなった。そのため三江居民たちは1645年（仁祖23）、兵曹から支給する運氷価を歩木6同、常木4同に増額することを要求していた[318]。

　漢城府住民と各司に賦課された蔵氷役は東氷庫・西氷庫・内氷庫などの氷庫によって賦役対象と方式を異にしていたし、また時期によっても変化が多かった。西氷庫の蔵氷役は17世紀前半、漢城府住民を無償で強制入役する方式［自立］から1663年（顕宗4）を契機に物納税制に基づいた雇立制に転換した。東氷庫の蔵氷役は17世紀前半には奉常寺と兵曹から米と綿布を支給して、漢城

府南部住民を調発して遂行していた。しかし1663年に南部住民に対する役丁調発を廃止し、蔵氷米を出す物納税に転換された。こうして、東・西氷庫の蔵氷役は漢城府住民が出す蔵氷米を元にした雇立制で運営された。その際に雇立する人々は、大部分が沿江山底民たちであった[319]。

江民の蔵氷役は暖かい冬だとより大変であった。なぜなら京江が凍らないとソウルから100里も離れた上流まで行って氷を採取し、内氷庫まで運搬しなければならなかったからである。この問題で1778年(正祖2)には、暖冬の時に京江民を動員して伐氷することを禁止して、戸曹・宣恵庁・兵曹から金を出して民力を雇傭して、船馬を賃借りしてこれを担当するように措置し、御供や各司に分配する氷も減ずるようにした[320]。

1693年(粛宗19)には東・西氷庫に出す各司の蔵氷米負担者が典僕から貢人に代わったし、1717年(粛宗43)には各司の蔵氷米を廃止して、蔵氷米を戸曹と宣恵庁から支給した。このような変化は大同法の全国的実施によって政府の財政運営原則が変わってから現れた。大同法の実施は政府財政の統合を促進する契機になったのである。物納税で賦課された東・西氷庫の蔵氷役は1741年(英祖17)を契機に完全に廃止された。1741年以後、東・西氷庫の蔵氷役は完全に政府財政に基づいて沿江民たちを給価雇立して蔵氷したり、または夏に民間蔵氷業者から氷を購入する貿氷制で運営された。

一方、2カ所にあった内氷庫の場合、漢城府梗(梗：氷庫建物の一軒を言う。梗と書いてチェと読んでいた)と紫門監梗によって蔵氷方式を異にした。17世紀前半から紫門監梗は、兵曹が支出する価布を土台にした雇立制で運営された。一方、漢城府梗の場合は漢城府住民の労働力を直接徴発したが、これを戸氷と言った。戸氷は17世紀中期以後、都城内に居住する人は免除され城の外の沿江山底民にだけ賦課されたが、戸当たり5～6丁ずつ納付した。戸氷は一番長く維持された坊役として1782年(正祖6)氷契創設を契機に結局廃止になった。これですべての氷庫の蔵氷役は賦税の性格を完全に喪失した。以後はすべての経費を政府財政から捻出して、雇立制や貿氷制の形で蔵氷と頒氷を遂行した。

一方、17世紀後半蔵氷役に対する雇立価は、孤軍たちの生計が成り立つレベルまでには至らなかった。そのため雇立に応ずる沿江山底民たちの蔵氷役雇立は賦役の性格を帯びていた。給価雇立制という外形をとっていても、実際に

は物納税に基づいた雇立制と賦役制が混合した形で運営されたのである。しかし18世紀前半には、沿江民の中で蔵氷役に従事して生計を立てている人々が出現した。18世紀以後京江周辺には農村社会の階層分化の結果、土地から離れた広範囲な離農民たちが結集していた。彼らは自分の労働力を売って生計を立てるしかない都市下層民であった。このような都市下層民が京江に集まることを土台にして、18世紀以後の蔵氷役の雇立制は完全に定着したのである。

(2) 陸契の創設と廃止

　労働力の直接徴発体制から雇立制に変わっていった蔵氷役の中で、もっとも大変な役は内氷庫の中で漢城府梗に氷を上納する戸氷であった。その理由は、内氷庫が大闕の中にあったので、漢江で氷を採取するより氷を大闕の中まで運搬することがずっと大変であったからである。そのため1673年（顕宗14）にも負氷軍を木2匹で募民したが、雇価があまりに安いと言って負氷軍に応役する者がいなかったので、結局氷運送を各司が独自的に解決するようにした[321]。このように氷の運搬役が難しかったので、公用物資の運送役を専担する馬契と同じく氷の運搬だけを担当する運氷契が京江民を中心に創設された[322]。この時運氷契に支給される駄価は1,133両であったが、戸曹と兵曹から各々半分ずつ分けて負担した[323]。このように運氷契が創設されたにもかかわらず、氷を運搬する難しさはなくなったりはしなかった。そのため1789年には大闕の中にあった内氷庫を楊花津に移した。氷運搬の弊端を減らそうとしたのである[324]。内氷庫2カ所の中で漢城府梗に氷を納付する戸氷は最初には城の内外の民人すべてに1丁ずつ賦課されたが、城内の民人の役が過重であるという理由で城内民人の蔵氷役は免除して、城外民人にだけ2丁ずつ賦課された[325]。城外民人は具体的に八江民人と四郊民であった[326]。その後に城外民人の中でも免役者が増え続けて応役戸数が減ると、だんだん氷賦課量が増えてきた。2丁であったのが英祖初年には3丁であったし、1743年（英祖19）頃には6丁に増えた[327]。この時沿江の応役民たちが大部分無勢貧残戸であったが、負担が増えると手におえなくなった。そのため漢城府ではそれまで免役であった軍門の軍兵たちにも氷役を賦課した[328]。この措置が下されると、各軍門および多くの上司では訓練都監[329]、御営庁、扈衛庁軍兵[330]と各陵軍[331]などの理由で氷役

免除を要請し、その大部分が受け入れられた。そのため城外民人の氷役は減らずに 1755 年（英祖 31）には 5〜6 丁に固定された[332]。

　このように沿江民の戸氷役がつらいものであったので、1755 年（英祖 31）には沿江民たちからお金をもらって戸氷を代わりに納付する戸氷防納者たちが出現した。これがすなわち陸契であった[333]。陸契は往十里に居住する窮民たちが結成したもので、冬季に溝やセリ畑に水を貯水して氷を採取した後、江民にお金をもらって戸氷を代わりに納付した。初めから営業的性格を帯びたものではなかったが、だんだん氷採取が便利になることによって他の江民たちの氷納付役までお金をもらって代行することで、営業的性格を帯びた陸契に発展したのである。しかし陸契が納付する氷は川ではなく、溝やセリ畑で採取したものであったのできれいではなかった。そのため氷庫で拒否されることが多く、江民たちは氷価を何回も納付する場合も多かった[334]。そこで江民たちがこの弊端を訴えると陸契は廃止され、再び江民たちが江で直接採取した氷を納付するようになった[335]。

　陸契廃止を契機に、大部分の大臣たちは城外民人たちが直接氷を納付する戸氷を廃止する代わりに、お金を納めて氷契を設置し、彼らに給価して氷を購入することを主張したが、兵曹判書の洪鳳漢の反対で実現されることはなかった。従って江民の氷納付役は戸氷の形で存続された[336]。

　たとえすぐに廃止されたとしても、当時氷納付役をお金をもらって代行する陸契のような営業組織が発生したということは、労働力徴発に基づいた賦役制が民間蔵氷業の隆盛に依拠して実質的物納税に転換される可能性があることを示してくれるものであった。

（3）沿江蔵氷役の廃止と氷契の創設

　江民たちに戸氷役は大きな負担であったので、1773 年（英祖 49）には兵曹から給価して購入する 1 万余丁の納付義務を廃止した。同時に江民が納付する氷丁 3 万余丁を半分の 1 万 5,000 余丁に減らした[337]。戸氷の量を半分に減らしたので、江民たちが納付する氷も 5〜6 丁から 3 丁にまで縮小された。それでも漢城府 5 部官員たちが氷丁の収取を口実として江民たちに多くの弊害を及ぼし、戸氷の弊端は以前と変わらなかった。この時期の江民たちは「自伐自納」

して氷を納付するようになっていたが、実際には私氷庫から購入して納付したり、氷庫所属の官員に氷銭を出して氷庫官員たちがそのお金で私氷庫から購入して内氷庫の氷を満たしておくことが一般的であった。氷3丁を納付する代わりに捧げるお金は概して3～4銭であった[338]。要するに法制上の規定では労働力の徴発体制となっていたが、実際の運営は物納税に転換されたのである。

このように江民の氷納付量を減らしても蔵氷役の弊端は変わらなかったので、1782年には江民たちの蔵氷役を廃止し、この役を担当する人を募民して契を創設するようにした。この時創設されたのが氷契であった[339]。

氷契はそれまで八江民に賦課された氷丁1万7,000余丁[340]を納付する対価として、私的な氷の販売を禁止させて氷販売業を独占した。氷契の創設はすなわち蔵氷業で都賈が出現したことを意味する。この氷契人たちは内氷庫の戸氷納付以外にも、氷価格を恒定して一般民にも販売していた[341]。氷契では1年に100万丁以上の氷を貯蔵していたので、氷契の主な活動は戸氷1万7,000余丁の納付よりは、民間に氷を販売することであった。

これを通じて氷契人たちが1年の間に上げる営業利益は、氷価格によって大略2万両から20余万両に達するほど莫大なものであった。18世紀後半から韓末まで、蔵氷業ほど莫大な利益を残すことのできる営業分野はほとんどなかった。このような氷契の創設はすなわち、蔵氷役が蔵氷営業に転換されたのを象徴的に示してくれるものである。すなわち坊民の労働力を徴発して賦役の形態で運営された蔵氷役が、氷契という貢人契の創設を契機に民間営業部分に転換されたのであった[342]。

(4) 民間蔵氷業者の成長と氷契独占の廃止

18世紀後半、氷の需要処は政府や宮家、士大夫だけではなかった。ソウルが商業都市として発展することによって各種魚物と肉類の需要が増え、夏季になるとこれらを貯蔵するには多量の氷が必要であった。東・西氷庫と内氷庫の2カ所の総氷貯蔵量が20万内外であったが、私氷業者を除いた氷契人たちが貯蔵した氷だけでも100万丁であった点を勘案すれば、民需用の氷は官需用に比べて4倍以上の需要があったと推定される。主な需要処は18世紀に出現した冷蔵船の一種である氷魚船と、生鮮廛・懸房・猪肉廛などであった。そのた

め民需用氷を貯蔵・販売する倉庫である私氷庫も成宗代に創設されて以後、18世紀後半には大きく増えてきた[343]。氷契が創設される前に私氷庫は水上と水下地域に30余所があったが、需要に応えられないほどに盛んであった[344]。

氷の販売業は利益を多く残したので、氷販売業には江辺に居住する「曾経顕職者」〔高位官職経験者〕や「班戸之慣於牟利者」として両班たちが参加していた[345]。彼らの中でも一番の有力者は姜慶煥という両班で、姜希孟の後孫であった[346]。姜希孟が合井地域に私氷庫を設置して以来、この家で300余年間蔵氷業をしてきたのである。

民間蔵氷業者が勢力のある両班であったので、氷販売をめぐって氷契と熾烈に対立した姜慶煥などは初めは氷契と同業の形で参加し、その中で氷の自由な販売を狙っていた。私氷業者姜慶煥と李某両班は数千両の資金をもって多くの氷を買いとり、自身の私氷庫に貯蔵して販売した後、利益を氷契と分けることを約定していた。しかし癸卯（1783）甲辰（1784）年間に氷契人を排除して利益を独占してしまい、氷契人は利益はおろか、元金までなくしてしまった。そこで氷契人は漢城府に呈訴して、江民の蔵氷役代行をあきらめて辞退した[347]。そのため氷庫提調の鄭昌聖は氷契の権利を本価を払って回収し、氷契の名称を永遠になくして、氷の採取と納付は氷庫の員役と載氷軍に任せようと主張した[348]。

漢城府では蔵氷役をまた江民に賦課すれば、再び江民に多くの弊を惹起するようになるので、氷契廃止案を受け入れることができなかった。そのため漢城府では1786年班戸と共同営業していたのを解約し、氷契に1万余両を出して8カ所に氷庫を設置させるようにした。氷契が独自に氷庫を揃えることで、氷貯蔵と販売を独占できるようにしたのである[349]。このように氷契によって蔵氷業が独占されると禁軍の崔徳禹は、

　　氷契は氷を独占している。氷庫が多ければ氷価格が安くなり、氷庫が少なければ高くなる。従前には水上と水下に氷庫が30余所があったにもかかわらず足りなかった。ところで今氷契が他のすべての氷庫営業を一切禁止させ、氷契が設置した8庫だけになり、前に比べ5分の1に減ったのである。……そのため自然に氷の価格は上がってくる。氷の価格が上がるので船人は氷をあまり積むことができず、魚物が腐って市廛市民たちも凍ら

せた肉が調達できなくて狼狽するまでに至った。そのため都下人民が魚肉の味が分からなくなり、江上民人が生計を立てる職業を失ってしまった。氷契人たちが民役を代行して自分の生計手段にすると言うが、八江民たちに3丁の氷納付は非常に安いものである。……その上、伐氷役を免役した後に他の坊役である廟舎と宮苑での掃雪と除草をする役、道路と橋梁の補土と築沙をする役などを担当したので江民たちは伐氷役の時より十倍も大変であった。……京民は坊役を、江民は氷役を担当することが慣例であったので、以前の慣習を復旧しなければならない[350]。

と告げて、氷契設置以後氷の価格が上がっただけでなく、氷役免除後に他の坊役が賦課されてより大変になったと言って、氷契の撤廃を主張した。このような崔徳禹の主張に対して、氷庫提調の鄭昌聖は氷契設置後に氷が足りなくて漁船と肉肆で肉が腐ることもなかったのみならず、坊役負担が氷役負担より江民たちに軽いという崔徳禹の主張は[351]事実と異なり、これは民間蔵氷業者たちが蔵氷業を独占するために操縦したことだと王に報告した[352]。氷庫製造の報告とは違って漢城府の回啓では氷契の創設が権利に等しく、氷が足りなくなる恐れがあると報告した[353]。このような意見の対立から、備辺司では楊花津より上流の地域では私的な氷の販売を禁止させて、合井より下流の地域でのみ民間の蔵氷業者が貯蔵した氷を私的に販売することを許可したが[354]、合井地域は民間の蔵氷業者である両班たちの主営業地であったからである。しかし実際に民間の蔵氷業者たちは合井より上流の地域である三江地域でも氷を自由に販売することができた。

そのため備辺司の決定はこの二つの勢力の利害関係を適当に折中したように見えたものの、実際には氷契の独占権を廃止して私売を許容したのも同然であった。そこで氷庫製造の鄭昌聖はむしろ氷契を廃止して、班戸たちに国役を分担させれば公私が皆、楽になると主張した[355]。しかしこの主張は容れられなかったし、班戸たちの自由な営業が許容された。1786年（正祖10）9月、氷契人たちは両班たちの自由な私氷販売で氷契が渙散の境に至ったと言って、自分たちが独占的営業権を掌握している楊花津より上流の地域で民間蔵氷業者たちの氷販売行為を厳しく禁止するべきであるとまた上言を上げ、この要求は受

け容れられた[356]。

　氷契人の上言が容れられると、合井より下流の地域を主な営業対象にしたが、三江地域でも氷を販売していた民間蔵氷業者の姜慶煥がまた上言を上げて、氷契の弊害を正すことを要求した。しかし備辺司ではもう合井より下流の地域に対して自由な販売を許容したにもかかわらずまた上言するのは、士大夫として利益を貪ろうとすることに過ぎないと言って、これを受け容れなかったのである[357]。

　1786年以後、氷契人たちは合井より上流の地域で氷販売業の独占権を力強く行使した。彼らが独占権を行使していた地域は主に、漢江・西江・竜山などの三江地域であった。このようになると今度は三江で氷を販売していた民間蔵氷業者たちが皆、失業渙散してしまった。氷契人たちは江上のいろんな所に設置されている私氷庫を破壊したり、甚だしくは漢江の氷が解ける頃に漁夫船が水の上に浮かんでいる氷を捨てたり積んだりすることも氷を私的に採取することだと言って処罰したり、贖銭を出すようにした[358]。1786年の上言を契機に、氷契は氷販売業で確かな独占権を行使していたのである。

　この結果、京江の氷販売業は、三江を中心に一般の民間消費と肉屋などで必要な氷は氷契が供給して、合井より下流の地域で氷魚船を相手にする営業は姜慶煥などの班戸が独占するという、二元的営業体制が形成された。

　しかしこのような営業体制は民間蔵氷業者の反発によってすぐ解体されることになる。先にも言及したように、1786年班戸と氷契の間の同業契約が破棄され、三江地域で氷契人による独占営業権が強化されて民間蔵氷業者たちが破産するまでに至ると、翌年の1787年に同業をしていた班戸が、八江民人である金在深に次のような撃錚を上げさせたのである。

　　無頼輩十数人が民役と奉公をなくすという名分で氷契を作ったが、これは法外の専売を作り出したのである。……今氷契が三江の私氷を禁断して自分たちだけが8庫を開創し、八江の民人たちは閉業するに至った。また渡河の魚肉も珍しくなってきた。沿江船人と都城民が氷専売の害を被って失業と渙散をするのに至った。氷契を創設して1年もならないうちに皆が恨みを訴えるようになったので、これを廃止しなければならない。このせいで氷価格が上がり魚物と肉が腐敗したので、都下の民人が困難を経験し

ている。氷販売の利益全部が十数人の謀利輩に帰属されるが、これはすべて氷庫の専売のためである[359]。

すなわち氷契はほかでもない氷の専売なのでこれを廃止し、八江民人たちが自由に氷を販売できるように許容しなければならないと主張したのであった。このような金在深の撃錚に引き続き、また姜慶煥が上言を上げたし、この他にも班戸たちは何回も呈訴を上げた。初めのうちは備辺司でも「氷契がすでに創設されたので今すぐ革罷することは難しいし、特にこれは王の裁可を受けたことなのでたとえすべての江民が訴えても簡単には廃止できない」という立場であったが、何回も呈訴が繰り返されると結局、氷契を廃止するという決定を下すしかなかった[360]。このような過程を経て結局、1787年に氷契の蔵氷専売は廃止された[361]。これは氷契人たちの氷販売独占権を否定したものである。すなわち氷契が持つ内氷庫に対する氷供上権はそのまま維持されたが、三江での氷販売独占権は否定されたのである。

氷契の廃止が決定されて以後、氷契人たちはまた上言を上げて氷契の復旧、すなわち氷販売独占権を復活させてくれることを要求した。すなわち氷庫の旧貢人の張聖民などは、氷契を創設した後に民力を費やすことなく官の求めに欠かさず応じ、氷に価格が決まっていて市民たちが楽になったと主張して、氷契の廃止を主導した民間蔵氷業者である班戸たちの主張を次のように反駁した。

> 3、4人の班戸が氷契の廃止を要求している。彼らの要求は三つある。第一、江郊民が氷役の復設を願うという点、第二、契氷と私氷の多寡が同じではないという点、第三、氷の専売のため市肆が失業するという点である。第一の要求は民人たちが復設を願っていないという点が明確である。二番目は八大庫が私庫に比べて10倍も大きいので、私氷と契氷の大きさが違うのは明確である。私たちが製造した氷（契氷）は氷庁1個当たり4銭ずつもらって4季節通用しているので内外が皆楽だと言う。三番目の専売説はとんでもないことである[362]。

この資料からも分かるように、氷契人たちは民間蔵氷業者たちが氷契を廃止

しようとする本当の理由は価格急騰のような問題ではなく、競争力でむしろ民間蔵氷業者たちが氷契に比べて劣るからであると主張した。

そして氷契設置の利点として第一に、大闕内にあった内氷庫を江上に移設する時に氷契員役の中から1人を附属して政府需要を担当するようにしたという点、第二に、戸曹が氷を購入するのにかかるお金が減ったという点、第三に、私氷は定価ではないので1氷丁に8銭をもらうが、契氷は4銭をもらうので契氷が安いという点、第四に、政府需要で足りない氷は戸曹の購入価から永遠に控除することができるという点などを挙げ、このような利点のある氷契の氷販売独占権を復旧してくれることを要請した[363]。しかしこの要求は受諾されず、1787年以後氷はすべての民間業者たちが自由に販売できるように許容された[364]。漢江の氷販売をめぐって起きたこのような紛争は、蔵氷の専売体である氷契人の独占権が否定されて、結局のところ両班である民間の蔵氷業者が勝利したことを示してくれるものである。

一方、氷契専売の廃止以後、沿江民の蔵氷役は自然に復旧されたように見える。しかし氷契創設以前に比べて沿江民の氷納付額は大きく減って、氷契創設以前の1万5,000余丁から5,000余丁が減った総1万余丁を出すようになった。また江民が氷を直接採取して納付する［自伐自納］も廃止された。その後内氷庫に貯蔵する氷1万2,000余丁は戸曹と兵曹からお金を出して、氷契人から購入して貯蔵してから御廚に供納したが[365]、後に内氷庫を主管する衙門が紫門監に一元化されたように見える[366]。この資料から分かるように、19世紀前半にも内氷庫に対する氷供上は氷契人が担当していたので、1787年廃止されたのは氷契自体ではなく、氷契の氷販売独占権であったと判断されるのである。

以上で見てきたように、18世紀以後の京江では各種運輸業と民間蔵氷業が発展していた。これらの業種はもともと都城民や沿江民に対する坊役として、最初は労働力徴発の形で遂行されていたが、以後、給価募立制の発達により民戸からは民戸銭を納めて、代わりにこの役を専担する貢人（契）にお金を支給して任せた。その後、民戸銭までも廃止する代わりに、政府から財政を捻出して貢人契に支給したり、販売独占権などの特権を付与する蔵氷営業権に変わっていった。貢人契は18世紀中盤まで独占的な営業権を掌握していたが、18世紀後半には次第に民間営業者たちの挑戦を受けて、結局のところ、独占営業権

を剥奪されたのである。

　このように18世紀後半に盛行した蔵氷業と荷役運輸業での独占的営業体制は、1787年氷契専売の廃止、1791年運負都賈の廃止を契機に解体された。このような都賈営業の革罷は六矣廛を除いた市廛の禁乱廛権を廃止した1791年の辛亥通共と一脈相通ずるものであった。そのため辛亥通共の措置は市廛体系に局限されるのではなく、荷役運輸業・氷販売業など、広い範囲にまで影響を及ぼすものであった。辛亥通共は、京江の各種事業で独占権を否定して民間業者たちの自由な参加を許容する措置の延長線上にあったわけである。しかしこのような氷契や運負契による独占の解体を直ちに自由な営業の始まりと見なすことはできない。むしろ19世紀以後では資本と技術力に基づいた私商勢力による新しい独占が発生したように見える[367]。いわゆる私商都賈が出現して、独自の資本力と技術力で商品取引やいろいろな営業の場で独占権を行使したのである[368]。

　以上で見たように、駄運役・運負役の荷役運輸業での変化、蔵氷役の蔵氷営業での変化は、朝鮮後期の商品貨幣経済の発達水準を見積る指標に違いない。17世紀後半以後の大同法実施を契機に労働力の商品化が進展され、労働力徴発体制であった役制が給価雇立制に転換された。これと同時に国家で必要とする労働力請負部分に対して作貢化が進展されたし、貢物化したものの中の一部は商業都市に転換されたソウルで自由な営業分野として定着した。これはすなわち中世国家の人格的隷属を土台にしていた支配体制が、郷村より一歩先立って、都市からまず解体されていったことを意味するものである。

註

203　『承政院日記』671冊、英祖4年9月30日、979頁。「凡百国役之輸運　皆以本府案付輿夫及沿江坊民使役　自是国初定法」

204　『承政院日記』671冊、英祖4年9月28日、976頁。

205　金東哲「18世紀坊役制の変動と馬契の成立および都賈化様相」『韓国文化研究』創刊号、1988。

206　田川孝三「李朝後半期における倉庫労働者の一例―宣恵庁募民の場合」『アジア史研究』3、1979。

207　『備辺司謄録』175冊、正祖13年12月12日、456-457頁。

208　『承政院日記』1073冊、英祖27年8月30日、233頁。

209　『六典条例』巻4、漢城府。「車輛牛馬－京内輸運　車則車契挙行（案付車子　十

五輌）馬則貰馬契挙行（以上受価戸曹）税穀輸入則馬夫契挙行（運価米移属禁軍等料代銭自兵曹上下）而并勿侵雑役」

210 『承政院日記』1970冊、純祖9年8月23日、60頁。「蓋八江都城襟喉之地 而江民之生涯 全資於卜駄運負 故三南税船 来泊京江 則所泊処江民 無馬者 以担負下陸 有馬者 以卜駄入倉 以其雇価資生 此所以有馬夫稧運負稧 以為江民之基業」

211 『度支志』外篇、版籍司 坊役 事実。「顕宗 四年（1663）自前材板甎石中橡木 例以車運 郊草 例以馬運 而車則自漢城府定送 馬則自本曹（戸曹―引用者）給価定送矣」

212 朝鮮後期の雇立労働の発展については次の研究が参考になる。
姜萬吉「朝鮮後期 雇立制の発達―差備軍と造墓軍等の雇立化を中心に」『韓国史研究』13、1976；姜萬吉「朝鮮後期 雇立制の発達―皂隷・羅将を中心に」『世林韓国学論叢』1、1977；全炯沢「朝鮮後期 奴婢労働における雇立制の展開」『辺太燮博士華甲記念史学論叢』1985；尹用出「17、18世紀 徭役制の変動と募立制」ソウル大博士学位論文、1991；朴成寿「雇工研究」『史学研究』18、1964；韓栄国「朝鮮後期の雇工」『歴史学報』81、1979；朴容淑「18、19世紀の雇工」『釜大史学』7、1983；崔潤晤「朝鮮後期 '和雇' の性格」『忠北史学』3、1990。

213 『備辺司謄録』37冊、粛宗9年9月6日、694-695頁。「各衙門柴草 勿論各衙門所属船隻 一体載運事 備局覆啓蒙允」

214 『度支志』船税 節目。「景宗 四年 甲辰閏四月 備局甘京江船税弊端 知季節目 依此挙行 一奉常寺祭享柴木 朝家以水站船及工曹案付船 分半運納 而船人糧米五石 自恵庁上下矣」

215 『備辺司謄録』175冊、正祖13年12月12日、456-457頁。「東氷庫典牲署尚衣院所納草蘭与柴草載運 自果川等四邑 覓船運来 自是前例 而間因有弊 革罷邑運之規 自均庁出給毎船船価 十五両於楊花等四鎮 使之賃船載来 以其廉価 挙皆不願不得已収斂於各船船主 補其不足矣 伊来厥数漸加 如均庁税納少無異同 一船両税極為冤枉云韻」

216 『備辺司謄録』175冊、正祖13年12月21日、462頁。

217 『備辺司謄録』176冊、正祖14年2月20日、511頁。

218 『京兆府志』工房。「旧例各様税船 来泊京江 則本府郎庁 例為出去 責立馬夫 運納税穀 而元数中 毎石除出三合五勺米 以為郎庁支供之資矣 其後革罷郎庁出徃之規 而択差江民 名以馬夫色掌 仍給支供条米 使之担当領納」

219 『京兆府志』工房。「堂上郎庁 依募所入軍幕草苫長木等物 馬夫色掌 担当挙行衣籠馬及舗陳器皿等物 輸運馬 各江馬夫契挙行」

220 『承政院日記』1558冊、正祖8年5月7日、73-74頁。「西部居良人厳雄賛 撃錚於衛外 故取考其原情則以為 蓋自国初設立各倉 田税大同駄馬随入時 京兆両参軍分掌看検 而以毎石米三合五夕 為支供之需 因其弊端 革罷看検之規 而渠八代祖 特

256　第2章　京江地域の商業発達の様相

差馬夫色掌 統領挙行 而往在壬辰甲子兵禍 史冊及判籍担当輸運」
221　同上条。「又於戊申 渠父亦以都色掌 外倉米太 各様軍器及時運納」
222　『承政院日記』1970冊、純祖9年8月29日、60頁。「且江民 曽於宣廟朝壬辰竜湾幸行時 有史冊駄運扈従之労 又於仁廟朝 甲子丙子両乱 有史冊駄運之労 故両聖朝 遂為判付 馬夫等有功於国家 雖五率丁除役 依其願馬夫色掌 永為基業之意 別為判付」
223　『承政院日記』457冊、粛宗36年11月5日、795頁。「蓋於貫馬之前 曽有馬夫色掌 別作名目 除却雑役 以為本府使喚之地 此則朝家之所不知也 自是以後 所謂馬夫色掌之数 漸次増加 少不下七十余人 以貫馬之銭 元不対答 洞内雑役 并皆避免」
224　『承政院日記』457冊、粛宗36年11月5日、795頁。「至於公私穀載輸之馬 無不主管 許多馬価 次知都執 渠自分給 食其剰余 亦於毎船白地横斂 其他弊端 難以毛挙」
225　『承政院日記』1589冊、正祖9年9月5日、275頁。「五江色掌乃渠家三百年世伝之業」
226　本書本節の註255、256を参照。
227　『承政院日記』1558冊、正祖8年5月7日、73-74頁。「己卯年 勢家下属輩 図得本府行下 謂之立色掌 流弊不些 故渠夫又為上言得決 乙酉年 韓世柱等 黒石土亭両里 謂渠之字内 誣告見奪 故渠為上言還奪」
228　『承政院日記』1970冊、純祖9年8月29日、60頁。
229　『承政院日記』1589冊、正祖9年9月5日、275頁。
230　『承政院日記』1970冊、純祖9年8月29日、60頁。
231　『六典条例』巻4、漢城府。「車輌牛馬-京内輸運 車則車契挙行(案付車子 十五輌) 馬則貫馬契挙行 (以上受価戸曹) 税穀輸入則馬夫契挙行 (運価米移属禁軍等料代銭自兵曹上下) 而并勿侵雑役」
232　『京兆府志』工房。「馬夫契人 既係於本府 則凡事自本府主管 或有争訟於他司則自本府移文 取来決処」
233　註219参照。
234　『万機要覧』軍政篇3、禁衛営 車子；同書、禦営庁 舟車。
235　『宣祖実録』巻210、宣祖40年4月 戊申、326頁。「同副承旨 李惟弘 以漢城府言啓曰 京中江車子之数 比平時未満十分之一 而尽入於諸宮家 供役本府者 只有四輌 名之曰元車夫 并属於廟闕両都監 本府無一輌余存 如零砕応用窮迫之状 不可陳達 至於祭享楽器等物 大内造成材瓦則事係重大 亦不得適時 輸運極為憫慮 都監則自備募最 其数甚多 雖非本府車子亦足以済事 令都監元車夫 宋連金 厳守邊 宋遠同 辺信等 還給本府事 捧承伝施行何如 伝曰允」
236　『承政院日記』671冊、英祖4年9月28日、976頁。
237　『貢弊』車契人。

238　同上。
239　『京兆府志』工房。「本府案付車十五輛 而車契只十五名 車則車契人担当……随其使役輛数 毎一輛価米四斗 自戸曹上下 並坊役勿侵 而車馬契 限十里輸運」
240　『万機要覧』軍政篇 2、訓錬都監 舟車；同書 軍政篇 3、禁衛営 車子、御営庁 舟車。
241　元永煥「朝鮮後期の漢城府業務」『郷土ソウル』34、1976、146-148 頁。
242　『承政院日記』1170 冊、英祖 35 年 閏 6 月 30 日、472 頁。「田大同入内倉時 馬貰価従遠近 毎駄或八升 或六升折定」
243　『承政院日記』1692 冊、正祖 15 年 7 月 19 日、832-833 頁。
244　戸曹輸運価の変動については金東哲、前掲書、1988、135 頁 参照。
245　『備辺司謄録』38 冊、粛宗 10 年 正月 13 日、710-711 頁。
246　『承政院日記』435 冊、粛宗 33 年 5 月 15 日、441 頁。
247　『備辺司謄録』179 冊、正祖 15 年 7 月 19 日、830-831 頁。
248　『承政院日記』1073 冊、英祖 27 年 8 月 30 日、232 頁。「馬契 即大小国役時 全当駄運之役」
249　『承政院日記』1170 冊、英祖 35 年 閏 6 月 30 日、472 頁。「所謂馬契直掌 朴寿長 本以頑漢 行悪無比 応給貰価 称托不給 倉底民人不能支堪 怨声藉藉 日前法司捉治照律 将至発配 而旋又徴贖放送 人皆失望 此雖微事 江民之生涯 全頼於此 更令該司 各別厳懲 遠地発配 毋至江民失業之地 似好矣 上日依為之」
250　呉美一「18、19 世紀 貢物政策の変化と貢人層の変動」『韓国史論』14、1986、124-131 頁。
251　徳成外志子「朝鮮後期の貢物貿納制—貢人研究の前提作業として」『歴史学報』113、1987、149 頁。
252　李永鶴「韓国近代 煙草業に対する研究」ソウル大博士学位論文、1990、43 頁。
253　金東哲「18、19 世紀 貢人研究」釜山大博士学位論文、1993、102-104 頁。
254　『承政院日記』671 冊、英祖 4 年 9 月 28 日、976 頁。
255　『承政院日記』457 冊、粛宗 36 年 11 月 5 日、795 頁。
256　『承政院日記』1558 冊、正祖 8 年 5 月 7 日、73-74 頁。「西部居良人 厳雄賛 撃錚於衛外……以渠八代祖特差馬夫色掌 統領挙行……二去 辛卯年（1711）馬契貢人 誣訴本府 意外見奪 故渠父撃錚還属」
257　『承政院日記』530 冊、景宗 元年 4 月 2 日、729 頁。この措置が、先に言及したように宣恵庁募民たちを訓練都監の戦騎船の沙工に応役させた直接的原因であったと思われる。
258　『承政院日記』671 冊、英祖 4 年 9 月 28 日、976 頁。
259　『承政院日記』690 冊、英祖 5 年 閏 7 月 19 日、55-56 頁。
260　『備辺司謄録』122 冊、英祖 27 年 2 月 8 日、117-118 頁。
261　『備辺司謄録』133 冊、英祖 33 年 10 月 21 日、23-24 頁。この時の運負契と馬

契の統合は一時的なものと思われる。運負契と馬契が統合運営されるのは1744年のことであるが、1744年の場合も完全な統合運営ではなく、後述するように運負契から馬契に対して駄価不足条として410両を支払う程度にとどまったものと思われる。

262 『承政院日記』799冊、英祖11年閏4月15日、665頁。「京各司吏胥 皆入契中 倚勢牟利 為弊不些 至使許多軍兵 怨咨朋興 致此無前之駭挙」
263 『承政院日記』800冊、英祖11年閏4月18日、677-678頁。「在魯曰 末裔宗室 以逐利為事 多入於馬契云矣……漢城府書吏輩 亦多入於馬契」
264 『英祖実録』巻40、英祖11年12月 丙寅、489頁。「因駄価之不以時給 役戸之漸之日縮 貰馬人誘引城中有馬之民 以分其役 立馬之数 倍於江民」
265 『備辺司謄録』83冊、英祖4年2月28日、266頁。「末裔宗班 迫於困窮 為此牟利之事……上曰 以左相所達聞之 非縁困窮 近於豪俠矣」
266 『承政院日記』800冊、英祖11年閏4月18日、678頁。
267 『承政院日記』796冊、英祖11年3月13日、494頁。
268 同上。
269 『備辺司謄録』97冊、英祖11年閏4月12日、17-18頁。
270 この「馬契襲撃事件」は金東哲の前掲書(1988)で詳細に言及されている。
271 『備辺司謄録』97冊、英祖11年閏4月12日、17-18頁。
272 『承政院日記』800冊、英祖11年閏4月18日、678頁。「江村三十七里民人 聚会謀議……三江豈有不去之民乎……江村各契 軍数百余名 聚会沙場 挙盟謀議之後 訥哈突入於馬契人家」
273 『承政院日記』799冊、英祖11年閏4月15日、665頁。
274 金東哲はこの事件の性格を馬契の運負役独占に抗議した反買い占め運動として規定した(前掲書、122頁)。しかし竜山運負都賈に対する反買い占め運動が展開するのは、後述するように1780年代になってからのことである。この事件は運負役にたいする独占権をめぐる対立というよりは、増税に反対した京江民人たちの反対闘争としてその性格を規定すべきであろう。
275 『英祖実録』巻40、英祖11年12月 丙寅、489頁。「今春自本府稟議 加定戸銭 一従家次責立矣 適因豪民作拏 旋即罷輟 貰馬人 近益呼顧 而善処無策 自明年依渠輩所訴 一年運駄 定以万正 分春秋等給米 一如両西貢物之例 在戸曹給価之数 初無所損 在貢人立馬之道 可得支保 允」
276 『備辺司謄録』133冊、英祖33年10月21日、23-24頁。
277 『備辺司謄録』179冊、正祖15年7月19日、830-831頁。
278 『続大典』工典 雑令「貰馬銭 則江村坊民与運石募民両契人等 一切挙行 俾杜憑藉謀免之弊」
279 『承政院日記』1692冊、正祖15年7月19日、832-833頁。「蓋馬契国家之所不

可廃者 度支之十里八升米 給価定式 馬契之所不可支吾者 其弊無窮 矯捄没策 曽在先朝甲子年間 廟堂別為方便 累条筵稟 以税大同運負剰米 四百石 添附馬契 使運契馬契輔車相資 以為挙行国役之図」

280 金東哲、前掲書、1988、156-160 頁参照。
281 『備辺司謄録』83 冊、英祖 4 年 2 月 28 日、266 頁。「京江船人呈状以為 沿江居民只業漕運 在前税船到泊後 納倉之時 同船沙工格軍及隣比族属 同為負之収納矣」
282 『備辺司謄録』175 冊、正祖 13 年 12 月 12 日、457 頁。「竜山新倉募民 全有泰等以為 大同倉庫 先設京畿於城中 後設三南於竜山 招募民人全責守護 此所謂募民也 京畿三南税穀之担負下陸 受倉雇価 此所謂役人 恵庁入啓定奪 渠等屢百年流来資生 而其中京畿役人 見奪於京畿主人者 極為冤悶云」
283 『備辺司謄録』38 冊、粛宗 10 年 正月 13 日、710-711 頁。「江倉募民之数 令部官査報 則宣恵庁募民 五十名 賑恤庁募民 四十四名 禦営庁募民 二十二名 而取考其宣恵庁募民等 曽因上言減役之数 則只是十二戸 厥後該庁移関減役者 又至於三十八戸」
284 役人は特定倉庫で税穀荷役と納倉を担当する特定集団を指す用語ではなく、一般的に「荷を運ぶ人」を指す普通名詞と理解される。
285 『備辺司謄録』175 冊、正祖 13 年 12 月 21 日、460 頁。「各倉皆有主人役人 而担負之役 各有区別 年久奠業 則欲奪先設有主之物 致此相争紛拏之気 本庁回啓 屢次見屈 則今此呼訴 事渉非理 厳治息訟 似合事宜」
286 『正祖丙午所懐謄録』禁軍 崔徳禹所懐、153 頁。「江郊残民 赴役十里 将失一日之業 一日失業 必失三日之食也」
287 註 285 参照。
288 『備辺司謄録』83 冊、英祖 4 年 2 月 28 日、266 頁。
289 同上。
290 『続大典』工典 雑令。「江村両班 自称尊位 縦奴作弊 沮戯契人 不使之卸下負石者 契人等指名告官 家長論以豪強律 負石時 閑雑無頼輩 無端惹鬧 攘奪為計者 杖一百遷徙」
291 同上条。「江上運石募民両契 分任国役 内需司郊草 則運石契独当輸運 恵庁戸曹及各司外倉穀物卸下負石入庫等事 両契分半挙行」この時の運石契は運負契である(「運負契即続大典所載運石契」『備辺司謄録』172 冊、正祖 12 年正月 初 8 日、32 頁)。
292 『備辺司謄録』175 冊、正祖 13 年 12 月 21 日、463 頁。「運負契還属各江事也 漢城府所報以為 雍正七年(1729)運負作貢之後 自本府成節目契下 決給竜山民金竜元等 内司郊草運納及各司所用駄運不足価之収斂於江民者 使之担当 仍以作契 至今遵行已過六十年」
293 『日省録』正祖 12 年 7 月 8 日、623 頁。「七江民良人 羅允謙等原情以為 税大同

船到京江 則各随所泊 担負卸下 而内需司郊草輸運之役 江民与江居内奴 間年輪廻 役苦弊生 往在己酉 (1729) 七江尊位 収議報京兆 以七江民担当輸運之意入啓 竜山人 朴泰道 金竜元等七十人 醸成都庫 全呑其利 故三江御使書啓 変通革罷都庫」

294 『承政院日記』1064 冊、英祖 27 年 正月 15 日、587 頁。「恵庁募民……渠輩所業 各倉税大同船米負石之役 以其人少役煩之故 折半分給於運負契人 捧其分米」

295 註 291 参照。

296 『承政院日記』1073 冊、英祖 27 年 8 月 30 日、233 頁。「運負契為輸運内司草蘭而設 津船則是軍門待変之具也 運負契既受四百石米 憑内司 勒令津船載運 只以三十石米 雇送沙格 極為駭然」

297 『承政院日記』1064 冊、英祖 27 年 正月 15 日、587 頁；同書 1073 冊、英祖 27 年 8 月 30 日、232 頁。

298 『承政院日記』1064 冊、英祖 27 年 正月 15 日、587 頁。

299 同上。

300 『承政院日記』1073 冊、英祖 27 年 8 月 30 日、234 頁。

301 『承政院日記』1065 冊、英祖 27 年 2 月 5 日、629 頁；同書 1073 冊、英祖 27 年 8 月 30 日、233 頁。

302 『備辺司謄録』175 冊、正祖 13 年 12 月 12 日、456-457 頁。

303 『備辺司謄録』175 冊、正祖 13 年 12 月 12 日、456-457 頁；同書 175 冊、正祖 13 年 12 月 21 日、463 頁。

304 『備辺司謄録』176 冊、正祖 14 年 4 月 11 日、550-551 頁。

305 『備辺司謄録』172 冊、正祖 12 年 正月 8 日、32 頁。

306 同上。

307 『日省録』正祖 12 年 7 月 8 日、623 頁。

308 『承政院日記』1644 冊、正祖 12 年 7 月 8 日、618 頁。

309 『備辺司謄録』175 冊、正祖 13 年 12 月 12 日、456-457 頁。

310 『備辺司謄録』175 冊、正祖 13 年 12 月 21 日、461-464 頁。

311 『備辺司謄録』179 冊、正祖 15 年 7 月 19 日、830-831 頁；『承政院日記』1692 冊、正祖 15 年 7 月 19 日、833 頁。

312 『承政院日記』1912 冊、純祖 6 年 5 月 25 日、647 頁。「我国大同漕運 法久弊生 難以毎挙 而毎歳到泊江上 則自江倉募民運石 此所謂運石契 募民契両名目也 此載於大典通編 而俾為沿江衆民生活之資矣 近者竜山豪富之人 作為権買 全奪八江民業 以肥己……又於先朝辛亥 特下伝教 永破権買 或給節目 一留京兆 一頒八江 使之復旧資生矣 曽未幾何 又為権買人所奪 八江之民 多有流離之挙 其後又因摘奸郎庁草記 伊時下教若此 又出私権買 専利之徒 乗時售奸 不可不痛飭厳禁 俾有実効 前後飭教 非一非再 而権買之弊 至今不革 江民生計 漸益凋残」

313 『承政院日記』1373 冊、英祖 52 年 正月 10 日、913 頁。

314 『承政院日記』1970 冊、純祖 9 年 8 月 29 日、60 頁。
315 蔵氷役の詳しい変化過程については、高東煥「朝鮮後期蔵氷役の変化と蔵氷業の発達」『歴史と現実』14、1994 参照。
316 『備辺司謄録』129 冊、英祖 31 年 11 月 30 日、695 頁。「京城蔵氷有四 東西氷庫則在江上 其二則在闕内 一則紫門監主之 一則漢城府主之 東西氷庫則自恵庁給米 紫門則自兵曹給木 惟京兆所主 則称以戸氷」
317 『続大典』礼典 頒氷。;『度支志』外篇、版籍司 氷政;『東国輿地備攷』巻 1、氷庫;『万機要覧』財用篇 5、蔵氷 東氷庫・西氷庫 参照。
318 『備辺司謄録』9 冊、仁祖 23 年 11 月 26 日、801-802 頁。「自丁丑以後 氷丁供上 只於両殿為之 故内氷庫 只設一梗 而猶且継用矣 今則供上之数倍前 不得已該曹入啓 依平時例 更加一梗 給価之数 亦依平時 当給兵曹歩木四同 常木二同 而三江居民 没数入来 連日呼訴曰 平時則民戸数多 而西氷庫内氷庫 伐氷運氷及内氷庫蔵氷時 役軍雇価収米 一時三役 亦不堪其苦 況経乱以後 或死亡或流離 現存之数 不及平時半……平時所給六同之外 加給歩木二同 常木二同 則庶可有支撐完役之勢」
319 蔵氷役の変化過程については、高東煥「朝鮮後期蔵氷役の変化と蔵氷業の発達」『歴史と現実』14、1994 参照。
320 『正祖実録』巻 6、正祖 2 年 12 月 丁丑、84 頁。これは法制化された。「或値冬暖無氷 則各殿所供氷 自五月至七月減半」(『大典通編』礼典 頒氷)。
321 『度支志』外篇、版籍司 氷政 事実。
322 『大典通編』工典 雑令。「以戸兵曹運氷馬貰銭 出給江民 募人設契担当納氷 或有私相売買之弊則契任刑配」
323 『度支志』外篇、版籍司 氷政 式例。「内氷庫所納三万六千余張 京民江民 設契運納 駄価一千一百三十三両 戸兵曹分半上下」
324 『万機要覧』財用篇 5、蔵氷 内氷庫。梁花鎮は成宗代から私氷庫があった所で氷魚船の営業が行われていた。18 世紀の末に内氷庫が楊花津に移転されたのは運搬が容易ではなかったこととともに、民間蔵氷業者の取り扱う氷の氷質が優れていたためと思われる。
325 『備辺司謄録』129 冊、英祖 31 年 11 月 30 日、695 頁。「惟京兆所主 則称以戸氷 在昔城内外民人 各納氷一張 後以城内役繁 使城外専当 則戸納二張 又雑止頁多而戸数減 漸次加数 今則為五張或六張 為城外民人 難支之弊」
326 『備辺司謄録』173 冊、正祖 12 年 9 月 30 日、174-175 頁。
327 『承政院日記』965 冊、英祖 19 年 11 月 11 日、812 頁。
328 同上。
329 『承政院日記』965 冊、英祖 19 年 11 月 20 日、834 頁。
330 『承政院日記』965 冊、英祖 19 年 11 月 22 日、903 頁。
331 『承政院日記』981 冊、英祖 20 年 12 月 3 日、685 頁。

332 『備辺司謄録』129 冊、英祖 31 年 11 月 13 日、693 頁。「江民等所浮納 内氷一処 則此乃江民輩 雑役代自納之役 故毎一戸所納者 其数各五張」

333 金甲周「18世紀ソウルの都市生活の一様相—陸契を中心に」『東国大論文集』23、1984。

334 『備辺司謄録』129 冊、英祖 31 年 11 月 13 日、693 頁。「往十里居民 無頼之類 結党防納 名之曰陸契 所謂陸契之弊 罔有紀極 毎当寒節 或儲水成氷 或芹菑伐取 勒捧厚価於江民 給略充納於内庫 効不特 所蔵之氷 不潔莫甚 江民之畳納氷価愈往愈甚 不得已千百為群 哀訴備局」

335 『備辺司謄録』129 冊、英祖 31 年 11 月 30 日、695 頁。「東郊窮民輩 貯水渓間 鑿氷以納 以其便近之故 至於替納他氷而受価 此事濫觴」

336 『度支志』外篇、版籍司 氷政。「英宗 三十一年 議罷戸氷……朝意欲罷戸氷矣 独兵曹判書洪鳳漢 以為当初戸氷法意有在 豈可創開給価之例乎 竟不施行」

337 『万機要覧』財用篇 5、蔵氷 内氷庫。

338 『正祖丙午所懐謄録』154-155 頁。「自設此契 江民雖当蔵氷之製 挙有安堵之楽雖 或赴役於城内掃雪等雑役 而京兆 定為一次之輪廻 故昔之三四銭徴納於氷丁 猶不免於部隷之侵漁者 今則往来城内之役 多不過二三銭之費 苦歇得失 亦自懸殊 則此尤其誣罔也……甚至於 教誘愚氓 或撃鼓或白活書濆之挙 無所不之」

339 氷契の創設年度については記録が各々異なる。
(1)『承政院日記』1591 冊、正祖 9 年 11 月 4 日、407 頁。「戊子年（1768）京中牟利輩 称以契氷 万端沮戯 故秋曹筵稟 奉聖教後 氷契人刑配 契名則革罷矣」
(2)『備辺司謄録』178 冊、正祖 10 年 2 月 24 日、623 頁。「氷庫提調 鄭昌聖所啓……所謂契人之名 創自癸巳（1773）而伊時提挙誤信人言 作此契名 不過無頼之輩 徒為偸食之計」
(3)『正祖丙午所懐謄録』154-155 頁。「本庫提調 鄭昌聖以為……奥在癸巳（1773）先朝下教 而江民之苦於米銭 特減内氷之半 又於癸卯（1783）以氷属部隷之加斂民戸 飭教屢下 自設此契 江民雖当蔵氷之際 挙有安堵之楽」
(4)『備辺司謄録』173 冊、正祖 12 年 9 月 30 日、174 頁。「壬寅年（1782）分 自京兆筵稟 定奪募民設契 使之上奉御供 下除民瘼 而禁断私氷 酌定氷価 俾作生業」
(2) では1773年、(3) では1783年、(4) では1782年となっている。(1) と (2) の記事から分かるように、1768年と1773年に結成された氷契は無頼輩たちが結成したもので、政府の承認を得た貢人契ではなかったように見え、この貢人契はすぐに廃止された。政府の承認を得た貢人契としての氷契は1782年に初めて登場した。(3) と (4) の氷契創設年度が異なるのは氷契構成を決定した時点と実際に活動した時点の相違ではないかと理解される。そのため1782に年創設されて、本格的に運営された時期は1783年からだと理解すればよかろう。

340 漢城府が主管した内氷庫に納氷する氷は『万機要覧』には 3 万余丁と記録され

ているが、『度支志』には3万6,000余丁と記録されている。これを1773年に半分に減らしたので1万7-8,000余丁になる。これが『万機要覧』の記録のように再び5,000丁が減額され、1789年以後には1万2,000余丁に減った。

341 『備辺司謄録』173冊、正祖12年9月30日、174-175頁。「内氷庫旧契人 張聖民等……上言則 以為内氷庫与東西氷庫 具係御供 故東西庫 則以米作貢 内庫之氷 則使四郊八江坊民 担当浮出 以毎当抄戸之際 為弊滋甚矣 壬寅年（1782）分 自京兆 筵稟 定奪募民設契 使之上奉御供 下除民瘼 而禁断私氷 酌定氷価 俾作生業 一万七千氷丁 無価進排 四郊八江民瘼 一朝永除 上下具便」

342 高東煥「朝鮮後期蔵氷役の変化と蔵氷業の発達」『歴史と現実』14、1994、185頁。金東哲教授はこの時期蔵氷役が蔵氷営業に転換したと捉えず、蔵氷役から作貢化する方向に転換したものと捉えるべきだと主張した（金東哲「18世紀 氷契の創設と都賈活動」『釜大史学』19、1995）。このような金教授の主張は、氷契営業の重点が政府から必要とする氷の納付より民間に対する氷販売にあったことを正確に把握していない所からきたものだと思われる。

343 『備辺司謄録』171冊、正祖11年8月18日、938-939頁。「大抵氷者 不可無夏序而当暑魚肉無是則餒 故東西氷庫及紫門監所蔵 御厨供奉朝臣頒賜 猶患不胆 則不可遍及於海上挙網之舟 都下鼓刀之肆 故私氷庫 自成廟朝 以特教創開 人多効嚬 広而無禁者 為其魚舟肉肆之頼 以不至不傷矣 渠等倶以氷魚作為生業矣」

344 『正祖丙午所懐謄録』。「氷契之作都庫也……従前水上水下之置氷庫者 殆近三十処 猶患不足矣」（152頁）；「在前江上私氷無処無之 許多魚船肉廛 挙皆取用於斯」（155頁）。

345 『正祖丙午所懐謄録』155頁。「大抵私氷本是禁条 而即今江居之曽経顕職者 班戸之慣於牟利者 以冒法私氷為業」

346 『日省録』正祖10年9月27日、889頁。「北部幼学 姜慶煥 原情」。「自渠先祖 晋山君希孟 居在本洞 置此氷庫資生 今之三百余年」

347 『日省録』正祖10年9月7日、824頁。「氷契良人趙熙沢上言……内庫蔵氷之役 八江民戸之巨弊也 壬寅冬 四部論報 此弊於京兆 則朝家曲加変通之方 募得民人 自備私財多伐氷丁 上奉御供 下除民弊 而売其余丁 作為生業事 筵稟定奪 又以禁断私氷 毋至奪利之意 成節目 故果為 応募作契 則従前私氷為業之姜李両班者不敢生意於私氷 願為同事 故自備数千両 多数伐氷 臟置班戸之私窟 分利相約矣及其癸卯甲辰 所謂班戸凌蔑契民 都呑其利 則本利倶失 負債如山 故逐年供上之役 万無進排之望 以此冤状呈于京兆 納券自退」

348 『備辺司謄録』178冊、正祖10年2月24日、623頁。「氷庫提調 鄭昌聖所啓……今則自願本価還退 臣即自本庫推移備給原価 使之退去 契名永為革罷 一遵旧規伐氷進拝等役 使本庫員役及載氷軍担当挙行矣」

349 『備辺司謄録』173冊、正祖12年9月30日、174-175頁。「江居数三班戸 以氷

264　第2章　京江地域の商業発達の様相

　　　為業者 願余契人同事 而行之数年 所売氷利及本錢 尽帰班戸之幼弄矣 矣徒不得支撐 納巻自退 則自官専任契人 属之紫門監之意 筵稟申飭 故更為新募弁費万財別置八大庫 積置氷丁 而班戸之乱売尤甚 再致渙散 丙午(1784)秋 上言蒙恩 則班戸甚至雇人撃錚 仮作民呼 誣罔天聴 自秋曹革罷契名」

350　『正祖丙午所懐謄録』、152頁。「禁軍 崔徳禹所懐」
351　註338参照。
352　『日省録』正祖10年9月7日、「氷契良人 趙熈沢上言」。「班戸等 不有朝禁 暗自蔵氷於私窟 欲為奪利之奸計 指嗾江居禁軍 崔徳万 歳首詢瘼時 敢以私氷契氷多寡懸殊 操縦権利等説 誣罔天聴之後 姜・李等 肆然乱売 独権其利」(ここでは崔徳万と記録されているが、前後の文脈から見て『正祖丙午所懐謄録』の禁軍の崔徳禹と同一人物であろう)。
353　『正祖丙午所懐謄録』、155頁。
354　『備辺司謄録』171冊、正祖11年8月18日、939頁。「臣譽東 昨春以備堂承特教与諸臣会于籌司 分掌回啓之時 予問末議於氷契事 以合井以下 勿為幷禁之意 覆奏蒙允」
355　『正祖丙午所懐謄録』、155頁。「合井以下 勿禁云云 班戸之私売者 都在合江以下 則此為勿禁 便是許売 所謂氷契 自在於不攻自破之中 苟欲破氷契而許私氷 則母寧江上班戸之私氷者 尽数抄出 使之担当国役 一遵契人之例 則於公於私 甚為両便云」
356　『日省録』正祖10年9月7日、824頁。「氷契良人趙熈沢上言以為……班戸之私作氷庫 使契人失利 其所称冤 事勢固然請捉置班戸作梗之類照法厳治 至於契人等之憑藉権利 刁蹬氷価之弊亦為厳飭 従之」
357　『日省録』正祖10年9月7日、889頁。
358　『備辺司謄録』171冊、正祖11年8月18日、939頁。「今此氷契 禁三江之私氷 創一処之八庫 故八江之民 皆至廃業 都下魚肉 亦皆絶貴 哀此沿江船人及満城市民偏被氷都賈之害 将至於失業渙散之境 氷契之人 作奸行悪 甚至於諸処氷庫 募軍毀破 抜石壙土 又於解氷之時 魚舟之捨載水漵者 謂以犯禁 誣訴推捉 移送法曹或杖或贖 有百弊而無一益」
359　『備辺司謄録』171冊、正祖11年8月18日、938-939頁。
360　同上。
361　『備辺司謄録』174冊、正祖12年9月30日、174頁。「班戸甚至雇人撃錚 仮作民呼 誣罔天庁 自秋曹革罷契名」
362　『備辺司謄録』177冊、正祖14年10月4日、663頁。
363　同上。
364　同上条。「所謂氷契 若無許多弊端 既設之後 寧有即罷之理乎 到今渠輩 雖或称冤 朝家処分 当観大体 既命革罷 復令与該監員役 眼同挙行 則此便更設 豈不苟且之甚乎 上言内辞縁 置之何如 答曰允」

365 『万機要覧』財用篇5、蔵氷 内氷庫。
366 これは『万機要覧』財用篇5、蔵氷の内氷庫条に内氷庫を主管する衙門が紫門監として記録されている点から推測できる。
367 『承政院日記』1912冊、純祖6年5月25日、647頁。「又於先朝辛亥 特下伝教 永破権買 或給節目 一留京兆 一頒八江 使之復旧資生矣 曽未幾何 又為権買人所奪 八江之民 多有流離之挙 其後又因摘奸郎庁草記 伊時下教若日 又出私権買 専利之徒 乗時售奸 不可不痛筋厳禁 俾有実効 前後筋教 非一非再 而権買之弊 至今不革 江民生計 漸益凋残」
368 姜萬吉「都買商業と反都買」『朝鮮後期 商業資本の発達』高麗大出版部、1973。

第3章

京江船商商人の成長と資本蓄積

第1節　京江主人層の成長

1. 主人営業の形態と旅客主人権の発生

　京江は、全国の商品が集荷され、また搬出される所だったので、ここに基盤を置いた商人層は多様であるしかなかった[1]。外方から上ってくる船商を接待し、商品の売買を仲介して口文〔手数料〕を受ける京江旅客主人、租税穀の運送を専担した京江船人、そして地域別価格差を利用して多くの利益を残した京江船商、漢江の上流から運搬されてくる木材を販売する木材商人、そして荷役運輸業者と蔵氷業者、その他にも京江に設置された市廛を中心に船商や郷商らに収税権を行使した京江の塩醢廛・塩廛・米廛・柴木廛などの市廛商人があった。また、京江が遊興街としての様相を帯びるようになり、酒類販売業に従事する商人も生まれたのである。
　このように多様な商人層の中で、代表的な商業勢力である京江旅客主人・京江船人・京江船商の成長を18世紀後半以降の商品流通体系の変動と関連して検討する[2]。これを通じ、京江商人の成長と資本蓄積が朝鮮後期商業史において持つ意味が次第に明らかになるだろう。

（1）主人営業の多様な形態
　「主人」という言葉には、ある物件の所有権者を意味すること以外にも、官員などが宿泊する所という意味もあった[3]。したがって、主人という用語が後者の意味で使用される時、前に多くの接頭語を付けて使用したのである。例えば、朝鮮後期に頻繁に使用された京主人・営主人・面主人・私主人・貢物主人・江主人・船主人・浦口主人・旅客主人・税穀主人・倉主人・食主人等々の用語がそのような事例であった。これらの多様な主人たちは、概して独立的な営業人を称するものであった。しかし、主人という用語が内包するように、各々の主人営業は営業対象が違ったものの、宿泊業や料食業を営むという点では共通

第1節　京江主人層の成長　269

していた⁴。

　京主人は地方の貢吏たちがソウルに来て滞在する所の主人として、地方民の接待と保護、地方官の私属、地方との文書連絡、地方税貢の責任納付などの機能を果たした⁵。営主人は監営に所在し、各邑から監営に行き交う貢物や文書の管理と監営に上ってきた官人の接待と保護を引き受けた者であり⁶、これ以外にも各郡県の邑治には面主人がおり、各面から邑治に上ってくる住民や官員らに宿食を提供し、その対価を受けた⁷。京主人・営主人・面主人たちは、たいてい官庁から任命された者として官員ではなかったが、官員と類似した性格を持ったのである⁸。

　税穀の上納のために上京した外方貢吏たちは京主人家に滞在するのが一般的であった。しかし、私的に主人を決め京主人家ではない所に泊まる場合もあった。この時、私的に外方の客を接待する所が私主人と呼ばれた。いわば私的に主人営業を遂行する所であった⁹。上京立番する軍兵たちが軍営にとどまらずに私処で宿食する所も私主人と言われた¹⁰。このように私主人は一種の営業体として、宿食の提供、物資の保管、物資の販売斡旋などの機能を果たした¹¹。私主人の営業は、貢吏だけではなく軍兵などのすべての階層に開放されたものではあったが、朝鮮前期、地方とソウルとは主に税貢を媒介にして連結されたので、私主人たちの営業も自然と貢物納付と関連がある人々だけを対象にした。貢吏たちに対する接待を遂行する過程で、私主人たちは漸次貢物防納を遂行した。それゆえにこれらは防納私主人とも言われた。防納私主人の出現は、貢物商品化の進展により貢納制が瓦解される時期に登場した、新しい流通経済的な要素であった¹²。

　朝鮮前期の主人層は、このように官から公式的に認められた京主人と私的に営業する私主人とに区分された¹³。貢物防納が盛行した時期に成長した私主人は、大同法の実施とともに漸次衰退し、これらが担当した機能が朝鮮後期の貢物主人・税穀（税米）主人・船主人・旅客主人などに分化したと言える。これらの中で京江を舞台として活躍した主人層は税穀主人・船主人・旅客主人であった。

　税穀［税米］主人は、租税穀や貢物を載せて竜山と西江に到着した外方船人たちを接待し、税穀の荷役と各倉庫までの納倉役を担当し、その対価を受けて

生活を営んだ者であった。税穀主人は船人たちから税穀を受け保管証を発給し、税穀の納倉役を代行した後にまた保管証を返してもらった[14]。税穀主人たちは各地域の貢吏たちと個人的に密接な貸主関係を結んでいた。このような関係のため、貢吏たちが税穀を未納する場合、政府の各倉庫では税穀主人から徴収するようにしたり、税穀の運送の途中に欠損額が生ずる場合には税穀主人が一定の範囲内で貢吏たちに米穀を貸与してくれたりもしたのである[15]。

このような税穀主人と貢吏との相互依存的な関係は、漸次税穀主人の貢吏に対する支配を強化することにより、徹底的な支配-隷属関係に転化された。したがって、税穀主人たちの中の一部は貢吏が載せてきた税米を密売、あるいは船人たちを侵奪して結果的には税穀を納付できないようにする場合も多かった[16]。税穀主人たちは貢吏に対する収奪を営業の根本にして貢吏を分占したのである。このような税穀主人の権利は、他の主人営業権と同じく経済的な権利として売買・相続・譲渡が自由な財産権であった[17]。

一方、倉主人も税穀の捧納を専管するという点では税穀主人と役割がほとんど同じであった。それで税穀主人と倉主人は混称されたりもした。ただ、倉主人たちは船人が積んできた税穀を点検し、税穀の出入を担当するという点で税穀主人と異なった[18]。税穀主人に比べ倉主人たちは税穀の収納の責任を持ったので権限がもっと強かった。例えば、宣恵庁の平倉主人は平倉に納付される陽川など9邑の陸運大同2,700余石、銭1万9,500余両に対する結価を決めるにあたって参与したりすることもあった[19]。

また、税穀主人たちは外方船人だけではなく税穀を点検しに京江に来た倉属を接待し、その対価として烟価（食事代）を受けたので、これらの人々を食主人と称したりしていた。食主人は、文字通り各種商賈や旅客、そして官員たちに食事を接待し対価を受ける者であったが[20]、食主人の受ける烟価は船人が積んできた税穀の100分の1が普通であった[21]。

倉主人・食主人・税穀主人の営業は、厳密に言えばそれぞれ異なる営業であった。しかし、食主人営業は主に税穀主人か船主人が兼ねるのが普通であったし、これら主人層を区別せず混称するのが一般的であった。例えば、1738年、京江主人の金世万が泰安地域の旅客商賈たちに50両を貸し出す対価として旅客主人権を確保しているが、彼を食主人と表現したし[22]、1784年司圃署所管

の霊岩・霊光・咸平などの地の税穀主人の申益耆は税米次知江主人であったが[23]、彼が買い入れた権利は食主人業と記録されている[24]。

税穀主人の権利も他の主人権と同じく売買・譲渡・相続される財産権であった。奎章閣古文書に見られる、司圃署所管の全羅道の咸平・霊光・霊岩3邑の税米上納時の税穀主人権と食主人権、司圃署員役料米上下時の食主人権などの五つの権利に対する売買状況を見れば次の表3-1の通りである。

表 3-1　司圃署所管・全羅道の咸平、霊光、霊岩3邑等 税穀主人権の売買状況

年	買得人	価格	放売主	備考	典拠
1750	金碩昌	200 両	李夏成		奎古文 121069
1780	金正潤	190 両	金碩昌　長女	還退	奎古文 121075
1784	申益耆	210 両	金鶴延	金碩昌　長女	奎古文 121061
1785	朴再興	210 両	申益耆		奎古文 121063
1792	沈光国	250 両	朴再興		奎古文 121070

この表から分かるように、税穀主人と食主人権の売買価格は1750年から1785年までの30余年の間に大きな変動はなく200両内外であったが、7年が過ぎた1792年には250両に上がった。1792年の価格の増加は1791年の辛亥通共を契機に禁乱廛権が解消されることにより、京江主人層が商業利潤を集積する機会が増えたことからもたらされる価格上昇であったと考えられる。

税穀主人はもともと私主人として、最初は官が任命する権利ではなかったし、船人や貢吏と個別的な契約によって成立する権利であった。例えば、1709年司僕寺穀物運送船の船主の黄先奉とこの船舶を賃貸して運送業を営む宋近昌・黄百竜などが自身らが納付しなければならない税米の不足分を補う方法が分からなくなり、税穀主人の金論金に「旅客例」により15両を受けて自己放売することによって、これらの間には税穀主人と旅客船人の関係が発生していたのである[25]。

しかし、税穀主人が船人や貢吏たちと個別的な契約によって税穀主人権を買得したとしても、江辺勢力家たちは主人権を無視し船人たちを誘引する場合が多かった。したがって、税穀主人は自身の営業権を守るために納倉役を担当する衙門で差帖を発給してくれるように要求することが慣例になった。この過程で税穀主人は衙門から任命する職責へと変わっていったと見える。

税穀主人を衙門で任命するということは、税穀主人の営業権を衙門で掌握す

ることを意味するのではなく、税穀主人の権利を官で保障するという意味である。言い換えれば、税穀主人権は個別的な財産権として何度も売買されたが、税穀主人権の行使には官の保障が必要であったのである[26]。それで税穀主人権を買い入れた者が自身の税穀納倉役を保障されるように請願書を上げて差帖の発給を要請すれば、衙門ではたいてい差帖を発給してくれた。司圃署所管の税穀主人の金碩昌[27]と申益耆[28]の場合がそうであった。このような慣行は主人と官権の結託を強化することであり、ひいては主人たちの税穀船人に対する侵奪を強化する契機になったのである[29]。

それゆえ衙門によって任命された税穀主人がその衙門への税穀納付を担当した外方貢吏や船人たちを従属させ、これらを支配することは当たり前のことであった。もはや税穀主人と船人との関係は個別契約による関係ではなく、官で認めた税穀主人に船人たちが義務的に服属しなければならない関係に変わった。

税穀主人の営業は非常に細分化されていた。戸曹・宣恵庁だけではなく中央の各司の倉庫にもそれぞれ主人があった。また同じ衙門といっても税穀納付地域と税穀の種類によって主人は異なった。例えば、禦営庁南倉の税穀主人の場合、①忠清道の洪州・扶余・定山・唐津・燕岐、全羅道の高敞などの6邑の主人[30]、②羅州移画米と鴻山移画米を担当する主人、③羅州移画米と舒川保米の半分を担当する主人、④羅州保米と舒川保米の半分、そして鴻山移画米、鴻山保米を担当する主人に分化されていた[31]。このように分化された主人営業の権利に、さらに取り分を分け、分主人の形態で同業する場合も発生した[32]。舒川保米に対する税穀主人権は半分に分割されていた。また、洪州・扶余などの6邑主人に対する主人権の場合も分割された分主人が存在した[33]。

18世紀後半になると、このように細分化された税穀主人権も他の主人権と同じく1人に集中された。禦営庁南倉の税穀主人権は四つの主人権と各主人権がまた分割され、多くの人が主人営業権を所有したが、1837年に兪承旨という人がこの税穀主人権をすべて買い入れするようになる。税穀主人権が有力家門に集中されるようになったのである[34]。

税穀主人は税穀納倉役を引き受けたことを契機として、税穀運送業を担当することもあった。例えば、京江主人の李憲尚は南陽府の税穀主人であったが、南陽府だけではなく黄海道平山府などの地の税穀上納を代行していた[35]。

一方、税穀を各倉に納付する責任者というよりは、江上で船人たちを接待して対価を受ける主人層を船主人[36]と言ったが、船主人の発生事情を柳馨遠は次のように言っている。

> 漕卒の苦痛はその根源が一つではない。……京江の場合、主人と称しながら京江に来る船舶ごとに米2、3石、あるいは4、5石を徴収する。廃朝時に諸宮家、諸宰相家から漕卒が（京江に―引用者）着けば逃亡した奴婢の一族であるとか、または逃亡奴婢の接主だと称し漕卒を拘禁するなど侵虐した。漕卒がその侵虐に耐えられずに、先に彼らに税米を賄賂として与えた。そして不足した税米は月利を支払って、京江で穀食を購買し倉庫に納付した。これら漕卒の中には帰って逃亡した者が多かった。それで多くの宮家と宰相家で月利の補償を受ける方法がなくなり、無理やりに京江人を某船主人として定めて船主人から月利を徴収し、また船主人は漕卒から月利を徴収した。その後船主人が船舶ごとにお金を集める慣習が始まったのである[37]。

すなわち、17世紀初、光海君代に多くの宮家・宰相家の侵虐を受けた漕卒たちの負債を代わりに返済してやり、その対価として船主人と船人関係が成立したというのである。主人と船人との間の債権‐債務の関係が、船主人営業が成立した契機であったのである。個別船人と船主人の間に主人権が発生するのは多くの場合、宮家・宰相家の圧力によるものでもあったが、官によって決まることではなく完全に私的なものであった。したがって、船主人たちは京主人や税穀主人のように官権との結託が強いわけではなかった。

船主人たちは文字通り船の主人として税穀主人とは異なり、税穀船だけではなく一般商船の船人にもつまみと酒で接待し、彼らが載せてきた貨物の荷役・運搬・保管・販売などを担当した。船主人が主人営業の対価として船人から受ける米穀は、柳馨遠が言ったように17世紀半ばには船1隻当たり2〜5石であった。17世紀前半の漕運船の積載限度が500石であったので[38]、船主人の占める取り分は運送税穀の1％程度に見える。しかし、船主人が船人たちから受ける対価は18世紀前半には運送量の10％に増加した[39]。これは船人たちに

対する船主人の支配権が強化されつつ表れたもので、主人－船人の関係も漸次強力な支配－隷属関係に変わったことを示している。

税穀主人が倉吏と結託した者として富豪であった反面[40]、船主人たちは最初は勢力家によって操縦される貧残民が大部分であった。船主人は私主人の一種で、主に京江辺に居住したので[41]、江主人と呼ばれたりした[42]。

船主人権が成立した当時の営業内容は船商を接待し、品物を日夜守ってやる一方、販売する品物があれば商賈とともに売ることであった[43]。客主営業である宿泊業・委託販売業・倉庫業・保管業などが船主人の段階でははっきり分化されずに、いっしょに行われた。このような多様な機能の中で、初期船主人層の機能は船商接待が主であった。たとえ商品流通過程に参与するとしても、船商層の自由な商品流通を補助するにとどまる制限的なものであった。船主人層の機能がそのようなものに過ぎなかった時は、彼らはほとんど「貧寒之民」であり、身分も低く、収益もあまり多くなかった[44]。したがって、主人と船商の関係は、旅行客が店幕を出入りするように官で介入しない自由な関係であった[45]。それゆえ旅客商賈と主人関係は京主人・営主人とまったく異なるところなく、京郷間の主客の誼により互いに頼りあうものであった[46]。

(2) 旅客主人業の発生と旅客主人権の成立

主人営業は初めから税穀主人・船主人・旅客主人などと区分されて存在したわけではなく、最初のうちは分化されないまま機能が錯綜していた。このように機能が分化される以前には船人や船商を接待することが主な営業であったという点で、主人が接待する対象によって名称が決まるというよりは、営業が行われる場所によって京江主人・江主人・浦口主人・津主人[47]などと呼ばれた[48]。しかし、浦口商業の発達により京江に行き交う船人たちが税穀運送船人、一般船舶の沙工・格軍、船商、旅客商賈などと多様化され、これらの中で一つの集団だけを接待するようになって、主人営業が分化されて行ったように見える。すなわち、京江を行き交う船人たちが多様化されることで主人営業も分化されたのである。船主人は船隻の主人であり、旅客主人は旅客商賈の主人として、厳密に言えば異なる営業体であったので、主人権を売る時も旅客主人と船隻主人役の別を明示していた[49]。

第 1 節　京江主人層の成長　275

　主人営業のこのような特性のため、旅客主人業の起源も曖昧であらざるを得ない。次の資料で見るように、旅客主人の主要な営業内容である旅客商賈に対する接待と売買仲介業は最初は分離されていたことが分かる。

　　船主人は、すなわち旅客を接待して送るものに過ぎない。旅客接待が多いか少ないかによって値段を計算して受けるのが当然の事理である。どうして毎駄当たり5銭ずつ口文を受けたり、船主人として沙格に接待するだけなのに北魚船商たちに無断で口文を受けることができるか。まして口文というのは物品取引の時に仲介人が得るものであり、沙格輩が接待される店主とは何の関係もないのである[50]。

　ここでは、船主人である店主は旅客を接待する対価でいくらかの金品を受けるだけであり、口文は商品流通を媒介する仲介人が受け取ると指摘している。この資料から考えられるのは、初期には船人たちを接待する船主人営業と商品去来を仲介する居間業は明らかに区分されていたのが分かる。このように主人層と仲介人は各々機能的に独立された営業体ではあったが、二つの営業を1人が同時に遂行する場合も多かった。
　旅客主人の営業内容はこのように居間と船主人営業を同時に遂行することと考えられる。このような事情を総合して見ると、旅客主人業の起源は従前の船人に対する接待のみを担当した船主人たちが、商品取引を仲介する居間業にまで営業内容を拡張することから始まったと判断される。このように船主人たちが居間業まで兼ねながら旅客主人とも呼ばれるようになる時期は17世紀の中期と推定される。現在残っている旅客主人売買文記を見ると、旅客主人業が創設され一つの経済的権利として成立したもっとも古い例は17世紀後半である[51]。17世紀後半は京江が商業中心地に変わり始めた時期として、京江に出入りする商賈船が増えながら、これらを接待する旅客主人業が発生したのである。
　旅客主人たちの最初の営業地は麻浦であった[52]。竜山と西江は税穀を荷役する所なので税穀主人や船主人層が存在したし、麻浦は竜山・西江と違って商品流通の中心地であったため、船商を接待し取引を仲介する旅客主人業が最初に行われたのである。したがって、旅客主人営業の発生はこれより前の17世紀

中期と推定される。

　それでは旅客主人権が成立する事情について調べてみよう。旅客主人は船商に資金を提供することで主人権を獲得した[53]。船商たちは資金不足や負債を返すために自身を旅客主人に放売したため主人‐客商の関係が成立したのである。一方、外方から京江に到着した船商たちが勢力家の奴子たちの侵奪を防止する目的で旅客主人を決め、「自売許属」する場合もあった。船商が旅客主人に「自己放売」する価格は概して50両内外で、これで成立した主人‐客商の関係は放売した客商自身はもちろん、後孫にまで及ぶものであった[54]。

　このように、初期の旅客主人権は官権とまったく関係なしに、全的に旅客商賈と主人との間の個別契約を通じて発生した。特に、初期の主人‐客商の関係は客商の必要、すなわち債務や侵虐防止という要因によって成立したので、17世紀中期まではこのような必要のない船商たちは、あえて主人を決めないまま独自的に活動する者も多かったようである。

　このように、主人と客商の関係が強い隷属性を帯びずに主人を決めない旅客商賈たちが多かった時は旅客主人の身分が低く、経済的にも貧しい者が多かった。このような事情は、江景浦の北魚船主人の安聖沢が「至賤班奴」であったという点や[55]、京江の場合、本来土地がなくて生計を立てにくい人々が川端に住みながら、ただ江辺の旅客商賈主人として生計を保ったというところからもこれを推察することができる[56]。

　最初は主に客商の必要によって成立した主人‐客商の関係は、漸次密接な依存関係に変わるようになる。このような事情は次の資料によく表れている。

　　　私たちは米穀・柴・ワカサギ・青石魚および雑種を取り扱う商人である。各邑で商業で生活する者が上京して商いをする時には全的に主人に依存する。だから私たちは主人に頼って生きてゆき、主人も私たちを対象にして業を立てる。それゆえ数百年の間、主人を決めて往来し、主人の業も互いに売買された[57]。

　ここから分かるように、客商たちは全的に主人層に頼って商品を取引しただけに、主人がいなければ商賈たちも取引が不可能であった。以前は主人を決め

なくても商品取引ができたことに比べれば、これは商取引の慣習において大きな変化が生じたことを意味する。だから客商は勢力家の侵虐や負債などの特別な必要がなくても、ただ主人がないという理由だけでも自己放売して主人を決めるようになる。例えば、1661 年（顕宗 2）京畿道富平府浦口民の李京竜ほか 11 人は、京江を往来する過程で本来属した主人がいなかったので、「前規」により旅客主人の朴順泰から 80 両をもらって自身を客商に放売している[58]。この時にはすでに、大部分の客商が主人から一定の対価を受け自己放売することによって、主人と客商との間の固定的で永久的な主従関係が成立していたのである。このような関係が発生することで、主人権は経済的な権利へと発展した。

　旅客主人が客商に対して持つ権利である主人権は、売買・相続・譲渡が自由な財産権で、法的にも保護された。もし船商が主人ではない他の人に商品を積んで行く場合、船商は「横叛主人之罪」として処罰された[59]。刑曹や漢城府でも主人権を法的権利と認めたのである[60]。また、主人権は経済的な権利であったので、主人権を質に入れ、金を借りることもできた[61]。

　旅客主人の経済的な権利は船商たちから口文を受けることで実現された[62]。口文はもともと商品取引を周旋する居間の得る収益であった。しかし、主人層が船商たちにお金を支給して主人権を設定したり、他の主人にたくさんの金を支払って購入する場合には、主人層が居間の役割も兼ねて、船商たちが積んできた物貨取引を主管したため、船商を接待しながら得る対価［烟価］だけでなく口文も徴収したのである。

　一方、旅客主人業は営業管轄範囲が厳格に決まっていた[63]。この管轄区域を基址と言ったが、この基址の中では旅客主人や江上の市廛が独占的流通権を行使し、基址の外では自由な売買が許容された。基址の境界は営業範囲を決定する重要な要素であった。京江浦口において競争的な営業体制が定着する中で、このような基址を設定することは自身の営業権が保障される重要な要素になった。これを明確に規定しなかった時、隣の浦口と口文徴収圏をめぐった紛争が惹起された。したがって、外方浦口の場合、浦口を設置する時に四標を決めて管轄区域を明白にすることが一般的であった[64]。

　旅客主人の営業区域が限定されたので、主人営業は個別商賈と主人の間の商行為にとどまるのではなく、主人営業が行われる地域［洞］全体の経済権を左

右する問題でもあった。このような様相は、次の資料によく表れている。

　　　南陽船主人は本洞居民の生計である。馬の賃貸しで自活し、塩雇として業を立てる。ところが唐突なことに、本主の白石麟という者が違う洞の金星淑という者からお金をもらって売ってしまい、本洞民が狼狽するようになった。本洞居民が尊位家に皆集まって他の洞に売らないように哀願し、他の洞に売った主人権を750両で再度買い入れた[65]。

　この資料では、他の地域に主人権を販売し営業場所が移されると、それまで主人営業に付随した荷役運輸業などで生計を維持していた村人たちが生計手段を喪失し、そこで洞の尊位を中心に旅客主人権をまた買い入れるように圧力を加え、これを買い戻していることを確認できる。
　18世紀以降、京江で主人-客商の関係は商品流通において必須の要素となった。「有浦有主-一世之通規」という表現のように、浦口に旅客主人がなければ売買に困難をともなうほどであった[66]。ソウルでも東北魚物を駄運してソウルに搬入する北魚商を管轄する旅客主人がいなかったが、1782年に景慕宮底旅客主人を創設して東北魚商を専管するようにしたのは、旅客主人が商品取引に一般的に介入するようになった事情を反映するものである[67]。
　京江商業が発達した18世紀以後、京江では多様な性格の主人層機能が統合されていた。さらには船主人・税穀主人・旅客主人・江主人・食主人などの営業権がほとんど一人の手中に掌握され[68]、これによってこれらの営業に対する区分はあまり意味がなくなった。したがって、18世紀以後の資料ではこれら主人の機能を厳密に区別せず、「京江主人」と通称されたが、その場合、「京江主人」の核心機能は旅客商賈を接待し商取引を主管する旅客主人であった。
　既存の船主人や税穀主人の営業対象は船人であったが、旅客主人の場合は船商層であった。このように営業対象の違いがあったが、18世紀以後、主人層機能の統合によってその機能と役割は同一になった。したがって、これらに対する名称も江主人・船主人・旅客主人・商賈主人・食主人など、あまり大きな区別なく通称されたように見える[69]。例えば、18世紀以後には、船主人たちも陸商たちの商品を仲介して口文を受けていた。ただ、これらの主人層を代

表する勢力は朝鮮前期に京主人・私主人から税穀主人・船主人に変わり、また17世紀後半以降旅客主人に変わった。これはまさに浦口商業の発達を反映する現象に違いない。すなわち、前述したように京江の機能が税穀集荷が主たるものであった時には、主にこれに関わる税穀主人・船主人が中心であったが、京江が商品流通の中心地に転化されながら主人層の中心も旅客主人層に変わっていったのである。一方、税米主人や柴草主人など特定貨物の運搬と納付まで責任を取る場合は、そのまま独自的な名称が使用された。

2. 旅客主人層の成長

(1) 旅客主人権の権利内容の強化

18世紀以後すべての商品取引は主人が介入して初めて成り立ったので[70]、旅客主人層は商品取引において必須的な流通機構として定着した。しかし、すべての商品去来に主人が介入することが必須となったものの、京江旅客主人たちはソウルの独占商業体制である「市廛体系」から自由に動くことはできなかった。旅客主人たちは船商が商品を積んで京江に到着すると、その物種を主管する市廛商人に必ず知らせなければならなかった。旅客主人たちは、船商たちが積んできた商品を市廛商人に渡すように周旋する位置にあったのである[71]。したがって市廛商人たちは、旅客主人の報告がないと江上の乱廛活動について知ることのできない状況にあった[72]。

このような構造の下でも、市廛商人たちは船商が積んできたすべての商品を一括的に購買するのではなかったし、その中の一部だけを減価購買するか収税し、残りの商品は船商たちが任意発売するようにした[73]。旅客主人層は船商層が任意発売で渡した商品を仲介した後、什一税である口文を受けた[74]。したがって、旅客主人は京江に到着した商品が「市廛体系」の外部で流通されることを防止する役割を果たしたというわけである。言い換えれば、旅客主人層は市廛を頂点にする流通体系に従属された商人として、外方から搬入された商品を市廛商人の流通体系の中で取引できるように船商たちを強制する位置にあったのである[75]。

一方、船商たちは自身の主人を通じてのみ商品を売買することができた。主

人ではない人は船商が積んできた商品売買に介入できなかった[76]。旅客主人は船商が積んできたすべての商品の売買を主管した。19世紀初期京江下流に新設された徳隠浦の場合も、「船主接待と物種売買はすべて監官が主管し、水陸を問わずいかなる物種でも隠浦に到着すると口主人が発売を主管する」[77] といい、主人層が浦口のすべての商品流通を掌握したことを示している[78]。

このように、船商たちが持ってくる物品はすべて主人層の管轄の下に流通され、すべての物品は直ちに主人を通じて市場に出荷された[79]。主人層は商品売買を斡旋し、仲介料を受ける商品流通の補助者の位置から脱し、個別船商に対する支配権を強化していきながら、船商層による自由な商品流通を遮断し、商品流通全体を管理する地位に変わったのである。このように旅客主人が浦口流通において占める位置が変わると、旅客主人が所有した船商に対する支配権も漸次強化された。主人権の内容も商品取引を仲介して口文を得ることから、商品の独占販売権に転化した。いまや船商たちは積んできた商品を時勢と関係なく、無条件に主人を通じて売買しなければならなかった。

一方、18世紀中期、旅客主人が必須の存在として定着するにつれ、旅客主人権も個別商賈と主人の間で成立していたものが、漸次一郡県や面全体の商賈を対象として成立する方式に変わった。外方の一つの地域体の船商と船人に対する支配権を行使する地域主人権が成立したのである。

地域主人権は個別旅客主人権の量的拡大の産物ではなかった。なぜなら、個別商賈に対する主人権に比べ、地域主人権は一地域の船商全体に対する支配権を行使する強力な権利であるため、その地域の船商すべてが個別的に主人－客商の関係を結ぶことで成り立ったものであるとは考えにくいからである[80]。実際、京畿道富平府青蘿島の船人の金鼎祐は個別的に自己放売しなかったが、京江主人が富平主人と称しながら青蘿島所在のすべての船舶に対して主人権を行使しようとすると、これを富平府に告発した。富平府使は京江主人を拘束するように命令した。しかし、拘束された京江主人がこれを刑曹に告発すると、刑曹堂上は文記を対照した結果、船主人であることが明らかなので彼の営業遂行は正当であると言って、金鼎祐の告発を退けた[81]。地方官庁では船商の権利を擁護したが、中央衙門では京江主人を擁護した。すなわち、中央衙門では個別商賈と主人との間に主人権が成立されなかったとしても、地域全体に対する京

江主人の支配権を認めたのである。

　地域主人権はこのように中央権力の強力な庇護の下に個別商賈と地方官庁の反発を押えつけながら拡大されていった。したがって、18 世紀中期以後、地域主人権は個別商賈と主人との間の経済的契約によって成立するのではなく、権力による経済外的特権の介入で成立し[82]、このような経済外的特権に基づいた主人権の行使は、直接商品流通を担当した船商には商品流通を助けるのではなく、封建的収奪の性格を持たざるを得なかった。

　このような地域主人権の成立を契機として、漸次主人権の成立過程でも権力が介入した。この時期に旅客主人権を侵奪し集中させていった代表的な権力機関は宮房であった。主人権の成立過程がもともと私的な契約関係によるものであったので、他の権利より権力の侵奪を受けやすかったため、主人層は自身の営業権を保護するためにほとんど宮房や衙門に投托し服属したのである[83]。これは京江の忠清道稷山、京畿道振威・平沢の船主人の奇得奎が盗賊に遭い、船主人文券を奪われてしまった時、主人営業権の保障を受けるために振威・平沢・稷山に請願書を上げ、立旨〔請願に対する官府の証明書〕の発給を受けた事例からも分かる[84]。この事実は、個別商賈と主人との間に成立した旅客主人権が、官によって保障を受けないと十分に機能できなかったことを示している。

　地域主人権の成立過程で、官権の介入もこのような事情を背景として現れる。主人－客商の間の個別契約ではなく、官権の介入により主人権が成立する事例は、京江でよりはむしろ外方浦口で典型的に現れる[85]。

　主人－客商関係のこのような変化により、商品取引を周旋した対価として得る口文も、漸次商業税へとその性格が変質していった。口文は船商の商品売買を補助する（仲介・斡旋）対価ではなく、船商が浦口に到着すると義務的に納付する税金に変わったのである。すなわち、口文は合理的な経済行為の対価ではなく、封建的特権の介入による経済外的収奪という性格を帯びるようになったのである。これは船商に対する主人層の支配権が強化されながら現れた現象であった。口文のこのような収奪的な性格は、漢江下流の鉢山四里浦の民人たちが上げた次の訴状にもよく表れている。

　　本里浦口のいわゆる柴草口文費用は、昔から各作人が与えると受け、与

えないと受けないものであった。その当時柴草売買は少しも難しいところはなかった。……近来、人心が昔と変わり、10余年の前、本面三里に居住する李成道という両班が都口文と称しながら柴草の多寡によって口文を受けた。これによって柴商が任意に出入できなくなり、柴商を業にする本里民人たちの生計が難しくなった[86]。

ここで見るように、もともと口文は与えると受け、与えないと受けないものであったが、浦口周辺の両班が都口文を創設し、柴草船商から強制で口文を取り立てたのである。李成道という両班が旅客主人であったのかは確実でないが、概して主人層と同様に浦口を掌握していった人であったのは容易に推測し得る。

浦口主人や船主人たちは浦口の商品流通を掌握し、船商たちを自分の支配下に置いて、さまざまな収奪をほしいままにした。茶山（丁若鏞）はこれに対し、

邸税とは何であるか。鄭玄のいわゆる邸店税である。邸店とは何であるか。今日のいわゆる船主人がそれである。……およそ沿邑令は当然赴任初に浦里ごとに榜を掲げて教え諭し、厳格に禁止事項を設定して、彼らが得る烟価以外は少しでもむやみな徴収はしないようにし（烟価はすなわち食扶ちである－原註）、別に偵察してその禁令を破った者を治めると、おそらく商人たちが皆楽しくその地域に出入りするのを願うだろう[87]。

こうして、船主人たちにとって本来の営業である食事を振る舞う代価以外のお金を収奪できないように厳禁しなければならないとしたのである。要するに、18世紀中期を経る中で主人権の権利内容が強化され、その結果、主人と船人との間の関係は、初期の「京郷間主客之誼」によって相互依存する関係から漸次収奪者と被収奪者の関係に変わったのである。

商品取引を周旋した対価の性格から商業税に変質された口文の額数は、浦口の事情によって異なった。一定の比率で決める場合も物品により比率が異なる場合もあったし[88]、物品の区分なしに、商品の販売価格に応じて一定比率を口文として受ける場合もあった[89]。口文額数が各浦口ごとに違ったのは、口文額

の決定が旅客と主人との間の長年の取引を通じて固定されていったからである。口文額数は地域ごとに相当な差異があったが、たいてい販売価格の10～20％であった。

　このように主人層が浦口で商品流通を独占し、船商たちから商業税の性格を帯びた口文を取り立てるようになり、主人層が得る利益も大きくなった。したがって主人層の社会経済的な地位も変わることになった。初期の主人層はほとんど浦口周辺の貧寒之民や賤民であったが、主人営業を通じ莫大な利益を得るようになると漸次富民や勢力家に変わったのである。このような変化が生じたのは、貧寒之民・賤民が主人経営を通じて自ら富を蓄積した結果である場合もなくはなかったが[90]、浦口周囲の勢力家たちが主人権を買い入れるか、官権と結託し主人権を奪取して主人営業の主体が変わったことにも原因があった[91]。

（2）旅客主人層の商品流通掌握と都賈商人への成長

　市廛を頂点とする流通体系は、生産者－船商－旅客主人－市廛－消費者、または生産者－船商－旅客主人－市廛－中都児－行賣之人－消費者で構成された。前述したように、旅客主人は市廛体系の下部で商品流通を媒介する商人であった。しかし、18世紀後半、京江旅客主人層は客商に対する強力な支配力に基づき、漸次市廛商人を排除する運動を本格的に展開した。旅客主人層は梨峴・七牌の中都児たちに船商が積んできた商品を直接渡すことで、市廛商人を排除した。このような流通体系の変化が明確に現れるのは魚物流通でのことであった[92]。京江旅客主人たちが中都児に直接魚物を渡すのは、魚物廛商人にとっては致命的であった。だから当時の魚物廛人たちもこれを乱廛の中で一番深刻な弊害として理解していた[93]。

　このように18世紀後半には、市廛体系に従属していた中都児や旅客主人層の市廛排斥運動が活発になり、七牌と梨峴が重要な魚物市場として定着しながら、漸次ソウルの富豪もソウル周辺の場市を舞台に都賈活動に参与した。京江旅客主人と富豪たちは、ソウル周辺で新しい商業中心地に発展した広州の松坡場、楊州の楼院店などを根拠に都賈活動を行いながら、漸次七牌、中都児を凌駕する資本で新しい流通体系の主導権を掌握した。これらは楼院店に乾房を設け、ソウルの中都児と締結して、外では松坡場市と連結して商品をソウルを

経由せずに全国各地に分送する流通体系を作った[94]。こういうわけで、私商を頂点にした流通体系が成立した。私商を頂点にした流通体系は船商－旅客主人－中都児－行商につながることになったが、この流通体系を掌握した一番強力な私商勢力は京江商人勢力であった。

京江商人の流通体系の掌握は18世紀末期になりいっそう強化された。すなわち、1786年市廛商人の京江に対する収税が現物から貨幣に変わるにつれて魚物流通に対する旅客主人層の主導権がさらに強化されたし[95]、1794年甲寅通共で内魚物廛の禁乱廛権が廃止された後には、旅客主人は魚物流通を完全に掌握することができるようになった[96]。

旅客主人が市廛商人の下部組織ではなく、新しい流通体系の頂点に立って商業利潤を獲得できるようになると、18世紀末以後旅客主人権の値が急騰し、有力家門に主人権が集中するようになった。50両内外であった旅客主人権の売買価は18世紀末以後200～500両で、また19世紀中期には1,000両内外、開港以後5千両内外へと急激に上昇した[97]。主人権の集中現象は地域により多少の差異を見せ、忠清道洪州などの地ではだいたい18世紀後半から現れたが、大部分の地域では概して19世紀初期以降に一般化していった[98]。だから18世紀末以後の京江主人権は、初期とは違い相当な経済力を持った富民でなければ所有しにくかったのである。

当時両班たちは、相当な利益を生む商業部門に奴婢などの名前を借りて直接投資することが一般的であった[99]。旅客主人権だけではなく、貢物主人権・京主人権もほとんど両班や宮房権力が掌握した[100]。このように権勢家たちが各種主人権に対して投資を集中した理由は、いわゆる官都賈の解体により自由営業が許容され、都賈商業の主体が私商に変わりながら、主人営業が都賈商業をもっとも簡単に営むことができたからである。これら主人権に投資した富民や両班官僚は単に経済力だけを所有した者ではなく、たいてい権力と結託した者であった。

一方、19世紀以後の都賈行為は、菜蔬などのごくささいな物品に対しても普遍化されていた。都賈行為の主体も宮房・士大夫家から郷班・土豪に至るまで拡散していった[101]。都賈行為が普遍化される中で、浦口主人に任命されることを都賈として表現することから分かるように[102]、浦口主人たちの機能と

役割もまさしく都賈と変わるところがなかった。

　旅客主人が都賈化されるのは、彼らが浦口で商品流通を掌握できたという点と同時に、彼らがたいてい一定の規模以上の財力を持った者であったという点から可能であった[103]。京江主人たちは外方から上ってくる米穀を自身が管轄する旅客商賈から捨値で買い込んだ後、市価の騰落を察して一番高い時に販売することで莫大な利益を得ていた。魚物流通でも海州船主人の金珍玉が魚物廛の物品である青石魚を独占した後、これを干して乱売することで、魚物廛の人々が失業するようになった[104]。京江主人層は1801年、内・外魚物廛が改めて六矣廛に復帰し魚物流通で禁乱廛権が復活されたにもかかわらず、これを無視して京江で独自に魚物を流通させた。一方、通津祖江浦の場合も船主人と浦民たちが草苤・雑木・葛皮などを通共発売していたが、船主人3人が通共発売を破って恣意的に買い占めたために、浦口民たちが失業状態に至った[105]。

　このように18世紀末以後、京江主人層は物貨の流通時期と量を調節しながら価格まで勝手に操縦する都賈商業をもって富を蓄積し[106]、封建権力と強固に結託しながら京江の商品流通を掌握する勢力として成長した。京江主人層は都賈行為だけではなく、江上に市廛創設を試みたりもした。

　　　麻浦に住む呉世万・李東石・車千載・林蕃・李世興・李次万・姜世柱
　　　などが三江無頼輩70余人を率いて自ら小冊子を作って行首の名簿を作り、
　　　江上に市廛を設置して各地から来る魚商の物品を買い入れて都賈する[107]。

　このように、京江旅客主人たちは自分の麾下の零細小商人たちを動員して、京江の商品流通を完全に掌握できる市廛を創出しようとした。旅客主人層はもともと、商品流通の補助者として船商たちの活動から発生した商業利潤の一部を口文で受けて自生する商業利潤の寄生者であったが、18世紀後半、流通体系の変化過程で最大限の商業利潤を創出する都賈商人として成長したのである。

　旅客主人層が都賈商人に成長するにつれて、主人の媒介なしには浦口で商品流通が不可能な新しい取引慣行が定着していった。例えば、19世紀後半、江華注文乙串阿此又浦では民人たちが官庁に呈訴を上げ浦口主人を任命してくれるように要求した。その理由は、主人がないから売買がまともに成り立た

くて浦口が衰退したためであった[108]。主人層の媒介を必要とする取引慣行は、既存の市廛体系を頂点とする商品流通体系と区分される、私商を頂点とする流通体系において現れるものであった。このような商品流通体系は、旅客主人層の経済的能力と封建的特権の支援という条件の下に成立した。

主人層を頂点にする新しい流通体系の下では、主人層が船商に対する収奪により、商品流通の直接的な担当者であった船商層が商業利潤を集積する機会がずっと減った。茶山はこのような主人層の利潤侵奪に対し、

> 船舶が去る日に取引帳簿を計算してみると、商人の利益の中の半分は邸店（船主人―引用者）に帰して、残りの半分も三分五裂され、船商に帰するものはほとんどない[109]。

として、商業利潤の中で大部分は主人層に集積されたことを述べている。

主人層が船商たちに及ぼす弊害は、商品流通を掌握して口文を過度に収納するにとどまらなかった。彼らは商品売買において捨値を支払ったり、故意に支払いを延ばすことで船商たちを江上に長い間とどまらせるようにしたり[110]、主人‐客商の関係を結ばない船商に対しても船舶を差し止めて商品流通を妨げたりもした[111]。このような主人層の弊端は、国法を無視し公貨を横領するに至り、「民不民邑不邑」の状態になるほどであった[112]。これは主人層が商品流通に参与する方式が収奪的であったことを端的に示すものである。

このような収奪性にもかかわらず、市廛商人と旅客主人が独占購買権を行使するには根本的に差異があった。市廛商人の独占権は管轄する物品全体に対するものとして、競争がもともと不可能な独占であった反面、旅客主人層は個別商賈を対象にした独占であったからである。したがって、主人層を頂点とした流通体系の下でも、同じ物品を取り扱う主人層の間の競争はその前に比べさらに熾烈に展開された。

19世紀になって京江旅客主人は、京江の商品流通を掌握することでソウルで消費される各種の商品の出荷時期と価格を調節する地位に成長したが、これを証明する代表的な事例がまさに1833年ソウルの「米暴動」であった。この事件は麻浦の東幕旅客主人の金在純が京江の多くの旅客主人を指揮して米穀販

売を統制し、さらに市廛商人たちまでも米穀売買を中止するように影響力を発揮することによって、ソウルの米穀市場を完全に崩壊させた結果、貧民層が米価の急騰に抗議する大規模の暴動を起こした事件であった[113]。この事件は、米価調節に対する影響力において、京江旅客主人の方が米廛商人より大きかったことを示してくれる事例に違いない。

一方、主人層が地域主人権に基づき船商たちを収奪することで多くの富の蓄積ができる流通体系は、開港を契機に変動した。物品別主人権が出現したのである。開港以前にも江景浦の北魚主人[114]、江陰七浦の柴炭収税監官、貿柴主人、雑物収税監官、魚塩収税監官[115]、平日生日島の加沙里主人[116]などの名称に見えるように、物品別に旅客主人が分化されていたが、物品別主人権が普遍的に成立する時期は開港以後と考えられる。

開港以後には麻浦の塩都旅閣主人[117]、博川津頭の木花都旅閣主人[118]、仁川の菜果旅閣、柴炭旅閣[119]、釜山の鰯魚客主[120]など、たくさんの物種別主人権が成立していたことが確認される。

このような物品別主人権の成立は、個別商賈に対する主人権が地域別主人権に変化、発展した主人権の発展方向と、軌を一にしているように思われる。19世紀後半には浦口で商品流通が活発に展開されながら流通量が増加し品目も多様になり、これによって物品別に商品流通を専管することが大いに効率的になったのである。このような主人権の発展方向はすなわち、主人層の商品流通に参与する方式が経済外的な強制の形態から漸次合理的な方式に変わっていくという事実を暗示する。なぜなら、物品別に主人権が成立するということは商品流通機構として主人権の専門性が強化されていくことを意味するもので、これは以前の前近代的で暴力的な独占の形態が解消される可能性があったことを示すものであるからである。

註

1 既存の京江商人の資本蓄積と成長に関する研究には、姜萬吉「京江商人と造船都賈」(『朝鮮後期商業資本の発達』高麗大出版部、1973)がある。この文章では、京江商人と資本蓄積を次のようにまとめている。「京江商人とは、首都圏内の漢江のほとりに根拠を持つ商人群を指す。彼らは、政府の税穀を賃運したり船舶を利用する商業、すなわち船商に従事するか、あるいは京江のほとりに定着しソウル

を背景として米穀・塩類・魚物等の商業に従事する商人である。…京江商人の資本形成は二つの側面から行われた。第一に、穀物・魚物を中心とする運輸業の発達と全国の浦口および内陸川岸を結び付けながら展開される船商活動、第二に、このような過程を通じて集積された資本に基づき都賈商業、すなわち買い占め商業が発達することによって資本の集積度は急速に高まった」。また、ここでは、京江船人・京江船商・京江旅客主人等の営業と資本蓄積の方式に対する正確な区分を省略したまま、京江商人として統合して説明するが、これらを厳密に区分して京江商人の資本蓄積の性格を説明すべきだと思う。

2　旅客主人・船人・船商以外の商人は零細小商人の範疇から抜け出せなかった勢力として、商業資本の蓄積の可能性が希薄であった。したがって、ここでは、朝鮮後期の「私商」の代表勢力であるこの三つの商人を中心として商業資本の蓄積問題を扱った。

3　朝鮮総督府『朝鮮語辞典』「私主人」1920。

4　主人営業に関する資料は、官府文書よりは私人文書の形で残されたものがはるかに多い。本書では、主人層の活動を分析するにあって奎章閣所蔵の古文書・庄土文績類を主として利用した。朝鮮後期の古文書の様式と分類については、崔承煕『増補版韓国古文書研究』(知識産業社、1989) を参考にした。

5　李光麟「京主人研究」『人文科学』7、延世大、1962；金東哲「18、19世紀京主人権の集中化傾向と都賈活動」『釜大史学』13、1989。

6　金東哲「18、19世紀 営主人の商業活動と邸債問題」『歴史学報』130、1991；呉泳教「朝鮮後期地方官庁財政と殖利活動」『学林』8、1986；張東杓「19世紀 地方財政運営の実態に関する研究」釜山大博士学位論文、1993；金東洙「茶山の郷吏論」『竜鳳論叢』13、全南大人文科学研究所、1983。

7　『明宗実録』巻12、明宗6年10月戊寅、49頁。「漢時郡国邸舎 皆在京師 我国京邸事制 亦倣此而立也 前者列邑之吏 往来于京者 皆止宿於邸 故為邸主者 亦得相資以生 而各司文移之際 易於通報」

8　京主人・営主人・面主人はもともと郷里賦役の一環として任命されたものであったが、主人役が利権化し、両班官僚・富商・富豪などが高価買入を行いながら、財産増殖の手段となり、その性格が変わった（金東哲、前掲論文、1989、145頁参照）。

9　金鎮鳳「私主人研究」『大丘史学』7・8合集、1973、168頁。

10　『中宗実録』巻65、中宗24年5月甲寅、121頁。「祖宗朝 設軍営至為関係 而軍士等皆楽於私主人 而不入接於軍営 若以重罪罪之 則自当入接矣」

11　田川孝三『李朝貢納制の研究』東洋文庫、1964、590頁；金鎮鳳、前掲論文、1973、172-181頁参照。

12　イ・ジウォン「16、17世紀前半貢物防納の構造と流通経済的性格」『李載龏博士還暦紀念韓国史学論叢』1992、486-491頁。

13　田川孝三、前掲書、1964、590-595頁。
14　奎古文 121074、〈本署江主人 金光玉〉。「右謹陳所志矣段 矣身本以江底之民 各郡各邑田税納倉之際 其矣船人等処 受烟価為業資生矣 霊巌沙工朴命善 色吏姜儀聖 為名漢 去七月分 本署所納穀物上納次 矣身処捧授是白去乙 矣身主人所致同穀物準数捧置後 沙工色吏処 手記成給是白加尼 同穀物畢納後 手記段 矣身処還給 理之当然是白乎矣 尺文与手記 并以持去之状 万万為誣乙仍于 如是仰訴去白乎……丙申 (1776) 8月 所志」
15　『成宗実録』巻10、成宗2年5月 丁酉、573頁。「外方税貢雑物 諸邑守令 収合民間 録文状 差使領送 其吏到京 隠接私処与興利人同謀 転転販売 積年不納 其弊不些 前此本曹受教 私接興販 過三朔未納者杖一百 并徴其主人」
16　『世祖実録』巻38、世祖12年2月 甲午、8頁。「諸道漕船 泊于竜山西江 則其処居人称主人 将所載米 置於家前 或偸或奪 至車価濫取 其弊不些」
17　『燕山君日記』巻44、燕山君8年5月 壬午、491頁。「各司貢吏……及来泊竜山等処 則居人分占貢吏 寄寓其家 至以貢吏為産業之本 分与子孫 貢吏亦重賂庫子 然後得納」
18　『備辺司謄録』238冊、哲宗2年5月7日、275頁。「(京畿暗行御史 柳晏別単) 所謂倉主人名色 専擅捧納之柄 都管点退之権 令該官永為革罷 令結民直納于倉庭」
19　『備辺司謄録』238冊、哲宗2年5月7日、275-276頁；『日省録』高宗9年正月25日、39頁。〈命平倉与倉主人革罷〉。
20　『公文謄録』(奎古 4206-28) 巻4、壬申7月　日。〈輸城食主人 朴世郁 所志〉。
21　奎古文 121069、乾隆15年 (1750) 7月25日。〈金碩昌前明文〉。「右明文事段 当此長女婚事 凡干所入之物 弁処無路 勢不得已 司圃署所管全羅道 咸平霊光岩参邑 税米上納時 食主人 百一之税 租二石 本署員役料米 上下時 食主人条 每朔米伍斗 合五処 右人前 価折銭文 弐百両 依数捧上為遣 永永放売為乎矣……財主 李夏成」
22　『忠清道庄土文績』巻34、乾隆3年戊午 (1738) 6月21日。〈京主人金世万前明文〉。「右明文為臥乎事段 忠清道泰安塩場居船主金金坪 同姓四寸孫等 船商為業矣 適以隣洞船隻売買之際 他無出処乙仍于 京居麻浦食主人処 所貸銭文五拾両貸出 給価船隻買得是乎等以」
23　奎古文 121081、〈差帖〉。「右帖為差定事 汝矣身乙 霊巌霊光税米次知江主人 差定為去乎 上納等節 着実挙行者 照検施行 須至帖者 右 霊巌霊光税米次知江主人 申益耆 乾隆五十六年 九月 司圃署 帖」
24　奎古文 121061、乾隆49年 (1784) 7月20日。〈申益耆前明文〉。「右明文事段……司圃署所管 全羅道 咸平 霊光 霊岩参邑 税米上納時 食主人業 百一之税 合米五石 京畿豊徳税租 每秋上納時 食主人矜税租 弐石 本署員役料米 恒年 每朔上下時 食主人条 米伍斗 合五処 右人前価折銭文 弐拾百両 依数交易捧上為遣 永永放売為乎矣……財主 金鶴延」

25 『忠清道庄土文蹟』巻34、己丑（1709）4月 日。〈金論金前明文〉。「右明文事段 矣身則本是無主人是如乎 即今司僕寺穀物載来納倉為如何 多有無頁 充納無路勢不得已 矣身乙 以旅客例 同人前 捧価銭文什五両許売為去乎 日後或有某人是乃 雑談是去等 持此文記 告官卞正事 船主黄先奉 賃船主宋近昌 黄百竜 筆執陰泰極」

26 奎古文121072、〈所志 西部 竜山居 金碩昌〉。「右謹陳所志矣段 司䆃署所納霊光霊厳咸平等邑税米 毎於田大同上納時 添載上送是白如乎 去庚午（1750）年分 自本署矣身処伝令与差帖成給 差定江主人 以為三邑税米上来 即是告本署 与船主人眼同看検上納之地為白乎等以 …… 戊寅（1758）九月 日」倉主人が宮房などから任命される事例は『寿進宮謄録』巻2、68頁でも見られる。

27 奎古文121071、〈本署主人 金碩昌〉。「 右謹陳所志矣段 矣身江倉主人 世伝随行為有如乎 本署貢人等 受料与貢物受価 特惕力顧見 而其所供饋価外 別無酬労之状 本署所共知 而他無変通顧恤之道是白斉 本署所納霊光霊岩両邑税穀上納時江辺無頼貝雑之類 教誘船人 冒法私授恣意防納 漸成痼弊是白詫除良 元穀雖為無欠納上為白乎乃 防納之類 陰嗾船漢 請嘱于宮家勢家 添其所給之穀 還推于官属 尤為難堪之患為有臥乎所 本署教是特令矣身差定江辺船主人 而成給帖文 則如此船人横侵貝役之弊 担当周旋 小無意外濫雑之弊為白遣 船人与江主人眼同領納 則亦為尽善挙行之道是白置 依専庁各倉及 戸曹江倉例 并只差定矣身于江倉主人 以為公私無弊事 差帖成給為白只為 行下向教是事 司䆃署処分 庚午（1750）5月 所志「題辞」所訴如此 汝矣身処 江辺主人 特為定給事」

28 註24参照。

29 もともと私的な権利であった主人権に対する権力機関の侵奪が強化されると、主人層は自分自身の権利が保護されるように、一定の税額を納付し宮房・衙門等に自願服属することになる。その結果、主人権の行使の方式そのものも経済行為ではなく、封建権力に依存した暴力的収奪に変わることになる。これについては、高東煥「18、19世紀 外方浦口の商品流通の発達」『韓国史論』13、1985、268-275頁参照。

30 奎古文121012、辛巳4月 日。〈柳鶴齢前明文〉。「右明文事段 禦営南倉所納 公清道 洪州夫余定山唐津燕岐 全羅道 高敞等食主人 上納後余米中 一千両分米三十石則除遣分米是遣 零米段 彼此間 分用之意 自今年至癸未 合三年為定為於 三年後 若無還退之道則余米勿為干渉是遣 或有還退之道而若不許給 則以此文記為後考為於 上納之節 右人専当挙行之意 成手記事 前分主人 金敬淳」

31 奎古文121207、道光17年（1837）丁酉2月 日〈兪承旨宅 傔〉。「右明文事段禦営南倉所管時役主人中 金宗元為業是加 羅州移劃百五石 鴻山移劃五十石 本価段五十両是遣 文記一度 立旨二張是遣 申象欽為業是加 羅州移劃百五石舒川保米折半条 百石 本価段五十両是遣 文記段 四張是遣 柳志沢為是加 羅州保米 百三十四石 舒川保米折半 百石 移劃五十石 鴻山移劃五十石 鴻山保米八十七石 本価段二百両是遣

第 1 節　京江主人層の成長　291

文記一度立旨一張是如乎 合価文五百五両是乎旀 此外以禾利条 加数五十五両 都合価文五百六十両 折定交易為乎矣 毎年分米十四石式 随上来 此遵之意 茲成明文為去乎 若有雑談 則以此文記弁正事 財主 金宗元 申象欽 柳志沢筆執 池景亀」

32　呉美一「18、19 世紀 貢物政策の変化と貢人層の変動」『韓国史論』14、1986、150-156 頁参照。この論文では、分主人と元主人の違いについて、元主人は主人権の所有者であり、分主人は元主人から営業権だけを買得した者として営業責任者であると同時に、営業の成果によって利益の一部を元主人に分米の形で上納する関係として理解している。しかし、分主人というのは、註 31 の資料からも分かるように、所有権とは異なる営業権ではなく、所有権の一部を分割して所有するものと理解した方が妥当だと思われる。すなわち、主人権の分割としての分衿［분깃］の意味である。

33　註 30 と同様。

34　呉美一、前掲論文、1986、159 頁。

35　『錦営啓録』（奎 19354）巻 14、壬寅（1842）九月 日、〈平山府使了〉。李憲尚については、本書の第 3 章第 3 節の「2. 京江商人の都賈商業と資本蓄積」参照。

36　船（ソン・선）主人といわずに、べ（배）主人と発音した。奎古文 150433、〈부평・주인문서〉参照。

37　『磻渓随録』巻 3、田制後録　上。

38　『新補受教輯録』戸曹 漕転。

39　『備辺司謄録』83 冊、英祖 4 年 2 月 28 日、267 頁。「（持平 曹命教曰）京江近処 富豪家与倉属符同 税船到泊 則以若干酒肴饋納人 百石中取十石 若計之千万石 則其所費為如何哉 船人不欲出給 則与倉吏締結 故捧上之際 必為執頭且船人往来之際 各有主人処 近来勢家居江上者 縦奴僕輩 少不如意 則勒奪其器械 船人輩於漕運失利 雖欲私販 亦不能任意往来 船漢輩将無保存 別様申飭何如 上曰 聞台臣之言 則非但宗臣勢家奴僕作弊如此 此後復有作弊之事 当繩以重律之意出於挙条 申飭可也 領議政 李（光佐）曰 臣於甲辰年（1724）在政府時 船人之以此呈訴甚多 故各別申飭矣 今見船人所呈 則以為甲辰後 則此弊稍減矣 今又如此云 其後若遵行 則決不至此 而今時事類 皆有法而不能行 良可慨然矣 」

40　同上。

41　『承政院日記』212 冊、顯宗 10 年正月 10 日、383 頁。「外方船隻之上来者 皆有主人 江上之人 以此為生涯」

42　田川孝三は、16 世紀以前の『朝鮮王朝実録』の記事から客主・旅閣という用語が発見されないので、これら江主人を朝鮮後期の客主・旅閣の前身であると推定した（田川孝三、前掲書、595 頁）。

43　『内需司庄土文績』（奎 19307）巻 5。「矣身以商賈船主人 船隻来到京江 則矣身昼夜守直 或有発売之物 兼以発売以定 故商賈船段 矣身担当主人是遣……矣身段商賈

船人来到 則所謂食床及如奴使役是白乎矣」

44 『忠清道庄土文績』巻19。「矣身居在浦口之致 往来商賈船 □□自依主人等事随行 年所多歴 其利其得 不過大段者也 丙辰 三月 日」(□は解読の不可能な字—引用者)

45 『忠清水営関牒』(奎 15122)巻1、戊辰(1808)4月27日。「大抵商賈之於主人 比如行旅之於店幕 其来其去 固当一付之渠輩而已 初非官府之所可与知 則払其心而勒定 決施行不得之政」

46 『碧録』(奎古 4250-93)巻1。「道内沿江諸邑江主人名色 不知創自何時 而顧其設始本意 則不但為京郷間主客之誼而已 凡所以緩急相資 公私挙行 京邸営邸無異」

47 『純祖実録』巻14、純祖11年3月丁丑、689頁。

48 京江旅客主人と外方浦口主人に関する研究には以下の論文が参考になる。朴元善『客主』延世大出版部、1968；李炳天「朝鮮後期商品流通と旅客主人」『経済史学』6、1983；高東煥「18, 19世紀 外方浦口の商品流通の発達」『韓国史論』13、1985。

49 奎古文 217421、乾隆49年(1784) 5月25日。〈高泰成前明文〉。「右明文事段 切有緊用処 自己買得為在 朔寧麻田漣川 三邑旅客及船隻主人之役乙 右人前 価折銭文 三百陸拾両 依数交易捧上為在……財主 李景禧 証人 丁錫昌 林元培」

50 『内需司庄土文績』巻15、査報書目 巡営題辞。「船主人則此不過送旅待客之例事 当随其供饋之豊薄 計価受之而已 豈有毎駄五銭式 例捧口文是旅 以船主人而只供沙格 則毎駄五銭 北商輩亦豈有無端例給之理 況旅 口文者 興成時 居間人所食 則沙格輩所接之店主 可謂皮肉不関」

51 李炳天、前掲論文、1983、154-164頁。「〈附表〉地域別京江主人権の売買来歴」参照。

52 『備辺司謄録』175冊、正祖13年12月12日、457頁。「漁船停泊各随主人 其来其去 本無常処 前則旅客主人 皆在麻浦 近来則散在各江」

53 『忠清道庄土文績』巻34、乾隆2年(1737) 4月、〈金世万前明文〉。「右明文為臥乎事段 矣身興利次 以水営船隻等物 売買之際 欲為買得 而他無出処乙仍于 矣徒等段置 本無主人 故勢不得已 主人前 銭文四十両貸用 而給価船隻是乎等以 毎年往来之時 完定旅客対答之実……忠清道 泰安東面北蒼 咸世尚 船主 李祇尚」

54 李炳天、前掲論文、1983、113頁。

55 『内需司庄土文績』巻15。恩津三公兄処。「安聖沢……渠不過以浦辺久居 偸税致富之至賤班奴」

56 『忠清道庄土文績』巻5、「矣身本以貧寒之民 無田土無料之民 故居在江上 只以生計者 以江辺旅客商賈主人 累代資生矣」

57 奎古文 86920、〈所志 丙辰 三月 日〉。「矣徒等 或有以米穀柴炸氷魚青石魚及雑種商賈為業者是旅 或有各邑商販資生者 而上京興成之際 全頼於主人 故矣等望主人而資生是遣 主人亦望矣等為業乙仍于 慶百年定主人而往来是遣 主人之業 亦為転相売買矣」

第 1 節　京江主人層の成長　293

58　奎古文 86896、〈順治拾捌歲（1661）丁丑二月初八日 朴順泰前明文〉。「右明文事段 矣身京畿富平地浦 諸面諸人等 京江往来時 本無属処主人 故依前規旅客人処捧価銭文八十両放売為乎矣 日後若有雑人等是拒端是去等 持此文記 告官卞正宜当事 各浦船人等 李京竜 李江床 金者斤同 金破回 尹炯 金正伊 金江伊 李春上 金同言 馬僉存 全好上」

59　奎古文 87023。「矣身次知 金浦船人 趙士寛沙格等 毎載物種 横走他処之状 万万無状……上項趙士寛船人沙工 捉来横叛主人之罪 各別厳治後 前後口文一一推給」

60　『備辺司謄録』206 冊、純祖 17 年 3 月 25 日、20 頁。「所謂各処主人者 有口文之利 故転相売買 視同世業 商船一有他適 則争訟継以粉然 為法司者 亦為之聴理 遂成文巻 任其専利 於是而有拘執侵責之患 有操縦刁騰之弊 則商利之漸失 物価之益踊 専由於此」

61　『忠清道庄土文績』巻 19、〈結城星湖 船旅閣主人文巻 典当標〉。「右標段 星湖船旅閣主買得次 同売買前後文巻 封典当後 右乞銭文 弐千両 以賭地例得用而毎年五月内 四百両式 輸納京中為去乎矣 次次随所報 分定減賭之意 成標以納事 辛巳（1881）十一月 日 標主 朴震和」

62　『忠清道庄土文績』巻 5、〈謄給〉。「毋論某邑所管 各処江主人之給重価買得随行者 専恃各其所管邑土地所産 凡各物種之輸来到江後 其売買捧喫口文之故也」；奎古文 87023、〈江上船主人之給重価買得随行者 専為口文〉。

63　『德隠浦新設節目』（奎 18343 の 8）。「浦業之各守境界 無相越侵 載在法典 如坡州之汶山浦 交河之方川浦 通津之祖江浦 水原之甕浦等処 廛人客主人 無相越侵……己丑（1829）十一月 日」

64　同上。

65　『京畿道庄土文績』（奎 19299）巻 89。

66　『光緒十一年（1885）黄海道四邑各浦旅閣都節目』（奎 18288 の 10）。「浦無主人 則商不居接 物無貯聚之道 有浦有主 一世之通規也」；『備辺司謄録』241 冊、哲宗 5 年 10 月 11 日、713 頁。「貿穀船 皆有浦口主人 貿糧装載之費 皆有計数償労之価便成一定之通規」

67　『各廛記事』人、〈景慕宮卜房 申万福等邀卜於門而作弊 故呈備局奉甘京兆処治卜房事〉；『備辺司謄録』178 冊、正祖 15 年 正月 20 日、714 頁。

68　『忠清道庄土文績』康熙 26 年（1687）林鳳前明文。「右明文事段……父主生時 自己買得 接対是在 公忠道瑞山邑田大同載来旅客及各面漁船与私卜船載来旅客乙右人処 価折銭文 伍拾両 依数交易捧上為遣 永永放売」

69　奎古文 86919、〈京江居 本邑船主人 奇得奎 白活〉。「右謹陳所志矣段……陸商及船商 載来米穀与魚塩 各種之物斥売後 只食口文」

70　『各処所志謄録』（奎 18015）己丑（1889）5 月 4 日。「蓋以物貨都会之処 商船聚集之所 必有主人 有主人則有売買 有売買則必有口文」

71 『各廛記事』人、嘉慶18年（1813）4月 日。「各江船主人及江主人輩也 各処魚物 載到京江 則同主人等 通奇於矣廛人 使矣廛散売各処 自是定式之例」

72 『各廛記事』地、道光18年（1838）庚子（?）4月 日。「若無主人 則廛人安知有潜暗之事云……廛人若無江主人之指告 則実無探知乱廛之有無也」

73 高東煥「18世紀ソウルにおける魚物流通構造」『韓国史論』28、1992、184-185頁参照。

74 奎古文 87020、〈嘉慶十四年（1809）五月 漢城府謄給〉。「右為謄給事 麻浦居 金寿仁名呈所志内 隣居鄭徳汝 自来行船之人 矣身則船主人之役 給重価買得 多年挙行 是白加尼 什一口文 江上不易之規是去乙 一両堅執 不為備給 専事延拖 故税推無路 茲以仰訴為白去乎 伏乞参商教是後 上項鄭哥捉来 願売他処 口文一一推給之地為白只為 行下向教是事 漢城府処分 己巳 四月 初五日」

75 李炳天は、このような旅客主人の状況から市廛商人の収税請負業者と規定し、旅客と市廛の中間に立って動揺する二重性を持っていると把握する（李炳天、前掲論文、119-120頁）。しかし、旅客主人は二重性を持つ存在ではなく、もともと市廛商人に隷属した状況にある、商品売買の仲介業者であった。ところが、市廛体系の動揺と崩壊が現実化するにともなって、旅客主人たちは新たな商品流通の担当者として成長し、既存の船商にたいする統制権に基づいて市廛商人を排除し、新しい商品流通の体系を掌握する私商勢力として成長することになる。この点については後述する。

76 『内需司庄土文績』巻10、伝令　徳隠浦所監官。「商船来泊者 元主人外 他人無得干渉 自是各浦通行之規」

77 『徳隠浦新設節目』（奎 18343 の 8）。「船主之奠接 物種之売買 既令監官専管挙行 則母論水陸 又母論某物種 来到本浦者 必使監官主管発売」

78 監官には徳隠浦設置の際に資本を投資した4人が任命されたが、これらは他の資料によれば、浦口主人として記録されている。監官は収税機構ではなく、浦口の流通を掌握した旅客主人である。「浦所監官四人 一従渠徒中公議差定 使之専管挙行為齐……今此浦口主人等 皆是積費物力 各出重貨 克成浦事者 則主人名色 元額之外 雖自本宮不当差定 不当出入而 一任渠徒中公議施行 事理当然」（『徳隠浦新設節目』）。

79 奎古文 86920、〈所志 丙辰 三月　日〉。「母論某物種 本群商賈民人 輸来之物段 皆是元主人所管……各種之物 各出主人」

80 李炳天は地域主人権が成立する時期を1740年代前後と推定している（李炳天、前掲論文、1983、127頁）。

81 奎古文 174397。「刑曹為謄給事 節呈富平居金鼎祐名呈所志内 右謹陳所志矣段 矣身所在本府青蘿島 使船為業矣 京居金口口為名人 母論矣船与他船 所在本島者 自称主人 其所侵漁 罔有紀極 故其民等 以此意告于本官則 題辞内 聞極痛駭捉囚報営厳

刑……堂上題辞内 文記昭然 船主人之的実 已無可疑 当初誣訴 退郷民習 尤可痛駭 所当厳記退斥是乎矣 特為参酌分付退送向事」

82 李炳天、前掲論文、129 頁。李炳天は特権的な契機が地域主人権の成立の契機であったと説明するが、具体的な内容についての説明がなされていない。推測するに、1744 年（英祖 20）に刊行された『続大典』の刑典禁制条に「自売其身者 以売妻律論 買者同罪」という規定が新設され、個別の船商が自己放売を通じて主人権を成立させることが不法になり、地域主人権に転化していったのではないかと考えられる。もちろん、『続大典』に自己放売を禁止する規定があったとしても、現実には依然として自己放売の慣行が続いたのである。1759 年（英祖 35）、江上御使の李潭の書啓にもこのような事情が報告されている。「潭日 楊花津夫金分先之妻潤礼 本以良女 居在坡州 自幼使喚於隣居両班李守一矣 李哥移居玄石里 故亦随以上来 作夫而接於楊花渡 已有年所 而李哥称以兒657 以二両給価買得 私施刑杖 侵虐非常 圧良為賤 自有其律 請令該曹厳査重治宜矣 金尚魯曰 設令買得良人 売買本有禁令 聞極駭然矣」(『承政院日記』1170 冊、英祖 35 年閏 6 月 30 日、472 頁) このように、1744 年以降も主人と個別の商賈の間での自己放売の慣行は続いたのであるが、一般的には客商-主人という関係は封建的特権の介入をもって地域全体に対する支配権を行使する方に変わっていったようである。

83 高東煥、前掲論文、1985、273-274 頁参照。
84 奎古文 86919、〈京江居 本邑船主人 奇得奎 白活〉。「右謹陳所志矣段 矣身甲戌年十一月分 本邑与振威平沢 三邑船主人之業 買得於姜兒観処 而陸商及船商 載来米穀与魚塩 各種之物斥売後 只食口文是乎乙加尼 昨年冬 不幸逢賊時 船主人文券 渾入於見失之中是乎故 縁由玆敢仰訴為白去乎 参商教是後 立旨成給 日後憑考之地……稷山官司主 処分 己卯四月日 所志「題辞」憑考次 立旨成給向事」この他に、平沢に捧げられた所志は「奎古文 86922」、振威に捧げられた所志は「奎古文 86921」である。各郡県では、この所志に従い、立旨を発給したのである。
85 外方浦口において浦口主人権が発生する類型は、浦口の設置と同時に主人になる場合、官に負担を負う代わりに主人権を獲得する場合、官、あるいは宮房から主人を差定する場合、浦口の役人層が浦口主人になる場合などがある（高東煥、前掲論文、1985、256-258 頁参照）。
86 奎古文 166644、〈鉢山四里民人等等状〉。「本里浦口 所謂柴草口文名色 自古各作人 各只授者捧之 不授者不捧 其時柴草放売 小無詰難之弊……近来人心不古十余年前 本面三里居 李班成道 称以都口文是遣 柴草多寡間 口文這這捧上是乎所 縁於口文 柴商莫敢任意出入 則柴商為業之氓 生涯艱乏」
87 『牧民心書』戸典 平賦 下。
88 『竜洞宮納恩津県江景浦下陸物種出浦物種定税完文』(奎 25134)
89 奎古文 87020、〈嘉慶十四年（1809）五月、漢城府謄給〉、「十一口文 江上不易

之規」;『内需司庄土文績』巻1、「法聖鎮浦口往来興販之船 百一条収税 主人未知 創自何年」

90 『要考』(奎古 5125-49) 巻1。「本浦民人輩 不事耕作 専業興販 舸艦之出入者商旅之去来者 俱有主人 各自生業也 為某船之主人某也 為某処某商之旅客 有若各邑之邸吏 各司之貢人 互相売買 伝之子孫 因此而得致富饒者 比比有之」

91 『承政院日記』1970冊、純祖9年8月23日、60頁。「又有所駭痛者 都民之豪富者 専奪江民之利 而江民至於無所資生」

92 高東煥、前掲論文、1992、194-204頁参照。

93 『各廛記事』人、嘉慶18年 (1813) 4月 日。「其中(乱廛之弊—引用者)最甚者……近来江主人、船主人輩 無状魚物 所載船隻 若到江頭 則潜為符同 任自売買 尽帰於各処中都兒 矣徒廛人 漠然不知」

94 『備辺司謄録』164冊、正祖6年8月9日、235頁。

95 『備辺司謄録』172冊、正祖12年正月13日、39頁。「露梁銅雀例 以銭酌定施行矣 渠廛生涯 漸至残薄 而況此物種 一朝見失 将至難保之境」

96 『備辺司謄録』184冊、正祖20年11月30日、549頁。「内外魚物廛市民等以為……甲寅通共之後 各種魚物 尽為見奪於閑雑輩」

97 李炳天、前掲論文、1983、130-133頁参照。

98 李炳天は、旅客主人権の値段が急騰した理由は、地域主人権への発展による現象として解釈した（李炳天、前掲論文、1983、130頁）。しかし、価格の急騰は18世紀後半以降のことで、地域主人権の確立は1740年代のことであるから、時期的にも一致しない。したがって、価格の急騰の原因は、地域主人権への発展という側面よりも、辛亥通共を契機として商品流通体系から発生した旅客主人の地位変動という側面から探るべきである。これは前述したように、税穀主人の売買の変動においても確認される。

99 禹夏永『千一録』巻10、漁樵問答。「今之所謂邸人貢人廛基懸房等名色 俱是中人以下之生理 而名以士族者 初不相関矣 近年以来 公卿士夫之家 甘為借名潜買牟取其利」

100 呉美一「18、19世紀貢物政策の変化と貢人層の変動」『韓国史論』14、1986;金東哲「18、19世紀 京主人権の集中化傾向と都賈活動」『釜大史学』13、1989。

101 『左捕庁謄録』(奎 15145) 辛酉 (1861) 12月11日。「物種都賈 即所謂権利也 小民競刀錐之利者 往往有似此名色 而今即上司各宮房士族家 以至郷班土豪 莫不以此為能事 凡以売買為名者 雖菜把柴駄之微 挙有主管操縦之処 物価之日涌不低 民生之日涌 漸漸艱乏 職此之由也……各場市各浦口 奸究作用有無 一一修成冊報来」

102 奎古文 164778。「所謂該浦都賈 自何差出是唯 討索浦民与行商 如干出物中間消融 無益於公 有害於民者……当入稟各為革罷……自今以後 当初補弊銭 則都旅閣 依前捧給為旀 他人更勿差出都賈文帖 設数推給於都旅閣是矣」

103 『備辺司謄録』205 冊、純祖 16 年 10 月 4 日、966 頁。「京江各邑主人之口文多少 是豈朝家之所知 而欲聚京商散売之穀 独専其利 則少無厳畏之心」
104 『備辺司謄録』226 冊、憲宗 4 年 2 月 14 日、949 頁
105 『竜洞宮事例節目』(奎 18343 の 9)。「況当初判下 使居民本江船主人及草苞雑木葛皮等 諸民通共発売……税納謀廃後 各種物件 以三坐船主人為名漢 仍為都奪衆民之生涯 恣意都買 使居民以至失業 浦戸零星……道光 二十八年 (1848) 十月日」
106 『備辺司謄録』206 冊、純祖 17 年 3 月 25 日、20 頁。
107 『各廛記事』地、癸丑 (1793)。
108 『各処所志謄録』(奎 18015) 己丑 (1889) 5 月 4 日。「矣等所居本浦之民 漁業資生而往来漁船之交易 不外此浦 而但居民鮮少 本無旅閣主人 故居民之互相売買 中間淆雑 商多見失 民無依頼 以為一浦之痼癈也」
109 『牧民心書』戸典 六条 平賦 下。
110 『徳隠浦新設節目』(奎 18343 の 8)。「退方船人之来泊也 毋論某物種 必以時価従公売給為有矣 如或不即給価而致逗留」
111 『要考』(奎古 5125-49) 巻 1。「昨年十一月 矣身貿塩 向論湖之際 及至江景浦則船主人金允信 称以捉船執留 幾日所載塩 渠自下陸 不得放還」
112 『碧録』(奎古 4250-93) 巻 1。「道内沿江諸邑江主人名色……此輩之眼 無国法反弄公貨 一年二年駸駸 有民不民邑不邑之慮也」
113 姜萬吉「京江商人と造船都賈」『朝鮮後期商業資本の発達』高麗大出版部、1973、89-90 頁。
114 註 87 参照。
115 『道光十二年 竜洞宮所属黄海道金川所在江陰七浦各種収税節目』(奎 18343 の 4)。
116 『竜洞宮謄録』(奎 19573)、辛酉 (1861) 7 月初 4 日。
117 『麻浦塩醢都旅閣主人節目』(奎 18288 の 9)、『麻浦塩都旅客主収税冊』(奎 18288 の 8)。
118 『博川津頭木花都旅閣主人節目』(奎 18075)、庚戌 (1890) 7 月 日。
119 『仁川港関草』(奎 18075) 巻 1、丙戌 (1886) 8 月初 4 日。
120 『釜山港関草』(奎 18077) 巻 1、癸巳 (1893) 3 月 17 日。

第2節　京江船運業の発展と京江船人・船商の成長

1. 税穀賃運の拡大と京江船人

（1）税穀賃運の拡大

　朝鮮後期の租税穀の運送量[121]は壬乱以後、次第に時起結数が増えることによって徐々に増加した[122]。壬乱前の田結の総数は原帳簿の田畓が151万余結であった[123]。しかし1601年（宣祖34）の時起結は大略30万結[124]、1611年（光海君3）には54万余結ほどに減った[125]。壬乱直後は全国的に耕地の約32%だけが起耕でき、慶尚道のように被害のひどい地域では16%しか耕作できなかった[126]。それに慶尚道の租税穀は慶尚道に置いたままにして、軍糧にするようにした[127]。そのため、壬乱直後ソウルに搬入される租税穀の運送量は、わずかな水準でしかなかった。

　17世紀以後絶え間なく量田事業を繰り広げた結果[128]、三南地域の時起結数は戦前水準を回復した。1611年（光海君3）全国時起結が54万余結であって[129]、1634年（仁祖12）三南地域に行われた甲戌量田のため、田結数が急激に増加し、1635年全国の元帳簿の田畓結数は133万7,023結であり、三南地域の時起結数は51万5,430余結であった。また1646年、全国の時起結の総計は67万4,309結にまで増えた。以上のように増えてきた田結の状況と収税額を壬乱前と壬乱後を比較すれば、表3-2、表3-3の通りである。

　壬乱前の租税総額は租税を中央に上納しない関西・関北地域を除いた6道の上納分は26万余石だったが、1646年には19万5,000余石だった。これは壬乱前に比べて6万5,000余石不足した値だったが、三南以外の5道は量田ができなくて時起結を正確に把握できなかったという点を勘案すると、三南地域の時起結数は壬乱前水準をほとんど回復したように見える。その上、1634年（仁祖12）の甲戌量田の時、田税の収取方法を踏験定額税制に変更、大部分の田税額を下之下である1結当たり4斗に固定したので、時起結数は従前のようであっ

表 3-2　壬乱前と壬乱後（1646）の田結総数

地域	壬乱前　原帳簿結総	1646年　時起総結数
下三道	1,009,700 余結	514,637 結
五道	505,800 余結	168,200 結 （＊）
全国	1,513,009 余結	674,309 結

典拠：『磻渓隨録』巻6、田制攷説 下 国朝田制附（負東以下省略）
（＊）：五道は 1636 年に量田ができなく、丙子胡乱後には量案が失われて非常に紊乱した状態である。

表 3-3　壬乱前と壬乱後（1646）の租税総額

地域	壬乱前の租税総額	1646年の租税総額
六道	26万余石	
両界	4万余石	
全国	30万余石	19万 5200 余石

典拠：『磻渓隨録』巻6、田制攷説下 国朝田制附。（租税総額は米と大豆を合計した数値である）

ても収税総額が減るのは当然のことであった[130]。

　壬乱以後、時起結数が 40 年ぶりに 2 倍に増えると、税穀の運送に必要な船舶の確保がもっとも重要な問題として台頭した。それで、1617 年（光海君9）に舟師庁を設置し、舟師庁では 各道に割り当てて、税穀を運送する漕船 50 隻を建造した[131]。 漕船だけではなく、軍船の復旧再建も同じ時期に行われた[132]。このような体制整備によって、税穀の運送は光海君代を境にして次第に正常化されていった。

　光海君代には嶺南沿海邑の租税が海を通じて船運されるようになり始めた[133]。嶺南の租税の場合、もともと沿海邑は大部分日本向けで、東萊に回附されたし、その以外の地域は皆洛東江を利用して尚州まで運搬された。その後、鳥嶺を越して忠州の可興倉まで陸運で、また水運で南漢江を利用してソウルの竜山まで運送されていた。そうしたものが、嶺底邑を除いた沿海邑の租税は南海と西海を回ってソウルに船運されるようになったのである。この時船運を担当した人たちは京江船人であった[134]。

　租税穀の運送は田税・大同等租税の性格や、地域によって各々異なる体制で成り立つのが一般的であった。田税の場合を見れば、湖南と湖西地域は漕運邑と直納邑で、江原・京畿・忠清地域は水運邑と直納邑の区分になった。直納邑の田税の運送はすべて私船で賃運上納になった。3 万余石にのぼる嶺南の田税[135]は嶺南の漕運制度が創設される 1760 年以前はすべて賃運上納されたが[136]、主

に京江船を利用して運送していた[137]。

17世紀後半になると漕運地域が直納邑に変わる場合が多く、全体的に賃運上納邑が増加した。例えば全羅道所在の聖堂倉・法聖倉・群山倉と3個の漕倉の収税区域は15世紀に53個邑、16世紀に41個邑、17世紀に27個邑に減縮になったし、17世紀に賃運で運送になった地域は全体郡県の50％を上回った[138]。17世紀後半は両湖地域でも官船漕運制度が衰退し、賃運上納が普遍化されていった[139]。

このようになった理由は、税穀運送量の増大による漕運船不足のためばかりではなく、漕運制度の非効率性にもあった。例えば1681年（粛宗7）江華留守の李銑は、

> 全国の漕軍の数は3,200余人である。1人当たり免税地2結ずつ支給される。また新造した船舶に1人当たり1結ずつをさらに与え、その他、海を渡る時の食糧と上京後に帰る時の食糧を合わせて総7,590石を与える。1年間運搬する田税が3万余石に過ぎないのに運搬費用が3分の1なので、3分の2しか得られない。両南の税米を全部私船で賃運すれば良いだろう[140]。

このように、官船漕運制の下で運送費が運送量の3分の1を占めて非効率的であるので、税米を私船で運送しようと主張したのである。

1694年（粛宗20）に頒布された〈漕転事目〉と1698年（粛宗24）以前の受教を集めた『受教輯録』段階では、田税は京江船ではない本邑や隣の郡県の地土船を利用して運送するように規定した[141]。田税の京江船の賃運禁止規定は京江船人らの頻繁な細工のためであった。しかしこの規定は1698年（粛宗24）以後の受教を集めた『新補受教輯録』では「各邑の田税は必ず土地船（地土船）で載送する。もし地土船がなければ京江船であっても、船主と船頭の身分が確かな者に任せて賃運するようにする」として、京江船の場合も船主と船頭の身分が確実なら田税穀を賃運できるようにした[142]。これによって地土船に比べ規模が大きくて航海技術も優れた京江船人らが、租税穀の運送を主導するようになった。

租税穀の運送量は大同法実施を契機に大きく増えた。大同法は1608年に京

畿道、1623 年に江原道、1652 年に忠清道、1657 年に全羅道の沿海邑、1662 年に全羅道の山郡地域に実施された。なお、慶尚道は 1677 年に、黄海道は 1708 年に施行されることにより、全国的に施行されることになったが[143]、実施初期の大同米の徴収状況は表 3-4 のようである。

表 3-4 大同法実施初期の大同米徴収量（単位：石）

地域	年度	大同米　総量	中央　上納
京 畿	1608	45,316	30,000
忠 清	1652	83,164	48,280
全 羅	1662	147,134	85,916
慶 尚	1677	135,985	82,477
合計		411,599	246,673

典拠：『度支志』外篇、版籍司 貢献部 節目（京畿、湖西、湖南、嶺南庁）

表 3-4 から分かるように大同法の実施を契機に、関東地域を除いた三南と京畿地域の大同米の徴収総額は 41 万余石になったし、この中で各地方の備置米を除いたソウル上納分は概して 24 万余石であった。24 万余石の中には作木・作布され陸運で上納されるのもあった。それなら大同税の中で米や大豆でソウルに運送される量はどの程度だったのであろうか。 大同法の実施初期に作米され船運される量に関する資料は残っていない。ただ 1769 年（英祖 45）の資料があるのだが、これを各道別に見ると表 3-5 の通りである。

表 3-5 1769 年 大同米の中央上納総量（作米・位太・位米）（単位：石）

地域	作 米	位 太	位 米	計
京 畿	22,482			22,482
江 原	1,120			1,120
忠 清	47,851	4,651	792	53,294
全 羅	69,300	5,700	548	75,548
慶 尚	33,724	1,277	25	35,026
黄 海	4,459			4,459
計	178,936	11,628	1,365	191,929

表 3-5 で見るように、18 世紀中期に大同米の中央上納分の中で穀物は 19 万 1,929 石であった。これらは陸運で京倉に直接納付された京畿の一部の地域を除けば大部分は船運であった。大同米も田税と同じく、初期は大部分地土船で運送することが原則であった。しかし材木不足で地土船が建造できず、船舶数

が絶対的に不足していた。その上、不足していない所でも、船人らの細工で地土船による大同米の運送は多くの問題を起こした[144]。その結果、大同米の運送にも京江船が参与できるようになった。

　三南地域を総16万余石として、嶺南の3万5,000余石は1760年、漕運が創設できたことですべて漕運船で上納できたが、その以前は皆、賃運上納であった。全羅・忠清地域の12万5,000余石は漕運邑を除いた直納邑の場合、賃運上納された。

　京畿道の大同米は春秋に分けて納めたので、これに合わせて運送するのが普通であった。秋大同の場合は田税と一緒に運送する場合が多かった。問題は春大同を収納して運送することにあった。春期は大部分の農家が絶糧状態なので還穀をあらかじめ一時融通して［挪移］中央に上納する場合が多かったが、各郡県で税穀収取が困難な場合はすべて受けるまで待ってから発船するので発船時日が遅くなり、結局風浪の荒い5、6月に大同米を運送しなければならない場合が多かったし、これがすなわち破船の原因となったりした[145]。

　そこで、1690年代から宣恵庁では京江船を動員して京畿地域だけでなく、三南地域の大同米を運送するようにした。京江船の中で1,000余石を積むことができる船舶から200ないし300石を積むことができる船舶までをすべて調査してみると300余隻だったが、このうち小船を除いて、400〜500石を積むことができる船舶の中で、1,000余石を積むことができる船舶の船主らが毎年順番通り大同米を運送するようにしたのであった[146]。このように京江船を登録して順番通りに運送するようにすることは、後述するように作隊法と類似の税穀の運送方法だった。宣恵庁では京江船人らに船価をすぐ支給し、烟戸雑役を免除する一方、外方の戸首の監官らの京江船人に対する侵奪を厳禁するように措置した[147]。このように京江船で大同米を運送することを宣恵庁で正式化することで、17世紀末以後は田税はもちろん、大同米の運送も京江船人が主導するようになった。

　一方、海上交通の発達で、18世紀には陸運された税穀が船運になる場合も発生した。嶺南・湖西の山郡で納める大同木・銭はもともと陸運されていたが、1725年（英祖1）陸運時の駄価より賃船載運時の輸運価が安くつくという理由で船運された[148]。そのため宣恵庁であらかじめ減額された駄価と実際、船運

価の間で差額が発生し、中央衙門ではこの差額を手に入れようと争ったりした。1725 年には宗簿寺がこれを占めたが[149]、その後船運に用いられる船舶を建造して船運を担当した守禦・壮勇・総衛の3営で 輸運価の差額を占めた[150]。

このように陸運された租税穀が船運される場合も生じたので、18 世紀以後の船運の租税量は概して増加する趨勢にあった。1669 年（顕宗 10）の〈安民倉事目〉によれば、当時三南地域からソウルに運送される米穀は全体で 16 万石の規模であった。嶺南を含めた三南地域で戸曹に納付する田税・三手米・奴婢貢作米・禦営保米を合わせて 総 11 万 6,000 余石だった。大同米は嶺南の大同法実施以前だったので、湖南が 4 万余石、湖西が 1 万余石で総計 5 万余石だった[151]。この 16 万石は漕運・賃運をすべて含めた量であった。しかし 1784 年（正祖 8）全羅・忠清道の直納邑の田税と大同の合計が湖西 6 万余石、湖南 10 万余石で総計 16 万余石に達した[152]。1669 年当時、嶺南の田税と、全羅・忠清の漕運の直納邑をすべて合わせた量が 16 万余石だったので、18 世紀以後の船運の租税量は非常に増加したことが分かる。このような租税穀の船運量の増加は、すなわち 18 世紀の京江船運業を発展させる契機になったのであった。

（2）京江船人の租税穀運送

18 世紀以後は両湖地域の沿海邑として賃船上納する邑は、ほとんどが京江船で税穀を運送した[153]。京江船は三南地域の税穀運送だけではなく、海西・関西地域の税米運送も担当した。 1713 年（粛宗 39）に黄海監司の李土集の意見によって海西山郡の 4 邑の田税を貨幣納にしたので黄海道の税穀運送量は次第に減ったが、ソウルの米代を調節するために海西米を運送するのに京江船と江華船を動員した[154]。また関西米の運搬にも京江船を利用した[155]。

このように京江船人が租税穀の運送を主導した要因は、地土船の不足、地土船の規模が小さくて遠洋航海に不適切だという点と共に[156]、京江船人らの優れた航海術と造船術の優越性のためだった[157]。例えば 1637 年（仁祖 15）忠清監司は安興梁で漕運船の沈没事故が頻繁になると、牙山の貢津倉を閉鎖して賃運上納しなければならないと主張したが、その理由は「各自賃船 則別無致敗」だと述べているように、京江船によって主導された賃運上納時は航海事故の心配が少ないという理由のためだった[158]。

一方、朝廷では各種の海難事故を念慮して漕運船と京江船の積載限度を法律で決めたが、18世紀以後、船舶規模が大きくなるにともない、積載限度も増えた。1704年（粛宗30）以前の漕船の積載限度は500石だった。しかし1704年〈両湖船節目〉が制定されてからは600石に増加した[159]。その後、1760年（英祖36）に創設された嶺南漕船は、京江船と同じく1,000石の穀食を積むことができるようにした[160]。この時も両湖漕船の積載限度は相変わらず600石だった。しかし湖南漕船の容量も1771年（英祖47）に租税の元穀800石に船価米の糧米等で200石を添載〔船に品物を積み込むこと〕して、総計1,000石まで積むことができるように改正した[161]。1781年（正祖5）には忠清道の漕運船も、湖南と同じく租税の元穀800石と雑費200石を合わせて1,000石まで積載限度増やした[162]。

壬乱以後に船運租税量が増加するにつれて、漕運船以外の一般船舶の規模も大きくなった。地土船の場合200石で300石を積むことが普通だったが、京江船の場合はすでに17世紀後半に1,000石を積むことができる船舶がかなり多かった[163]。1743年（英祖19）以前、京江船の法定積載限度は600〜700石だった。しかし京江船人らは船価をたくさん得ようと、2,000石を積むことができる大規模の船舶を建造して税穀運送に投入したりした[164]。

18世紀中期の京江大船の場合、1隻に1,500石を積むことが一般的だった。宣恵庁でもこのような過積が違法であることを知っていたが、積極的に阻むことができなかった。その理由は、何よりも大同米の運送に必要とした船舶が不足したからであった。そこで1743年、領議政の金在魯は船舶1隻の積載量を600〜700石から1,000石に上向調整した。ただ1,000石以上を積載する船舶に対しては、守令と船人を一緒に処罰しようと主張した。この主張は英祖の裁可を受けて正式に規定された[165]。

18世紀中期、京江船の積載限度を1,000石と規定したが、慣行上1,500石を積んでいたので、この規定はまともに守られなかった。次の資料はこれをよく反映している。

　　　税船1隻に積む量は1,000石が基準である。ここに船人の船価と雑費の
　　　400〜500石を合わせて1,400〜1,500石を積む。このように積む量が多

いから軽い舟で運送するのに及ばない。洪州牧使が雑費と税穀を合わせて 1,000 石を載せて送るようにしたが、これは異なる意見があるはずである。公私船を問わず元穀 1,000 石、船価と雑費以外は積まないようにすることを定式とすると、船人らの生計の糧が税穀運送なのに、今もし税穀の積載量を減らせば 船人らが嫌うだろう[166]。

すなわち、洪州牧使の場合、京江船人らが法規を破って 1,000 石以上を積んで出発しようとした時、これを制止したが、これに対して備辺司では船人らが税穀運送を忌避すると言って、法規を守ろうとした洪州牧使を難詰した。18世紀末期には、京江船舶の積載量を制限するよりは、すでに慣行化されている 1,500 石を積むことを容認していたのである。このような不法的な慣行に対する備辺司の黙認は、税穀運送が京江船に全面的に依存している現実を見れば仕方のないことだった。京江船人の利益を保障してやらなければ、莫大な税穀運送に蹉跌を来すようになるからである。京江船には 1,500 石を積むことが普通だったし、そこに私穀を添載すれば 2,000 石を積む場合もあったものと思われる。

京江船の積載量の増大は運送効率を高めることにはなったが、海難事故の際に危険負担率も大きく高める結果になったのである。したがって 1734 年（英祖 10）、前中部参奉の白奎昌は、

> 国家に上納するには皆京江船を利用するのにその弊端が大きい。京江船の事故が多いが、その理由は京江船が大きくてたくさん載せられるからである。京江船は風に遭うと、運転しにくくて事故になりやすいのだ。地土船は京江船に比べて規模が小さく堅固なので、大きい京江船が渡ることができない海も渡ることができるので、税穀運送にも地土船を使用しなければならない[167]。

と言って、国家上納において京江船の使用を減らし、地土船を動員しようと主張した。しかし白奎昌の意見とは違い、地土船はその規模が小さすぎて遠距離航行には不適切であったので、この見解は容れられなかった。

このように漕運船の積載限度増加は、17 世紀後半以後の田税、大同米等の

税穀運送量の増大により京江船運業が飛躍的に発展したことを示してくれることと同時に、この時期の海上交通の発展を反映するものである。こうして見ると、17世紀後半以後の京江辺の人口増加と商業発展が偶然ではなかったことが分かる。特に漕船の積載限度も増加するという点は、京江船の賃運活動の直接的な影響と言える。これを通じて私たちは、この時期の税穀運送が漕運船ではなく京江船によって主導されていたことを確認することができる。

18世紀前半の京江船が税穀運送を主導する姿は、船舶建造の過程からもうかがうことができる。1728年（英祖4）と1730年（英祖6）に頻繁な海難事故で沈没した船舶が1728年には40余隻、1730年には90余隻にのぼった[168]。短期間にたくさんの船舶が破損されたので、税穀運送に動員されなければならない船舶が絶対的に不足した[169]。そのため、京江船人を動員した大規模の造船作業が行われた。この時造船を担当した京江船人らは船主ではなかったが、船人でありながらも同時に船舶建造技術者だった。京江船人らは航海術だけではなく造船術も優れていたので、国家主導の造船作業に京江船人が動員され、地方で直接船を建造した後、この船で大同米を運搬したのである。この時総計33隻の船舶が建造されたが、これを備辺司所属の登録船に確定して湖南各邑に分けて配置し、まず大同米を運搬するのに活用するようにした[170]。しかし造船過程で木材調達の難しさ等の理由で粗雑に建造され、5年も経たないうちに10隻もが破損した[171]。

当時、漕運船を1隻建造するのに必要な木材は200余本に達した[172]。したがって30余隻を建造するためには6,000本の木が必要となった。これを調達することは容易ではなかったので、租税穀を運送するのに必要な船舶の不足現象は続いた。特に18世紀前半に租税の金納化、作木・作布化が進展したが、これは大部分船運が不可能な地域でのことであったし[173]、船運の可能な地域の大同米は地方の留置分よりは中央の上納分の比重が増えていたので、船運租税量はいっそう増加した[174]。

このように税穀の運送量が増大する一方、税穀の運送を担当する船舶が不足した状況のため京江船人らは自身に有利な地域のみを選んで税穀を運送できた。それだけでなく彼らは、自身に不利な豊年には大同米の運送を忌避した。なぜならば豊年には運送量が増えるだけでなく米価が安いので、同じ船価を受けて

も凶年に比べて利益が少なくなるからである[175]。そこで京江船人らは米価が高い時には貢米を運送し、安い時には私米を運送した。このような京江船人らの選択的な税穀の運送は、船舶沈没の原因になったりもした。なぜならば、税穀の運送船は4月に出発しなければならないのに、米価が上がる時期を待って5月や6月まで延ばして発船するので、7、8月に台風などに遭って沈没したのである[176]。

　京江船人らはまた運送期日が長くかかって、事故の危険の多い嶺南と全羅左道地域の税穀運送も忌避したので、これら地域の税穀運送には問題が多かった。例えば1771年（英祖47）全羅左道の順天府の場合、京江船が1隻も来なかったために、1万石に達する税穀を地土船の数隻に定数より多く積んで予定された発船の日付けより少し遅れて出発したので、大部分の船舶が海難事故に遭ったりした[177]。このように京江船人らが税穀の運送を憚る地域では各種の海難事故が頻発したので、これについての対策を立てたのが1760年（英祖36）嶺南漕運の創設であったし、1771年の全羅左道の順天の漕倉設置の論議であった。

　嶺南漕運は、1760年（英祖36）に慶尚監司の趙儼が漕船60隻の建造と、昌原の馬山倉（左倉）と晋州の嘉山倉（右倉）を設置することにより創設された[178]。1765年（英祖41）には後倉である密陽の三浪倉が設置されたが、この時から嶺南の租税穀はすべて漕船で運送された。万一、京船人を船頭に任命する守令があればこれを厳格に処罰し、座首と吏房も刑曹に告発した[179]。この三倉では田税と大同を一緒に運送したが、田税より大同米の運送量が多かったので、両湖の漕倉が戸曹の管轄であるのと違い、嶺南の三漕倉は宣恵庁で管理した[180]。漕倉の運営経費は京江船人に支給する船価米で充当した。船価としては、湖南・湖西漕軍に支給する水準の復戸結と保米、そして沙格に支給する糧食を嶺南漕軍に支給した。

　一方、全羅左道の漕倉設置の論議は1771年（英祖47）全羅御使の李養遂によって申し立てられた。京江船人らの租税上納の忌避で全羅左道の税穀がまともに上納されなかったので、順天の済民倉を漕倉で改造して隣の郡県の租税を受け取って上納できるように要請したのであった[181]。湖南左道の直納邑は求礼・楽安・光陽・順天・宝城・興陽・康津・長興の8邑であり、8邑の各種の上納は総計4万余石であった。だから600石を積む湖南漕船ではこれらをすべて

輸送できなかったので、この主張は容れられなかった[182]。しかし同年の1771年、湖南漕運船の積載量が1,000石に増大されることによって、湖南右道の直納邑の中で、霊光・沃溝・咸悦・全州・益山・長城・高敞等の7邑の田税・大同は漕船で運納するように決定した[183]。これによって京江船の湖南租税穀の運送には多くの余裕が生じ、湖南左道の税穀運送も円滑に成り立つようになった。

1760年嶺南漕運の施行で嶺南の田税・大同米の運送問題は解決したが、それでも京江船舶で湖南・湖西地域の田税・大同を運送するには不足であった。これに対してさまざまな方案が用意されたが、漕船の機能を強化して漕船再運の方法が模索されたり[184]、訓練都監の待変船または兵船で税穀を運搬するなど[185]、地土船を動員しようとしたりした[186]。

このような方案の中で、大同米を漕船に添載して運送する方案も実行された。湖南の大同は漕倉の所属邑の場合、もともと漕船に一緒に積まれて運搬されたように思われる[187]。先に述べたようにその後、直納邑の中で、霊光等の7邑の田税・大同は再び漕船に添載され、運送されるようになった。湖西地域の場合、漕船は必ず田税のみを積んで、大同の添載は禁止された。そのため1782年に湖西漕運船の積載限度が600石から1,000石に増えた後、漕船に余裕があっても大同の添載は不可能だったが、1783年（正祖7）から田税を積んだ後に余裕の船舶に限って大同を添載することが許諾された[188]。このような過程を経て、19世紀初期には三南の漕倉所属邑の大同は漕船に添載され運送されることが定着した[189]。

以上見てきたように、18世紀後半には嶺南漕運の復旧、漕船の積載限度の増加、大同の漕船添載の許容などの措置で漕船による税穀の運送は増えた一方、京江船による租税穀の運送は18世紀前半に比べて減った[190]。しかし税穀運送の活動は萎縮されたが、京江船の全般的な活動が萎縮されたのではなかった。むしろ海上交通の発達と京江商業の発展によって、税穀ではない京江船による商品流通と運送機能はより大きくなっていた。

2. 京江船人の成長と資本蓄積

(1) 舟橋司の設置と京江船人の税穀運送独占

嶺南漕運が実施されることで京江船人の税穀の運送量は減ったし、京江船の

数も減少した[191]。嶺南の租税穀は、漕船によって大型の海難事故なしに漕運船で順調に運送された。しかし京江船人が担当した湖南地域の租税穀の運送では多くの問題が発生した。そこで英祖は 1765 年（英祖 41）、湖南も嶺南と同様にすべての地域を漕運地域にするように命令した。しかしこの命令は大臣らの反対で実現することができなかった。大臣らの反対する理由は、湖南の税穀が元漕船で運送される量を除いても 13 万〜 14 万石に達したので、これを運送する漕船が短時日内に建造できないという点と、京江船人らが 13 万〜 14 万石を輸送した対価で受ける船価の数万石で生計を立てているのに、漕運制度を創設すれば京江船人の損失が大きいという点であった。

　英祖は湖南漕運制の主張を勘案し、京江船人らの頻繁な海難事故と故敗・和水・偸載などの不法行為を防止するために備辺司で用意した方案が、京江船を隊に編成して両湖の直納邑の田税・大同を運送する方案だった[192]。これが作隊法であった[193]。

　作隊法は、中央の各衙門では京外の完固船を選んで作隊させ、各道では沿辺の道里の便近によって 3, 4 カ所に漕倉を設置して各邑の賦税をここに集めるようにした「一斉聚会之法」と、差員を乗船させ運送する規則である「押領運致之規」を施行するものであった[194]。すなわち京江船舶を作隊して船団を形成させた後、賃運上納する多くの邑の租税を 1 カ所に集めておいて、京江船団が到着すればこれを一遍に運送する方式だった。従前は各邑が京江船人と個別的に接触して賃運したので、海難事故で租税穀がすべて海に沈んでも京江船人らにその賠償を要求できなかったが、作隊法では京江船団全体がいくつかの邑の税穀上納に連帯責任を持ったので、1, 2 隻が事故にあってもその税穀に対する賠償が可能になった。

　しかし洪鳳漢の主唱した作隊法は 1766 年の 1 年間施行されただけで、翌年にすぐ廃止になってしまった。海難事故が続いたからである[195]。そのため英祖の後半期には、京江船人による税穀運送は縮小されるようになった。

　京江船人らは税穀運送で主導権を回復するために、大司諌の金養心に嶺南漕運の弊害を意図的に誇張して上疏させるようにした。金養心は「嶺南漕船の船格を皆嶺南人で任命するので水路に慣れなくて多くの問題が発生する。だから沿江之民を格軍に任命するようにして旧業に復帰させなければならない」と

上疏した[196]。このような金養心の上疏に対して大司憲の李洼が、「金養心の上疏は江上富民である船業者らに唆されて行ったもの」と批判した。また英祖はこれを受け入れて金養心を処罰した[197]。この事件は京江船人らが税穀運送の主導権を掌握するために、権力者らと大司諫を動かすほど政治的な力量が大きかったことを見せてくれる事例である。

権力者を唆して税穀運送の主導権を掌握しようとする京江船人らの試みは失敗したが、それに屈しないで多方面から税穀運送の主導権を確保するための努力を傾けた。その結果、正祖代である1781年（正祖5）には、税穀運送で発生する事故や故敗・和水等の不法行為が京江船人の責任ではなく、倉属や官吏らの誅求のためだという認識を朝廷の内部に拡散させることができた[198]。正祖は官吏らが船人を侵奪することがなくなった後に初めて漕船の臭載〔船が転覆すること〕がなくなり、京江民らの状況がよくなると把握した。そこで各地方では、船人らに行われた各種の侵虐をなくすようにという命令が各道臣に下された。他の地域と違い、湖南監司は承知したという表示だけで、具体的な方案に対する報告をしなかった。それで正祖は、「朝令が湖南一道に行われなくて将来、朝家が江民から信頼を失うようになった」と言って、全羅監司の朴祐源を厳重に審問するようにした[199]。これは正祖が京江船人らの信頼を得ることを非常に重要に思っていることを示してくれる事例に違いない。

これと同時に正祖は1781年、八江宣諭御使として徐竜輔を派遣して八江船人らの意見を聞くようにした。徐竜輔は船人らの意見を聴取した後、再度作隊法を施行することを促した。この時京江船主らは「臭載が発生すれば臭載穀を本道民に再徴しないで、自身らが連帯して連帯責任をとる」という立場を明らかにして、作隊法の施行を強力に要求した[200]。

1785年（正祖9）には京江船人のこのような要求を容れて、〈両湖作隊船節目〉が制定された[201]。この時の税穀運送はだいたい次のような手続きによって成り立っていた。すなわち、京江船人らは船契を組織して船主・船頭が記録された船案を作成して宣恵庁に報告した。また税穀を上納する郡県では収租案を作成して、税穀運送に必要な船舶数を宣恵庁に報告した。宣恵庁では帖文を船契に発給した。なお、船人らはこれを基礎にして京江船を抽籤して順番通り地方に行って税穀を運送した[202]。

作隊節目が制定された当時、両湖漕倉の所属邑を除いた地域の税穀量に比べて京江船の数が多くなかったので、ソウルから遠い地域を先に運送し、近い地域は二番目に運送する初運・再運法が設けられた[203]。ところが再運する頃は台風等の被害の大きな夏季なので、1766年の場合のように海難事故がよく発生した。したがって作隊法の施行が一時中止されようとしたが、作隊法による税穀運送は廃止にならないでそのまま維持された。

　作隊法は京江船人に多くの利益をもたらしてくれただけでなく、政府でも運送船舶で発生する海難事故の責任を問うことができたので、安定的に租税穀を確保できる方案だった[204]。そのため禹禎圭は1788年（正祖12）、弊端なしで運営された嶺南漕運も京江船の作隊法に変えなければならないと次のように主張した。

> 嶺南税穀は庚辰年(1760)に道臣が漕船60隻を建造して1隻当たり1,000石を積むようにして総6万石を運送した。しかし運送費用として1万8,000石がかかった。それにもかかわらず結損分［無面］が増えた。嶺南の漕運之規を廃止して京江作隊法を施行するよう議論しよう。作隊法を施行する場合は10船を1隊に、毎隻に船主を1人と沙格を14人に決めると60隻全体の費用は1万7,000石に過ぎない。破船と事故の場合、各隊で連帯責任をとるようにすれば破損の被害も必ず避けられるはずで、大きな事故の場合、6隊が共同負担するようにすればよい。この制度は京江民に給料を与える場合、ソウルの米代が安定する効果もある[205]。

　このような禹禎圭の主張は容れられなかったが、京江船の作隊法による税穀運送が漕運制度より効率性の側面では先進的なものであることを確認することができる。

　作隊法による税穀運送は1790年舟橋司の設置以後に、いっそう本格的に施行された。舟橋司は、正祖が水原の顕陵園を往来する時漢江にベダリ［舟橋］設置を管轄した機関だった[206]。ベダリ設置に京江船舶を利用したが、政府ではその対価として京江船人らに両湖の税穀の運送独占権を付与したのである。

　舟橋司設置を契機に、湖南・湖西地域の税穀運送を担当した京江船らは皆、

舟橋司所属の船舶として登録された。その結果、三南地域のすべての租税穀の運送は国家機関によって統制される体制が確立された。すなわち両湖の漕運は戸曹で、嶺南の漕運は宣恵庁で、両湖の直納邑の税穀上納は舟橋司で管轄する体制が整えられた[207]。税穀船運の重要性が高かったので、国家権力ですべての租税穀の運送を管掌するようになったのである。

舟橋案に入録された京江大船は80隻だった。これらの中の36隻は橋梁に使用し、残りは左右に分けて左右の護衛船にした[208]。この舟橋案に掲載された京江大船を舟橋船と呼んだ。この80隻の舟橋船が、漕倉所属邑を除いた両湖地域の田税・大同および各司の納米の運送を独占した。舟橋船は作隊法に基づいて編成され、担当の地域が抽籤で決められた。抽籤して税穀の運送地域を割り当てたので、舟橋船を執籌船と言った[209]。

しかし舟橋司の所属であった京江大船80隻で全地域の税穀を一遍に上納できなかった。そのため初運・再運法が相変らず運用された。湖南直納邑の26邑の田税・大同および各司の納米は11万余石だった。この中で湖南の七山下流である羅州等の15邑の税穀は7万余石であるのに、距離が一番遠かったので初運した。それに湖南の七山上流である臨陂等11邑と湖西地域は、京江と近いので再運した[210]。舟橋船などは、両湖だけではなく京畿・海西の税穀運送まで独占した[211]。

一方、舟橋司の設置によって、それまで京江船人に有形無形に加えられた各種の地方官員の侵奪はなくなった。舟橋司に所属していた京江船人らは、その前とは逆に、地方民に大変な侵奪をほしいままにしながら税穀運送の利益を独占していた[212]。このように立場が変わったのは、舟橋司の帖文を発給された京江船人らが税穀を船に積むことから京江に到着して京倉に入倉するまで、すべての過程を完全に主導したからである[213]。

舟橋司では京江船人らに税穀運送の独占権だけではなく、年限が過ぎた戦船・兵船・漕船を払下げできる権利を付与した。これも京江船人らに莫大な利益をもたらす特恵措置であった。だから京江船人らは舟橋案に登録されることを華職のように思った。なお、舟橋案に登録された京江船主らも、自身の船舶を舟橋案から除こうとする動きがあれば1,000両に達する巨金を賄賂に使うまでして、舟橋案から除かれないようにするほどであった[214]。

このように舟橋司の設置により、京江船人が税穀運送を独占して莫大な利益を得ることができたが、一方では商品の運送には幾分の障害が存在した。ベダリの設置は、正祖が水原の顕陵園に行幸する正月の晦日から2月までの春幸と、8月の旬望の秋幸時と2度行われた。京江船はもともと漢江が凍りついた時は外方で活動しているが、漢江の氷が解ける頃に京江に上ってきて活動していた。しかし舟橋船に編入されてからは、冬がまだ完全に終わらない時期である正月頃京江で待機しなければならなかったからである。このように特定期間中に漢江に碇泊したままベダリに使用されたので、税穀運送の時期ではない冬季の地方商品運送に大きな差し支えとなったのみならず、税穀運送でも税穀運送の時期にうまく合わせることができずに遅れる場合がよく発生した。これによって再運では足りずに、三運する場合も種々発生した。特に三運までする場合には、実質的に地方の商品を運送する余裕がほとんどなかった[215]。

　舟橋船の再運・三運は、税穀運送でも多くの弊害を惹起した。特に問題になった地域は湖西地域であった。湖南の七山下流を対象とする初運は、主に2月から3月の間に京江船がやって来て5月中に終わらせるので、台風の吹く時期ではなかった。ところが再運をする湖西地域の場合、もし初運が正常に行われて5月に荷物を載せて送り、6月中に納付を終わらせれば問題がないが、少し遅くなって7月や8月に送るようになれば、この時が台風がよく吹く時期だったので事故になる場合が多かった[216]。

　京江船人らが再運する時、期日を守らずに遅く京江を出発したという消息に接すれば、海難事故を憂慮した忠清道では京江船を待たずに、任意に船舶を選んで税穀を運送する場合が多かった。1793年（正祖17）に、保寧では湖南の初運船を徴用して税穀を運送させ、青陽では舟橋司の帖文に従わず別の船舶で税穀を運送させたが、この事件の責任をとり、忠清監司が罷職になったりした[217]。

　それだけでなく、湖西地域の船価が湖南の2分の1の水準だったという点も、京江船人らが湖西穀の運送を忌避する原因の一つだった[218]。よって湖西地域では京江船を捕捉するために、校卒を連れて海口まで出て待機する状況であった。また京江船の確保をめぐって、隣の邑との争いが起る場合もあった[219]。

　このように湖西の再運法が多くの問題を惹起すると、1817年（純祖17）に

は湖西の再運法を廃止し、地土船による賃運方法を復旧させた。これは船価が低価であっただけではなく、上納する時に雑費が増加して、京江船人らが湖西穀の運送を忌避したために行われた措置であった[220]。しかし湖西再運法を廃止して以降、地土船で税穀を1年間運送したが、京江船で運送する時よりもっと大きな問題が生じた。

そのため、忠清監司の権常慎は「地土船は船舶が皆狭く、小さくて海を渡ることができないので、地土船で賃運すると言っても結局は京江船を利用して賃運するようになる。そのようになると雇傭された船舶に対する所管がないため、上納時にかかる費用が前に比べて倍増する。そればかりか、出発する時期が遅くなる弊害も、再運法を施行する時よりもっとひどい」と上疏を行って、再度、湖西再運法の復旧を要請した[221]。

そこで中央では多くの論難があったが結局、翌年の1818年（純祖18）に湖西再運法を復旧した。湖西再運法は1827年（純祖27）、京江船人らの細工がひどいという理由で、また廃止になったが[222]、1832年忠清監司の要求により再び復旧された。しかしその後、舟橋船隻による税穀運送はまた廃止されたように見える。1851年（哲宗2）に、忠清右道の暗行御史の金有淵が忠清道の税穀賃運を舟橋船による運送へと復旧することを要求しているからである[223]。このような要求が即時に容れられたかは不明確であるが、19世紀後半の忠清道の税穀運送は舟橋船の再運法へと帰着したものと判断される。その後湖西地域の税穀運送は、哲宗年間に牙山漕倉の廃止の論議が活発になり、高宗年間の『大典会通』段階では牙山漕倉が廃止になって、すべての地域が賃運になることに変わった[224]。このような湖西の作隊法による財運規定は、1882年（高宗19）作隊制が完全に廃止されるまで、そのまま維持された[225]。

このように多くの問題があったにもかかわらず湖西の再運法が維持できた理由は、19世紀になると京江船人に依存しなければ税穀運送に意慾を出すことができないほど、京江船人が全国の租税穀の運送の主導権を掌握していたからである。

一方、湖南地域でも、舟橋船による税穀の運送は問題を惹起していた。全羅左道民人らは税穀運送の時、京江船1隻が三運する場合が生ずるため多くの弊害が発生するといって、英祖代に申し立てられたことのあった、順天の済民倉

を湖南左漕倉とし、自身らが税穀運送を専担できるようにしてくれることを再度要求した。このような主張に対して 1789 年（正祖 13）前任の全羅監司の徐竜輔が、第一に、京江民の失利、第二に、急に漕軍を充額できないという点、第三に、漕船建造の時に所用される材木を求めることができないという点、第四に、倉舎を建造しにくいという点等を理由に反対して、容れられなかった[226]。しかし 全羅左道の民人らの漕倉設置の要求は続いた。1790 年（正祖 14）羅州幼学の林旭遠らは、

> 羅州の税穀はほとんど 2 万石に達する。再運船数もやはり 17、18 隻になる。かつて栄山浦に漕倉を設置した時は税穀を一度も 2 万石以上を受けたこともなかった。また船舶が破船されることがなかった。ところが京江船から賃運するようにして以降、受け取る斛の大きさに少しでも余裕がなければ途中帰ってきて移去しようとすると、受け取っていく斗数の多少を数え切れなくて、ただ再運にするとして仕事をするので、経費がますます増加する。そして中間で事故が起きた時にはこれを羅州から徴収し、生民が流離されるようになる……綾州・南原・羅州の 3 邑の田税・大同を済民倉で受けると、斛外の加入と原情の船価 8,000 石で漕船 30 隻を建造してもその残りを使うことができる。それに京江船を革罷し、漕倉を再び設置するのが有利である[227]。

と、上言を上げ、羅州・綾州・南原の 3 邑の租税穀を順天の済民倉を通じて漕運制で運搬することを主張した。また同年、順天幼学の趙顕燁も上言を上げて、

> 順天府の税穀は 1 万石だから、1,000 石を積むことができる船舶 10 隻で運搬するようにするが、船価がよくて、京江船が争って下ってくる。近来京江船が減っただけでなく、下ってくる時各邑で捕捉するので、仕方なく順天の境内の浦船で載運させるようにした。しかし船舶が小さいから種々事故に遭って、租税穀を民人らに再徴する弊害がある。そのため済民倉で漕倉をして、順天府と属邑の船価米として数十隻の船舶を作れば、公私ともに楽になるだろう[228]。

と言って、順天の済民倉を漕倉に改造して、税穀運送を順天民が担当するようにすることを主張した。これら全羅左道の漕倉設置の主張はすべて、京江船人の損失とともに、漕船の建造の時、所用される木材調達の難しさのため受け入れられなかった[229]。何よりも京江船人の利益が失われることを憂慮したからであった。なおかつ舟橋司の財政に打撃を与えることでもあったので、湖南左道民人らが粘り強く漕倉設置を主張したが、結局受け容れられなかった。中央政府は地方民の利害関係より、京江船人の利益を擁護する立場で一貫していたのである。

このような様相は18世紀後半、京江を中心にした商業勢力が次第に地方の経済的な利権まで掌握して行く姿を反映するもので、商業利潤の部分において顕著に現れる現象であった。海上交通の発展によって沿海地域が開発され、外方浦口が商業流通の拠点に変わることにより、浦口商業から相当な利益が発生した。初めのうちは浦口の周辺の有力者らがこのような利益を占めたが、次第に衙門や宮房等の中央権力機関が差人を派遣してこれを掌握するのが一般的だった。地方の有力者らはこれらに対抗するよりは、宮房や衙門に投托服属することで彼らの利益を維持しようとした[230]。だから地方で発生する大部分の経済的な利益は、ソウル商圏を掌握した勢力に集中されていった。19世紀の勢道政権が少数の門閥らの閉鎖的な政権として維持できた要因の一つは、勢道政権が全国の商業利潤に関心を置いて、それを吸収することができたという点であったと考えられる[231]。

そのため、19世紀以後も湖南の税穀運送は多くの問題を惹起した。湖南の再運地域も、湖西と同じく7、8月に税穀運送のために出発することが慣例になった。だから船人らが望ましい時期を待つという言い立てのために、遅く出発して漢江が凍った時、京江に到着して多くの弊を惹起した。このような弊害のため1845年（憲宗11）前任全羅監司の金敬善は、湖南の直納邑の田税・大同を皆、漕船に分載して運送することを主張した。この主張は漕船に対する使役が偏重されることで、漕船の改造年限が短くなるという点のため受け入れられなかった[232]。しかし19世紀中期には、全羅道の三漕倉の所属邑ではない直納邑は皆再運になったが、1865年（高宗2）には七山以南の18邑は初運に変更された[233]。

そして 1873 年（高宗 10）には、扶安の格浦鎮に漕倉を設置して直納邑として京江船によって運送していた扶安・古阜・金堤・万頃・井邑・興徳・茂長等の 7 邑の田税と大同を漕運するように決定した。全羅監司の李鎬俊が漕船 24 隻の建造費用を京江船に支給する船価米として用意したもので、備辺司では漕倉の設置を許諾したのである[234]。これによって京江船人による租税穀の運送量は減少していった。

舟橋司の設置を契機に両湖の税穀の運送権を独占した京江船人らは、多くの資本を蓄積することができたが、京江船人らの税穀の運送量は全般的に減少する趨勢であったと理解できる。例えば 1765 年（英祖 41）、湖南地域の漕運によらないで京江船によって上納される税・大同および各司の上納米は総計 13 万～14 万石だったのに比べて[235] 1791 年（正祖 15）には総計 11 万余石であった[236]。

このように租税穀の賃運量が減少する原因の中で一番重要なのは、租税金納化の影響であった。田税・大同の貨幣納の進展は、優先的に田税・大同の作木・作布邑の中で輸送が難しい地域や生産の相応しくない山郡地域を中心に行われたが、田税より大同の代銭納が早かった[237]。代銭納の拡散は、中央政府の貨幣の利用度が増加することによって加速化されたものだった。特に大同米・木・布の場合、宣恵庁で貢人に貢価で支給するものであったので、それだけ代銭納になる可能性が高かった。なぜならば、貢人らも米や木綿等、現物で貢価を受けるよりは貨幣で受けた方が良かったからである[238]。

19 世紀に税穀の運送量が減少したもう一つの原因は、防納のためであった。防納は民人らから租税を貨幣で集めて、これをもって京江の近くで米穀を購入して京倉に納付する形で、この過程で京江船人らは市価差額とともに、税穀の運送にかかる莫大な船価を占めることができた。防納は賃運上納される直納邑から一般化されていて、さらに漕運邑でも郡県と漕倉の所在地の間で行われたりもした。例えば、忠清道の清州・木川・燕岐・全義邑は牙山の貢津倉の所属邑であったが、各邑では貨幣で税金を集め、牙山で穀物を購入して納倉した。この過程で、漕倉の倉属と穀物都買らが穀物価格をつり上げて、多くの利益を得ていたのである[239]。

防納は、中央政府の現物財政原則と、商品貨幣経済の発達によって大部分貨幣化された農家経済の間の不一致のために現れる弊害であった[240]。後述する

ように、防納は京江船人らも参与して莫大な利益を得ていたが、これは税穀運送ではなく商品流通の領域で起こるものであった。

(2) 京江船人の成長と資本蓄積

　京江船人は「貰卜為業」する船運業者だった[241]。普通、京江船人と言う時、船主と沙工・格軍を皆含めて指称する用語だったが、具体的には厳格に区分されていた[242]。

　京江船主は大部分の場合、江上の富民らだった。彼らは江辺に居住しながら、所有した船舶に沙工と格軍を雇傭して船運業を営みながら富を蓄積した。一方、船運業で多くの利益が発生すると、京江の他の営業に従事していた商人たち、すなわち各種の主人業などに従事した者も船運業に投資した。こうした場合には船舶の所有者だっただけで、直接船を扱わなかった。

　沙工は船に慣れている船長だった。京江の沙工は航海術が優れていて、全国の海運業を主導することができた。彼らは地方で急に運送しなければならない物資のある場合、特に険灘で普段船運がまともに行われない地域の場合、備辺司等によって動員されて税穀を運送したりした。もともとは沙工らが直接船を所有しながら船運業に参与する場合もあったが、主に船主に雇傭されながら、月極めの給与を受けて船を運航した。

　船頭も船運業の発展によって分化された。船のすべての仕事を主管する船長格である沙工と違い、航路に慣れた人々を航路を案内する沙工として同乗させ、航海したが、彼らを「指路沙工」と呼んだ[243]。現在の航海士のような性格の船人であった。

　船卒と表現される格軍は、櫓を漕ぐ人として一番大変な役を担当する船人だった。彼らの仕事が櫓を漕ぐことだったので、熟練の技術がさほど必要なことではなかった。そのため賤民の場合が多く、経済的な面からしても貧残民や流離民の場合が多かった。

　このような京江船主と沙工・格軍の関係は、禹禎圭が嶺南漕運を京江船で賃運するように改めることを主張した次の記事からもよくうかがわれる。

　　　江民の中で土着の者でありながら水に慣れた者をよく選り分けて船主と

第 2 節　京江船運業の発展と京江船人・船商の成長　319

して決める。船 10 隻を 1 隊として、1 隻ごとに船主・沙工・格軍を合わせて 14 人にする。沙工は一月に 20 斗、格軍は一月に 12 斗を支給、船主は貢人例によって 1 年に 70 石を支給する。したがって、60 隻に支給する費用は 1 万 2,072 石になる[244]。

　1 万 2,072 石を 1 石当たり 15 斗で計算して各当事者によって分けて見ると、京江大船 1 隻には船主 1 人、沙工 1 人、格軍 12 人が乗船したことが分かる。またこれらの関係は、船主は貢人と同様に営業主で、沙工と格軍は給与を受ける被雇傭人だった。だから 18 世紀以後の京江船人の成長ということはすなわち、京江船主層の成長を意味したのである。

　京江船人が富を蓄積する方法は大きく 3 種類だったが、第一が税穀賃運の対価として受ける船価であった。京江船人は舟橋司の創設を契機に両湖地域の税穀運送を専担したし、これを 80 余隻の船主が独占した。彼らが受ける船価だけでも 3 万余石に達した。二番目は造船業における富の蓄積である。京江船主らは期限になった兵船と漕船の払下を受けて私船に改造することで利益を得たが、退船の改造には造船作業と同一な施設と匠人が必要だったので、京江船主らは造船所を独自的に運営する者も多かった。富の蓄積の三番目の形態は、税穀賃運の時に起きる和水・故敗・防納などの各種の不正行為だった。

　京江船主にはこのように富を蓄積する機会だけがあったのではなかった。彼らはいつも破船と漂流の威脅に直面しなければならなかったし、破船になる場合は全財産を失うことはもちろん、生命の威脅まで甘受しなければならなかった。しかし 18 世紀中期以後には航海術の発展と造船術の進展によって次第に破船の危険が減ったので、以前と比べて船運業以外の条件、すなわち地方官員らの侵虐などを除くと、船運業を通じて富を蓄積する可能性は増大した。次に、京江船人が富を蓄積する具体的な過程について考察してみる。

1) 税穀賃運活動

　京江船は時には船商活動を兼ねたりもしたが、主に船運業に従事することが一般的だった。　京江船は漢江が凍る前の 10 月以後各処に散らばって私載賃運活動をした後、春期の漕運が始まればまた京江に群がってきて税穀運送に参与した[245]。そして漕転した後と造橋した後に、遠近道の公私載の運送を 1 回ず

つ担当した[246]。このように京江船らは私載賃運に参与することはしたが、一番重要な収入源は何よりも税穀賃運であった[247]。なぜかというと、私載として地主らの農場で収穫された秋収穀を賃運するより、税穀の賃運の時の船価が高かったからである。地主らの秋収穀を運搬する船価は10斗当たり2斗だったが、租税穀の運搬の場合は15斗当たり3斗5升を受けていた[248]。

そのために税穀の賃運時の船価は京江船主の主要な所得源だった。船価は運送距離によって決まった。もともと漕運邑の場合には別に船価がなく、漕軍らに復戸結と給料を支給すれば良いし、賃運の上納地域の場合だけ船価が支給された[249]。また位米太を積む場合には船価の3分の1が支給された[250]。船価の財源は租税穀によって違ったが、田税は規定された田税額のほかに民結で収取したし、大同は収取された大同米の中から支給された[251]。朝鮮後期の京江船人が受ける10石当たりの地域別の船価は、次の表3-6のようである。

この表から分かるように、船価は京江に近い湖西地域は運送量の10％、湖南と嶺南・海西・関西地域で、距離が遠くて航行の難しい地域は運送量の

表 3-6 朝鮮後期の10石当たり地域別船価

地域 年度	湖西	湖南			嶺南	海西	関西		京畿
		近距離	中間距離	遠距離			清南	清北	（南陽）
1669	1石	1石10斗	2石	2石5斗	2石＋私給				
1671		2石					1石2斗2升		
1704	1石								
1726		2石				2石			
1780		1石							
1781									
1782							1石2斗2升		
1790									0.8石
19世紀初		2石3斗							
19世紀初		2石5斗							

典拠：1669年〈安民倉事目〉、『備辺司謄録』28冊、顕宗10年2月10日、11頁
　　　1671年〈平安道運米事〉、『備辺司謄録』32冊、顕宗12年2月1日、85頁
　　　1704年〈両湖船節〉、『度支志』外篇 版籍司 漕転 船価
　　　1726年『備辺司謄録』79冊、英祖2年 正月24日、826-827頁
　　　1780年『正祖実録』巻10、正祖4年12月 癸丑、197頁
　　　1781年『正祖実録』巻12、正祖5年11月 己亥、277頁
　　　1782年『備辺司謄録』165冊、正祖6年9月16日、253頁
　　　1790年『備辺司謄録』177冊、正祖14年10月21日、669頁
　　　19世紀初『経世遺表』巻7、地官修制 田制7
　　　19世紀初『牧民心書』(戸典 税法 下)

20％内外だった。しかしこのような規定のほかにも、斛の大きさによる差額を船人らが占めた。例えば1石は15斗だが、法聖倉の1斛は17斗5升の大きさだった[252]。また舟橋司が創設されて以後の船価は、船舶の等級によっても差異があった。監官・営将の船舶は1位、舟橋排入の船舶は2位、左右の挟船は3位と決めて、等級によって船価を差等支給した[253]。

そして時期によっても船価は異なった。京江船人らが船価が低いという理由で湖西穀の運送を忌避したので、京江船を誘引するためには船価を上げるしかなかった[254]。一方、漢江水運に付随して行われる站運の船価は、米・大豆毎石当たり7合5勺であった[255]。

1年に京江船人らに支給される船価の規模はどの程度だったのだろうか。1765年に洪鳳漢は、京江船百数十隻の受ける船価は数万石に達すると言っている[256]。18世紀後半、京江船によって賃運される穀物は湖南が10万余石、湖西地域が6万余石だったので[257]、表3-6に依拠して1年の船価の総量を換算すれば、湖南が2万余石、湖西が6,000余石で、総計2万6,000石と推算される。一方、19世紀の中期、100余隻の舟橋船の受ける船価は3万から4万石までだった[258]。

19世紀に京江船による税穀の運送量が減縮になったことを合わせて勘案すると、19世紀の船価の水準は18世紀の後半に比べて大きく増加したことが分かる。

両湖地域の直納邑の税穀は、その量がきわめて小さな場合地土船で運送されたが、ほとんどの場合は舟橋船で運送されたし[259]、舟橋案に含まれた京江大船80余隻と訓錬都監の待変船を含めた京江船は大略120余隻だったので[260]、1年に受けるすべての船価を大略3万石と計算すると、これらの船舶1隻に支給される船価は平均250石となる。この中で沙工と格軍の給与を禹禎圭が提示したのと同一の額で支払うと、京江船主が得る1年の所得は、船1隻当たり大略120石内外と推算することができる。

このように京江船主の受ける船価は非常に手厚いものであった。したがって18世紀中期には、京江の富漢らが都沙工と称しながら手ぶらで地方に行って各邑であらかじめ税米を受けた後、船価条として受けたものだけを持って船舶を現地で購入し、また船人らを雇傭して税穀を積んでソウルに送ってから、その次

に船価から残る米穀はお金に換えて、自身は陸路で上京できるほどであった[261]。また、京江船主の中には自身が直接船舶を所有しなくても、他人の船舶を借りて舟橋司の抽籤に参与した場合、当たれば地方に出かけてその地域の船舶を賃借して税穀を運送することもあった[262]。このように船価が厚遇されたので、税穀の賃運は重要な利権になった。舟橋司は結局、このような利権を政府次元で管理、管轄しようとする意図をもって設置されたものと理解すればよいだろう。

京江船人らは税穀の運送の時に、税穀外に一般の私載も添載して運送したので、船価外の他の収入もあった。そして税穀の運送が中断される時期には他の地域の私載運送を通じて船価を受けたので、実際に船主らの得る所得は税穀の運送から得る船価よりさらに多かったはずである。

2）退船改造と造船事業

京江船主らは、舟橋司所属を利用して年限がきた戦船・兵船・漕船等の退船を独占的に払下げられた[263]。舟橋司では京江船舶が税穀の運送で占める重要性を認識して、京江船舶の減少に対する対策として期限のきた船舶を京江船主らに改造させて使用するようにしたのである[264]。これによって、京江船主らの造船業の進出も活気付くようになった[265]。

官庁が所有した各種の船舶は、使用年限によってそれぞれ改槊・改杉・改造を行った。また年限になると、退船といって使用を中止させ、他人に払下げた。朝鮮後期の各種船舶の新造（改造）、改杉、改槊年限を見ると、次の表 3-7 の通りである。

改造とは船舶を完全に新しく建造する作業を指し、改槊とは木釘を交換する作業を指す。嶺南地域の戦船、兵船、防船などの軍船は最初から鉄釘を使用したので改槊することがなかったが、両湖地域では木釘を使用したので改槊がなされた。しかし1760 年（英祖 36）から実施された漕運に動員された嶺南の漕運船は木釘を使用して建造したので改槊が 5 年ごとになされた[266]。改杉とは杉板を交替する作業のことを言う。

船体は大きく 本板・杉・上粧に区分される。本板とは船の下部を構成する部分、杉は船の側部を構成する部分、上粧は船の上を飾る部分である[267]。漕船の場合、期限にならなくても、沙工と格軍らが破船になったと偽りの報告をして、京江船主らに船舶を販売したりした[268]。一方、期限になった船舶といっ

表 3-7　朝鮮後期の各種船舶の新造・改杉・改槊年限

	漕船		站船	訓錬都監			統営	京畿水営			海西水営		
	両湖	嶺南		水上	水下	津船	戦兵 防船	戦	防船	兵船	戦兵	防船	
新造	10年	10年	14年	10年			100個月	17年定限無			14年		
改杉		6年											
改槊	5年	5年	7年	5年			無	5、9、13年(3次)			5,8,11年(3次)		
	慶尚左水営 戦 兵 防船			全羅左水営 戦 兵 防船			湖西水営 戦船 兵船 防船				関西 三和 兵船		
新造	80個月			84個月			90個月	180個月	108個月		10年		
改杉													
改槊	無			無			30個月	36個月	36個月		間5年		

典拠：『万機要覧』財用篇 2、漕転 漕規 漕船改 新造；同書 漕転 水站 站船改 新造；同書 軍政篇 4、舟師 戦船改造改 年限；同書 軍政篇 2、訓錬都監 舟車により作成した。
＊改槊できない 統営・慶尚左水営・全羅左水営の戦船・兵船・防船は 鉄釘を使用するからである。

ても、航行にまったく支障がない場合が多かった。だから1858年（哲宗9）慶尚右道の暗行御史の徐相至が、

　　　漕船の改造を年限通りにせず、期限が終わった後も年限の半分はまた補修して使用する規則がある。だから年限通りに軽く改造しないで、仕方なく改造する時は差使院が直接点検して、古い杉板はいちいち烙印と自号を記録して、什物庫に積んで証拠資料とするようにしよう[269]。

と告げて、法的な改造期限より5％延長して使用するように促している。退船の状態がこのように良好であったので、京江船人らは退船の払下を受けて何の改造もしないですぐ 税穀の賃運に投入する場合もあった[270]。

　しかし一般的には、京江船人らは払下げられた退船を改造して販売したが、主に船舶の建造の難しい地域である黄海道等の地で、京江船人らが改造した船舶を購入した[271]。

　それでは、これらの退船でどのくらいの船舶が作られたのだろうか。参考に18世紀の嶺南漕船の新造・改杉・改槊時に必要な木材の量を示すと、次表3-8の通りである。

　表3-8に見られるように漕船1隻に用いられる木材だけでも200余株だっ

表 3-8　嶺南漕船の新造・改杉・改槊時の所用木材

新造時	封山大松 100 株、帆竹 2 株、橋板 1 株、真雑木 100 株
改杉時	松木 40 株、真雑木 60 株
改槊時	真雑木 80 株

典拠：『度支志』外篇、版籍司 漕転〈嶺南船節目〉

たので、戦船 1 隻に使われる木はこれよりもっと多かったはずである[272]。漕船 1 隻の乗船人員は 16 人であるのに、戦船には 櫓軍の 100 人を含めて最小限、164 人が乗船したからである[273]。

したがって、期限になった戦船 1 隻で水下大船の 2 隻を作ることができる材木が充分に得られた。なお兵船・漕船でも水下大船の 1 隻を充分に作ることができた[274]。当時、京江船 1 隻の製造費用は大略 1,000 両くらいであった。京江船人らは退船の払下を独占することで、数年以内に皆が金持ちになったといわれている[275]。

これら京江船人が改造した船舶は、数十年が経っても問題なく使用できるほどに丈夫だった[276]。そのため、京江船人らは廉価で退船の払下を受けて改造した後に、相当な利潤を付加して販売した。1710 年（粛宗 36）の場合、京江船主らは宣恵庁から木綿 30 匹で退船の払下を受けて改造した後 黄海兵営に 1 隻当たり 700〜800 両を受け取って販売した[277]。当時の詳定価で木綿 1 匹が 2 両だったので、京江船主らは 60 両で買って 10 倍の利益を付けて売ったわけである。

このように莫大な利益を京江船人らが得られるようになると、黄海道の武臣の李相璜はこれを問題とし、宣恵庁で退船を直接黄海道に払下げてくれるように要請した。この要請に対して備辺司では、「近来、船材が足りなくて三南退戦船を発売しないで、これを兵船に改造し、兵船は小船に改造して使用している。なお、退船を販売する場合にも木綿 30 匹ではなく米 50 石の価格で京江船主らに販売している」と言って、李相璜の指摘は事実と違うと明らかにした後[278]、黄海道で退船の払下を望む場合、1 隻当たり 50 石の価格を出せば払下を受けられると主張した[279]。

宣恵庁の払下価格が木綿 30 匹ではなく米 50 石といっても、当時の米価を 1 石 5 両で 計算すれば、退船改造事業は 1 隻当たり 300〜400 両以上の利益が

生じる事業であった。

　一方、漕船の場合は先述したように、京江津船を船契で建造していたが、途中軍門に変えられた後、津船建造の費用を補充するという意味で、1755 年から京江船人ではない軍門に払下げられ始めた[280]。しかしこの時期にも、戦船・兵船は相変わらず京江船人に払下げられた。その後 1789 年（正祖 13）に 舟橋司が設置されて以後、すべての退船は京江船人らにすべて独占的に払下げられた。

　京江船主らはこのような退船の改造だけなく、新船の建造にも参与していた。一般戦船・兵船・漕船は主に三南地域の水営で建造されたが、その理由は木材調達の容易性のためであった。忠清水営では安眠島の木材を使用した。なお、湖南水営では扶安の辺山地域の木材を使用した。また黄海道では、長山地域の木材を使用して戦船と兵船・漕船を建造した[281]。小規模の船舶である地土船は各地方浦口で建造されたりもした。

　京江で建造された船舶は主に津船と站船、そして一般の私船である京江船であった。津船の建造は先述したように、1713 年に工曹が京江に造船所を設立して直接津船を建造したが、1739 年からは京江船主らの船契が津船を建造した。しかし船契が担当していた津船の建造作業は、3 年が経った 1742 年、軍門に移転された[282]。

　站船の建造も京江で行われたが、京江民人が都賈主人として外邑からお金をもらって站船を建造し、忠州に納付した[283]。この場合の京江民人は京江船主であったと推定される。

　このような京江船主の活発な造船活動は 1728 年、1730 年の大型の海難事故で多くの船舶が破損されるや、船舶を建造するために京江船人を直接各地方に赴かせ、造船作業を指揮監督するようにした事例からもよくうかがえる。この時、総 33 隻の船舶が建造されたが、これを備辺司所属の案付船に確定して湖南の各邑に分けて配置し、まず、大同米を運搬する時に活用するようにした[284]。京江船人の船舶の建造技術が非常に優れていたので、外方で用いられる各種の船舶も京江で供給することが多かった[285]。

　3）和水・偸食・故敗・防納活動

　京江船人らは正常的に税穀を賃運してその船価を受けること以外に、和水・偸食・故敗・防納のような各種の不正行為を通じて富を蓄積した。

和水とは、税穀の賃運過程でわざわざ水を加えて税穀の量を増やし、その差額を引き抜くことであり[286]、偸食とは、運送する穀食の一部または全部を横領して上納しないことを指した[287]。また故敗とは、船舶をわざわざ沈没させることとし、船を沈没させる前に税穀の一部を引き抜いて利益を得る方法のことを言う[288]。これらの和水・故敗・偸食に対しては既存の研究で詳しく言及されているので、ここでは18世紀以後の商品流通の発展によって新たに現れる防納に対して検討しよう[289]。

税穀の防納は二つの次元で進行された。その一つ目は、郡県の租税の収取担当層である色吏らが農民からお金で租税を受け取った後、京江近辺で穀物を購入して京倉に納付するものであった。また二つ目は、税穀を賃運する船人らが税穀として受け取った穀物を価格が高い地域で販売した後、価格が安い地域で購入して京倉に納付するものであった[290]。

防納はもともと、土豪らが作人の租税を代納してその剰余を取ることを言ったが、19世紀以後は税穀上納の時に担当の色吏が邑民からお金で租税を受け取った後、京司の員役らと結託してソウルで米穀を購入して納付した後、その差額を互いに分けることを指した[291]。そのため、1852年（哲宗3）大司諫の朴宗休は、防納が農民らを破産するようにする重要な要因であると次のように指摘している。

　　　　税穀防納というのは賦税を初めから米で集めないで高価で執銭した後、米を購入して代納することでその剰余を着服することを言います。豊年の時、納付するのが2～3倍になるので、凶年に破産することは当たり前であります。たとえ今年の場合だけを言っても、昨年の秋、農事のひどい凶年ではなく1石の価格が7～8両に過ぎなかったのに、各邑から集めたのはほとんど数十両に至りました。また都城に来て米を購入して納付するので、船舶1隻当たりに数百石の運賃価が皆乾没になります。これをすべての邑で互いに模範としたので、都城の穀価がどうして騰貴しないでしょうか。その弊の根源をよく見ると都結から始まるのであります[292]。

朴宗休は、民結ではお金で徴収して、中央に上納する時には穀物を購入して

納付する税穀防納がすべての村に浸透していて、結局は都城の米代まで上がる結果に至ったと言っている。この防納は、都結制の施行とともにさらに拡散していった[293]。

郡県の胥吏と守令によって恣行される租税の防納は、農民経営の全体を貨幣化できなかった未熟な貨幣経済と、現物経済を固守していた封建財政の原則の間を巧妙に利用した収奪だった。これは未熟な商品貨幣経済下で、国家的な商品貨幣経済の主導権を掌握した守令と胥吏層に利益をもたらした。また一方、次第に没落しつつあった貧農だけでなく、商業的な農業を通じて富を蓄積していた富農層らの成長の可能性の余地さえ奪い取るような結果を招来したのである[294]。

防納はこのように、船主と色吏が結託して初めから租税をお金で徴収した後、京江の近辺で穀食を購入し、納付する方法以外にも[295]、船主が独自的に現物を受け取って米穀価格が高い所に行って販売した後、米穀価格が安い所でまた購入して納付する場合もあった。例えば1871年ソウルの西部の西江坊の玄石里に居住する扶安の大同船主である鄭重儉は、その年5月に京江を出発して扶安の大同米800石を積んで7月初に江華島の玉浦に到着し、石当たり14両2銭で販売した後、また全羅道の古阜の東津浦口に行って石当たり9両5、6銭または12〜13両で米穀を購入した後、9月の晦日頃に京江に到着して上納していた[296]。この過程で京江船主が得ることのできる利益というのは、船価160石と米価差額で得る利益の2,500両であった[297]。1回の税穀運送で2,660両という相当な利益を残したのである。

防納は漕船より舟橋船(執籌船)の方がより活発であった。これらの京江船は租税を高値で換算してお金で受け取った後、新穀が出て穀価が下がるのを待つか、または海中に停泊しながら市価を観望したりした。その他にも税穀を思い通りに売ってしまって利子をとったり、私的な用途に使った後、空船で京江に上ってきて、近くの場市で穀物を購入して納付したりした[298]。船主らが京江に上ってきて、江上米や倉属が販売する米穀を問わずすべて買い取り、税穀を納付したので、江米は残らなくなり、ソウルの米価は騰貴した[299]。

19世紀の中期にこのような防納の弊害が極まった。防納によってソウルに輸送される穀物は減り、その結果穀価が騰貴したので、都城民の生活が困難に

なった[300]。実はこの問題が執政者らには船主らの不正行為よりもっと大きな問題であった。そして 19 世紀の中期以後は、ほとんど毎年防納を禁止する命令が下されていた。1852 年（哲宗 3）左・右捕盗庁の次のような報告は、江上の防納の実態を我々によく知らせてくれるものである。

　　忠州色吏の金錫祚は、田税米 350 石を陰竹等の地から購入して上納した。なお鎮川色吏の金道敏は大同米 200 石を陰竹と長湖院等の地で購入して上納した。そして西江民の李邦協は、京畿道の楊根の田税米 19 石、大豆 25 石および京畿道の砥平の田税米である 19 石、大豆 12 石そして交河の田税米 40 石、大豆 12 石を京江で購入して上納した。また竜山人の河仁天は海美の田税米である 36 石を京江で購入して上納した。また竜山民の金永麗は、田税米・大豆を上納する時、不足条 27 石、大豆 33 石を京江で購入して上納した。そして西江民の李文相は坡州の田税米・大豆を防納するためにあらかじめ 130 石を購入して保管していたが発覚してしまい、竜山民の李亨基は春川の田税の小米不足条 28 石を京江で購入して上納した[301]。

以上のように、防納は京畿道を含めて江原道の春川、忠清道の海美、全羅道の扶安に至るまで、全国的に行われていた。防納の主体も、各郡県の色吏層と西江・竜山に居住する京江人たちであった。

船主らによって行われる防納が可能になるためには、貨幣経済が農村社会に深く浸透して、どこでも穀物を貨幣で購買するのに障害がなくなるほど海上交通が発達し、米穀商品化が進展するという条件が揃わなければならなかった。19 世紀の中期、税穀防納はまさに、このような交通路の発達と商品貨幣経済の進展を土台にして展開したのである。そのため、1775 年（英祖 51）大司憲の宋淳明は、

　　三南の沿海辺の穀簿が皆空白になっていて、識者らが心配してから長い時間が経っている。大抵海邑で船舶が碇泊する所は、峡郡に比べて時価が良い。それで、公家需用之道を、海穀のみにして偏用すると、海邑は穀物が不足し、山郡は余るようになった。……山郡民は穀多で弊が生じ、沿海

邑は穀物不足で心配をする[302]。

と言って、海邑は米穀流通の活性化によってむしろ米穀がなくなり、流通の不便な山郡に穀物が積もると指摘しているのである。

このように海上を通じる米穀流通が発達したので、船人らは「米の珍しくない湖南から載せてきた税米を米の珍しい湖西に売った後、秋を待ってまた買ってきては、例えば、嶺南に米が珍しく、湖西に米が珍しくなければ嶺南に売り、湖西から買ってくること」もできたのである[303]。このような船人らの防納活動は、税穀の運送の次元ではなく商品流通の次元で行われるものであった。

このように船人らの不正な方法を動員して富を蓄積する方式も、18世紀の初期に和水・故敗などから次第に偸食して放債するか[304]、または市価の差異を利用した税穀防納に変わっていった。

以上の検討から分かるように、京江船主らは税穀の運送だけではなく造船業や防納などを通じて相当な規模の商業資本を蓄積することができた。しかしこれらによる資本蓄積は、権力機関と結託した商業勢力の侵奪、例えば宮房・衙門や旅客主人層の侵奪により制限を受けざるを得なかった[305]。京江船主らはこのような侵奪に対して、自体的な組織である船契を結成して対応していた。

船契は、18世紀にも津船の建造を担当したり、または作隊法の施行以後の税穀の運送のために結成されたことがあるが、その当時は、権力と結託した状態で特権を行使する組織としての位相を持ったのであった。しかし19世紀以後は事情が変わり、船主らに対する侵虐が加重されると、1885年八道の船主らが独自的に船契を結成して、自身たちに加えられる各種の侵奪をなくしてくれることを主張している[306]。その内容を見ると次の通りである。

八道の船主等らの等状　1）京江と各道の浦口を私設して収税することで船主からお金をむしることを厳禁しなければなりません。　2）田税と大同上納はもともと正式節目がありますが、京江の防納人らが各邑の色吏と一緒になって威力で来往船を拘留しています。また税穀を上納する時に欠縮が生じると船格をつかまえるので、悔しくてなりません。各道の浦口で船業で暮している人々がこういうわけで皆生活が困難な状況に至ったので、

私たちも私的に契を作った後、このように仰訴します。京江と各道の浦口の収税は後ほど記録する諸条目によって、取り立てることができないように厳格に言いつけてください。また、私的に拘留する弊と私的に収税する弊害、そして各浦口の監考輩がお金をむしる弊を厳禁してください。沿海の各浦口に各々船契を設置して各邑の応役をその船契として担当するようにすれば、必ず船人らを侵漁し、船舶を拘留する弊がなくなるでしょう。

　後録　1) 錦城堂収税廃止　2) 京江立牲債廃止　3) 刑曹・漢城府等、各該司収税廃止　4) 京江主人の 乾口文廃止　5) 水鉄契の収税廃止　6) 京江の耆老所の収税廃止　7) 山之都監収税の廃止　8) 延安府 瓶山に暮す朴聖台の個人的な収税廃止　9) 海防営の収税廃止　10) 徳温宮の収税廃止　11) 水原府等の各浦口の収税廃止　12) 南陽府等の各浦口の収税廃止（番号は引用者）[307]。

上で見たように、19世紀後半に船人に賦課される各種の税金は10種類に至っていた。このような船人らの等状に対して議政府でも、「閑雑牟利輩らが宮房や京司に請嘱して害を起こす。これにより船商らの往来が断たれて物価が上がっている。このような行為を禁止せよ」と命令を下している[308]。また船契の結成を主導した船人らは、

　又　等状　1) 塩廛収税は初めに2分ずつ納めましたが、近来無頼輩が船主から3分ずつさらに集めます。3分税を廃止してください。2) 甲子以後の沿江主人輩が私的に沁税契を創設して船民から収税して弊を起こします。朝廷の廃止令があってもいまだに収税しているのでこれを廃止してください。また最初に主人たちが収税する者と協力しなかったならどうやって収税できるでしょうか。主人輩が私的に契を結んで収税することも廃止しなければなりません。3) 麻浦に住んでいるムン・ウソクが先月南江都主人を新設しましたが、南江船だけが口文を収税することが当たり前なのに密かに水下の塩船にも乾口文を箇捧しようとするので、これを廃止してください[309]。

第 2 節　京江船運業の発展と京江船人・船商の成長　331

と言って、京江から賦課される旅客主人口文や各司雑税のほかにも、塩田収税・沁税・南江都主人収税等の各種の雑税の廃止を要求している。このような要求も議政府では受容していた。しかし京江で雑税を収取する勢力は大部分が宮房や中央衙門と結託した者なので、廃止の命令がまともに守られなかった。そのため直接税穀を運送するなど、商品流通を担当した船主らの富の蓄積は 19 世紀以後、多くの制限を受けるようになった。

　このように京江船人らの税穀の賃運を通じる富の蓄積には各種の侵奪によって制限があった。しかし京江で富を蓄積した旅客主人や旅客主人業等に投資した権勢家らが船運業に投資する場合は、このような侵虐から自由であったので、相当な資本を蓄積できた。ただ、これらの資本蓄積は純粋に船運業を通じての蓄積ではなかった。造船業や防納活動を通じて行われた点などに注目しなければならない。すなわち船運業で蓄積された資本への維持と拡大のために造船事業と一緒に生産部分に投資するなど、防納活動と一緒に地域的な価格差を利用して積極的な商品流通に参与しなければならなかった。19 世紀以後、京江船主らの富の蓄積は、税穀の運送よりはこのような活動を通じて成されていたのである。

3. 京江船商の活動と成長

　京江は全国水運の中心地だった。だから京江船商らは資本力や船舶の規模、航海術等、すべての面で他地域の海上流通を圧倒していた。そのため京江を中心にした商品流通は、他地域と多くの差異を見せる。京江船商らが活動した分野は米穀、魚物と塩、そして木材の流通であった。そのほかにも、各種の手工業製品を外方の特産地で購入して販売する船商らもあったが、船商と言う時、ほとんどの場合、大部分は貿穀船商・塩（船）商・魚物船商・柴（木船）商だった。18 世紀以後、京江が木材・米穀・魚塩流通の中心地に成長したのは、このような船商の活動のためであった[310]。

（1）貿穀船商の活動と資本蓄積

　17 世紀以後の商品貨幣経済の成長と海上交通の発展によって穀物市場が創

出されながら、京江船商の活動は活発に展開された[311]。米穀を取り扱った京江の貿穀船商らは、税穀運送を担当した京江船主が兼ねる場合が多かった[312]。京江船主と貿穀船商が使用する船が「唐刀里船」という稲俵を載せる船であったからである。京江船主らはベダリ（舟橋）を設置する春幸（正月晦日と2月の間）、秋幸（8月中旬）、そして税穀の運送に参与する春期を除いて、他の季節には一般的な荷物を運送するなど、穀物を販売する貿穀船商として活躍した。もちろん税穀の運送に参与せずに、貿穀活動にだけ従事する船商もあった。

貿穀船商などは京江船主だったので、優秀な航海術を武器に全国の米穀時勢を把握した後に、地域的な価格差を利用して富を蓄積した[313]。18世紀前半まで外方で現れる米穀販売活動は、凶年を契機に現れるのが一般的であった[314]。例えば関北・関東地域の場合、太白山脈のため、三南・海西・京畿地域の米穀陸路を通じて運搬するのが難しかった。それでこれらの地域が凶年になると、嶺南地域の船商らによって米穀が供給されなければならなかった。この地域の米穀は交済倉の浦項倉等に貯蔵された穀物を供給して米価を調節したので、京江船商が関心を持つほど大きな消費市場ではなかった[315]。それで京江の貿穀船商などは、湖南・湖西・関西・海西地域などの西海岸地域を主な活動舞台にしていた[316]。

遠洋であった済州と南海岸の島においても京江の貿穀船商が活躍した。この地域が凶年になるとまず羅里浦や済民倉の穀物が運送されて救荒をしたが、一部はこれらの公穀運搬に添載され、私商の穀物が搬入された。また平常時にも済州島は全的に私商が搬入する穀物に依存したが、これらの中には京江船商らも活動した[317]。

18世紀前半までは外方の郡県単位で規模の大きい米穀消費市場はまだ形成されていなかった。主に豊凶による米穀の価格差が、船商らの流通を左右する重要な要因だった。したがって貿穀船商は18世紀初期の段階でも、米穀価格が安い外方で穀物を購入した後、京江で販売することが一般的だった。米穀市場がソウルと平壌を含めた大都市を中心に形成されていたからである[318]。この地域には恒常的な米穀需要階層の数十万人が存在したので、貿穀船商はいつでも米穀を販売することができた。

しかし18世紀後半頃からは、京江船商の活発な貿穀活動によって全国の米

穀価格の動向が把握され、これによって全国的な米穀市場が形成されたのである。そのため京江に集荷された米穀がソウルに搬入されず、米価の高い外方地域に搬出されていた。

18世紀後半、ソウルで消費される穀物は先述したように1年に100万石であった。貢米が20万石、士大夫の秋収米20万石、そのほかに貿穀船商が搬入する「江上米」が60万余石に達した[319]。

京江の貿穀船商らは全国の米穀価格の動向に非常に敏感に反応した。平安道地域に大変な飢饉が生じ、米価が大きく上がると、三南穀物を積んだ貿穀船商などが大勢関西地域に向かったが、平安監営で米価を下げる措置を取ると、大部分の場合、船首を回して海西地域に帰る事例からも、この点が分かる[320]。それで他の地域がひどい凶年になった時、ソウル地域より米価が高ければ、京江の貿穀商などは南部地域から上ってきた米穀を多くの所に分けて保管した後、凶作のひどい地域でまた下ろして多くの利益を得ていた。

例えば1762年（英祖38）に、凶年によって南の方から上ってくる米穀を江上の米商輩が密かに買い集めてソウルで販売せずにまた外方に販売する量が、江上米の3分の1に達するほどであり[321]、また1人が集めておいた穀物の量も1,000余石に達するほどだった[322]。このような事態がさらに進むとソウルの米価が急騰するので、備辺司ではこれを阻むために1762年京江で外方に放出される米穀量が10石以上の場合は決杖、30石以上は刑推、50石以上は刑推流刑にする処罰規定を制定した[323]。しかしこのような厳格な禁令にもかかわらず、京江の米穀は相変わらず外方に搬出された。1767年京江の西氷庫に居住する船主の鄭時奉ら8人は、京江で商買米を積んで平壌とその近辺の安平島等の地で販売している[324]。

もちろん「江上米」が外方に搬出される場合よりも、京江船商や外方米穀商によって外方に搬入されるのが一般的であった。例えば1719年黄海道の長山串で漂流してから救出されて、自身が購入してきた米100石を自身の生命を救ってくれた鎮卒に与えて、折衝将軍の品職を授与された西江の貿穀船商の金世万の場合が、このような事例である[325]。

京江の貿穀船商は全国を舞台に貿穀活動をした。代表的な事例として、1869年ソウルの奈洞に居住する両班の金致鎮の事例を挙げることができる。彼は儒

業に従事する両班だったが、内需司から当百銭で5千両を借りて黄海道の長淵に米を購入しに行ったが、そこでは当百銭で米が購買できなかった。当百銭の流通地域ではなかったからである。その後平安道の清北地域の穀物の値段（大米1石20両）が高いという話を聞いて、穀食の値段（大米1石10両）の安い忠清道の内浦地方で穀物を購入した後、清北地域で米穀を販売して多くの利益を得た。このように3、4回往復して内需司で借りたお金を皆返した。その後また1,500両を借りて船1隻を買い入れ、牙山の屯浦で米60余石を購買し、清北地域にまた行って米穀を販売して利益を得た。また彼は松都人のパク・ウォンゼの家に300両を払って水蔘を買い入れて紅蔘30斤を製造した後、木叔島の陳岾浦で唐船と密貿易を行った[326]。

　この事例に見られるように、京江の貿穀船商は地域別の価格差を利用して相当な利潤を蓄積した。貿穀船商が内需司からお金を借りたという点で、彼が権力機関と何らかの関わりの中で船商活動を展開したと考えることができよう。特に貿穀船商は貿穀活動にとどまらず、紅蔘の密貿易にまで進出して事業領域を拡大していることは、京江船商の事業領域の拡大と関連して非常に注目される事実である。

　18世紀中期以後、黄海道の沿岸には唐船がよく出没して、黄海道の沿岸地域の船商らと交易をしていた[327]。それで京江船商らも唐船と密貿易を行った。その際、京江船商が販売する物件は米穀や高麗人参の類であった。また購入するのは清国の絹などの物品であった。高麗人参を提供する勢力は主に開城商人であったし、米穀を唐船に提供してさまざまな禁止物品を買い入れる商人は京江の貿穀船商であった。

　西海岸で活動した潜商勢力は大部分の場合、権力とつながっていた。例えば1733年（英祖9）、平安道江辺の潜商の罪人5人を白翎鎮に流配したが、何カ月も経たないうちにその中の潜商窩主の1人が釈放になった。この事態が発生すると、黄海監司の朴師洙が個人的に大司成の宋真明に手紙を出して、この釈放決定は備辺司と刑曹を経って決定されたことなので、彼らがまともに判断することのできなかった罪を罰することを要求した。そこで宋真明は王に、潜商窩主の妻が上げた上言をそのまま信じて釈放を許諾した刑曹判書を処罰することを要求した。そこでこれに対して英祖は刑曹判書を推考している[328]。ま

た 1751 年（英祖 27）撻馬潜商の鄭命禧ら 4 人が逮捕されたが、彼らの中の 1 人は事前に逃亡したし、他の 1 人も慶尚道の泗川に流配された後に逃亡してソウルに帰ってくるほどであった[329]。

これら潜商窩主らの中では京江商人が多かった。京江商人は資本力で国内のどんな商人よりも先んじていただけではなく、大部分の場合権力機関と結託していたのである。これは、先述した貿穀船商の金致鎮の事例からも十分に考えられることである。

(2) 魚物の流通構造の変化と魚物船商の活動

京江商人の中で魚物船商は外方で購買した各種の魚物をソウルに供給する役割をした。魚物船商が直接魚を獲って京江に販売する場合もあったが、大部分は漁船で魚物を購入してから京江で販売する出買船だったようである。出買船は石持等の漁獲期に 5〜6 隻の漁船が獲った魚物を海上で直接渡されて、消費地である京江の麻浦や江景・馬山などに行って販売する船舶を指す[330]。出買船は、一定量の漁獲物を確保するために漁船に対する前貸を通じて漁獲物の専売権を掌握したりした。これらの魚物船商は漁獲物を生きたまま市場に輸送するが、季節あるいは場所によっては船中で塩蔵したりもした[331]。また魚物船商は先述したように、望遠・合井地域で発達した民間の蔵氷業者から氷を購入して船に積んだ後、海の漁場に出て漁船から購入した魚を生きたままで京江で販売したりした。

京江の魚物船商は主に麻浦で魚物を販売したが、直接消費者に販売するのではなかった。魚物船商が京江に到着すれば京江旅客主人がこの事実を魚物廛市民に知らせ、魚物廛市民が京江に出て魚物船商が積んできた魚物を購買し、魚物廛市民が消費者を対象に魚物を販売した[332]。

魚物廛市民が魚物船商から魚物を購買する方法は、時期によって異なった[333]。18 世紀初期には、魚物船商が積んできた魚物の一部を市価より安く魚物廛人に渡し、残りの部分は船商らが任意で販売する方式であった[334]。そうするうちに魚物流通量が多くなると、魚物廛市民らは「全船打発」の方式で魚物を購買した。これは船商が積んできた魚物の全部を魚物廛人が独占購買するものであった。すなわち、船商らの自由な販売を徹底的に禁止し、魚物廛人による魚

物流通の独占権を保障する方法であった。そのためこの方案は、魚物船商と旅客主人層の反発を受けて、1744年に変更された。

　1744年に制定された「甲子節目」では、船商が積んできた魚物の10分の1だけを魚物廛人に平価で和買し、残りの10分の9は船商らが任意で発売するようにした[335]。この方式は、魚物船商が魚物廛人に一定量の納税をした後に自由に発売することで、魚物廛の独占権を事実上否定するのと同様の意味を持った。そのため魚物廛人らがこれを遵行せず、まともに施行できなかった[336]。そして1754年にまた節目が改定されたが、「甲戌節目」がそれであった。

　「甲戌節目」の内容は、「甲子節目」以前の状態である「全船打発」方式に回帰したものであった[337]。今後は江上ですべての魚物は魚物廛に渡さなければならなくなった。ただし船商らの渡す価格は市価通り取引するように規定されたが、すべての魚物を魚物廛人のほかに販売できないようにした規定のために、価格を決定するのは魚物廛人の方であった。魚物船商は値段を安くして魚物廛に渡さなければ、魚物を江上で腐敗させるしかなかった[338]。仮に魚物廛に渡さないで任意発売した場合には、乱廛律で処罰を受けたのであった。船商らの怨声が高くなるしかなかった。そこで平市署では、船商が積んできた魚物を乾魚と塩魚の場合は3日中に、生魚は1日のうちに魚物廛に渡すようにして、もしこの期間中に魚物廛人と取引が成り立たなかった場合、残りの魚物に対する船商らの任意発売を許容した[339]。しかしこのような措置にもかかわらず、魚物船商に多くの利潤が残されることはできなかった。すべての魚物流通の利益を、魚物廛人やその下部にある旅客主人層が掌握したのである。

　このような取引慣行は、18世紀後半から次第に変化したように思われる。「全船打発」することで魚物廛人がすべての魚物取引を掌握して都賈操縦した状況から、船商から現物で税金を徴収し、その代わりに船商らに、残りの魚物を自由販売させる方式に変わったのである。すなわち魚物廛人の独占的な購買権が現物収税制に変わったのである。魚物廛人の収税量は、船商が積んできた魚物の20％〜30％に達した[340]。このように現物で納税した残りの魚物に対しては任意発売が可能だったが、船商は積んできた魚物の10〜20％を旅客主人に口文として出さなければならなかった。そのため、船商が江上で自由に販売する量は、自身が積んできた魚物の60％内外であった。

特に漢江が凍れば、魚物船商は仁川・富平・交河・広州・安山等の地で魚物を荷役し、バリジム［駄運］でソウルに搬入したが、外方浦口に碇泊した魚物に対してまで魚物廛で収税を強行した。そのため18世紀のこのようなソウルの魚物の流通構造の中では、直接に魚物流通を担当した魚物船商に商業利潤が集積される可能性はあまり多くなかった[341]。

18世紀後半に定着した魚物廛人による現物収税方式は、1786年を境に貨幣収税に変わった[342]。この時の収税量は石魚1,000匹当たり5銭、真魚100匹当たり3銭、麻魚10匹当たり7分であった[343]。このような貨幣収税への転換によって、魚物船商が主導的に魚物価格を決めて販売できるようになると、魚物船商には商業利潤を集積する機会が生じることになった[344]。しかし実際には、魚物船商に商業利潤が集積される可能性は非常に制限されていた。なぜならば、1794年の甲寅通共で魚物廛が六矣廛から除かれることで魚物流通で独占権は否定されたが[345]、魚物流通を掌握した勢力は船商層ではなく旅客主人層であったからである。魚物船商は相変わらず、旅客主人の統制の下に置かれていたのである[346]。

（3）塩の流通構造と塩船商の活動

塩船商は塩を外方で購入してきて、京江で流通させた。塩船商は、貿穀船商に比べて資金力や立場が多少劣っていたように見える。塩船商に対する記録は、1710年、二つの漂流記録がある。一つは、竜山居住の私奴の汗金ら4人と良人の朴承命ら3人が平安道に塩を購入しに行く途中で漂流した記録で[347]、もう一つは、京畿道広州の鴨鴎亭に暮す京江船人の私奴である李マックグィらの6人が、500両を持って黄海道の海州で塩510石を購入して帰ってくる途中で漂流した記録である[348]。6人のうち3人は私奴で、他の3人は良人であった。

これら塩船商も外方の塩所から京江に到着すると、魚物船商と同じく塩を京江に設置された塩廛、すなわち麻浦塩廛や竜山塩廛に渡さなければならなかった[349]。そこで塩商たちは、これらの麻浦塩廛や竜山塩廛に操縦される弊をなくすために1744年（英祖20）内需司に投託して納税することで、内需司が自身らを塩廛商人の侵奪から保護してくれるよう要請した。しかし塩商船と内需

司の結託は英祖の反対ですぐ禁止され、再び塩商らは塩廛市民らの操縦の下に置かれるようになった[350]。それで塩商は新たに儀賓府と結託して塩廛市民らの操縦から脱しようとした[351]。

　18世紀の塩商たちは、旅客主人や市廛商人の侵奪を脱して京江で自由な商業活動をするために、このように権力機関に投托するか、服属しなければならなかった。しかし塩商らのこのような意図は、京江の塩流通を正すために麻浦塩廛等で都賈操縦することを廃止するのはよいが、儀賓府に投託して営業の自由を獲得しようとしてはいけない、という備辺司の主張のため、結局は立ち消えになった。その後、備辺司では麻浦塩廛市民の都賈操縦を禁止する代わりに、塩廛市民の塩商に対する収税権だけを認めた。言い換えれば、塩商は麻浦塩廛等に対する税金を納めた後に、自由に塩を販売できるようになったのである[352]。

　しかし、このような規定を塩廛市民はまともに守らなかったように思われる。相変わらず京塩廛・麻浦塩廛の商人らが江上で塩流通の専売権を行使したのであった。そのため、1781年（正祖5）八江御使として派遣された徐竜輔も、江上の重要な弊瘼の一つとして、江上の塩廛市民の都賈を次のように指摘した。

　　　塩商人の都賈を廃止すること。城内外を問わず、物価の貴賤はただ都賈輩らの操縦によっている。近来法が緩んで、都賈船らが乱暴に振る舞うようになった。また洋人[353]らが塩の利益を独占するに至ったこと、今まで聞くことができなかったところだ。……都賈になって乱廛に寄り掛かると、東西南北を貿遷する販売商らが皆決心して営業を中断したので、物価が一時的に上がる。これはどうして江民の失利だけだと言えるのか。これを厳禁しなければならない[354]。

　すなわち塩廛市民たちが都賈になって物価を操縦すれば、塩船商が手を引いて営業を中断するに至るというのである。ここから確認できるように、塩を取り扱う船商たちは、18世紀後半以後も、相変わらず麻浦塩廛の侵奪から脱することができなかった。

　塩船商は塩を京江で販売するしかなかったので、京江の塩廛に侵奪されても塩を外方に送り返すことができずに、営業を中断するしかなかった。これは塩

の場合、米穀と違い、地域的・季節的な価格差があまり大きくなかったからである。

　以上検討してきたように、商業資本を蓄積する可能性が一番高かった京江船商は貿穀船商であった。しかし貿穀船商も、富を蓄積するためには封建官権と結託することが必要であった。そうではなければ1753年東大門の外に住む柳得三ら9人が商船で貿穀活動をした途中、黄海道の運糧に必要であるとのことで捕らえられ、穀物を運送している途中漂流した事例からも分かるように、地方官の各種の侵虐で船商らは狼狽せざるを得ない立場であった[355]。そのため貿穀船商の富の蓄積は、主に権力と結託した潜商活動を通じて行われる場合が多かった。このような貿穀船商の活動は、19世紀の商業資本家の商業利潤の獲得方式が法律的な制限にかかわらず、非常に多様に展開されていたことを示している。

註
121　朝鮮後期の税穀の運送と船運業に関する研究では次の研究が参考になる。崔完基『朝鮮後期船運業史研究』一潮閣、1989；金容坤「朝鮮後期　軍糧米の確保と運送」『韓国史論』9、国史編纂委員会、1981；李大熙「李朝の漕運制について」『朝鮮学報』23、1962；吉田光男「李朝末期の漕倉構造と漕運作業の一例」『朝鮮学報』113、1984；吉田光男「朝鮮後期税穀運送船の運航様相に対する定量分析試図—19世紀 三南地方の場合」『碧史李佑成教授停年紀念論叢』1990。
122　崔完基、前掲書、1989、245頁。
123　『磻渓随録』巻6、田制攷説 下、国朝田制附。「平時田結 総一百五十一万五千五百余結 下三道并一百九千七百余結五道并五十万五千八百余結……平時田籍 壬辰乱後 地部無有存者 此乃得之於書吏金士得家蔵 乙亥量田時則只量下三道 不量五道」
124　『宣祖実録』巻35、宣祖34年、8月 戊寅、284頁。「乱後八道田結 僅三十万結 則不及平時全羅一道矣 其何以成国之模様乎」
125　『増補文献備考』巻148、田賦考8。
126　朴鍾守「16-17世紀 田税の定額化過程」ソウル大学修士学位論文、1992、43頁。
127　『度支志』外篇、版籍司 貢献部 大同 事実。「宣祖27年（1594）領議政 柳成竜 疏曰 臣嘗以為 一道貢物元数総計幾許而又計道内田結之数 参商劃一 衰多益寡……慶尚道則待其蘇復 納于本道以為軍食」

128　量田事業は17世紀初・中期に集中した。壬乱直後大規模で行われた量田状況は次のようである（『万機要覧』財用篇2、田結各道量田）。
　　京畿:1604年（宣祖37、甲辰）、1663年（顕宗4、癸卯）。
　　三南:1634年（仁祖12、甲戌）、1720年（粛宗46、庚子）。
　　江原:1604年（宣祖37、甲辰）、1709年（粛宗35、己丑；19邑 量田）。
　　黄海:1604年（宣祖37、甲辰）その後、陳廃により13邑改量。
129　金鎮鳳「田税制の改編」『韓国史』13、国史編纂委員会、1979、172頁。
130　金玉根『朝鮮王朝財政史研究』一潮閣、1984、314-316頁。
131　『光海君日記』（鼎足山本）巻116、光海君9年6月丙午、597頁；同書の巻129、光海君10年6月乙酉、118頁。
132　金在瑾『朝鮮王朝　軍船研究』韓国文化研究所、1976、187-191頁参照。
133　『仁祖実録』巻19、仁祖6年9月、丙子、291頁。「本道田税 毋論遠近 載運於可興 而沿海一帯 則尽入倭供 無外洋船運之規也 外洋船運 始於昏朝」
134　『備辺司謄録』3冊、仁祖2年正月21日、149-150頁。「慶尚全羅両道 応運之穀 拮据湊合 則其数不為不多 而所載船隻極難 前日京江私船 給価賃送 於船人名字置簿矣 京江之船 各有属処 調発甚難 此江氷未解 船格不通 若待氷泮之後 方為発送 則輸運漸遅 江華通津等処 罪人籍没船 及舟師船隻 願受人逢授 使之納税行用矣」
135　『備辺司謄録』45冊、粛宗17年2月22日、358頁。「嶺南運送之穀 至於三万石 既以募船 匪久発送 而海路険遠風勢且悪 趁麥前 無事得達 未可予料」
136　『備辺司謄録』49冊、粛宗21年11月21日、743頁。「蓋梁晋両倉穀 海路遼遠 且無漕船 賃運之際 例多敗没。」
137　禹禎圭『経済野言』嶺南漕船変通之策。「領南税穀 本以京江船運納 而元無領率之法 故船人輩 従中幻弄 罔有紀極矣 庚辰年（1760）間 道臣為祛其弊 創造漕船六十隻 毎年所運」
138　崔完基、前掲書、1989、91-95頁参照。
139　同上。
140　『粛宗実録』巻11、粛宗7年5月壬申、531頁。
141　『秋官志』粛宗20年 漕転事目；『受教輯録』戸典 漕転。
142　『新補受教輯録』戸典 漕転。
143　大同法の施行過程に関しては次の研究が参考になる。
　　韓栄国「湖西に実施された大同法—大同法研究の一ᇁ」（上・下）、『歴史学報』13・14、1960；韓栄国「湖南に実施された大同法—湖西大同法との比較および添補」（1・2・3・4）、『歴史学報』15・20・21・22、1961；韓栄国「大同法の実施」『韓国史』13、国史編纂委員会、1978；金潤坤「大同法の施行をめぐる賛反両論とその背景」『大東文化研究』8、1971；高錫珪「16,7世紀 貢納制改革の方向」『韓国史論』

12、1985。
144 『承政院日記』408 冊、粛宗 28 年 12 月 18 日、921 頁。「蓋大同設立之初 以地土船漕運載去事目 而自夫船材絶乏 地上船絶無而僅有 此其船人輩用奸之端 罔有紀極 故自恵聴捉送京江載運者 已有十余年矣」
145 『承政院日記』726 冊、英祖 7 年 7 月 4 日、145 頁。「大同船致敗 不但由於船隻之不即下去 蓋大同収捧 有春秋分等規 而秋大同則年事不至大無之時 故為易捧 而至於春大同 則政当窮春 民間赤立之時 毎有難捧之患 至於受還上代納之境 如是而或有終難捧者 則淹過春月不得装発 毎於五六月間 海暗風悪之時 始為発船 故前後臭載之患 職由於此」
146 『承政院日記』408 冊、粛宗 28 年 12 月 18 日、921 頁。
147 同上。
148 『備辺司謄録』77 冊、英祖元年 2 月 13 日、636 頁。「宗簿寺官員 以提調意啓曰……嶺南湖西山郡 田税大同作木銭 陸路運納駄価 則自宣恵聴計站会減 而各邑例於踰嶺之後 慮有賊患 賃船載運 故自忠州楼巌至京江税 以駄価計除 則厭数頗有瀛余 若令本寺 得以勾管 則不無残司補用之万一 亦無邑弊民瘼……答曰允」
149 同上。
150 『備辺司謄録』245 冊、哲宗 9 年 7 月 10 日、258 頁。「嶺南四十八山郡銭木布上納計食会減 即国初定式 而路由忠州楼巌 船運以至京師 則事甚便当 故守禦壮勇摠衛三営 次第造船設賃 三百里駄価中 取其零余 以補軍需矣」
151 『備辺司謄録』28 冊、顕宗 10 年 2 月 10 日、9 頁、〈安民倉事目〉。「毎歳戸曹上納三南税米 三手米奴婢貢作米 禦営保米 通共十一万六千石是白乎旅 湖南沿海大同収米 四万石 湖西沿海大同収米 一万石 合以計之 則当為十六万石是白在果」
152 『備辺司謄録』167 冊、正祖 8 年 8 月 20 日、467 頁。「両湖直上納邑税大同之多寡縦有豊歉之不同 要之 湖南則為十万石内外 湖西則為六万石内外 其所運輸 当用千石容載船 一百六十隻」
153 『承政院日記』771 冊、英祖 10 年 1 月 11 日、40-41 頁。
154 『備辺司謄録』91 冊、英祖 8 年 2 月初 3 日、248-249 頁。
155 同上。
156 『備辺司謄録』206 冊、純祖 17 年 11 月 11 日、65-66 頁。
157 本書第 1 章第 2 節「2. 海上交通の発達」参照。
158 『度支志』外篇、版籍司 漕転 罷漕議。
159 『新教修補輯録』戸典 漕転；『度支志』外篇、版籍司 漕転 〈両湖船節目〉。
160 『度支志』外篇、版籍司 漕転〈嶺南船節目〉；『備辺司謄録』157 冊、英祖 51 年正月 8 日、287 頁；『備辺司謄録』171 冊、正祖 11 年 12 月 17 日、14 頁。
161 『英祖実録』巻 117，英祖 47 年 7 月癸亥，390 頁；『度支志』外篇、版籍司 漕転〈湖南改節目〉；『備辺司謄録』155 冊、英祖 47 年 7 月 26 日、104 頁。

162 『度支志』外篇、版籍司 漕転〈湖西改節目〉。しかし『万機要覧』財用篇 2、漕転 漕規〈漕船実在〉条には両南の漕運船の積載限度は 1,000 石であるのだが、湖西漕運船は 800 石と記録してある。これを見ると、湖西漕運船の積載限度はその後再び、800 石に減ったように見える。
163 註 146 参照。
164 『備辺司謄録』112 冊、英祖 19 年 6 月 22 日、397 頁。「(領議政 金在魯 所啓) 外方上納穀物 一船容載 無過六七百石 此乃朝家定式 而近来船隻乏少 各邑上納毎以無船愆期 被責於上司 故別得体大之船 則自不免過載於定数之外 船人亦利其多取船価 造船漸大 只有足可載二千石者 船大如是 而只載六七百石 豈其易乎以此之故 一船之載 過千石 便作儻事 或有載一千五六百石者 恵庁亦諒其事勢過数装載致敗者 不為請拿 只請従重推考 以致濫載無節敗船相続 誠可民慮 臣意則一船六七百石定式 未免太少 有難一遵 今若以一船実載千石為限 過千石者守令与船人 并為論罪 断不饒貸」
165 同上。
166 『備辺司謄録』186 冊、正祖 21 年 10 月 15 日、719 頁。
167 『承政院日記』771 冊、英祖 10 年正月 11 日、40-41 頁。
168 『備辺司謄録』90 冊、英祖 7 年 8 月 4 日、85 頁。「(右議政 趙文命) 国之大義 莫如漕運 而臣於漕運一事 実有深憂 不可無急時変通之道 故敢此仰達矣 蓋戊申年 (1728) 敗船 多之四十余隻 今年又敗九十余隻」一方、註 51 の記録には 1728 年に 30 余隻、1730 年には 40 余隻という記があり、この海難事故については前掲書(崔完基、1989、111-116 頁)に詳細に述べてある。
169 『備辺司謄録』90 冊、英祖 7 年 7 月 15 日、75 頁。「金在魯所啓 近来三南税穀之晩時装発 実由於船隻之乏貴 而其中嶺南海路 非他道絶遠 漕運甚難 故必自京庁分送 案付船 而一自戊申年 三十余隻 敗没之後 船数大縮 尚未復旧矣 今番敗船之数 亦至四十隻之多 京江船隻之余存者絶少 明年三南漕運之道 比前倍難 誠非細慮矣」
170 『備辺司謄録』90 冊、英祖 7 年 12 月 27 日、208-209 頁。
171 崔完基、前掲書、1989、115 頁。
172 本書第 3 章第 2 節「2. 京江船人の成長と資本蓄積」の表 3-8「嶺南漕船の新造・改杉・改槊時の所用木材」参照。
173 方基中「17、18 世紀前半 金納租税の成立と展開」『東方学志』45、1984；方基中「朝鮮後期軍役税における金納租税の展開」『東方学志』50、1986。
174 安達義博「18、19 世紀前半の大同米、木、布、銭の徴収・支出と国家財政」『朝鮮史研究会論文集』13、1976。
175 『備辺司謄録』99 冊、英祖 12 年 3 月 22 日、215 頁。「京江船隻 本来不多 毎当豊歳 米賤則外方上納倍多 而船人不貴船価 不肯下去 乏船之弊 嶺南尤甚」
176 『承政院日記』726 冊、英祖 7 年 7 月 4 日、145 頁。「四月内装載然後 可免致敗

之患 而船人輩 米貴時則載公卜 米賤時則載私卜 以致裝発愆期 至於敗没之境」

177 『備辺司謄録』155 冊、英祖 47 年 6 月 14 日、92 頁；同 155 冊、英祖 47 年 7 月 26 日、104 頁。
178 『度支志』外篇、版籍司 漕転〈嶺南船節目〉。
179 同上。
180 『万機要覽』財用篇 2、漕転 漕倉。
181 『備辺司謄録』155 冊、英祖 47 年 6 月 14 日、92 頁。
182 『備辺司謄録』155 冊、英祖 47 年 7 月 26 日、105 頁。
183 同上。
184 崔完基、前掲書、1989、116 頁。
185 崔完基「訓鍊都監船の税穀賃運活動」『朝鮮後期 船運業史研究』一潮閣、1989 年、参照。
186 崔完基「地土船の税穀賃運活動」同上書参照。
187 『万機要覽』財用篇 2、漕転 漕倉。
188 『正祖実録』巻 15、正祖 7 年 6 月 丙寅、370 頁。「宣恵庁堂上 鄭民始啓言 湖西漕船 自昨年定式添載之後 余船毎為六七隻 似開列邑 以漕卒之難制 不願請得雖或不得已載運 而今番臭載者 多是余漕船云 皆以無統領無管束而然也且両南漕船 則并載田税大同 而至於湖西 雖有余船 不載大同 尤甚無義 自明年湖西漕船 田税裝載外 余船則以漕倉所属邑大同穀 酌量容載之数 直納于漕倉 与税穀同時裝発 領差使員 并為領納 則事為便当 請定式施行 従之」
189 『万機要覽』財用篇 3、大同作貢 京倉収納。「諸道漕倉水站属邑 以漕船站船与田税同時輸納 湖南漕倉属邑中 沿邑同載 而惟井邑直納 貢津倉税大同并載」
190 崔完基教授は 17 世紀から 18 世紀前半期が賃運上納制度の普遍化時期で、18 世紀中期以後を官船漕運制度が強化する時期であったと把握している。なお、彼はこのような官船漕運制の強化要因を、1728 年と 1730 年の大きな海難事故から追究した（崔完基、前掲書、1989、116-117 頁）。
191 『舟橋指南』（奎 5485）。「京江船之昔過千艘者 今之数百艘 則可見生理之漸不如前」
192 『備辺司謄録』147 冊、英祖 41 年 4 月 13 日、323 頁。「領議政 洪（鳳漢）所啓 頃日筵中 有湖南漕船 依嶺南例制置之命矣……湖南事勢 異於嶺南 三倉元漕船外 沿海田税及大同等上納 統計為十三四万 以船価言之 不下数万余石 而皆是江民之生涯 不可使之一朝尽失 以船隻言之 将過百数十隻 而許多新造之財力 亦難議其一時弁出 若自該衙門 另択京外完固船隻 従便作隊 又令本道商量 沿辺里之便近 設置漕倉於数三処 各邑賦税 一斉聚会之法 差員騎船 押領運致之規 若依嶺南之為 則雖不大段費力 亦可十分収効」
193 作隊法の施行過程に関しては崔完基、前掲書、1989、129-160 頁参照。
194 註 192 と同じ。

195　禹禎圭『経済野言』漕運変通之策。
196　『備辺司謄録』156冊、英祖50年12月18日、272頁。
197　『備辺司謄録』157冊、英祖51年正月8日、287頁；『英祖実録』巻124、51年正月 丁巳 486頁「江上富民之以船為業者 挙皆失利 此輩欲借台臣之口 沮敗漕船之法 厥惟久矣……今此 養心之疏 遽有京船主 復旧之請 身為台臣 不顧国家之利害 而聴富民之私嘱者 豈為負国恩而辱台閣極矣 請大司諫 金養心 削去仕版上并従之」
198　『承政院日記』1494冊、正祖5年9月24日、643頁。「上曰……況臭載之幣 不但由於沙格之作奸 為守令者亦自染旨之致也」
199　『正祖実録』巻12、正祖5年10月 丙戌、270頁。「教曰向因漕船事 官吏誅求之幣 必須 通禁 然後臭載可息 江民可蘇 特令廟堂措辞発関……観此状文 但曰委而無一矯幣之意 若此則朝令不可行於湖南一道乎 朝家将失信於江民 寧有是也」
200　『書啓輯録』（奎15083）巻3、〈八江卸使 徐竜輔書啓〉。
201　『正祖実録』巻9、正祖9年正月 辛未、492頁。
202　崔完基、前掲書、1989、129-135頁参照。
203　『度支志』外篇、版籍司 漕転 事実。「正祖八年 因作隊船事 備局啓曰 両湖税大同 従有豊歉之不同 要之湖南則為十万石内外 湖西則為六万石内外 期所運輸当用千石容載船 一百六十七隻 目下京江船隻 雖尽数査括 必不満其数 其勢不得不再運」
204　禹禎圭『経済野言』漕運変通之策。
205　同上書、嶺南漕船変通之策。
206　李鉉淙「舟橋司の設置と変遷」『郷土ソウル』36、1979。
207　『万機要覧』財用篇2、漕転 漕倉；『大典通編』戸典 漕転。「凡漕倉属邑外 以舟橋船載運」
208　『正祖実録』巻37、正祖17年1月 乙巳、371頁。〈舟橋節目〉；『万機要覧』財用篇5、舟橋。
209　このような抽籤による地域確定方式は19世紀になると、規定通り遵守されなかったようである。京江船人達は船価が高かったり細工を容易にできる地域に選ばれるため、舟橋司の官員に請託を行うなど、勝手に振舞っていた［『竜洞宮謄録』丙寅（1866）2月 戸曹甘結］。
210　『舟橋指南』全羅監司 鄭民始 状啓；『備辺司謄録』180冊、正祖16年2月24日 948-949頁。
211　『万機要覽』財用篇2、漕転 漕倉属邑外載運。
212　『経世遺表』巻7、地官修制 田制 七。「船人之載税米也……所謂浮加米 始受一斗 或加五升 或加八升 或加一斗……歳増月衍 蓋自舟橋司照管以来 諸船梢工怙恩籍勢 恣其胸臆 以至此耳」；『備辺司謄録』241冊、哲宗5年 閏7月13日、676頁。「舟司船 許多奸幣 有難毛挙 則晩装氷泊之 只責守令」
213　『日省録』高宗14年8月20日、245頁。

214 『舟橋指南』（圭 5485）。
215 『備辺司謄録』178 冊、正祖 15 年正月 21 日、713 頁。
216 『備辺司謄録』180 冊、正祖 16 年 2 月 14 日、948-949 頁。「湖西再運 五月装発 六月内畢納 則豈不便宜……勢将拖至七八月 然則正値風高水弱之時 必難免臭載之患」
217 『備辺司謄録』181 冊、正祖 17 年 3 月 1 日、109 頁。
218 本書第 3 章第 2 節「2. 京江船人の成長と資本蓄積」の「表 3-6. 朝鮮後期の 10 石当たり地域別船価」参照。
219 『書啓輯録』巻 3（奎 15085）。「雖有地上船之邑 皆不過数百石容載者 而且上納之際 苟非京江船漢 則不得準納……以此之故 捉船之時 各邑校卒 領民人留待海口 各自争闘 以致隣邑生梗」
220 『備辺司謄録』207 冊、純祖 18 年正月 21 日、83 頁。「（宣恵堂上 李存秀曰）近来紀綱漸弛 上納之際 所謂雑費 年増歳加 京外之幣 具為船民狼狼之端 京江船業之民漸少 如是以往 将至於無船而後乃已 於是乎有昨年革罷再運之挙」
221 『備辺司謄録』206 冊、純祖 17 年 11 月 11 日、65-66 頁。「公清監司 権常慎上疏……本道税穀 以京船再運之故毎患愆期 今春罷再運之法 以各邑地土船載納 而地土船 則皆是艍舠小艇 無以駕海 不得賃来京船於初運之後 而且況雇船無所管束上納 倍前耗縮」
222 『備辺司謄録』215 冊、純祖 27 年正月 11 日、817-818 頁。
223 『備辺司謄録』238 冊、哲宗 2 年 5 月 7 日、278 頁。
224 『大典会通』戸典 漕転。
225 湖西再運法廃止の論議に関しては崔完基、前掲書、1989、150-158 頁参照。
226 『備辺司謄録』175 冊、正祖 13 年 11 月 22 日、441 頁。
227 『備辺司謄録』176 冊、正祖 14 年 2 月 13 日、495 頁。
228 同上。
229 同上。「左右済民倉 復設漕倉之論 匪今斯今 道啓民瘼 不啻屢次 而特以京船失利 松政難弁 不得従施 到今事勢之逼難軽議 如前無異 置之何如 答曰允」
230 高東煥、前掲論文、1985、276 頁参照。
231 韓国歴史研究会『朝鮮政治史 1800-1863』（上）、青年社、1991、196-198 頁参照。
232 『備辺司謄録』232 冊、憲宗 11 年 12 月 26 日、645 頁。
233 『日省録』高宗 2 年 閏 5 月 21 日、250 頁。「大王大妃殿命 七山以南 十八邑鎮税船 并以初運下送」
234 『忠清水営関牒』（奎 15122）癸酉（1873）9 月 22 日。
235 註 192 参照。
236 『舟橋指南』全羅監司 鄭民始 状啓；『備辺司謄録』180 冊、正祖 16 年 2 月 24

日、948-949頁。
237 高東煥「19世紀賦税運営の変化とその性格」『1894年農民戦争研究1―農民戦争の社会経済的背景』韓国歴史研究会、1991、94頁。
238 『備辺司謄録』215冊、純祖27年7月12日、888頁「宣恵庁堂上 李竜秀 所達……貢下之時 貢人不願受布也……今若一并以祥定例 代銭上納 即在結民 可免貿遷添費 在本庁 実為需用簡便」
239 『備辺司謄録』241冊、哲宗5年12月22日、741頁。「牙山漕倉所属邑 即清州 木川 燕岐 全義 而程途稍遠 転輸為難 自各其邑 代銭捧税 貿米納倉 而倉底積穀者 倍価発売 雖稍登之年 米一石価為十五六両 故各邑一結所収 至為数十両 此実四邑折骨之瘼也」
240 高東煥、前掲論文、1991、122頁。
241 商船の経営形態に関しては本書第1章第3節「1. 船商の社会的地位と経営形態」参照。
242 『続大典』戸典 漕転。「無地土船邑 則勿論京江船 船主及沙工船卒等 并考戸牌必択有根脚者 許載」
243 上と同じ条項。「漕船上来時 各邑境嶼草上下内外立標 以貫知水路者 毎船二三人 并騎指路」
244 禹禎圭『経済野言』嶺南漕運変通之策。
245 『舟橋指南』(奎5485)。
246 『正祖実録』巻37、正祖17年1月乙巳、371頁〈舟橋節目〉。
247 同上。
248 『経世遺表』巻7、地官修制 田制7。「船人之載税米也 受其船価 厚於私漕 私漕船価 十斗給二斗 公漕十五斗給三斗五升」
249 『万機要覽』財用篇2、収税 船価。
250 『続大典』戸典 漕転。
251 『牧民心書』戸典 六条 税法 下。
252 蔡済恭『樊厳集』巻31、請両湖列邑捧税并用旧斛啓 壬子(1792)。
253 『万機要覽』財用篇5、舟橋。
254 『正祖実録』巻16、正祖7年7月 甲寅、387頁。
255 『続大典』戸典 漕転。
256 『備辺司謄録』147冊、英祖41年4月13日、323頁。「領議政 洪(鳳漢)所啓……湖南事勢 異於嶺南 三倉元漕船外 沿海田税及大同等上納 統計為十三四万 以船価言之 不下数万余石 而皆是江民之生涯 不可使之一朝尽失 以船隻言之 将過百数十隻」
257 註205参照。
258 『備辺司謄録』147冊、哲宗11年閏3月4日、496頁。「且以執籌船 船価言之

初再運百余隻所受 殆為三四万石矣」
259 『大典通編』戸典 漕転。
260 『備辺司謄録』167 冊、正祖 8 年 8 月 20 日、467 頁。「目下京江船隻 雖曰比前梢加統計訓局船隻 以尽数査括 不過為一百二十余隻」
261 『新補受教輯録』戸典 漕転；『続大典』戸典 漕転。「京江富漢 称以都沙工 徒手下去三南 図嘱各邑 先受税米 以其船価 買船雇人 其余換銭 由陸上来者 随時現発 都沙工梟示江辺」
262 『忠清水営関牒』(奎 15094)巻 4、同治 7 年（1868）閏 4 月初 3 日。
263 註 214 参照。
264 『備辺司謄録』174 冊、正祖 13 年 5 月 27 日、333-334 頁。
265 姜萬吉「李朝造船史」『韓国文化史大系』3、高麗大民族文化研究所、1968；姜萬吉「京江商人と造船都賈」『朝鮮後期商業資本の発達』高麗大出版部、1973。
266 『備辺司謄録』55 冊、粛宗 30 年 6 月 3 日、317 頁。「他道造船之法 皆以真木為釘改槊之時 還用其旧穴 故雖頻数改造 少無所防 而嶺南則造船之法 与他道不同不用木釘 以鉄釘用之 改槊之時 棄其旧穴 故限満則元無改槊之事」
267 船舶の構造については『各船図本』(奎 15752)に見える戦船・兵船・漕船等の規格と部分的な名称を見るとよく分かる。船舶の大きさは本板の大きさで区分されるが、朝鮮後期には杉板の数字で区分したりもした。要するに嶺南地域の船舶の大きさは杉の大きさによって決定された。なお、3 把杉船・2 把杉船などに区分が行われた（『経世遺表』均役事目追議 2、船税）。
参考に『李忠武公全書』巻首の図説に見える船の構造名称は次のようである。
船の構造：本板＝底版、杉版＝舷版、舟虜版・舟由版＝荷版、挿柁＝鴟、欄＝信防、架横梁＝駕籠
268 『正祖実録』巻 11、正祖 5 年 6 月辛未、244 頁。「近来沙格輩 奸幣多端 未満限漕船 輒称破敗 行賂於下輩 図得戸曹之帖 備局之関 旧船則売用 新造則濫載 此後或有弄奸現発者 則沙格一人江頭梟示 摘奸郎庁定配」
269 『備辺司謄録』245 冊、哲宗 9 年 4 月 16 日、231-232 頁。
270 『度支志』外篇、版籍司 漕転 事実。「英宗四十九年九月 司直鄭弘淳所啓 京外遊手買得退船 初不改造 図載税穀 毎至臭載 此後退船 必察有根着者 許売」
271 『備辺司謄録』60 冊、粛宗 36 年 6 月 27 日、946 頁。「兵曹判書 朴権曰 海西貿船材 各邑有難新造 使買退船於京江 事勢固然」
272 現在、造船作業に関する資料はほとんど残っていない。金在瑾が紹介した『軒聖遺稿』に現れる 1822 年に対馬島に派遣された問慰渡海使臣船建造記録がほとんど唯一である。この資料から見ると使臣船の建造にかかった木材は 175 株であり、投入された船匠は 76 人、鉄釘に使用された正鉄は 2,000 斤であった。これ以外にも粧船にかかる雑色木物と鉄物が相当分あった（金在瑾「朝鮮後期船舶の構

造―渡海船造船式図について」『朝鮮王朝軍船研究』付録『軒聖遺稿』241-245 頁)。
273　軍船の乗船人員については本書第 1 章第 2 節「2. 海上交通の発達」参照。
274　『舟橋指南』(奎 5485)。「此是江民輩行貨所図者也　既專漕税之利　又專退船之利　則入於船契者　皆将不数年　人人致富矣　一戰船之退件　恰造水下大船二隻　兵船与漕船之退件　亦能各造一大船　而一大船之物力　近入千金　則其為利也　奚但以万金論哉」
275　同上。
276　『備辺司謄録』99 冊、英祖 12 年 6 月 17 日、281 頁。「近来各鎮旧退船　毎自京司劃給於京江船人処　故京江船人則以其材改造　過数十年無幣支用」
277　『備辺司謄録』60 冊、粛宗 36 年 6 月 27 日、946 頁。
278　同上。
279　同上。
280　本書第 2 章第 2 節「1. 京江渡し場の整備と津船増置」参照。
281　姜萬吉「李朝造船史」『韓国文化史大系』3、高麗大民族文化研究所、1968、910-914 頁。
282　本書第 2 章第 2 節「1. 京江渡し場の整備と渡し船の増置」参照。姜萬吉は 1713 年工曹で設置した造船所と 1739 年に京江船人の船契が担当した津船建造、それから 1742 年に軍門に移属されて以後の津船建造を区分せず、皆京江商人の主管の下で行ったものと把握して、船材都賈だけではなく、造船都賈まで行ったと記述している (姜萬吉、前掲書、1973、94-95 頁)。しかし、厳密に言うと、1739 年の以前は一般船匠が運営する造船所として工曹に所属されていた可能性が大きい。京江商人が結成した船契により津船が建造される時期は 1739 年から 1742 年までであって、再び 1742 年からは軍門でこれを担当した。
283　『備辺司謄録』172 冊、正祖 12 年 1 月 13 日、40 頁。「戸曹判書　徐有隣啓言……至若站船……京江民人　称以都賈主人　受価於外邑　造納於忠州」
284　註 170 参照。
285　姜萬吉、前掲論文、1968　参照。
286　『備辺司謄録』91 冊、英祖 8 年 4 月 23 日、302 頁。
287　『備辺司謄録』139 冊、英祖 36 年 12 月 21 日、493 頁；同書、228 冊、憲宗 6 年正月 21 日、171 頁；同書、229 冊、憲宗 7 年 11 月 26 日、364-365 頁。
288　『承政院日記』588 冊、英祖元年 3 月 11 日、57 頁。
289　和水・故敗・偸食については姜萬吉、前掲書、1973、62-63 頁；崔完基、前掲書、1989、109-111 頁参照。
290　高東煥、前掲論文、1991、92-96 頁参照。
291　『備辺司謄録』247 冊、哲宗 11 年閏 3 月 4 日、496 頁。「両税防納而極矣　防納之名始於土豪輩　勒執佃夫　私自取剰　防納官税之謂……而若其莫重正供　到京防納　則前所未聞之変怪」

292 『承政院日記』2535冊、哲宗3年10月14日、245頁。
293 都結に関する研究では次のようなものが参考になる。
安秉旭「賦税の都結化と封建的収取体制の解体」『国史館論叢』7、1990;鄭善男「18、19世紀 田結税の収取制度とその運営」『韓国史論』22、1990;金仙卿「1862年農民抗争の都結廃止要求に関する研究」『李載龒博士還暦紀念韓国史学論叢』1991;高東煥「19世紀 賦税運営の変化とその性格」『1894年農民戦争研究1——農民戦争の社会経済的背景』韓国歴史研究会、1991。
294 金仁杰「朝鮮後期郷村社会の変動に関する研究」ソウル大学博士学位論文、1991、212-213頁。この研究では18世紀の後半以後の賦税運営の過程で、守令・胥吏の不正貪虐による府民収奪により「貧富俱困」の状況が到来したことを明らかにしている。
295 『備辺司謄録』246冊、哲宗10年2月11日、335頁。「両税漕運之法 至厳且重 自有定式事目 而近来蔑法牟利之船漢輩 与該免監色 和謨捧高価 到京江近処 貿穀以納 江上船主輩之偸弄弥縫 曽多入聞 防納之断以重律」
296 『左捕庁謄録』(奎15145)巻9、辛未(1871)11月 日。
297 800石の購入価を任意的であるが、400石は9.55両、400石は12.5両に計算した。
298 『備辺司謄録』228冊、憲宗6年正月21日、171頁。「以執籌船言之 又倍漕船 或高価捧銭 以待新穀 故洋中逗留 観望時直 或売穀放債 以充私用 故空船上来 鳩聚場市 如是而何計不售 何事不図」
299 『備辺司謄録』204冊、純祖14年閏2月25日、781頁。
300 『備辺司謄録』247冊、哲宗11年閏3月4日、496頁。「至於両税防納而極矣……蓋都下民食 全仰四方之委輸 而若防納無忌 則委輸者当漸縮 委輸既縮 則市羅之翔貴 必至之理也……近間船人 皆以代銭受来外邑 不以本色出給使幾万包穀物不入於京師 此亦委輸之減縮 而穀価刁謄之一端也」
301 『承政院日記』2534冊、哲宗3年9月16日、214頁;同書、2534冊、哲宗3年9月18日、216-217頁。
302 『備辺司謄録』157冊、英祖51年正月4日、280頁。
303 『経世遺表』巻7、地官修制 田制7。
304 『右捕庁謄録』(奎15144)巻2、庚子(1840)3月21日。
305 高東煥「18、19世紀 外方浦口の商品流通の発達」『韓国史論』13、1985、268-281頁参照。
306 18世紀の船契は前にも叙述したように、京江府民の中で大型船舶の船主らが集まって結成した組織であった。しかし1885年に結成された船契は全国的な規模で結成された組織で、同一業種に従事する者たちが自身らの利害関係を貫徹させるため作った近代的な利益団体の性格を持つという点において注目される。
307 『議政府節目』(奎古4256-3)乙酉(1885)11月 日。

308 『議政府節目』(奎古 4256-3) 題辞。
309 『議政府節目』(奎古 4256-3) 乙酉 (1885) 11 月　日。
310 本書第 2 章第 2 節「2. 全国的な海軍・水軍の中心地としての発展」参照。
311 李世永「18, 19 世紀 穀物市場の形成と流通構造の変動」『韓国史論』9、1983。
312 朝鮮中期の貿穀船商の活動については崔完基「朝鮮中期の貿穀船商」『韓国学報』30、1983 参照。
313 呉星『朝鮮後期商人研究』一潮閣、1989、116-125 頁参照。
314 外方地域の貿穀活動については呉星、同上書、124-129 頁参照。
315 これについては本書第 1 章第 3 節「2. 浦口間の商品流通の様相」の「(4) 咸鏡道地域」の部分を参照。
316 『備辺司謄録』182 冊、正祖 18 年 11 月 17 日、302 頁。「大司諫 朴基正上疏……近聞京江米商輩 或有貿穀於湖海諸処」
317 本書第 1 章第 3 節「2. 浦口間の商品流通の様相」の「済州島」の部分を参照。
318 李世永、前掲論文、1983、230-243 頁参照。
319 本書第 2 章第 2 節「2. 全国的な海運・水運の中心地としての発展」参照。
320 禹夏永『千一録』賑穀。「関西大饑設賑 而道伯及各邑守宰 皆以勒減市直 為第一活民之策 三南米商船載米穀及到関西界聞風 回避移泊于海西 故関西場市逐絶穀物 飢民持銭 無以販穀」
321 『備辺司謄録』141 冊、英祖 38 年 6 月 27 日、727 頁。「大抵都民之数十万口之食 不但有頼於貢米 全仰於三南運米矣 当此凶年 今春則自三南上来之穀物 為米商潜自売送于外方者 幾居三分之一云 如此而都民顧安所継糧乎」
322 『備辺司謄録』141 冊、英祖 38 年 6 月 27 日、727 頁。「戸曹参判 洪麟漢曰……一商人有畜千余石米穀者 則分其石数 散置於各人等処 不知其為誰家穀物 故見之数不甚多 此出於幻弄掩跡之計 而数三富商 合以計之 則其数当如何哉 且都城者万物都会之所 豈可以米穀出送外方乎 況当歉歳尤不可不厳防」
323 『備辺司謄録』141 冊、英祖 38 年 6 月 27 日、728 頁。
324 『備辺司謄録』150 冊、英祖 43 年 10 月初 1 日、596 頁、〈漂還人問情別単〉。〈漂流人問情別単〉にはこれらの船主たちが米穀を販売した地域として平壌だけが記録してあった。しかし同一の漂流民の送還記事が載っている『同文彙考』では、彼らが米穀を販売した地域として安平島が記録されている。
325 姜萬吉、前掲書、1973、70-71 頁。
326 『左捕庁謄録』(奎 15145) 巻 14、己巳 (1869) 7 月 25 日。
327 『備辺司謄録』104 冊、英祖 14 年 7 月 10 日、658 頁。「今番海西荒唐船 船之六艘之多 人之四百余名之衆……近来唐船之去来 比前漸多 誠非細慮 而如或未及駆逐 則渠必下陸 与沿民互相和買 逼遥不往」
328 『備辺司謄録』94 冊、英祖 9 年 12 月 22 日、708 頁。「大司成 宋真明所啓 黄海監

司朴師洙 以私書問於臣日 平安道江辺潜商罪人五名 島配白翎鎮 未数朔而其中一人 忽然見放 同罪中一人独放 既甚可怪 此必関由廟堂者 而秋曹直放 廟堂何不致察」

329 『備辺司謄録』123冊、英祖27年8月7日、188頁。「撻馬潜商在逃罪人鄭命禧……鄭命禧則給銀買馬之説……朴貴永前以発配之人也……前以発配於泗川 称以蒙放還帰其家云 而考見嶺南放未放申本 則泗川元無朴貴永之名 此必初不発去 或聞有赦令 中路逃還也」

330 農商工部 水産局、『韓国水産誌』1、1908、228頁。

331 朴九秉『韓国水産業史』太和出版社、1966、「第4章 李朝時代 水産物流通構造」参照。

332 『各廛記事』人、嘉慶18年（1813）4月 日。「各江船主人及江主人輩也 各処魚物載到京江 則同主人等 通奇於矣廛人 使矣廛散売各処 自是定式之例」

333 18世紀のソウルの魚物流通構造の変化については高東煥「18世紀ソウルにおける魚物流通構造」『韓国史論』28、1992参照。

334 『度支志』外篇、版籍司 船税 節目 景宗 四年。

335 『各廛記事』天、乾隆56年（1791）5月 日。「遞至甲子年 江民称有幣端 誣訴備局更定什一付利之規 什之一則廛人平価和買 什之九江民任自発売 以作富民榷利之竇 故塩魚之極貴 良以此也」

336 『備辺司謄録』127冊、英祖30年8月27日、521-522頁。「甲子節目 船商分数納税於本廛後 許其任意放売 於此廛人不利 故其後不為遵行 以致幣端之層生」

337 『各廛記事』地、丙子（1756）12月 日、十一付利革罷後 全船打発改節目。

338 『備辺司謄録』127冊、英祖30年8月27日、521頁。「船商之命脈 自帰於廛人之手矣 魚塩自有其直 而廛人必欲半価勒買 若或不従 則俾不得買 使之腐棄 以此之故 船商挙皆失業 廛人日漸擅利 事之骸痛 莫此為甚」

339 『各廛記事』天、甲戌（1754）8月24日。「既令廛人 生魚限一日 塩魚限三日打発此後過此限者 罪在廛人 使船人任自売買 無得以乱廛論」

340 『備辺司謄録』170冊、正祖11年 正月1日、801頁。

341 以上の魚物の流通構造の変化過程については高東煥の前掲論文、1992、181-182頁参照。

342 高東煥、前掲論文、1992、179-181頁参照。

343 『各廛記事』人、丙午（1786）。

344 『備辺司謄録』172冊、正祖12年 正月13日、39頁。「露梁銅省例 以銭酌定施行矣 渠廛生涯 漸至残薄 而況此物種 一朝見失 将至難保之境」

345 『備辺司謄録』184冊、正祖20年11月30日、549頁。「内外魚物廛市民等以為……甲寅通共之後 各種魚物 尽為見奪於閑雑輩」

346 高東煥、前掲論文、1992、184-185頁参照。

347 『備辺司謄録』60冊、粛宗36年9月初6日、2頁、〈漂流人問情別単〉。

348 『備辺司謄録』60冊、粛宗36年7月14日、945頁、〈漂海回還人等問情別単〉。
349 『市弊』巻3、麻浦塩廛。「一矣廛所業 自是水運之物 故合氷則貨絶弊業 而所弁塩石 皆出於商賈船 故若干付利卸下 而鬻売於京外者」
350 『英祖実録』英祖20年4月壬申。「外方塩船之来泊江頭者 皆属内司 事体名目固已未安 而其流之弊 不可不深慮塩廛都庫侵虐孔劇 故船人輩 自願属於内司宜痛加禁断……上曰塩商之属内司 既令罷之 都庫各別禁断」
351 『備辺司謄録』118冊、英祖23年10月24日、809頁。「去甲子年分 京江塩商輩 為麻浦廛人之操縦 私税侵徴 不勝冤苦 来訴本府 以為若干納税於本府 而欲免廛人無限横侵 故以此意入啓蒙允」
352 『備辺司謄録』118冊、英祖23年11月3日、814頁。
353 麻浦塩醢廛の運営権はもともと塩醢廛の市民にあったが、1769年に塩醢廛の市民たちが各々の営門にたくさんの借金があり、塩醢廛跡と運営権を成均館の典僕たちである泮人たちに販売した。そして、泮人たちはこれを買い取り、塩醢廛を運営していた。その後、1781年、塩醢廛の市民たちが塩醢廛の運営権の回収を要求し、泮人と塩醢廛の間に紛争が発生していた(『備辺司謄録』172冊、正祖12年4月13日、72-73頁;『備辺司謄録』176冊、正祖14年正月6日、471-472頁。「曽在己丑年(1769)分 塩醢廛市民 多数負債於各営門 発売其廛基 故泮人輩 出物力買得 于今数十年間 非但渠輩之無弊資生 自本館就其中定式収税 以為養士之需便成応人之例 故奥自辛丑(1781)壬寅(1782)以後 奸民輩欲為還退 屢呈法司及備局」)。
354 『備辺司謄録』163冊、正祖5年9月29日、50頁。「八江宣諭詢瘼御使徐竜輔別単」
355 『同文彙考』元編 漂民。「朝鮮国遭風梢工 柳得三等供称俄們 九箇人 俱係王城東門外居住民人 俄們元有一隻空商船 被官拿往黄海道運糧」

第3節　京江商人の商品流通体系掌握と資本蓄積

1. 京江商人の新しい商品流通体系の掌握

　18世紀の中期以後の交通の発達と浦口市場圏の拡大により、京江商業は面貌を一新するようになった。特に地方の新しい流通中心地で新設の浦口が増加したという事実は、18世紀末以後の地方場市の大型化の趨勢と[356]連結しながら、朝鮮社会の内部で場市と浦口を連結する有機的な商品流通網が成立したことを物語っている。農村で生産された生産物と地方都市で生産された手工業製品が場市を通じて中間卸売商に買い集められ、それが浦口のある大規模な産地の商人に再び集まってから、船商と浦口主人層によって京江に集散される流通体系が形成された。すなわち、浦口を中心とした海上交通と場市を中心にした陸上交通が有機的に連結されながら、全国的な市場圏が確立されたのである。

　18世紀以後、全国的な市場圏が成立するようになった根本的な原因は、何よりも農業と手工業での商品生産の発展であった。綿花・麻・タバコ・桑木・楮木・竹など、工芸作物だけではなく、米穀生産でも全州・金堤・万頃などで生産された米穀が「完米」という名前で広く流通されるほど、商品生産が発展した。これ以外にも、木綿や麻などの織造業、高麗人参栽培業、菜蔬耕作などにおいても商品生産は成長した。商品として生産された大部分の農業生産物は、生産された地域の名前が付けられて流通した。このような各地域の特産物の出現は、全国的市場圏の形成を土台にして可能であった。

　農業生産分野の商品生産、特に工芸作物分野での商品生産の発展は、家内手工業の発展を刺激し、家内手工業が農業から分離されるのを促進させただけでなく、専業手工業の発展にも大きな刺激を与えた。鉄手工業・製紙業・鍮器・沙器などの器製造業、筵・笠・涼台の製造手工業が発達した。また、地方の手工業の中心地には店村が形成された[357]。このような商品生産の発展によって18世紀以後の朝鮮社会の商品貨幣経済は新しい段階に進展した。その結果、

ソウルで長らく維持されてきた市廛を頂点とした流通体系も変動した。
　市廛を頂点にした流通体系は、概して地方の船商が商品を持ってソウルに入ってくると、この商品を先に京江の旅客主人に渡し、旅客主人はまた市廛商人に商品を引き渡さなければならなかった。なお、市廛商人はこれを直接ソウルの消費者に販売したり、中間卸売商人である中都児に渡した。中都児層はまた消費者に直接販売したり、行商層に販売して、行商層が最終的に消費者に物品を売るという構造であった[358]。このような構造の下で、京江の商品流通体系は市廛商人を頂点にして、その間に旅客主人層が介入して船商らが積んできた商品を仲介する形態であった[359]。そのため市廛商人は京江の都賈商人とほとんど同じであった[360]。このように市廛商人が京江の商品流通を掌握した流通体系の下では、旅客主人や船商らが富を蓄積する可能性は少なかった。
　しかし18世紀の中期以後ソウルで流通される商品の量が多くなり、商品の種類も拡大された。もはや市廛体制ではこれ以上、ソウルの商品流通を統制することができなくなった。その結果、市廛体系は変化せざるを得なかった。すなわち18世紀中期以後のソウルの商品貨幣経済は、市廛体制が固守した乱廛人の捉納権と属公権で代表される禁乱廛権では統制できないほど発展していたのである。18世紀以後の乱廛の盛行は、このような事情の反映であった。結局、市廛体系の下で禁乱廛権を行使し、すべての商品の独占的な流通権を行使した市廛商人などは、郷商らが市廛に納税する場合には自由な販売を許容した。このように禁乱廛権が収税権に変化する現象は、需要層が広い商品から現れ始めた。
　このような変化が真っ先に表れた所が京江地域であった。魚物流通の場合、西海産の船運魚物、東海産の東北魚物によって、また時期によってその流通方式が異なった。18世紀市廛を頂点としたソウルの魚物流通構造は多様性があったが、概して船商（郷商、東北魚商）－旅客主人－内・外魚物廛－中都児－行商－消費者という形で形成されていた。しかしこのような流通構造は固定的ではなく、内・外魚物廛の勢力の如何によって、また旅客主人や中都児層の動向によって、随時に変動・調整された。魚物廛人らはソウルで流通される魚物に対して独占的な購買権と販売権を掌握したが、独占的な販売権の場合、実は魚物廛にとってはあまり重要なものではなかった。魚物販売は大部分の場合、下

部商人である中都兒行商層に一任したのである。

　一方、魚物廛人たちは、外部からソウルに搬入される魚物に対しては例外なく介入したし、彼らを経ないで中間都売商や消費者に商品を渡す行為は皆、乱廛扱いして処罰した。言い換えれば、魚物廛が市廛体系の下で行使したのは、販売独占権よりは郷商や船商からソウルに搬入される魚物を独占する購買独占権であった。この過程で魚物廛人らは船商や郷商に「全船打発」して独占的な購買権を行使したり、そうでなければ船商らに利益を加えて和買した後、中間商人に販売した。

　しかしこのような方式は、18世紀中期以後は、船商が積んできた魚物の中で一部を魚物廛人らが現物で収税し、その残りは船商らの任意発売に任せることに変わった。魚物廛人らの購買独占権は、船商が積んできた魚物に対する収税権に変わったのである。このような流通方式の下では、船商から集める収税量以外には、魚物廛人らも船商から魚物を市価通り購入して販売する地位に転落した[361]。この過程で旅客主人層は、船商に対する支配権の強化を背景にして市廛の収税体系の束縛から離れようとする運動を展開した。主人層は取引量を欺いて税金を少なく納めたり、取引自体を市廛に知らせないことで、市廛の収税体系を崩していった。

　このような現物収税制度は、18世紀後半に次第に貨幣収税に変わった。貨幣収税が京江全体へと拡大された時期は辛亥通共を前後とした時期で、市廛人たちの地位が大きく弱体化され、商品流通で独占権を制限し、自由な商品流通を擁護しようとする政府の施策が発動された時であった。

　1791年の辛亥通共にもかかわらず、六矣廛に属していた内魚物廛は禁乱廛権を維持したが、これも1794年の甲寅通共時に、内魚物廛が六矣廛から除外されてから禁乱廛権が廃止された。このような措置が原因で、京江旅客主人層は魚物流通の主導権を掌握するとともに[362]、魚物廛の影響力は大きく衰退した[363]。要するに、船商に対する現物収税が貨幣収税に変わるにつれて、魚物流通の主導権を旅客主人が掌握したのである。

　米穀流通においても、京江における市廛商人の禁乱廛権の行使は収税形態に変わっていった。米穀の場合、京江に市廛が設置されて米穀流通を独占したので、京江主人層が直接消費者を対象に販売することは自由にできなかった。し

かし京江に市廛の設置ができない雑穀の場合は、1757年から江上で雑穀廛の禁乱廛権の行使を禁止し、ただし江上の雑穀の販売商たちが雑穀廛人に1年に24両の税金を納付するようにした[364]。

木材流通においても、禁乱廛権の行使は収税形態に変わっていった。柴木廛の場合、

> すべての物品は京江に到着すれば市価で本廛が購入して売り出すのが通行の規である。……江村に居住する人々が柴木廛に編入されないで乱売するのは古くからの慣行である。これら江村居民たちは、柴木廛人の鄭昌梯が利益を独占することを不快に思って、最初は柴船で荷物を下ろすことと柴木の販売を担当し、その代わりに船舶ごとに3銭ずつ税銭で柴木廛に払うことを約束する文書を作った[365]。

とあるように、トゥクソムに居住する柴木の販売商たちが柴木廛に柴船1隻当たり3銭ずつ出して、任意に発売できるように決められたのである。

塩の流通については、先述したように、1747年から塩船商たちが麻浦塩廛に税金を出して、塩を自由に販売できるようになった[366]。このように京江で収税制が定着する理由は、市廛商人の都買の利を阻んで、船商らの乱売を防止するためであった[367]。

このように18世紀中期の収税制の定着を契機に、京江地域はソウル都城の中とは違い、市廛商人の禁乱廛権の行使が緩和された。京江地域では京江商人と市廛商人が互いに私的に売買できるように許容されたが、ただ京江商人が京江地域を離れて他の地域に乱売する時は禁乱廛権が適用され、処罰を受けた。すなわち、京江地域の中では京江商人たちの間の自由な商品売買が許容されていたのである。

このような点は、京江に御史を派遣して京江民人らの問題を貢市人詢瘼と同じ次元で取り扱ったのと同様の脈絡で考えられる[368]。京江を都城の5部地域とはその性格が異なる特別商業地帯として把握していたことは、京江御史の派遣からも確認することができる。

しかし実際には、京江での商品流通の方式は現実的な勢力関係の如何によっ

て随時に変動された。市廛商人の勢力が強大な時は京江商人に対する収税にとどまらず、市廛商人が都賈を行って利益を得る場合もあった。しかし京江地域の商品流通過程において、市廛商人の禁乱廛権の緩和が大きな趨勢であったのは確かだと考えられる。

このように市廛勢力の京江に対する流通管轄権が収税形態に転化すると、京江旅客主人層は船商層を強力に隷属させながら、京江での魚物・木材・米穀流通の主導権を掌握した。京江旅客主人が商品流通の主導権を掌握すると、それまで市廛で魚物を仕入れて販売する中間都売市場の性格を持っていた中都児らの梨峴・七牌市場も旅客主人と直接連結され、ソウル最大の卸売市場へと、その性格が変わった。その結果、18世紀になると、従来市廛商人が流通権を掌握していた鐘路の市廛とともに、私商らが流通権を掌握した七牌と梨峴市場を合わせて、ソウルの三大市と呼ぶようになった[369]。

このようなソウル都城中の市場圏の変化は、京江を中心にした富商大賈の勢力が積極的に市廛体系に対抗する新しい商品流通体系を構築し、この流通体系を恒常的で、構造的なものであるように定着させることで現れた現象であった。先述したように、新しい流通体系はソウルを経由しないで、ソウル外郭の新興商業中心地を根拠として、魚物生産地からソウルと地方市の消費地を完全に系統的に掌握する構造であった[370]。「辛亥通共」と「甲寅通共」はこのような流通市場の変化を法的に追認した意味も持ったのである。

魚物流通の立場から見れば、魚物廛に魚物を渡す旅客主人と魚物廛で魚物を仕入れて販売する中都児層が魚物廛の商人を排除することによって、旅客主人を頂点とする新しい流通体系を構築することができた。そのため、魚物流通の主導権をめぐる紛争も、18世紀前半までは内・外魚物廛の間で熾烈に展開されたが[371]、18世紀中期以後は、魚物廛人と中都児、京江旅客主人、都賈の乱廛勢力間の闘争として現れるようになるのである[372]。

以上見てきたように、市廛を頂点とする流通体系が崩れて新しい流通体系が成立した要因は、市廛体系内部の流通体系から始まったのであった。なぜなら、新しい流通体系は市廛商人に従属された中都児・旅客主人が直接連結されることで成立したからである。同時に彼らはソウル外郭である楼院と松坡等の地に流通拠点を創設し、市廛商人と異なる流通構造を構築することにより、彼らを

頂点とする流通体系構築が可能になった。よってソウルの富豪らの乱廛活動は、市廛体系の崩壊と言うよりは、市廛体系を動揺させた要因だったと評価するのが正しいと思われる。市廛体系崩壊に決定的な役割をしたのは、このような市廛体系の動揺過程から発生した、旅客主人と中都兒勢力の市廛商人の排除運動であった。

　この私商を頂点とした流通体系を掌握した勢力は大部分の場合、京江の旅客主人層であった。彼らは資本力や組織力などから、他のどんな商人勢力より進歩的だったのである。それに先述したように彼らは大部分の場合、権力と一定の連携を持っていたのである。

　新しい流通体系の下で、外方の船商層は市廛商人に安売りをしてでも商品を必ず渡さなければならない状態から抜け出していた。結局、外方の船商は市廛体系の下でより商業利潤を蓄積する可能性は大きく拡大されたが、彼らは相変わらず京江旅客主人の強い隷属下に置かれていたので、商業利潤を集積する機会は旅客主人に比べてあまり大きくなかった。特に18世紀の後半、京江で競争的な営業体系が定着しながら、京江旅客主人の間に商船を誘致しようとする競争が活発に起こったことは、船商らの資本蓄積に非常に有利な環境を造成した。それだけでなく、浦口市場圏の拡大によって大浦口で主人層の侵奪が大変な時には、外方の船商たちは隣の小浦口に行って商品を流通させることも可能であった。

　浦口市場圏が拡大されて商船の誘致競争が拡大化することで、外方の船商らが封建的な独占権の抑圧を乗り越えて商業利潤の蓄積ができる条件が整えられたが、相変わらず彼らが商業資本を蓄積する機会には制約があった。なぜなら、大浦口に対抗して小浦口で商船の誘致競争を展開した主体も、浦口の独占的な流通権を掌握した浦口主人層であったからである。外方の船商としては、市廛体系が崩壊して浦口市場圏が拡大されたことは、以前と比べて商業利潤の集積可能性を高めるものであったが、浦口商業の主導権は船商ではなく、宮房・衙門等の権力機関や権勢家と結託した主人層が掌握していたので、船商層が資本を蓄積するのには限界があったのである。

　外方の船商たちが商業資本を集積するためには、何よりも浦口商業を掌握した主人層の特権的な独占を排除することが重要であった。これは、19世紀以

後絶え間なく進展してきた資本主義的な関係が発展することによって社会的な分業が進展し、それを基礎とした小商品の生産者らの商品流通が拡大することで、漸次的に克服できるものでもあった。しかしこれは容易に克服し得るものではなく、特に開港後、優越な運送手段である輪船・汽船を持って浦口市場圏を蚕食した外来資本の侵略の前に、その機会は霧散されてしまった。

一方、旅客主人層は新しい流通体系を掌握したので、以前に比べてより多くの利益を得ることができた。そのため旅客主人権の価格が急騰したし、その権利もだいたい富豪家や権勢家に集中されていった[373]。旅客主人権だけではなく、貢物主人権[374]、京主人権[375]、営主人権[376]を含めて、導掌権等のすべての営業権利が権勢家の投資対象になってしまい、これらの営業権も小数者に集中されて行った。権勢家の場合は、彼らの代理人を通じてこのような経済的な利権を占めたのである[377]。18世紀の後半以後、京江の商品流通はほとんど有力者らと彼らの「江上大賈」である旅客主人層によって掌握されたのである。

2. 京江商人の都賈商業と資本蓄積

京江商人を頂点とする商品流通構造は、船商－旅客主人－中都兒－行売之人－消費者と系列化されていた。したがって旅客主人層は、新しい流通体系を完全に掌握することで相当な商業資本を蓄積することができた。彼らが「江上富民」の実態であった。

前近代の商業利潤を拡大するには、流通段階を縮小するとか、商品の出荷時期を調節して購買価格と販売価格の差異を極大化する方法があり得る。京江旅客主人が市廛商人を排除して新しい流通体系を掌握したことが前者の方式とすれば、都賈商業を展開したことは後者の方式であった。ところでこの中で商業利潤を極大化できる方法は、もちろん後者である都賈方式であった。しかし都賈商業を営むためには、何よりも前者が前提にならなければならなかった。京江で新しい流通体系を掌握した京江商人層は、彼らを頂点とする商品流通体系を構築した後に、京江を中心に商品の出荷時期と価格を統制することで最大限の商業利潤を獲得することができた。その際、旅客主人層たちが富商大賈として、ソウルの有力家門と一定の連携の下で成長した勢力であったという点も重

要であった。

　江上富民である京江商人たちは、富を蓄積しながら次第に他の営業にも進出し始めた。京江商人は政府に必要な物資を調達する貢人契に参与することで、これを根拠に商品流通や営業独占権を掌握し、より多くの富を蓄積したりもした。先述したように、馬契・運負契や氷契の創設はまさにそのような例であった[378]。外都庫貢人の事例を通じて、このような事情をよく察することができる。外都庫貢契は1749年、江辺の木材商人と旅客主人が創設したものであった[379]。京江商人は権力と結託して貢人契を創設することで木材伐採権を獲得した後、木材の進排と同時に江上の木材販売を独占した。このように貢人権の創設は、主に18世紀初期から貢価自体から生まれる利潤以外に、貢人権が保障する特権を商業活動に利用しようとする人々によって主導されたのであった[380]。

　京江商人が他の営業部分に投資している具体的な姿は、馬契を創設した金竜元の例からよくうかがえる。彼は1762-1786年の間、約3万2,000余両を支払って、各種の貢人権・導掌権・田畓等を買い入れている[381]。このような例を通じて、当時の京江商人たちの資本力がどれほど大きかったのかが推測できる。京江商人の中で旅客主人権の貢人権や導掌権等に投資して積極的に富を蓄積していく勢力が多かったものと理解される。

　一方、京江商人の中で勢力のある人々は、京江で展開される旅客主人業・船商業・船運業等のすべてに投資し、これらの営業をほとんど統合的に運営した。例えば、金世万は穀主人であったが、直接船商も兼ねていた。1719年に100余石の米穀を購入してくる途中、黄海道の竜媒津で沈没したが、かろうじて地域住民に救助された。その後、彼は船に積まれた穀物100余石をその地域住民に与えて、朝廷から折衝将軍という納粟職も受けた。彼はまた1735年忠清道の泰安、1739年、結城・洪州・保寧の京江主人権[382]、1754年黄海道の新川、竜頭里の景祐宮の導掌権を買い入れただけでなく、1738年には京主人と食主人営業も兼ねてもいた[383]。

　このような例は、南陽府の田税・大同の上納を代行した京江主人の李憲尚の事例からもうかがわれる[384]。京江主人の李憲尚は、忠清監営と唐津県で貿米銭1万8,000両を借りて京畿道の南陽府、黄海道の平山府等の地の税穀上納を代行し、その過程で米穀販売も兼ねながら営業している途中、破産した。そこ

で、忠清監営と唐津県監は負債の徴収のために李憲尚が所有した平山府と南陽府の税穀の運送権を押収したのである。この記録で、李憲尚が忠清監営でお金を借りる際、自分のことを米商と言って借りた点からも分かるように、李憲尚は税穀の運送だけではなく、貿穀船商も兼ねていたことが分かる。

李憲尚の事例から分かるように、各郡県の税穀上納権は本来船人らが持つものであり、税穀主人は彼らを接待する対価をもらって暮していく層であった[385]。しかし19世紀中期になると、税穀主人が直接税穀の運送まで専担した。京江主人層は、各地域の税穀の運送までも代行することで利益を得ていた。彼らは船人ではなかったので船を賃借し、沙工と格軍を雇傭して税穀の運送を代行することで、その過程で船価をもらっていたし、さらに米穀価格の差異を利用して防納活動を展開したりした[386]。

一方、朔寧・麻田・漣川等3邑の旅客および船隻主人と、漣川の税穀主人営業を同時に遂行した鄭竜湖も、税穀の運送を代行する一方、この地域の商人たちから税金を集めたりした[387]。これ以外にも江界京主人の金重瑞とか、咸鏡道の鏡城の京主人である韓聖源等は京主人営業だけではなく、自分の担当地域で生産される高麗人参と北魚の流通にも関係して、生産地でこれらの商品を買い占めて都買活動に参与したりした[388]。

以上検討してきたように、京江商人たちは政府の公用物資調達を請負する貢人や貢人契を創設して商業利潤を集積する一方、京江の多くの形態の営業にも進出した。今や京江で京江船商、旅客主人業、または税穀の運送業等は、ほとんどが少数の京江商人に集中されていった。このように少数の京江商人が船運業・船商業・主人営業等を系統的に掌握してから、彼らは自身が掌握した流通体系を通じて最大限の利益を得る流通構造を自ら創出していくことができた。このような現象は、ほかならぬ京江商人の都買商業として現れるようになる。

京江商人による都買商業は、米穀・木材・塩・魚物等ほとんどの商品を通じて現れた。京江商人たちは、貿穀船商によって供給される商買米以外にも、貢人に供給される貢米[389]、京主人に支給される役価米まで自身の統制下に置いた。これには江上富民だけではなく、士大夫家等の有力者らも参与していた。彼らはソウルで流通されるすべての米穀を独占して市場に出さず、時期を待ってから米穀の価格が最高に上がる時におもむろに販売して、数十倍の利益を得

ていた[390]。

　彼ら京江富商と有力者たちは、京江の貿穀船商だけではなく、市中で消費者に米穀を販売する坐市米商までをも自身の統制下で操縦した[391]。なおその上、市廛商人たちも京江富商と有力者の統制下に置かれていた。このように京江商人によって惹起された代表的な米穀の都買の事例が、京江旅客主人である金在純が起こした1833年（純祖33）の「米暴動」であった[392]。この事件は、旅客主人が米の流通体系を系統的に掌握してソウル市内のすべての米穀流通を阻んで、米価を引き上げようとして発生したものであった。次の資料はこのような事情をよく物語っている。

　　（東幕旅客主人の金在純は―引用者）江上に積んだ穀食の価格が上がらないことを心配し、旅客を指揮して穀食を貯蔵するようにして、市民と呼応して価格を上げるようにした。2月晦日以後には、1駄1担の穀食もソウルに入城できないようにした。そして10余人の旅客主人の中で1人だけが販売をし、残りは皆店を閉めるようにした。店を交代で開いたので、購買する者は1カ所に集まってきて、米価は自然に騰貴するようになった。初めの6,7日の間に急に2倍に上がり、初8日にはソウル市廛が閉まって米価は最高点に至った[393]。

　上に見られるように、京江旅客主人が京江のすべての米商たちを統制した後、さらに都城内の米廛市民らと互いに呼応して米価を上げた。そのため、ソウル市民らはお金があっても米を買うことができなくなった[394]。結局、都城内の貧民らが群れをなして米穀の市廛に放火し、都城内のすべての米廛が破壊された[395]。

　このように19世紀には、京江商人である旅客主人は「商賈米」、「貢米」、「役価米」など、ソウルで流通されるすべての米穀を独占したのみならず、米穀流通に関わる商人層、すなわち米廛商人から「坐市米商」までを系統的に掌握していた。これは京江商人らが、各種の営業権に投資して1つの商品の流通過程の全体を掌握することができたので可能なことであった。

　その結果、京江商人たちの米穀買い占めはソウルという都市を背景にして、

地方の生産地からソウルに流入される米穀を買い占める一般的な様相だけにとどまらず、優勢な資金力と輸送能力を利用して、大都市と地方の中小都市、あるいは農村を問わず、価格差のひどい所であればどこでも運搬、販売する方式で展開された[396]。多量の米穀を長期間の買い占めができるほど、資金力が大きかった。なお、各地方間の米価の差異を迅速に把握できるまでに、京江商人らの商業網が拡大されたのである。

木材流通においても市廛商人は主導権を喪失して、京江の木材商人が流通を掌握した。トゥクソム地域で営業した内長木廛の場合、トゥクソム地域の富民が漢江の上流から下ってくる木物を皆購入して価格を操縦し、廛人に販売していた。市廛商人たちが京江の木材商人から木物を購入する立場に変わるようになったのである[397]。また門外長木廛の場合も内長木廛と同じであった。彼らは「銭を有する者が私的に買い占めて江辺に積んでおき、我々の廛に操縦発売する。これは客が主人になったのと同じである」と言って、江上富民たちが木物を都買したので自身たちが失利したことを呼訴している[398]。

塩流通においては麻浦塩廛と竜山塩廛の強固な支配力が行使されたが、これも19世紀以後は、麻浦所在の塩醢旅客主人が明礼宮に服属することで塩流通を主導していったように見える[399]。

一方、魚物の場合も京江富商らが流通を掌握した。先に検討したように、18世紀後半にはソウルの周辺にある松坡・楼院という新しい流通の根拠地が生ずることで、既存の市廛を頂点とする流通体系に対抗し得る新しい体系が形成されることができた。このような新しい流通体系に参与する人々は、権勢家と結びついた私商大買や、既存の市廛を頂点とする流通体系の下部で商業行為をした旅客主人・中都児たちであった。この中で新しい流通体系を掌握した勢力は、松坡等の新興商業都市の富商大買たちであったが、彼らはほとんどの場合、京江商人出身者で富豪であり、一番代表的な人物が孫道康であった。

> 広州の三田渡に住んでいる孫道康は……富豪の民で、京江の近所に住んでいたが、楊州と広州の富民と締結して数千万金の資金を用意した。彼はその一方、元山にいた時から全船都買して積んでおくかたわら、操縦した。もう一方では楊州・抱川等の中間邀路で北魚商たちから強制的に買い付け

て、恣意的に乱売していた。……言うならば、孫道康はまさに楊州・広州等の邀路で乱廛する者の窩主であった[400]。

最近広州の三田渡民が数千両を出して元山に直接行って各種の魚物を購入して都買するので、魚物廛人らが失業する。癸亥年（1803）に孫道康が魚物廛に入る魚物を奪取することが多くて漢城府で厳治したが、最近また政府の禁令を破ってこのような弊害が起きている。それで今月7日に3～4廛の市廛商人が退渓院店に出て見ると、閑雑輩20余人が北魚・大口・海苔等50余駄を昼間に積んできた。彼らに私たちが（市廛商人―引用者）優しい言葉で、秋夕になったので市価によってソウルの市廛に販売するようにと言うと、数十余人の者が私たちを殴った。しかし私たちはかろうじて逃亡することができた[401]。

上の二つの記事から分かるように、この孫道康が動員する資本金も一度元山に行って魚物を買い占める額が数千両から万両に至るほどに莫大なものであった。またかつての都買の乱廛勢力は、北魚行商が魚物を馬に積んでソウルに入ってくる町角である抱川の長距離店、松隅店、楊州の楼院、宮洞店で個別的に待ってから買い占めたが、孫道康のような商業勢力は、初めから北青・洪原等の地で漁夫から北魚を買い入れたり、または生産地の集荷所である元山の船商たちから北魚を全船買い占めていた。このように生産地から買い占めが始まるというのは、政府の楊州・抱川等の地での都買商業に対する継続的な弾圧を避けるためのものでもあるが[402]、生産地の集荷所で買い占めをすれば、楊州・抱川で買い集めるより利益がもっと大きかったからである。このようなことは、孫道康の商業勢力が生産地である元山から消費地であるソウル、そしてソウルの周辺である松坡・三田渡等と連結される流通網を完全に掌握していることを知らせてくれるものである。それだけではなく、彼らは市廛の商人勢力を気にすることもないほど、権力層と密接な関係を結んでいた。例えば1803年以後、孫道康は何回も内魚物廛人によって漢城府に乱廛の疑いで告発されたが、その度に自分が乱廛ではなく行商だと弁解することによって釈放された。その上、市廛商人を殴ることまでしたが、自分の営業権を維持していた[403]。このような事例は、京江商人たちが魚物廛市民の行使する禁乱廛権である乱廛人の

捉納権を退けるほどに成長したことを物語る事例に違いない。

　このように、魚物の生産地である元山まで行って魚物を買い占めるという現象は、18 世紀末、19 世紀初期、きわめて一般化した。次の資料からもそのことがよく分かる。

　　近来、七牌・梨峴に住んでいる金平心・李春沢・林聖瑞・金汝珎等が冬魚を購入すると言って、毎年秋冬に元山に直接入っていって北商と締結して明卵・北魚・大口等の物種を一遍に買い占めて元山に積んでおいたり、またはその中間の所に泊まりながら、ソウルの価格が高くなるのを待って物貨の流通を操縦して乱売する[404]。

　このように、京江の富商を窩主にする商業勢力だけではなく、梨峴・七牌の中都児たちも元山に直接行って魚物を買い占めていたのである。要するに、孫道康のような商業勢力は 18 世紀末から 19 世紀初までに大きく増えていたのである。例えば 1806 年、トゥクソム居住の景快孫ら 5 人が乱廛律で処罰されたが、彼らも孫道康のような商業勢力であった。

　　元山人との魚物去来の換銭冊をよく見た上で、トゥクソムの瓦署の往十里に住んでいる景快孫ら 5 名を乱廛律で処罰すること。……最近トゥクソムの鄭大彬・洪汝心とトゥクソムの瓦署に住んでいる景明心・孫徳源、往十里に住んでいる金聖珍等が富商と締結して数万両を用意した後、直接元山に行って各種の物件を購入して昼夜で輸送して場市に積んでおいたり、または操縦する人々に潜売する等、恣意乱売する。彼らの取引簿（換銭冊）を察するに、1 カ月の販売高が 4,000 〜 5,000 両に至り、1 年の取引額は数万両に達する[405]。

　ここに登場する景快孫は、数万両を調達した富商物主として、トゥクソムに根拠地を持っている京江商人であった。彼らが主管する魚物の流通量は換銭冊を活用するほどだったし、1 カ月に 4,000 〜 5,000 両、1 年に数万両に達するほどであった。これはすなわち、富商大賈等、私商勢力による新しい流通体系

が偶然的、一時的ではなく恒常的で、構造的に定着して運営されていたことを示してくれるものだと思われる。

このように、中都児たちと北魚商の結託による北魚の都賈乱廛は、18世紀中期を契機に大きく盛行したし、時期が経つにつれてその規模が次第に市廛商業を脅かし、ついには市廛商業を凌駕し、魚物流通を主導するようにまでなった。このような流通体系を掌握した商人層は、主に京江で富を蓄積した後、新興商業地域である松坡や広州等の地で活躍した富商大賈たちであった。彼らはそもそも、元山で魚物を買い占める活動を通じて莫大な利潤を蓄積した後、これを基盤にして権力と一定の連携の上で、市廛商業体系を無視しながら活動基盤を広げていったのである。

魚物流通において京江商人を中心とした新しい流通体系が成立して以後、魚物廛の商人もそれなりにこれに対応せざるを得なかった。そのため魚物廛の商人たちは1801年、内・外魚物廛が一体化して六矣廛に編入されることで禁乱廛権が復旧された後にも、京江商人たちと魚物流通の主導権に対する競争をしなければならなかった。なぜならば、魚物の流通体系がすでに私商を中心にした流通体系に変質されたので、魚物廛の商人は従前のように都城の中で外方の郷商が積んでくる魚物に対して独占的な購買権を行使することだけでは、魚物流通を主導できなかったのである。そのため、魚物廛の商人も京江商人や中都児と同じく都城の外である退渓院店や楼院・宮洞店まで差人を派遣して、私商都賈で渡される魚物を自分の流通支配下に置こうとする努力を傾けなければならなかったのである[406]。

以上見てきたように、京江商人たちは京江で流通される米穀・魚物・木材・塩等の主要な商品の流通権を掌握した。また、これを土台にして都賈商業を営んだ。なお、彼ら京江商人たちは京江だけではなく、ソウル地域、ひいては全国の流通体系まで掌握していた。これを可能にした要因は、彼らの資本力が優越したという点、船商と船運業者、旅客主人をほとんど兼業したり、またここに投資したので、他の商人に比べて商品流通体系の中での組織力が優越したという点、そして権力と結託したという点にあった。また、京江商人の都賈商業はソウルではなく、全国を対象にしたものであったので、彼らは米穀・魚物・木材・塩等の市場価格を調節しながら相当な商業利潤を蓄積することができた。

このような京江商人たちの都賈商業は、市廛商人の独占的な商品流通とはその性格を異にした。京江商人の都賈商業は、生産地からすべての流通体系を掌握することで行われる、言わば組織力と資本力を基礎に成り立つものであった[407]。京江商人たちは、市廛商人のように禁乱廛権を基礎にして「廉価勒買」〔安価での強制買付け〕を行わなかった。彼らは生産地から流通機構を掌握し得る資本力と組織力があったので「貿賤売貴」〔安く買って高く売ること〕が可能だった。この過程で最大限の商業利潤を確保することができた。こうして成立した流通体系を「私商体系」と呼ぶことができよう[408]。

　京江商人はたとえ新しい流通体系を掌握できたといっても、市廛商人らと絶えず対決しなければならなかった。それほど、新しい流通体系は市廛商人や権力の侵奪によって崩壊される可能性がある不安全なものであったため、市廛を頂点とした流通体系と私商を頂点とした流通体系間の競争で勝利するためには、権力と結託することが重要な条件になった。そこで市廛商人や富商大賈を問わず皆、権力と結託することで、一種の特権をもって流通体系を掌握しようとした。しかしこのような封建権力との結託に基づく特権は、市廛体系のそれとは明確に異なった[409]。それは競争を前提にしたものであった。そのために、魚物廛の商人たちの場合に見られるように、1801年禁乱廛権が復旧されたといっても、「私商体系」によって成立した新しい流通体系を受容しなければならなかった。市廛商人である魚物廛の商人らの魚物流通の形態も、このように新しい流通体系に立脚した商品流通になるしかなかったのである。

　19世紀に入ると、京江商人らは浦口を中心とした市場圏を完全に掌握した大商人として成長した。彼らは税穀の運送だけではなく、米穀買い占めを通じて独占商人として成長することで、自らの富をさらに拡大していった。また京江商人たちは都賈商業だけでなく、造船事業にも目を向けて、パムソム等を中心に散在していた船長らを雇傭して、造船業を直接経営したりした。商業資本の蓄積を基盤にして製造業に資本を投資したという点において、京江商人が単純に収奪的な存在から脱する側面を見せてくれるものと言えよう[410]。

　18、19世紀の浦口市場圏を中心にした商業は、浦口で商品取引を仲介した旅客主人層が商業利潤を蓄積できる構造であった。このような構造の下で、直接商品流通を担当した外方の船商層の自由な商業活動は阻止・抑圧された。その

ため、船商たちに商業資本が蓄積される可能性は非常に少なかった。しかし他方で、京江主人層等の京江商人にも最大限の商業利潤を蓄積できる機会が保障されることはできなかった。これは、彼らが根拠としている「私商体系」の不完全性によって、権力機関と結託することが必須不可欠だったからである。そのため商業流通部門において発生する商業利潤は、京江商人層に全面的に集積されることができず、その中の一部を権力機関と分割するしかなかった。少なくとも勢道政治が政治運営原理として定着する19世紀前半期は、商品流通の部分に対する権力機関の介入が、船商による商業資本の蓄積に大きな制約になった[411]。開港以前の商品流通構造の中ではこのような制約のために、開港以後浸透した外来資本と競争して勝利するほどには京江商人の資本蓄積は達成できなかったのである。

註

356 韓相権「18世紀末、19世紀初期の場市発達に関する基礎研究—慶尚道地方を中心に」『韓国史論』7、1981。

357 洪熹裕『朝鮮商業史（古代・中世編）』科学百科事典総合出版社、1989、193-202頁参照。

358 高東煥「浦口商業の発達」『韓国史市民講座』9、一潮閣、1991、55頁。

359 姜萬吉は京江商人の位置を「生産地から商品を購入・運搬して漢江に入ってくると市廛の持っている独占売買権のため、そこの市廛に商品を専売しなければならなかったので、自ら需要者に直売することができなかった。しかし、朝鮮中期から船商が漸次に江上の定着商人として発展してそこの市廛商人と大変な競争を通じて漸次にその位置を確保して市廛との関係からのがれていた」（姜萬吉『朝鮮後期商業資本の発達』高麗大出版部、1973、73頁）と叙述している。しかし、京江商人が市廛の従属から逃れる時期は朝鮮中期ではなく、18世紀の中期以後であった。

360 『備辺司謄録』109冊、英祖17年9月19日、150頁。「即今市廛痼弊 京外民人之所称冤 専在都庫操縦市直 抑奪専利 其弊罔有紀極 亦令京兆 厳禁痛断 而其中尤甚作弊 如三江柴木廛 塩醢廛之類 査出為首人 移送刑曹厳刑定罪 以懲日後之意」

361 魚物流通構造の時期別の変化と性格については高東煥「18世紀ソウルにおける魚物流通構造」『韓国史論』28、1992参照。

362 『備辺司謄録』172冊、正祖12年 正月13日、39頁。「露梁銅雀例 以銭酌定施行矣 渠廛生涯漸至残薄 而況此物種 一朝見失 将至難保之境」

363 『備辺司謄録』184冊、正祖20年11月30日、549頁。「内外魚物廛市民等以為

第3節　京江商人の商品流通体系掌握と資本蓄積　369

……甲寅通共之後 各種魚物 尽為見奪於閑雑輩」

364 『承政院日記』1170冊、英祖35年閏6月30日、472頁。「譚曰 江上雑穀乱廛 与内外不得侵徴事 厘正庁節目啓下 其後雖無乱廛之弊 元納税十三両 変為二十四両 其為弊端 反有甚於乱廛 請令平市署 更加厳飭 且丁丑（1757）正月 親宣政門時 以乱廛事下綸音禁断 而当有其弊 亦令厳飭何如 上曰 聞甚駭然 当該堂上従重推考 此後另加申飭」

365 『承政院日記』724冊、英祖7年6月9日、48頁。

366 『備辺司謄録』118冊、英祖23年10月24日、809頁。「去甲子年分 京江塩商輩 為麻浦廛人之操縦 私税侵徴 不勝冤苦 来訴本府 以為若干納税於本府 而欲免廛人無限横侵 故以此意入啓蒙允」

367 『備辺司謄録』127冊、英祖30年8月27日、521頁。「闕後自備局 別為奉甘 使之私相和買而勿令乱売他処 蓋欲廛人勿為操縦 船商勿為乱売」

368 本書第2章第1節「2. 京江商業地域の拡大」参照。

369 朴𣱈家『貞蕤集』詩集 巻3、城市全図詩。「梨峴鍾楼及七牌 是為都城三大市」

370 本書第1章第1節「4. ソウル周辺の都市化と新しい商品流通体系」参照。

371 『各廛記事』天巻と『市民謄録』は、内魚物廛と1671年に創設された外魚物廛の間で行われた魚物流通の主導権をめぐっての紛争記録で、大部分の場合、17世紀の後半から18世紀の前半期までの事実を記録している。

372 高東煥、前掲論文、1992、161-168頁参照。

373 李炳天「朝鮮後期商品流通と旅客主人」『経済史学』6、1983。

374 呉美一「18、19世紀 貢物政策の変化と貢人層の変動」『韓国史論』14、1986。

375 金東哲「18、19世紀 京主人権の集中化傾向と都賈活動」『釜大史学』13、1989。

376 金東哲「18、19世紀 営主人の商業活動と邸債問題」『歴史学報』130、1991。

377 劉奉学「日録『公私記攷』に現れた19世紀書吏の生活」『奎章閣』13、1990；姜明官「朝鮮後期 京衙前社会の変化と閭巷文学」『大東文化研究』25、1990。

378 本書第2章第3節を参照。

379 金東哲「18、19世紀 外都庫貢契の成立とその組織」『韓国史研究』55、1986；呉星「朝鮮後期　木材商人に関する一研究」『東亜研究』3、1983。

380 呉美一、前掲論文、1986、参照。

381 金東哲「18、19世紀 貢人研究」釜山大学博士学位論文、1993、124-127頁参照。

382 李炳天、前掲論文、1983、158頁。

383 金東哲、前掲論文、1993、149-150頁参照。

384 以下の叙述内容は『錦営謄録』（奎19354）巻14にある（1）壬寅（1842）9月　日　平山府使了、（2）壬寅（1842）9月18日　唐津県監了、（3）甲辰（1844）11月　日　刑曹了、（4）甲辰（1844）9月16日　黄海監司了の四つの資料をもとに記述したものである。

385　本書第3章第1節「1. 主人営業の形態と旅客主人権の発生」参照。
386　『左捕庁謄録』(奎15145) 巻9、辛未 (1871) 11 月　日。
387　鄭竜湖に関する敍述は次の資料に基づいている。(1)奎古文 217419　戊申 (1788) 6 月、(2) 奎古文 217417 壬子 (1792) 3 月　日、(3) 奎古文 217416 壬子 (1792) 3 月　日 議送、(4) 奎古文 217489 嘉慶 元年 (1796)、(5) 奎古文 217489 丙辰 (1796) 12 月 15 日〈姜遇聖前明文 – 財主 鄭竜湖〉。
388　彼らの活動については、金東哲の前掲論文、1993、146-151 頁参照。
389　『備辺司謄録』126 冊、英祖 29 年 12 月 9 日、484 頁。「左議政李(天輔)所啓 市上米価高底 専由於貢物 富民之都買貢米操縦市価 以為牟利之弊」
390　『備辺司謄録』160 冊、正祖 3 年 1 月 10 日、679 頁。「京城内外及五江富商輩 率多積貯米穀 堅蔵不出 必欲待其極貴之時 以数十倍之利 故穀価之日踊 良以此宜令有司 另加禁断 若有潜畜暗貯 故不出売者 随現科治 一如都買之禁 且京城士夫家 間多有買取貢物及邸人受出需価 潜自牟利者 今不可指名摘発 而此習之来 厥惟久矣 名為士夫 而与賈堅争利 已是壊廉悖義之大者 而況米穀之漸貴 未必不由於此 則不可不厳加楬励……若有更加売貢物与邸人者 雖宰相断不容貸 直論以贓汚之律 可也」
391　『正祖丙午所懐謄録』正月二十二日、34 頁。「此蓋京外富民貿穀積置 惟意操縦而坐市販売之人亦任其指使 莫敢誰何 如是而民何免楽歳之飢寒乎」
392　姜萬吉、前掲書、1973、84-91 頁参照。
393　『備辺司謄録』221 冊、純祖 33 年 3 月 12 日、376-377 頁。
394　『備辺司謄録』221 冊、純祖 33 年 3 月 9 日、375 頁。
395　『備辺司謄録』221 冊、純祖 33 年 3 月 9 日、374 頁。
396　姜萬吉、前掲書、1973、79-80 頁参照。
397　『市弊』(奎 15085) 内長木廛。
398　『市弊』門外長木廛。
399　『麻浦塩醢都旅閣主人節目』(奎 18288-9);『麻浦塩都旅客主人収税冊』(奎 18288-8)。
400　『各廛記事』人、嘉慶 9 年 (1804) 2 月　日。
401　『各廛記事』天、乙丑 (1805) 8 月　日。
402　『各廛記事』天、戊申 (1788) 5 月　日。
403　『各廛記事』天、乙丑 (1805) 8 月　日。
404　『各廛記事』人、嘉慶 21 年 (1816) 9 月　日。
405　『各廛記事』人、嘉慶 11 年 (1806) 9 月　日。
406　『各廛記事』天、乙丑 (1805) 8 月　日。「今月初七日 三田廛人 出往退渓院店 則三田渡閑雑輩 二十余人 領率北魚大口海苔等 五十余駄 白昼駆来 故矣等以温言善誘曰 当此名節 失此許多物貨 則市業乾没 以此入売於本廛 則当以時価給之云」;『各

廛記事』人、嘉慶9年（1804）2月　日。「矣等依朝令 廉探来告此 出往宮洞店 三十余駄魚物 果為逢着 則渠輩成群作党 殴打廛人 幾至死境」

407　京江商人の都賈商業に関しては、姜萬吉「都賈商業と反都賈」『朝鮮後期商業資本の発達』高麗大出版部、1973 参照。

408　安秉珆「商品貨弊経済の構造と発達」『韓国近代経済と日本帝国主義』白山書堂編訳、1975、151-161 頁。

409　この間、市廛体系と私商体系の差異については、主に担当勢力の性格の差異、すなわち、自由商人と特権商人という点に焦点が当てられて究明されてきた。そのため、最近は新しい私商勢力も封建権力と緊密な関連を持ちながら活動をしたという点を根拠として、私商体系の意味を異なる角度から評価しようとする意見もある（須川英徳「18世紀朝鮮における経済動向について―乱廛・辛亥通共の再検討」『朝鮮学報』143、1992）。しかし、私商体系と市廛体系の差異を理解するに際してより本質的なのは、担当勢力の性格の差異よりも、各体系が基盤にしている商業利潤の蓄積方式であるだろう。このように見ると、封建権力と結託する点で二つの勢力が類似したり同質的だとして、18世紀後半に新しい商品流通体系が成立する歴史的な意味を貶めることはできないであろう。

410　姜萬吉、前掲書、1973、94-95 頁。

411　高東煥「18、19世紀 外方浦口の商品流通の発達」『韓国史論』13、1985、303 頁。

結　論

　17世紀後半以降、農業生産力の発展と社会的分業の進展による商品貨幣経済の発達は、ソウルを急速に商業都市として成長させた。ソウルの商業都市化の様相は、まず人口の増加として現れた。特に、この時期は金属貨幣の全国的流通と大同法の実施により労働力の商品化が進展し、また、小氷期気候による各種の災難で、多くの流民たちが仕事を求めてソウルに押し寄せ、ソウルの人口が急増したのである。ソウルに押し寄せた流民たちは大部分の場合、都城の外の地域に居住したために、ソウルの都市空間も都城の外まで大幅に拡張された。

　城外の地域の中でも、特に広津から楊花津までの漢江を指す名称である京江地域の人口が急速に増えた。したがって、17世紀後半には京江の中心部である竜山・西江・漢江・豆毛浦などの地域が各々漢城府5部の下の行政単位である坊として編入された。これは17世紀以後の流入人口によるソウルの空間的拡大を反映するものである。京江辺の人口は引き続き増加して、18世紀後半には京江下流地域である望遠・合井地域がさらに延禧坊・延恩坊・常平坊に編入されたし、坊制に編入されていなかった東大門外の地域も崇信・仁昌坊に編入された。

　17世紀後半以後、ソウルに流入した人々はほとんどが貧民で、商品貨幣経済の発展過程において派生する各種の仕事で生計を立てた。18世紀、ソウルは全国的市場圏の中心地として、30万人以上の人口を収容できるような大商業都市に成長したのである。

　17世紀後半以後、ソウルが商業都市に成長するにつれてソウルの周辺都市が成長し、ソウルの外郭の都市化が進行された。開城・水原などはソウルの商圏と非常に密接に連結されながらソウル商業の背後都市として成長した。もう一方では、ソウル地域の空間的拡大によりソウルの外郭にも商品流通の新しい拠点が発生した。三南と嶺東地域に行く道筋にある広州松坡場と、東北地域に

行く道筋にある楊州楼院店がそれであった。これらは開城・水原などとは違い、ソウルの市廛商業を脅かす乱廛人・中都児たちの流通拠点であった。

このようにソウルの周辺に新しい流通拠点が創出されると、ソウルを経由して全国に流通していた商品もソウルを経ずに流通することが可能になった。すなわち、松坡・楼院を中心にして東北地域の魚物が三南地域に流通し、三南地域の綿布類が東北地域に流通したのである。

18世紀後半、市廛商業体系が崩壊して私商を中心とした商品流通体系が成立できたのも、既存の市廛商業体系とは異なる流通拠点を創出することによって可能なことであった。これら新しい流通体系を掌握した勢力はほとんどが京江商人勢力であった。

また、商品貨幣経済が発達するにつれて陸上・海上交通も発達した。17世紀後半にはソウルと江華を結ぶ道路が整備されたし、また18世紀後半にはソウルと水原を連結する新作路ができたほか、ソウルと元山を結ぶ既存の鉄嶺路以外に三防間路・雪雲嶺路などが開拓された。そして、ソウルと嶺南を結ぶ鳥嶺・竹嶺以外に梨花嶺などの間道もたくさんできた。18世紀後半にはソウルと地方を連結する道路以外にも、地方と地方を連結する道路も整備されたり開設されていた。これによって18世紀後半に6大路に過ぎなかった幹線道路網も、19世紀中期には10大路まで増加した。

海上交通も発達した。18世紀には、17世紀まで海上で全国を連結するのに最終的な障害であった忠清道の安興梁と黄海道の長山串の険灘にもかかわらず、京江船人たちの優れた航海術と造船術によって、何らの障害なしに船舶を航行させることができるようになった。京江と平安道、京江と湖南はもちろん、嶺南、さらに関東と関北地域まで海上で連結された。それまで元山に集荷され駄運でソウルまで搬入されていた北魚も、18世紀後半になると元山の船商たちが船舶を通じて京江まで流通させた。

海上交通の発展により全国的な海路流通圏が成立した。海路流通圏は八道海沿路地域の中心浦口が周辺の小浦口の商品流通の拠点として機能し、これら中心浦口は陸路でさらに場市と連結された。また海沿路地域の中心浦口が大浦口である江景浦・七星浦・元山浦・京江などと有機的に連結されながら、全国が船舶によってすべて連結される流通網を持つようになったのである。これによ

り浦口商業は18世紀以降飛躍的に発達した。かつては漁採、税穀運送の中心地であった外方浦口も商業中心地として変貌したのはもちろんのこと、船舶が碇泊できる地域には接岸施設が整えられ浦口が新設された。

　流通中心地に新設浦口が増加するという事実は、流通市場の創出という点だけではなく、18世紀末以後の海上交通の発達、そして場市の大型化の趨勢と結びついて、朝鮮社会の内部で場市と浦口を連結する有機的な商品流通網が成立したことを意味したのである。浦口を中心とした海上交通と場市を中心とした内陸交通が連結されながら、全国的市場圏が確立されたのである。農村で生産された農産物と手工業製品が農村場市を通じて中間都売商に買い集められ、それがまた浦口がある大規模の産地の買集商に集まったし、さらに船商と浦口主人層によってソウルや他の地域に流通する体系が完成されたのである。全国的市場圏の成立は18世紀以後、浦口商業発展の直接的な結果であった。

　浦口商業の発達は、隣りあう浦口の間に商権をめぐる対立を引き起こした。これは大浦口と周囲の小浦口の間でまず発生したが、小浦口と小浦口の間でも発生した。浦口商業を掌握した勢力は、海辺まで出かけて待機し、自分の浦口まで船商を誘引した。このような商船誘致の競争は、浦口を中心とした市場圏の対立を反映するものであった。

　小浦口の成長と大浦口の相対的な衰退という形態に帰結した市場圏の対立は、小浦口での主人層の成長に起因したものであるという点で多くの限界を持っていたが、朝鮮後期の商品貨幣経済の成熟度を示す兆候であったと考えられる。大浦口が地域間商品流通の中心としての機能を担当したと言えるとすれば、小浦口は地域内商品流通の中心地として機能した。特に、19世紀以後、大浦口の市場圏に従属していた小浦口が大浦口の市場を蚕食しながら成長したという点は、地域内市場の十分な発展を反映するものであった。

　地域内市場は朝鮮後期以来、社会的な分業の発展により市場向けの生産を追い求めた小商品生産者の養成の土壌であった。言い換えれば、小浦口を中心とした地域内市場が地域間市場の中心である大浦口と互いに対立しながら発展したという事実は、朝鮮後期の商品貨幣経済が到達した水準が偶然的で季節的な価格差による商品流通を克服し、小商品生産者を自立できるようにする、すなわち商品の価値が価値通りに実現される市場を志向していたことを意味するの

である。これは朝鮮社会内の社会的な分業をいっそう発展させて、中世的な社会体制を解体し近代的な商品貨幣経済を発生させる経済的基盤でもあった。

17世紀後半以降、全国的な海路流通圏の成立と浦口市場圏の拡大によって全国の海路流通圏の中心地であった京江は、商業の中心地として飛躍的に発展した。京江には外部からたくさんの貧民たちが群がってきて居住した。彼らは雇価募立化された軍兵や、京江に到着する貨物の荷役運輸業、蔵氷役、または各種の土木工事の募軍、さらには零細小商人として生計を立てた。

このように京江周辺には自身の労働力を商品化し生計を維持できる仕事が多かったので、人口も大きく増加した。18世紀後半、京江辺の人口はソウル全体人口の20%を占めていた。これによって京江は急速に商業中心地に発展し、京江内部の商業中心地も拡大されていった。

18世紀前半までは、漢江・竜山江・西江の三江を中心に商業中心地が形成されたが、18世紀中期には五江(漢江・西江・竜山・麻浦・望遠)、18世紀後半にはさらに八江(漢江・西江・竜山・麻浦・望遠・豆毛浦・西氷庫・トゥクソム〈뚝섬〉)に、19世紀前半には十二江に商業中心地が拡大された。また、京江は潮流が上ってくる最上流地点を境界に水上・水下地域に区分されたが、潮流の後退により18世紀後半には京江下流である望遠・合井地域が商業中心地として成長した。それゆえ18世紀後半には延禧坊・延恩坊・常平坊が新設され、ソウルに編入された。それだけでなく、ソウルを離れた漢江下流地域に徳隠浦が新設され、鉢山浦・祖江浦などが商業中心地として発展したのも、京江主人の侵奪を避けようとした船商たちの努力とともに、潮流の影響にもよるものであったと判断される。

ソウルが商業都市に発展するにつれてソウルと地方を往来する人口が増加し、京江の渡し場の重要性が大きくなり、17世紀中期以後に京江の各渡し場が整備される一方、渡し船も増置された。18世紀以後これら渡し場の管理は軍門で掌握した。

一方、17世紀中期以前、京江は主に漁採と税穀集荷の機能をしており、そのために、船主人・税米主人が京江を支配していた。しかし、17世紀中期以後の京江商業の発達により、旅客商賈を接待し商品取引を仲介する旅客主人が出現して、次第に京江地域の商業を掌握していった。18世紀中期まで京江の

各浦口は、それぞれ独自の特性を持ちながら発達した。トゥクソムは木材流通、西江と竜山は税穀集荷、麻浦は商品流通、望遠・合井は蔵氷業とそれに関わる氷魚船営業、汝矣島・パムソム（栗島）地域は、たいてい商業的農業と漁採・造船業を営んだ。

しかし18世紀中期以後、これら独自の分業体系は旅客主人権の発展と各浦口市場圏の成長によって崩壊し、競争的な営業体制が定着した。麻浦にだけ存在した旅客主人が京江の各浦口に散在するようになると、自然に京江での商品仲介・売買業は各浦口間の競争的な体制になるしかなかったのである。麻浦と望遠・合井、西江と望遠・合井地域の間で船商に対する管轄権をめぐって熾烈な対立が惹起されたし、京江の多くの浦口の間でも外方浦口と同じく船商を誘致しようとする競争が熾烈に展開された。

京江は米穀・魚塩・木材流通の中心地であった。全国で生産された米穀や魚塩は船舶を通じて京江に集散された。当時ソウルで1年に消費された米穀は100万石と推定されるが、租税穀20万～30万余石、士大夫の秋収穀20万余石を除いた残り60万石は、すべて貿穀船商によって京江を通じて搬入された。

このように船商により京江に搬入された米穀は「江上米」と呼ばれた。この「江上米」は米価の変動にきわめて敏感に反応した。京江に一旦は貯蔵されたが、外方地域の凶年で米穀の値が上がれば、即時外方に搬出された。このように搬出される量は京江に搬入される米穀の3分の1に達するほどであった。したがって、京江は全国の米穀価格を調節する市場の機能を果たした。このように京江は全国のすべての物貨が集散され、また全国に分散される全国海運の中心地として成長したのである。

京江商業が繁栄することによって、京江では商業活動に付随した各種の営業が発展した。代表的な営業が各種の物資の荷役運輸業と蔵氷業であった。もともと各種の物資の運搬は運搬対象、運搬を管轄する機関、運送手段により個々別々に京江民たちに役として賦課されていた。しかし、このような賦役体系は17世紀後半を前後にしてたいてい物納税に変えられ、これを基礎とこれらの役を専担する貢人契が創設された。

各種の税穀の荷役運輸は募民契と運負契が担当し、政府の公用物資の運送は馬契が担当した。また車契も結成され、車を使用して貨物を運送した。このよ

うな運輸業には貢人契だけでなく、民間の運輸業者たちも参与した。京江商業の発達により運輸業で多くの利益が生じたので、運輸営業権をめぐって、有力家門だけでなく中央の各衙門の間でも紛争が発生した。また、18世紀後半には竜山を根拠地として荷役運輸業を独占した運負契と、竜山以外の地域で荷役運輸業に参与した民間業者の間で、荷役運輸業の独占権をめぐって紛争が発生した。

　一方、18世紀以後、商業の発展により各種の氷の需要が増えた。宮闕や政府各司で用いられる氷は京江民に賦役として賦課されたが、これを蔵氷役と言った。民需用の氷は主に生鮮の貯蔵と保管、肉類の販売において必須のものになったので、京江には氷の採取と保管、販売を担当する蔵氷営業も発展した。18世紀中期の京江には、民間の蔵氷業者である私氷業者が氷庫を設置したところが30余箇所もあった。このように氷の採取・販売が多くの利益をもたらすようになると、京江民の蔵氷役を代行する代わりに、氷の販売独占権を持った氷契が貢人契として創設された。したがって、たいてい両班身分の有力者であった民間の蔵氷業者と氷契の間で、氷の販売権をめぐる紛争も熾烈に起こった。

　運輸業と蔵氷業をめぐる紛争の結果、辛亥通共を前後して官権に依拠した都賈営業は破産し、これらの営業の主導権は民間業者が掌握することになった。しかし、これら民間業者たちも19世紀以後には、資本力と官権と結託して、運輸業や蔵氷業を独占的に経営した。

　このような駄運役・運負役の荷役運輸業への転化、蔵氷役の蔵氷営業への転化は、中世国家の人格的隷属に基づいて運営されていた賦役制が自由な営業部門に転化したことを意味する。これは、すなわち中世的社会体制の解体が郷村より一歩先に都市で先に現れていたことを示すもので、朝鮮後期の社会体制の発展の水準を測る重要な指標に他ならない。

　18世紀以後京江の商人層は多様に存在した。船商を接待し、商品の売買を周旋した対価として手数料を受け取る京江旅客主人層、租税穀運送を専担する京江船人層、優越した輸送能力を土台に地域的な価格差を利用して商品流通を展開した京江船商層や、その他にも木材商人・塩商など、多様な商人層が存在した。

　京江旅客主人層はもともと市廛商人の下部で商品売買を周旋した。市廛体系

の下で京江の商品流通構造は船商－旅客主人－市廛－中都児－行商－消費者と連結される構造であった。しかし18世紀後半には、旅客主人が主体になって漸次市廛を頂点とした流通体系を否定し、ソウルの中間卸売商人の中都児層と直接船商を連結して乱廛活動を活発に営んだ。私商を中心とした商品流通体系の成立は、船運商品の場合、事実上これらの旅客主人層と中都児層が直接連結されることで可能となった。

　船運業者である京江船人たちも17世紀後半、官船漕運体制が衰退し賃運上納制度が拡大することによって、多くの富を蓄積することができた。彼らは平常時には全国各地の私卜運送や貿穀活動に参与し、税穀運送時期になると京江に集まって税穀を運送した。17世紀の大同法の実施で租税穀運送量が増えるにつれ、船運業は飛躍的な発展の契機が整えられた。彼らによって運送される税穀は、18世紀中期、おおよそ湖南が10万余石、湖西が6万余石で、総16万余石の規模であった。

　一方、海上交通の発展を反映して船舶の規模も次第に大きくなった。17世紀後半に漕運船1隻の法的な積載限度は500石であったが、18世紀後半には1千石に増えた。漕運船とは違い、京江船の積載限度はこれよりずっと規模が大きかった。漕船の積載限度が600石ないし800石と規定された18世紀中期にも京江船の積載限度は1,000石と規定され、実際に京江船人たちはこの規定を無視して、普通1,500石を積載して運航した。一部の京江船人たちは2,000石を積める船舶を建造することもあった。このように租税穀運送は漕運船と京江船の二つの種類の船舶によって専担されたが、主導権は京江船人たちが掌握していた。

　京江船人の税穀運送の主導権は1789年、舟橋司設置を契機にいっそう強化された。舟橋司では京江大船80余隻を所属させ抽籤で両湖地域直納邑の税穀運送を専担させた。舟橋司設置は、1760年に復旧された嶺南漕運とともに、租税穀運送のすべての過程を国家機関が管轄する体制を成立させた。すなわち、嶺南漕運は宣恵庁で、湖南・湖西地域の漕運は戸曹で、湖南・湖西地域直納邑は舟橋司で管轄するようになったのである。京江船人たちは舟橋司所属を契機に税穀運送から得る船価だけでなく、各種の戦船・兵船・漕船の退船を独占的に払い下げを受けた。彼らは退船を60～200両で払い下げを受けた後、若干

の費用を投入して改造した後に、1隻当たり700～800両を受け取って販売し、莫大な利益を得ていた。これは商業資本が製造業に進出したものとして注目されることである。

一方、京江船人たちは船運業者でありながら、同時に貿穀船商の役割も果たしたので、税穀運送過程における防納活動を通じても富を蓄積した。税穀を穀価が高い地域で販売した後、また穀価が安い地域で購入して上納することで利益を得たのである。

商品流通を担当した京江船商層は、優越した航海術を基盤に全国を舞台に活躍した。彼らは迅速な輸送能力と情報能力を基礎として、地域間の市価の差異を利用して多くの利益を得ていた。しかし、これら船商層の中で権力と結託できなかった零細な船商の場合、外方船商と同じく、江辺の有力者たちの侵奪によって商業資本を蓄積する機会はあまり多くなかった。

18世紀以後、商品貨幣経済の発達によって市廛を頂点とした商品流通体系が崩壊し、私商を頂点とした商品流通体系が成立した。新しい商品流通体系は市廛商人を排除して、船商－旅客主人－中都児－行商－消費者とつながるものであった。

このような商品流通体系の頂点には旅客主人層があった。新しい流通体系の下では旅客主人や外方船商が商品流通に占める位置が変わった。外方船商層は市廛商人から捨値ででも商品を必ず渡さなければならない状態から脱した。特に、18世紀後半、浦口市場圏の拡大とこれにともなう商船誘致競争の展開は、船商たちが封建的独占権の抑圧をくぐって自由な商行為を営みながら商業利潤を蓄積できる条件を作ったのである。しかし、浦口商業の主導権は船商ではなく、宮房・衙門などの権力機関や権勢家と結託した主人層が掌握したため、船商層の資本蓄積の限界は明白であった。

一方、旅客主人層は新しい流通体系を掌握したので、以前に比べてさらに多くの利益を得ることができた。そのため旅客主人権の価格が急騰しただけでなく、大部分の富豪家や権勢家によって集中されていった。18世紀後半以後、京江での商品流通はたいていこれらの京江旅客主人たちである「江上大賈」が掌握していたのである。

京江を根拠にした多くの営業は、次第に幾人かの富商大賈の手中に入って

いった。旅客主人や税穀主人たちが船運業と船商を兼ねるか、あるいは他の地域の主人権を買い入れて、京江の商業圏を独占した。このように18世紀後半に至ると、京江商人の内部で資本の集中が急速に進行したが、背後には有力家門と京江商業資本との結託が存在した。有力家門は京江の浦口商業に莫大な投資をして、自分の奴を差人として派遣し、京江商業に参与した。京江商人たちはこれを基礎にして既存の市廛商業体系を否定し、「私商体系」を成立させることができた。彼らによって形成された商品流通体系は生産地から商品を独占し、莫大な資本力を投入して市価を調節する方式であった。このような流通方式が体系化されることができた要因は、京江商人が大消費地であるソウルの商圏を系統的に掌握できたからであった。

　新しい商品流通体系である「私商体系」が成立した後、市廛商人もこれに対応せざるを得なかった。市廛商人たちは、たとえ六矣廛に含まれて禁乱廛権を行使したとしても、私商たちと競争をしなければならなかった。当然のことながら、新しい流通体系の担当勢力との摩擦は不可避であった。市廛を中心とした流通体系と私商を頂点とした流通体系との競争で勝利するためには、権力と結託することが重要な条件になった。したがって、市廛商人や私商を問わず、皆宮房・衙門などの権力機関や権勢家と結託することによって、一種の特権を持って流通体系を掌握したのである。

　しかし、京江商人たちが権力機関と結託することで確保した特権は、市廛体系のそれとは確かに違った。権力機関と結託するという点ではこの二つの勢力の間に大きな差異がなかったが、二つの勢力が基盤としている商品流通体系には差異があったのである。

　市廛商人たちの特権は、ソウルに搬入される商品に対して消極的に独占的購買権を行使する、言わばソウルの流通体系のみを掌握した基礎の上で行われるものであった。一方、京江商人の都賈商業は、生産地からすべての流通体系を掌握することによって成り立つ、言わば組織力と資本力を基礎にして成り立つものであった。だから市廛商人のように「廉価勒買」せず、生産地から商品を買い占めることにより「貿賤売貴」が可能であったし、この過程で最大限の商業利潤を確保することができたのである。また、市廛商人の独占は競争を源泉的に排除したものであったが、京江旅客主人による独占は同じ種類を取り扱う

他の旅客主人と競争することを前提にしたものであった。商品流通の効率性や利潤創出の面で後者が前者を上回るしかなかった。

それゆえ19世紀以後、市廛商人たちも私商を中心に運用された新しい流通体系を受容せざるを得なかった。魚物廛商人の場合、1801年に内・外魚物廛が六矣廛に一つの注比として編入されることで、ソウルの中で独占的購買権と販売権を所有したにもかかわらず、楼院店や外方場市にまで出て魚商を魚物廛に引き入れようと努力した。市廛商人たちの商品流通も、新しい流通体系に立脚せざるを得なかったわけである。

したがって、19世紀市廛商人による商品流通は禁乱廛権がずっと維持された市廛といっても、18世紀とは商品流通体系において位置が異なった。その理由は、18世紀以後現れた商業変動が商業担当勢力の交替、すなわち市廛商人＝特権商人から、私商＝自由商人に変化するのにとどまらず、交通路・市場圏・商品流通体系などのすべての商業部門の変化を反映する質的なものだったからである。

朝鮮後期、京江を中心に展開された商業は、浦口で商取引を仲介、斡旋した旅客主人がもっとも多くの利潤を集積する構造を持っていた。そのために直接商品流通を担当した船商層たちの自由な商業活動は阻止、あるいは抑圧された。しかし、このような商品流通構造は主人層にも最大限の商業利潤が蓄積される機会を保障しなかった。京江主人層が掌握した新しい商品流通体系は、権力や市廛商人の侵奪によって崩れる可能性を持った不完全なものであったため、彼らは自分自身が構築した流通体系を維持するために、宮房や衙門などの権力機関と商業利潤を分けなければならなかった。少なくとも勢道政治が政治運営原理として作用する19世紀前半期には、商品流通部分に対する権力機関の介入で商業資本の蓄積は大きな制約を受けるようになった。

開港以前の商品流通構造の中で、商業資本の蓄積は京江主人層によって担われていたが、このような制約のため、資本蓄積の程度は開港以後に浸透した外来資本と競争して勝利するほどまでには到達することができなかったのである。

附　表

全国浦口間商品流通状況表

典拠資料：『漂人領謄謄録』（奎 12956）、『漂人領来差倭謄録』（奎 12054）、『同文彙考』　漂民条、『左捕庁謄録』（奎 15145）、『金等状啓』（奎 18125）、『鄭等辺報謄録』（奎 18106）、『備辺司謄録』漂流関係記録

番号	年	流通経路	流通内容
1	1678	康津 - 機張 - 蔚山 - 康津	綿花 3600 斤 - 租 160 石（機張）- 青魚（蔚山）
2	1697	康津 - ソウル - 康津	貢物輸送、旅客運送
3	1708	康津 - 統営	穀物購入
4	1717	康津 - 長鬐 - 延日 - 康津	正租 150 石、15 両、軍木 15 匹、真青魚（延日）
5	1733	康津 - 秋子島 - 済州 - 康津	専売貿穀
6	1733	康津 - 莞島 - 康津	陶器行商
7	1778	康津 - 水営	穀物運送
8	1778	康津 - 霊岩	商業
9	1779	康津 - 済州道	鮑採取（官に納付目的）
10	1780	康津 - 秋子島 - 康津	貨物運送
11	1780	康津 - 松脂島	貨物運送
12	1782	康津 - ソウル	貢物の蜜柑運送
13	1794	康津 - 七山浦 - ソウル	貢物（海草、ブリ、香菰、茸、竹笠）進上
14	1795	康津 - 蔚山 - 康津	大豆および乾魚購入
15	1798	康津 - 秋子島 - 康津	物品購入（商業）
16	1807	康津 - 蔚山 - 康津	塩購入
17	1817	康津 -	乾海草および雑魚販売
18	1819	康津 - 済州	馬購入
19	1823	康津 - ソウル	貢物進上
20	1828	康津 - 恩津 江景浦	商業
21	1832	康津 - 恩津 江景浦	米穀、木綿、各種物件購入
22	1832	康津 - 秋子島	魚購入
23	1837	康津 - 付近の島	薪採り
24	1838	康津 - 統営 - 蔚山 - 平海 - 康津	小麦 - 塩（蔚山）
25	1838	康津 - 付近の島	農業目的
26	1855	康津 - 平壌 - ソウル - 康津	商業、旅客運送
27	1699	羅州 - 慶尚道	還穀移転
28	1705	羅州 - 巨済	穀物購入

29	1723	羅州 - 隣の地域	穀物購入
30	1730	羅州 - 慶尚道	商業活動
31	1734	羅州 - 宝城 - 羅州	穀物購入
32	1734	羅州栄山浦 - ソウル - 栄山浦	穀物購入（ソウル）、栄山浦で発売
33	1736	羅州 - 珍島 - 羅州	牛馬購入
34	1738	栄山浦 - 珍島 - 栄山浦	米と木販売、魚、蔬菜、竹器購入
35	1746	黒山島 - 栄山浦 - 巨済 - 統営	貨幣 - 米50石、租100石、大豆1石購入
36	1761	羅州 - 臨陂 - 羅州	穀物購入
37	1766	羅州 - 黒山島	乾海草購入
38	1804	住可島 - 付近の島 - 羅州 - 住可島	乾魚 - 木綿、穀物購入
39	1815	羅州 - 全羅道各所	乾魚販売
40	1816	羅州 - 全羅道の駄砂島	穀物販売
41	1830	黒山島 - 羅州	物件購入
42	1680	順天召羅浦 - 巨済永登浦 - 蔚山 - 順天	青魚漁獲 - 租150石（蔚山）
43	1706	順天召羅浦 - 蔚珍 - 順天	魚購入（魚物商）
44	1712	順天 - 長鬐 - 順天	漁獲
45	1736	順天 - 済州 - 順天	鮑採取
46	1755	順天 - 統営	漁獲
47	1755	順天 - 統営	漁獲
48	1761	順天 - 蔚山	漁獲
49	1771	順天 - 加徳島	青魚獲り
50	1788	順天 - 興海	漁獲
51	1792	順天 - 平海	魚購入
52	1810	順天 - 密陽	移徙
53	1812	順天 - 盈徳	行商
54	1836	順天 - 防踏 - 付近の浦口 - 順天	焚物購入 - 販売
55	1723	霊光 - 順天 - 霊光	米穀（米と粟）購入
56	1763	霊光 - ソウル - 霊光	税穀運送
57	1836	霊光 - 興陽	漁獲と販売
58	1840	霊光 - 釜山 - 巨済島	魚販売
59	1699	霊岩露児島 - 蔚山 - 霊岩	皮麦120石 - 魚購入（西生浦）
60	1702	霊岩小安島 - 巨済 - 加徳島	正租18石 - 魚購入
61	1702	霊岩 - 古今島 - 秋子島 - 霊岩	軍布7同 - 胡麻、魚藿等購入
62	1704	霊岩 - 済州 - 秋子 - 海南 - 霊岩	租と米購入

63	1733	霊岩小安島 - 秋子島 - 霊岩	米7石、貨幣30両、正月令進上の甘藿、海苔、鮑、生鰒購入（秋子島）
64	1741	霊岩小安島 - 霊岩都市浦	馬の鞍、海苔、わかめ - 穀物購入（都市浦）
65	1750	霊岩都市浦 - 慶尚道	塩購入（都市浦） - 慶尚道で販売
66	1762	霊岩 - ソウル	進上蜜柑運送
67	1770	霊岩 - 霊岩小安島 - 霊岩	粥販売
68	1772	霊岩小安島 - ソウル	献納物進上
69	1772	霊岩 - ソウル	貢賦運送
70	1775	霊岩 - 霊岩郡	木材運送
71	1780	霊岩 - 小安島	貨物運送
72	1802	霊岩 - 秋子島	粟購入
73	1807	霊岩 - 済州島	魚購入
74	1813	霊岩 - 秋子島	魚類販売
75	1813	霊岩 - 霊岩県	材木運送
76	1821	霊岩 - 平海 - 霊岩	租税穀運送、乾魚購入（平海）
77	1824	霊岩 - 済州	商業
78	1828	霊岩 - 恩津 - 霊岩	乾海草（霊岩購入） - 恩津で発売
79	1834	霊岩 - 康津 - 霊岩	米穀と木綿購入（康津） - 霊岩で発売
80	1834	霊岩 -	馬、魚類販売商
81	1699	長興 - 慶州兄山江 - 長鬐 - 長興	正租71石 - 青魚購入（慶州）
82	1699	長興水門浦 - 長鬐 - 長興	正租95石 - 青魚購入（長鬐）
83	1701	長興 - 興海 - 長興	正租60石 - 青魚購入（興海）
84	1701	長興 - 盈徳 - 長興	正租150石 - 青魚購入（盈徳）
85	1717	長興 - 長鬐包伊浦 - 長興	正租150石 - 青魚購入（長鬐）
86	1717	長興 - 長鬐	正租100石、貨幣200両 - 青魚購入（長鬐）
87	1726	長興 - 蔚山軍令浦	白米78石 - 青魚30同購入（蔚山）
88	1726	長興 - 迎日	白米200石、正租20石 - 青魚購入（迎日）
89	1762	長興 - 長鬐	魚類販売（長鬐）
90	1775	長興 - 長鬐	乾魚購入
91	1777	長興 - 三陟	商業
92	1788	長興平伊島 - 興陽	漁獲
93	1794	長興 - 霊岩	進献物品運送
94	1795	長興 - 蔚山 - 長興	穀物購入
95	1815	長興 - 青河 - 長興	乾魚購買
96	1816	長興 - 平海 - 寧海 - 長興	大麦販売（平海） - 乾魚購入（寧海）
97	1830	長興 - 平海 - 長興	甘藿購入

全国浦口間商品流通状況表　385

98	1832	長興 - 釜山 - 長興	青魚購入
99	1652	海南 - 蔚山	魚類購入
100	1663	海南 - 済州	交易
101	1708	海南 - 莞島	商業
102	1756	海南 - 臨陂	穀物運送
103	1763	海南 - 尚州	移転の物運送
104	1763	海南 - 東莱 - 蔚山	青魚購入（蔚山）
105	1768	海南 -	進上乾海草運送
106	1772	海南 -	献納物運送
107	1794	海南 - 済州	官文伝達
108	1794	海南 -	貢献物運送
109	1813	海南 - 近隣の浦口	馬と各種貨物販売
110	1816	海南 - 珍島	米購入
111	1824	海南 -	貢物運送
112	1826	海南 - 近隣の浦口	薪運送
113	1834	海南 - 務安	商業
114	1839	海南 - 近隣の島	焚物
115	1848	海南 - 全州	貢物、旅客運送
116	1654	興陽 - 寧海丑山浦	魚類購入、販売
117	1694	興陽 - 杆城 - 興陽	穀物 - スケトウダラ購入
118	1696	興陽 - 金海 - 蔚山西生浦 - 興陽	貨幣200両、軍布1同 - 租100石購入、（金海） - 魚、甘藿購買（蔚山）
119	1736	興陽 - 平島	ナマコ採取
120	1758	興陽 - 済州	官穀運送
121	1779	興陽 - 興海 - 文川	貿穀商（文川で米穀販売）
122	1784	興陽 - 江原道	貿穀商（穀物販売）
123	1815	興陽 - 平海 - 長鬐	乾海草購入（寧海）- 乾海草販売（長鬐）
124	1700	済州 - 陸地	帽子833笠、鮑1帖4串、木の櫛15個、函7部、馬鞍7部 - 陸地（発売）
125	1704	済州 - 秋子島 - 海南	甘藿5万7,000束、軍布28匹、鮑35包、木の櫛130個、帽子20個、鹿皮30個、涼台29個
126	1706	済州 - 康津青山島 - 済州	甘藿40同 - 穀物購入
127	1708	済州 - 海南 - 扶安沙津浦 - 海南 - 秋子島	馬34頭、甘藿 - 租300石購入
128	1708	済州 - 康津 - 万頃 - 海南	甘藿3,000束 - 租75石購入

129	1718	済州 - 羅州 - 全羅右水営	甘藿1,000同、馬3頭、涼台20個 - 正布3同、白米石購入
130	1725	済州 - 海南	甘藿100同、皮靴4個、馬19頭 - 穀物購入
131	1728	済州 - 海南	海産物 - 穀物購入
132	1730	済州 - 海南	馬34頭 - 穀物購入
133	1730	済州 - 羅州栄山浦	魚類、わかめ - 穀物購入
134	1738	済州 - 臨陂羅移浦 - 南海	甘藿400束 - 穀物購入
135	1785	済州 - 霊光ノンジョ浦	甘藿1200束、涼台2500笠、聰帽子30個、木綿30同、鮑5帖、いか500個、衣服5着 等 - 大麦260石、白米40石、煙草2、鍮食器17個、鍮大帖5個、鍮匙30個、鍮筋5組、紵糸10斤、苧布1匹、壮紙3束、白紙10束の購入
136	1858	済州 - 陸地	青3升、木周衣1着、緑戦帯1個、有紋綿衾有紋風呂敷1反、有紋色木綿9尺式2反、甘草薬籠1個、有紋綿三正1部、唐扇1本、雌牛2頭、鍮器なべ1個、香炉2個、瓶薬缶2個、籌筒2個、甘草1斤、鉛鉄和合1個、薬缶2個、唾器2個、雑物 - 穀物購買
137	1861	済州 - 陸地	茅筵20個、藁とも綱40把、ワングル敷物5枚、水筒2個、磁器籠1個、鉄鍋2個、モフィハン1件、鉗子1個
138	1895	済州城山浦 - 済州石浦	木材運送
139	1895	済州禾北浦 - 恩津江景浦	甘藿4400束、鮑10帖、咀嚼薬2元、越蘇木3部、魚脯30尾、貨幣120両 - 穀物購入
140	1895	済州 - 泗川 - 舒川豆湖浦	鮑1同27帖を1651両で購入（済州）、鮑2107両で販売（泗川） - 米11石（198両）、大豆61石（680両）、租30石（315両）、皮麦80石（920両）購入（舒川）
141	1690	珍島 - 秋子島 - 珍島	貿穀商（木綿 - 穀物140石購入、秋子島）
142	1721	珍島 - 長興	行商
143	1777	珍島 - 海南	進上蜜柑運送
144	1791	珍島 - 加徳島	鱈購入

全国浦口間商品流通状況表　387

145	1783	秋子島 - ソウル - 秋子島	貢物（河豚）運送 - ソウルで各種物資購入
146	1796	秋子島 - 霊岩	進献物資運送
147	1700	光州 - 慶尚道	粟と米の購入
148	1704	楽安大浦里 - 寧海 - 楽安	租 70 石、貨幣 51 両 - 魚油購入（寧海）
149	1717	楽安 - 延日 - 長鬐 - 楽安	正租 200 石 - 青魚購入（延日）
150	1719	楽安壮子島 - 長鬐 - 壮子島	米 200 石、貨幣 50 両 - 青魚 25 両購入（長鬐）
151	1725	全州 - 壮子島	穀物購入
152	1702	務安 - 全羅道右水営 - 務安	商業（商人）
153	1654	宝城 - 済州	進上　鮑購入
154	1658	宝城 - 興陽の麻島	進上　鮑採取
155	1706	扶安 - 康津	行商
156	1659	全羅道水軍 - 西麗島	漁獲販売
157	1715	全羅道民 - 宝城	商業
158	1771	全羅道民 - 蔚山	商業
159	1816	全羅道民 - 不明	米穀商
160	1830	全羅兵営 - 京畿道水原	進献物資運送
161	1758	朝鮮人南塘浦 - 珍島 - 海南	貿穀商（米穀発売）
162	1676	巨済東海浦 - 統営 - 迎日	租穀 - 青魚購入（迎日）
163	1680	巨済沙等浦 - 昌原 - 蔚山	荒租 40 石 - このしろ購入（蔚山）
164	1716	巨済知世浦 - 牧場	貢物納付
165	1800	巨済 - 熊川 - 巨済	負債償還、旅客運送
166	1800	巨済 - 蔚山 - 巨済	米穀運送
167	1811	巨済 - 盈徳 - 巨済	乾魚購入
168	1816	巨済 - 平海 - 巨済	乾魚購入
169	1825	巨済 - 釜山	賃貸 - 船舶回収
170	1832	巨済 - 金海	金海の官船製造納付
171	1834	巨済玉浦 - 釜山	大根販売
172	1686	固城 - 興陽	租 30 石 - 塩 82 石購入（興陽）
173	1694	固城 - 巨済玉浦	雪魚購入
174	1763	固城 - 咸興 - 固城	米穀購入
175	1776	固城 - 洪原 - 固城	商業
176	1811	固城 - 長鬐	商業
177	1812	固城 - 江原道	商業
178	1652	統営 - 長鬐 - 蔚山 - 統営	魚類購入、このしろ購入（長鬐）
179	1701	統営 - 蔚山黄梁津 - 統営	貨幣 330 両 - どじょう、このしろ購入

180	1696	機張 - 釜山	船舶賃借（4ヵ月賃貸料3両5銭）
181	1799	機張 - 迎日 - 機張	米塩販売（迎日）
182	1836	機張 - 平海	船舶購入
183	1839	機張 - 釜山	公作米運送
184	1677	金海 - 釜山 - 機張	船業者：穀物、材木運送（金海 - 釜山）、塩運搬（釜山 - 機張）
185	1714	金海 - 杆城 - 長鬐	皮麦22石 - 魚類皆無（杆城）- 長鬐で魚類購入
186	1782	金海 - 蔚山 - 金海	魚類購入
187	1784	金海 - 平海	穀物運送
188	1815	金海 - 巨済 - 釜山	木材運送
189	1692	東萊 - 巨済知世浦 - 洛東江	塩30石購入、船舶賃貸
190	1696	東萊 - 蔚珍	各種売物販売
191	1696	東萊 - 東萊沙川里 - 慶州	公作米運送
192	1717	東萊沙川里 - 釜山	炭石運送
193	1718	東萊南川里 - 機張 - 東萊	塩、柴草運送（機張、東萊）
194	1771	東萊 - 釜山浦	漁獲
195	1789	東萊 - 蔚山 - 浦項 - 咸鏡道	浦項倉穀運送
196	1831	東萊 - 蔚山 - 北青 - 興海 - 東萊	貨幣 - 船舶賃貸、米穀購入（蔚山）- 米穀発売、乾魚購入（北青）- 乾魚販売（興海）- 東萊帰還
197	1895	東萊 - 蔚珍 - 三陟 - 鬱陵島	貨物運送業（賃貸運送）
198	1674	釜山浦 - 泗川 - 昆陽 - 統営	価布24匹 - 租30石（昆陽）- 穀物発売（統営）
199	1694	釜山浦 - 寧海 - 江原道	魚油と雑魚購入
200	1695	釜山浦 - 長鬐	魚類購入（無土地、販売専業）
201	1708	釜山浦 - 東萊 - 巨済	米10石、貨幣50両 - 礼緞購入（知世浦）
202	1722	釜山 - 東萊府沙川 - 釜山鎮	官租運送業（船舶賃貸）
203	1726	釜山 - 梁山 - 絶影島	焚物採取、販売（船舶賃借、梁山知泥浦）
204	1732	釜山 - 多大浦	薪運送
205	1732	釜山 - 梁山甘同	米穀運送
206	1745	釜山 - 水営 - 梁山甘同倉	塩運送業（船価で資生）
207	1745	釜山 - 絶影島	焚物採取、販売
208	1782	釜山多大浦 - 金海	船舶購入
209	1787	釜山 - 左水営	塩購入

210	1800	釜山 - 巨済島	薪購入、販売
211	1802	釜山 - 蔚山	塩購入
212	1802	釜山 - 蔚山	塩購入
213	1803	釜山多大浦 - 近隣の浦口	魚類購入
214	1826	釜山 - 蔚山	商業
215	1830	釜山 - 蔚山	船舶購入
216	1837	釜山 - 巨済	薪購入、販売
217	1673	梁山南面 - 巨済 - 梁山	円木、中匣地、小烟竹、文紙、焼酎湯器、小盤、酒1筒、しいたけ1斗5升、蕪根20斤 - 租10石、綿花500余斤購入
218	1726	梁山蛇島 - 興海 - 梁山	青魚漁獲 - 貨幣300両で販売
219	1764	梁山	青魚購入
220	1779	梁山 - 機張 - 梁山	塩購入
221	1691	延日 - 青河 - 延日	船舶購買
222	1728	延日佐須浦 - 利城 - 延日	魚類船商（綿布1同24匹 - スケトウダラ60同購入）
223	1783	延日 - 寧海	寧海府使の護送
224	1837	延日 - 釜山 - 蔚山 - 延日	商業
225	1678	蔚山西生浦 - 金海 - 梁山 - 密陽 - 霊山 - 蔚山八圧浦	価布13匹、真魚28石10斗 - 租19石、大豆7石、皮糖1石、煙草2筒（購入）
226	1714	蔚山鮎魚津 - 長生浦	魚類船商（長生浦で持魚購入）
227	1716	蔚山 - 釜山浦	
228	1725	蔚山 - 平海 - 蔚山	船舶建造（平海）
229	1778	蔚山 - 蔚山浦	赴役
230	1798	蔚山 - 蔚珍	商業
231	1801	蔚山 - 長鬐 - 盈徳	塩販売
232	1806	蔚山 - 盈徳	塩運送（転曹の塩運送）
233	1815	蔚山 - 江原道	塩販売
234	1822	蔚山 - 機張	貢米運送
235	1824	蔚山 - 盈徳	塩販売
236	1827	蔚山 - 釜山	公作米運送
237	1829	蔚山 - 盈徳	塩販売
238	1829	蔚山 - 釜山	塩販売
239	1831	蔚山 - 襄陽 - 咸興	塩販売、物品購入（襄陽）- 物品販売（咸興）

240	1831	蔚山-北青-寧海	塩販売、乾魚購入(北青)
241	1831	蔚山-盈徳	塩販売
242	1837	蔚山-平海-蔚山	乾魚購入
243	1839	蔚山-長鬐	塩販売
244	1677	熊川豊徳浦-巨済府玉浦	旅客運送(巨済の玉浦裨将護送)
245	1688	熊川豊徳浦-慶州-熊川	塩購入(熊川)-塩販売、珍魚購入(慶州)
246	1738	熊川安骨浦-加徳島	漁撈
247	1784	熊川-平海-熊川	貿穀商(平海の穀物販売)
248	1784	熊川-江原道	貿穀商(穀物販売)
249	1684	昌原-蔚珍水山浦	船舶購入(1隻の価格 布2同)
250	1701	昌原-興海-昌原	正租50石-青魚購入(興海)
251	1709	昌原馬山浦-江陵-寧海	皮麦90石、貨幣40両-真魚、生麻購入(江陵)
252	1753	昌原-延日-咸興	商業
253	1771	昌原-長鬐-青河	青魚購入
254	1780	昌原-平海-長鬐	商業
255	1814	昌原-蔚山	漁獲
256	1827	昌原-釜山	薪販売
257	1837	昌原-機張-昌原	魚類購入
258	1838	昌原-巨済-昌原	魚類購入
259	1699	加徳島-多大浦	商業
260	1748	加徳島-金海	官穀運送
261	1735	慶尚道-全羅道	魚類を米穀に交換
262	1785	慶尚道-長鬐	魚類購入
263	1718	慶州-釜山	公作米納付
264	1840	慶州-長鬐	魚類販売
265	1840	慶州-長鬐	魚類販売
266	1717	ｺﾀﾞﾙ島-済州	
267	1732	昆陽-咸鏡道	
268	1742	昆陽-長鬐	米穀運送
269	1801	昆陽-釜山-盈徳	米穀運送(釜山)、商業(盈徳)
270	1741	南海-河東-興海-釜山-咸	貿穀販売(咸鏡道凶年)
271	1721	南海-黒山島	商業
272	1743	南海-固城	莘柴運送
273	1797	南海	麻布船商
274	1818	密陽-巨済-密陽	運糧官船建造

275	1742	密陽三浪浦 - 長鬐	塩船商の船舶で北関移転穀運送
276	1796	密陽 - 釜山多大浦	魚類購入、販売
277	1832	密陽 - 慶尚道の盗蔵浦 - 密陽	官船建造、密陽に納付
278	1717	泗川 - 蔚山 - 東莱 - 泗川	正租55石、貨幣159両 - 青魚購入
279	1820	盈徳 - 蔚山 - 盈徳 - 長鬐	塩購入（蔚山）- 販売（長鬐）
280	1822	盈徳 - 蔚山 - 平海	塩購入（蔚山）- 販売（平海）
281	1886	盈徳中南面 - 北青新浦 - 江陵 - 迎日 - 浦項	魚物船商：物主1300両出資 北青で1200両で北魚30駄購入
282	1812	栗浦 - 多大浦	商業
283	1669	トゴン村 - ソウル	官穀運送
284	1706	河東 - 寧海	行商
285	1788	河東 - 平海 - 長鬐	魚類購入
286	1780	河東 - 寧海	商業
287	1697	興海 - 盈徳	商業（水夫2名、船主1名を雇用）
288	1700	興海 - 寧海 - 興海	青魚販売
289	1739	平海 - 楽安 - 平海	真魚（平海）- 米150石、租17石と交換（楽安）
290	1814	平海 - 蔚山	塩購入
291	1819	平海 - 近隣の浦口	乾魚販売
292	1822	平海 - 蔚山	塩購入
293	1828	平海 - 蔚山	塩購入
294	1832	平海 - 楽安	乾魚購入
295	1895	平海輝羅浦 - 鬱陵島	筆商
296	1726	三陟 - 恩津江景 - 長鬐 - 三陟	米穀商
297	1783	三陟 -	魚類行商
298	1789	三陟 - 延日 - 蔚珍	米穀購入（米穀商）
299	1796	三陟 - 平海 - 寧海 - 三陟	旅客および貨物運送業（賃漕の利）
300	1799	三陟 - 盈徳 - 蔚山	塩商人
301	1806	三陟 - 蔚山	商業
302	1821	三陟 - 蔚山	塩購入
303	1885	三陟元徳面 - 泗川	貨物運送業（三陟 - 泗川までの賃価110両）甘藿700同を泗川まで運送
304	1778	杆城 - 延日 - 杆城	米穀購入
305	1838	杆城 - 江陵 - 延日 - 杆城	米穀購入
306	1838	杆城 -	魚類購入
307	1731	高城 - 北青楡津 - 蔚珍 - 慶尚	スケトウダラ等の魚類購入（北青）、

			魚類販売（蔚珍）
308	1743	高城 - 延日	銅銭、乾魚 - 米穀購入（延日）
309	1763	高城 - 迎日	木綿購入（迎日）
310	1789	蔚珍 - 長鬐 - 蔚山	貨物運送業（賃貸）
311	1796	蔚珍 - 平海 - 蔚珍	魚類販売
312	1800	蔚珍 - 蔚山 - 盈徳	商業（内所所通船 利用）
313	1826	蔚珍 - 蔚山 - 蔚珍	塩購入
314	1886	江陵 - 迎日浦項 - 馬山 - 江陵	500両、青魚25同購入（浦項）- 馬山発売
315	1821	江原道 - 蔚山 - 江原道	塩購入
316	1694	原州 - 寧海 - 統営	貿穀商（皮麦購入 - 統営、寧海）
317	1784	通川 - 平海	穀物運送、販売
318	1736	徳源 - 洪原	紵木綿販売
319	1789	徳源 - 延日 - 長鬐 - 蔚山	穀物運送業（賃漕）
320	1795	徳源 - 長鬐 - 迎日	魚類購入（長鬐）- 魚類販売（迎日）
321	1803	咸興 - 蔚山 - 昌原	商業
322	1820	咸興 - 興海 - 蔚山	魚類販売
323	1829	咸興 - 北青	商業
324	1829	咸興 - 利城	商業
325	1832	咸興 - 盈徳	乾魚販売
326	1840	咸興 - 昌原	魚類販売
327	1774	安辺 - 延日	商業
328	1790	安辺 - 平海 - 迎日	穀物運送（貿穀商）
329	1816	利原 - 明川 - 昌原 - 迎日 - 蔚山	乾魚販売
330	1796	永興 - 寧海	乾魚販売
331	1817	洪原 - 昌原	魚類販売
332	1818	洪原 - 昌原 - 慶州 - 海南	魚類販売（昌原）- 各種物資購入（慶州）、仏像700余体 運送（慶州から海南へ）
333	1664	結城 - 加徳島	商業
334	1825	恩津 - 霊岩 - 恩津	商業
335	1786	林川 - 林川 - 黄海道	貨物運送業（木脚運送）
336	1841	忠清水営 - 釜山 - 泗川 - 釜山	青魚購入（釜山）- 青魚販売（泗川）
337	1841	牙山 - 巨済 - 泗川 - 巨済	乾魚購入（巨済）- 乾魚販売（泗川）
338	1895	韓山郡岐浦 - 釜山浦	貨幣700両 - 青魚購入
339	1801	平沢 - 釜山多大浦	青魚購入
340	1775	江華 - 蔚山 - 江華	商業

全国浦口間商品流通状況表　393

341	1757	開城 - 恩津 - 開城	商品購入
342	1762	開城 -	商業
343	1784	陽城 - 各所 - 漆原 - 平海	貿穀船商
344	1822	仁川德積津 - 泰安	薪販売
345	1895	仁川済物浦 - 釜山 - 東莱平林浦 - 蔚山塩浦	貨物運送業（請負輸送）：船舶 賃貸（釜山）400両（平林浦 - 物主）、塩購入（蔚山）
346	1895	仁川 - 江原道蔚珍	貨物運送業（請負輸送）
347	1739	衿川 - 長山串	薪採取
348	1818	長淵 - 明川	旅客運送
349	1809	長淵 - 張山浦	薪採取
350	1759	竜川 - 竜川府大也島	草を刈って販売し、生計維持
351	1773	竜川 - 黄海道唐山 - 長淵堡	穀物運送業
352	1792	竜川 - 新海島	兵房による島を根拠地にした奸匪の調査
353	1802	竜川 - 永柔県	漁撈
354	1809	竜川堡 - スンガン - 壮子島	漁撈、販売
355	1755	義州彌羅山面 - 不明	漁撈（4隻の大船団で漁撈）
356	1811	青北堡 - スンガン	漁撈（船頭、船員等 8人を雇用）
357	1739	平壌 - 東海浦	漁撈
358	1735	平壌 - 不明	漁撈 - 穀物購入
359	1840	三和 - 迎日 - 三和	米穀商（豆類購入、迎日）
360	1710	ソウル京江人 - 平安道	塩購入（平安道）
361	1710	ソウル京江人 - 海州	塩購入（貨幣500両 - 塩510石購入）
362	1720	ソウル京江人 - 黄海道	官穀運送
363	1753	ソウル - 黄海道	官穀運送
364	1767	ソウル - 平壌 - 開城 - 京江	貿穀商（平壌で米穀販売）
365	1869	ソウル - 長淵 - 京江 - 内浦 - 清北 - 京江 - 長淵 牙山屯浦 - 清北 - 開城 - 粛島陳峙浦 - 中国商人	貿穀商、人参潜売
366	1871	ソウル京江 - 扶安 - 江華玉浦 古阜東津浦 - 京江	扶安 大同米800石再運送 - 江華玉浦で石当たり14両2銭で発売 - 古阜東津浦で石当たり9両5銭、12〜13両で購入 - 京江に到着、納付

附録1

全国海路の経路

（申景濬『道路攷』海路）

1. 通津の留島から慶興に至り、豆満江に入る路

1) 左夾：竜山江、祖江、留島 - 徳浦鎮 - 薬山、虎島、青羅島、栗島 - 茂致島、月尾島 - 八山島 - 長在嶼、霊興船泊所 - 又島、種島、六島、伊非島 - 大蘭芝島、小蘭芝島、平薪鎮 - 黄金島、万大嶼、倉浦 - 禿津浦、草所斤鎮 - 葛頭島、安興梁、麻島 - 竹島、鏡島、鏡草 - 安眠島、項介草外島 - 沙浪嶼、元山島 - 納島、孝子門島、喜嶼、多似嶼石台、竹島 - 月若島、馬梁鎮、竹島発斤嶼聘島、鳥足島、墨於島、契日島、倍味島 - 鳩島、辺山串、格浦鎮 - 荏子路島、大閣氏島、小閣氏島、於義島 - 右作島、臨淄鎮、智島鎮、塔立島 - 多慶浦鎮、屏風島、行担島、駅島 - 全羅右水営、率古之島、三丁浦 - 館頭梁、磨頓島、於蘭浦鎮 - 楊花浦、梨津鎮 - 古達梁前島、暮来草熊島、馬島鎮、牛頭島 - 会寧浦、水門浦、得良島、鹿島鎮 - 楮島、風安浦、広嶼、竹島、地五里島、都賢浦 - 鉢浦鎮 術億島、蛇島鎮、呂島鎮、内羅老島 - 狼島、赤金島、京島、全羅左水営 - 順天、竹島、光陽船泊所 - 露梁左夾、牙方浦、八長浦、旧率非浦 - 蛇梁島鎮、綾洋島、蟹島 - 唐浦鎮、三千浦鎮、彌勒山、統営船廠、固城 - 松島、牛島、可刷島、道万浦、亀山浦鎮 - 馬山浦、甑島、豊徳浦、古里島、斉浦鎮、安骨浦、新門鎮、松島 - 鼠島、展帽島、禄島、鳴旨島 - 没雲台、多大浦鎮、西平浦、押南浦、倭館、豆毛浦鎮、開雲浦鎮 - 機張の洽浦 - 蔚山の西生浦 - 慶州の甘浦 - 長鬐の包伊浦旧鎮 - 迎日の浦項浦 - 興海の漆浦 - 清河の介浦 - 盈徳の烏浦 - 寧海の丑山浦 - 平海の越松浦 - 蔚珍の古県浦 - 三陟の蔵五里浦 - 江陵の安仁浦 - 襄陽の大浦 - 杆城の黄浦 - 高城の高城浦 - 通川の瓮遷 - 翕谷の侍中台浦 - 安辺の鶴浦 - 徳源の元山浦 - 文川の漕至浦 - 永興の末応島 - 定平の都蓮浦 - 咸興の雲田浦 - 洪原の門岩浦 - 北青の陸島、赤津 - 利城の者外浦 - 端川の烏曷岩 - 吉州の城津 - 明川の㐘了山前浦 - 鏡城の明潤社 - 富寧の窄串 - 茂山の加鱗社 - 会寧の櫟山社 - 鍾城の鹿野社 - 穏城の海津社 - 慶源の海津社 - 慶興の西水羅串、鹿屯島から豆満江に入っていく。

2) 右夾：竜山江 - 祖江 - 留島 - 江華東沿諸墩台、孫乭項 - 徳津鎮、草芝鎮、荒山島 - 西於路島、鯨島、馬島、永宗鎮 - 紫燕島、勿伊島、竜流島 - 禾往山島、伊則島 - 先接島、文接島、倍日島、鬱島 - 防耳島、大防島、呂防島 - 黒島、加外島、官長嶼 - 鼎足嶼、巨文嶼、隠嶼 - 三島、把所島、狎喜島 - 凡毘島、杖鼓島 - 古道島、挿是島 - 如島、沙島、従多嶼、竜島、烟島、外安島 - 苟盆島、東発呉島、印島、志島、横達島 - 古群山島鎮 - 王登島、小呑嶼、蝟島鎮 - 七山島、馬島、松義島、果吉島 - 長道

里島、稚島、茂島、荏子島鎮－脱伊島、時老島、唐只島、草蘭島－飛禽島、道士島、広大島、注之島－者羅島、黒山島、大黒山島－紅衣可佳島、鳴梁海峽－碧波亭、金甲島鎮、南桃浦鎮、茅島－楸子島、甫吉島－時阿島、鱸魚島、玄九里島、白乃里島、莞島－加里浦鎮、薪智島鎮、古今島鎮、青山島、助薬島－山伊島、平伊島、伐羅島、金唐島、折余島－示山島、三島、艾島、吉馬島、外羅老島－所里島、安島、黔於島、面島、防踏島鎮－平雲浦、南海県平山浦鎮、㐣串之島、牛毛島、露梁海峽－昌島、赤梁鎮、彌助項、頭尾島－連花島、欲知島、楸羅島－刷島、烟台島、竜草島、巨洛府 閑山島－防禦島、永登浦鎮、阿梁光耳島、温乃島－長木浦鎮、七千島、伊勿島、玉浦鎮、助羅浦鎮－天城浦鎮、加徳島－木島、東隅島、絶影島、対馬島－以後、北の方には大洋がある。

2．通津の留島から義州に至り鴨緑江に入る路

1) 右夾：竜山江－祖江－留島－喬桐水営－喬桐営－有馬浦－弥法島、西倹島、末島－甑山島、班尾島、班尼草－雲地島、雲地草、却胡嶼、却胡草、牙里島、牙里草、麻魚草、多鼓嶼－延平島－翁石嶼－鷰嶼、登山串－鱸魚島、所江行営、氏作浦－黒頭浦、陸沙乃島、舞水竜浦、吾又旧鎮、吾又鎮－長山串、助泥鎮－金沙寺浦、東令浦、唐館浦、望徳峯、防戍所－凡串許沙鎮－熊島－注羅島－南卒押島、北卒押島－襯里島、望弛島、乂島、班子島、獐島－高頭門島、陽突嶼、蝶島、加次島－宣沙浦、彌串鎮、楊下鎮、獮山鎮

2) 左夾：三升草、細草加仁嶼、咸朴嶼－大草毛、老草毛、老島－山延平島－沙乃嶼－加里串、巡威島鎮－於義島、昌麟島、麒麟麻翁島－牛突嶼、島沙乃島、鱗乙業島、小青島、大青島、白翎島－蒙金島、環鈴島－磨牙島－毛又島、兄弟島、蔚山島－椴島－炭島－大蝦島－小椴島－冊島－薪島

附録2

全国郡県別浦口現況

（『増補文献備考』巻34、輿地考 関防 海防）

1）咸鏡道（20）

慶興：造山浦、西水羅串、桧洞浦
富寧：窄串
吉州：城津鎮、伐長浦、多信浦
利原：者外浦
北青：長津浦
洪原：門巌
咸興：雲田浦、徽塵浦、都蓮浦
定平：道安浦
文川：藻至浦、馬浦
徳源：鎮溟浦、元山浦
安辺：浪城浦、鶴浦

2）江原道（20）

歙谷：侍中台
通川：甕遷浦
高城：霊津串、高城浦、鳴沙浦
杆城：黄浦、松池浦
襄陽：双城湖、大浦
江陵：安仁浦、注文津、連谷浦、堅造浦
三陟：三陟浦、蔵吾浦
蔚珍：古県浦
平海：越松浦、仇珍浦、正明浦、厚里浦

3）慶尚道（171）

寧海：白石汀、網谷浦、柄谷浦、観魚台、高城浦、大津、丑山浦
盈徳：南駅浦、骨谷浦、烏浦
清河：介浦
興海：漆浦、包伊浦、鮒魚津、豆毛赤浦、倭汚音津
迎日：浦項浦、注津、林谷浦、冬乙背串、通洋浦
長鬐：梁浦、包伊浦、松吉浦

慶州：甘浦、八助浦、兄山浦
蔚山：西生浦、開雲浦、塩浦、魴魚津、柳浦、渚海浦
機張：戰船廠、豆毛浦、冬柏浦、加乙浦、碁浦、伊乙浦、公須浦
東萊：水軍節度営、釜山浦、多大浦、豆毛浦、包伊浦、西平浦、甘浦、丑山浦、漆浦、南乃浦、石浦、栽松浦、甘東浦、海雲浦、草梁項、吾海也項
梁山：東頭渚浦、大渚浦、杻浦
金海：戰船廠、仏巌津、江倉浦
熊川：天城浦、薺浦、安骨浦、戰船廠、釜谷浦、熊浦、徳山浦、梁谷浦
昌原：戰船廠、只耳浦、沙火浦、馬山浦、合浦、余音浦
漆原：亀山浦、麻田浦、余音浦、汝火串
鎮海：時落浦、馬赤浦、巨次浦、所達浦、道万浦
固城：統営、唐浦、南村浦、三千浦、所乙非浦、加背梁、安営浦、愁月浦、陽知浦、元春浦、双峯浦、水火浦、魚礼郷浦、池浦、馬所浦、恵吨伊浦、佐申串、乙上串、住嶽串、海平串、召所浦、加次浦、唐項浦、資火浦
巨済：永登浦、玉浦、知世浦、助羅浦、栗浦、加耳浦、河清浦、沙等浦、竹林浦、糸外浦、黄浦、吾非浦、問多浦、烏壤浦、山村浦、溟珍浦、塔浦、見乃梁
晉州：盤竜浦、赤梁、九羅梁、南江津、雲堂津、召南津、江洲浦、金陽浦
泗川：三千浦、通洋浦
昆陽：城倉浦、塩田浦、仇良浦、露梁、无方浦、毛郎浦、蒲谷浦、蒲谷所大浦、江州浦、盤竜浦、栗浦
南海：彌助項、平山浦、曲浦、尚州浦、湖乙浦、観音浦、毛杳浦、大浦、加乙串浦、露梁、巴川浦、車山浦、蘭浦、豆音浦、凍川串、塩田浦、赤梁、蘇島串
河東：蟾津、横浦、南浦、所斤浦、蛇浦

4) 全羅道 (153)

光陽：蟾津、南浦、骨若浦、蟾居浦、車衣浦、傑望浦、菩薩浦、搾浦
順天：左水営、防沓、竜頭浦、東山浦、万興浦、其乙浦、呑潜浦、成倉浦、助音浦、長生浦、白也串、成生浦、馬頭浦、沙岸浦、柳浦、旅浦、伏浦、内礼浦、梧桐浦
楽安：真石浦、場巌浦
興陽：蛇渡、古邑浦、鉢浦、白石浦、又浦、狗浦、礜会浦、長先浦、入浦
宝城：戰船廠、竜頭浦、倭津浦
長興：会寧浦、観音浦、豚道頭浦、泉浦
康津：加里浦、十九浦、南垣浦
霊岩：於蘭浦、梨津、戰船廠、貴仁部曲、松井部曲、深井部曲、達梁
海南：右水営、三寸浦、淙川浦、古於蘭浦、立巌浦、館頭梁、魚成浦、汚音吐浦、周梁、孟津浦、大津、竹城浦、別珍浦

珍島：南桃浦、碧城浦、沙月浦、所可浦、蔘串
霊岩：駐竜浦、西湖、德津浦
羅州：戦船廠、駐竜浦、古慕浦、八慕浦
務安：木浦、戦船廠、大堀浦、泥梯浦、鼎足浦、唐串、梨山津、沙湖津
咸平：臨淄、多慶浦、屈乃浦、向化津、鼎足浦、楮浦
霊光：法聖浦、戦船廠、多慶浦
茂長：済安浦、景浦、長沙浦
済州：明月浦、道道里浦、貴日浦、高内浦、涯月浦、貴德浦、甕浦、枇舩浦、板浦、釜浦、朝天浦、北浦、咸德浦、禾北浦、金寧浦、魚登浦、敦義嶼浦、別防串、健入浦
旌義：鶏浦、五朔浦、広浦、西帰浦、法環浦
大静：西林浦、遮帰浦、瓦浦、友浦、貌来浦、東海、寒浦
古阜：三浦
興徳：沙津浦、禅雲浦
扶安：黔毛浦、格浦、柳浦、済安浦、沙浦、長信浦、掘浦、德達浦、東津、古軍営
万頃：泗浦、火巨所浦、愁音浦、釜浦
臨陂：泗浦、羅浦
沃溝：群山浦、鎮浦、泗浦

5）忠清道（54）

舒川：舒川浦、芽浦、竜堂津
庇仁：馬梁、都豆音串、長背串
籃浦：戦船廠、青淵浦、彌造浦、聖住浦
保寧：水営、戦船廠
結城：東山浦、石串浦、長浦、母山堂浦
瑞山：平薪鎮、倭懸浦、南串、葦串、安眠串、栗見梁、波知浦、大山串、白沙汀、倉浦
泰安：安興鎮、所斤浦、釜浦、安知霊山串、大小山串、掘浦、安興梁、梨山串、薪串、白沙汀
唐津：唐津浦、菜元浦、孟串
沔川：戦船廠、大津浦、倉宅串、加里渚
洪州：大津浦、戦船廠、安眠島、元山島、石非浦
牙山：貢税串浦、堂浦、市浦、丹場浦
平沢：新徳浦、兀串

6）京畿道（45）

水原：大津浦、乾毎浦、仇二浦、真木浦、赤津浦、入羅串、兀未串、陽也串、洪原串

南陽：花梁、永宗浦
広州：鳩浦、梨浦
安山：草芝梁、別士串、石場浦
仁川：梨浦
金浦：掘浦
通津：徳浦、祖江、大明串、大浦、蛇浦
豊徳：昇天浦、祖江浦
開城：礼城江
江華：月串津、草芝浦、寅火浦、竜津、済物梁、徳津、清浦、造山浦、秋浦、艮帖浦、末兀浦、嘉陵浦、蝦浦、昇天浦、燕尾亭、鉄串堡、船頭浦、長串、広城堡

7) 黄海道 (61)

黄州：朴排浦、曲浦、琵琶串、鉄話江、石筒浦、乂陣浦、十二浦、蓑沙浦
鳳山：臥火串、黄柄串、栗串浦、梧里浦
載寧：栗串津、延津浦
安岳：省草串、桃串、延津浦
長連：大津関、叱法浦、熊串
殷栗：金山浦、広巌梁
豊川：許沙浦、松浦、碧達浦、豆要浦、貴林串、琵琶串
長淵：吾又浦、助尼浦、長山串、醯甕巌、大串梁、阿郎浦、薪串、白沙汀
海州：西別江、黒頭浦
甕津：所江、西京浦、氏作浦、瓦橋浦、船廠浦、沙串浦、所乙串浦
康翎：登山串、茄乙浦、南浦、沙斤浦、青竜浦
平山：声串
延安：金蓮浦、赤村浦、角山浦、所草浦、那津浦、古洞浦
白川：金谷浦、大橋浦、角山浦、牛皮浦

8) 平安道 (27)

義州：鎮兵串、運粮浦、運餉浦
竜川：彌串鎮、梁良串、沙為浦
鉄山：宣沙浦、清江
宣川：加石浦、堀江浦
郭山：召浦、防築浦、汚里串、内隠金串、浮落浦、声耳串
定州：鎮海串、都致串、仍朴串
安州：老江、魚竜浦
粛川：唐子浦

永柔：沙斤橋浦、板橋、盆浦
甑山：炭串
三和：広梁

附録３

1907年の朝鮮沿岸航路

（朝鮮郵船株式会社、「航路」『朝鮮郵船株式会社二十五年史』1937）

１．南鮮航路
1) 釜山木浦線
内回線：釜山麗水－釜山、行厳、馬山、統営、三千浦、露梁津、麗水木浦麗水－木浦、水営、莞島、長興、羅老島、興陽、麗水
外回線：釜山、巨済島、麗水、巨文島、牛島、済州道（朝天、山地）、楸子島、木浦
2) 釜山済州線：長承浦、麗水、巨文島、城山浦、早天、翰林、摹瑟浦、西帰浦、表善
3) 木浦済州線：木浦、小安島、山地、朝天、金寧、城山浦、表善、木浦、鳥島、秋子島、山地、翰林、摹瑟浦
4) 木浦多島海線：木浦、牛耳島、大黒山島、梅加島、苦島木浦、荏子島、鞍馬島、古群山島
5) 自由航路：釜山筏橋線、釜山巨済島線、木浦栄山浦線、釜山馬山線、木浦珍島線、釜山統営線、麗水順天線、釜山津線

２．西鮮航路
1) 仁川鎮南浦線：仁川、海州、康翎、甕津、潮浦、九味浦、徳洞、夢金浦、鎮南浦
2) 仁川海州線：仁川、江華、喬洞、海州
3) 仁川木浦線
　木浦群山線―木浦、智島、法聖浦、群山
　仁川群山線―仁川、霊光、カロリン湾、安興、安眠島、鰲川、庇仁、群山、法聖浦、智島、木浦
4) 自由航路：仁川白石浦線、仁川太湖芝線、仁川旧島線

３．東鮮航路
1) 釜山鬱陵島線：釜山、浦項、盈徳、寧海、竹辺、鬱陵島
2) 釜山魴魚津線：釜山、長生浦、魴魚津
3) 釜山浦項線：釜山、蔚山、魴魚津、甘浦、九竜浦、浦項
4) 釜山元山線：釜山、長生浦、魴魚津、甘浦、九竜浦、浦項、盈徳、寧海、平海、竹辺、三陟、江陵、襄陽、杆城、長箭、庫低、元山
5) 元山長箭線：金剛山を見物するために開設した航路
6) 自 由 航 路：釜山盈徳線、元山江陵線

4 北鮮航路

1) 元山雄基線：元山、西湖津、前津、新浦、新昌、遮湖、端川、城津、明川、魚大津、独津、清津、梨津
2) 元山清津線：元山、城津、清津の直航路コース
3) 清津雄基線
4) 自由航路：元山雄基線、元山永興線

参考文献

1. 資 料

1) 年代記類
 『朝鮮王朝実録』、『備辺司謄録』、『承政院日記』、『日省録』
2) 法典類
 『経国大典』、『大典註解』、『大典続録』、『受教輯録』、『新補受教輯録』、『続大典』、『典律通補』、『大典会通』、『六典条例』
3) 謄録類
 『錦営啓録』、『金等状啓』、『仁川港関草』、『鄭等辺報謄録』、『忠清水営関牒』、『公文謄録』、『扈衛庁謄録』、『各処所志謄録』、『箕営謄録』、『正祖丙午所懐謄録』、『釜山港関草』、『竜洞宮謄録』、『版籍司謄録』、『右捕盗庁謄録』、『左捕盗庁謄録』、『漂人領来謄録』、『寿進宮謄録』、『市民謄録』
4) 事目・節目・完文類
 『湖西大同事目』、『御製守城綸音』、『嘉慶二年慶尚道戦漕船通用条列冊子』、『平壌府十三府所産及各項条成冊』、『慶尚道聞慶県鳥嶺山城節目』、『議政府節目』、『徳隠浦新設節目』、『渡津会社社章程』、『光緒十一年 黄海道四邑各浦旅閣都節目』、『江華府所管魚塩船漁網及各処収税革罷与仍存成冊』、『延安甑山浦監官節目』、『竜洞宮納恩津県江景浦下陸物種出浦物種定税完文』、『竜洞宮事例節目』、『咸豊十一年辛酉八月日全羅道光陽県玉谷面太仁島海衣及津下面船浦所鎮浦市収税冊』、『麻浦塩都旅客主人収税冊』、『麻浦塩醢都旅閣主人節目』、『羅里浦改節目』、『博川津頭木花都旅閣主人節目』、『釜山港関草』、『仁川港関草』、『舟橋指南』、『道光十二年 竜洞宮所属黄海道金川所在江陰七浦各種収税節目』
5) 文集類
 丁若鏞『経世遺表』『牧民心書』、禹禎圭『経済野言』、蔡済恭『樊巌集』、朴斉家『北学議』『貞蕤集』、申景濬『旅庵全書』『道路攷』、正祖『弘斎全書』、洪良浩『耳渓 洪良浩全書』、徐有榘『林園経済志』、李瀷『星湖僿説』、朴趾源『燕岩集』、李圭景『五洲衍文長箋散稿』、兪吉濬『兪吉濬全書』、南公徹『金陵集』、李舜臣『李忠武公全書』、禹夏永『千一録』、柳馨遠『磻渓随録』『郡県制』
6) 地誌類
 『東国輿地備攷』、『東国輿地志』、『東輿紀略』、『新増東国輿地勝覧』、『輿地図書』、『山里攷』、『択里志』、『漢京識略』、『程里考』、『京都雑誌』、『大東地志』。
 『世宗実録地理志』、『道路攷』、『檀壚九衢記』、『大韓十三道程里表』、『路程表』
7) 地図、絵図類
 『大東輿地全図』、『東輿図』、『東国輿地之図』、『四山禁標図』、『自都城至三江図』、『首

善全図』、『各船図本』、『都城図』、『嶺湖南沿海形便図』、『海西京畿海路図』
8) 庄土文績類
『内需司庄土文績』、『忠清道庄土文績』、『京畿道庄土文績』、『黄海道庄土文績』
9) その他
『各廛記事』、『公移占録』、『貢弊』、『市弊』、『碧録』、『書啓輯録』、『秋官志』、『要考』、『同文彙考』、『万機要覧』、『濬川事実』、『増補文献備考』、『嘉林報草』、『度支志』、『戸口総数』、『漢陽歌』、『康熙二年癸卯式年北部帳戸籍』、『審理録』、『野言』
10) 古文書類
『嘉慶十四年（1809）五月 漢城府謄給』ほか、奎章閣所蔵古文書類

２．参考論著（書名は日本訳を掲載）
1) 著書
姜萬吉『朝鮮後期商業資本の発達』高麗大出版部、1973。
―――『朝鮮時代商工業史研究』ハンギル社、1984。
権泰檍『韓国近代綿業史研究』一潮閣、1989。
キム・クァンジン、チョン・ヨンスル、ソン・ジヌ『朝鮮における資本主義的関係の発展』社会百科事典総合出版社、1973。
金東哲『朝鮮後期貢人研究』韓国研究院、1993。
金玉根『朝鮮王朝財政史研究』一潮閣、1984。
金容燮『増補版 韓国近代農業史研究 上』一潮閣、1984。
金在瑾『朝鮮王朝 軍船研究』韓国文化研究所、1976。
―――『韓国船舶史研究』韓国文化研究所、1984。
朴九秉『韓国水産業史』太和出版社、1966。
朴元善『客主』延世大出版部、1968。
ソウル特別市史編纂委員『ソウル六百年史』1977。
―――『漢江史』1985。
孫禎睦『朝鮮時代都市社会研究』一志社、1977。
―――『韓国開港期の都市変化過程研究』一志社、1982。
宋賛植『李朝後期手工業に関する研究』韓国文化研究所、1973。
―――『李朝の貨幣』春秋文庫、1975。
安秉珆『朝鮮近代経済史研究』日本評論社、1975。
―――『朝鮮社会の構造と日本帝国主義』竜渓書舎、1977。
呉星『朝鮮後期商人研究』一潮閣、1989。
元永煥『朝鮮時代漢城府研究』江原大出版部、1990。
元裕漢『朝鮮後期貨幣史研究』韓国研究院、1975。
劉元東『韓国近代経済史研究』一志社、1977。

劉元東ほか『朝鮮後期社会経済史研究入門』民族文化社、1990。
李佑成『韓国の歴史像』創作と批評社、1982。
李元淳『朝鮮西学史研究』一志社、1987。
———『朝鮮時代史論集—内なる'韓'と外なる'世界'の出会いの歴史』ヌティナム、1992。
李泰鎮『朝鮮後期の政治と軍営制変遷』韓国研究院、1985。
———『韓国社会史研究—農業技術の発達と社会変動』知識産業社、1986。
———『朝鮮儒教社会史論』知識産業社、1989。
李燦『韓国の古地図』汎友社、1991。
林仁栄『李朝魚物廛研究』淑大出版部、1977。
全錫淡・許宗浩・洪熹裕『朝鮮における資本主義的関係の発生』科学百科事典総合出版社、1970。
鄭奭鍾『朝鮮後期社会変動研究』一潮閣、1983。
鄭玉子『朝鮮後期文化運動史』一潮閣、1988。
崔承熙『増補版 韓国古文書研究』知識産業社、1989。
崔完基『朝鮮後期船運業史研究』一潮閣、1989。
崔虎鎮『韓国貨幣小史』イムン堂、1974。
韓相権『朝鮮後期の社会と訴冤制度』一潮閣、1996。
韓永愚『朝鮮後期史学史研究』一志社、1989。
韓沽劤『韓国開港期の商業研究』一潮閣、1970。
洪熹裕『朝鮮商業史』(古代・中世)、科学百科事典総合出版社、1989。
近代史研究会『中世社会解体期の諸問題』(上・下)、ハンウル、1987。
茶山研究会『訳註 牧民心書』1-5、創作と批評社、1978。
韓国歴史研究会『朝鮮政治史 1800-1863』(上・下)、青年社、1991。
———『韓国歴史入門②—中世編』プルピッ、1995。
海軍本部 戦史編纂室『韓国海洋史』1955。
農商工部 水産局『韓国水産誌』1908。
今村鞆『船の朝鮮』1937。
田川孝三『李朝貢納制の研究』東洋文庫、1964。
須藤利一 編『船』法政大学出版局、1968。
善生永助『朝鮮の市場』朝鮮総督府、1925。
———『朝鮮の商業』朝鮮総督府、1926。
———『市街地の商圏』朝鮮総督府、1926。
朝鮮総督府逓信局 編『朝鮮之海運』1924。
朝鮮総督府『朝鮮語辞典』「私主人」1920。
京城府『京城府史』1934。

朝鮮郵船株式会社『朝鮮郵船株式会社二十五年史』1937。
2) 論文
姜萬吉「李朝造船史」『韓国文化史大系』3、高麗大民族文化研究所、1968。
――「朝鮮後期商業資本の成長―京市廛・松商などの都賈商業を中心に」『韓国史研究』6、1968。
――「京江商人研究」『亜細亜研究』14-2、1971。
――「朝鮮後期 雇立制の発達―差備軍と造墓軍等の雇立化を中心に」『韓国史研究』13、1976。
――「開城商人研究―朝鮮後期商業資本の成長」『韓国史研究』8、1972。
姜明官「朝鮮後期 京衙前社会の変化と閭巷文学」『大東文化研究』25、1990。
姜晋哲「日帝官学者が見た韓国歴史の停滞性とその理論―特に封建制度欠如論と関連させて」『韓国史学』7、1986。
高東煥「18、19世紀 外方浦口の商品流通の発達」『韓国史論』13、1985。
――「19世紀賦税運営の変化とその性格」『1894年農民戦争研究 1―農民戦争の社会経済的背景』韓国歴史研究会、1991。
――「浦口商業の発達」『韓国史市民講座』9、一潮閣、1991。
――「18世紀ソウルにおける魚物流通構造」『韓国史論』28、1992。
――「朝鮮後期の船商活動と浦口間商品流通の様相―漂流関係記録を中心に」『韓国文化』14、韓国文化研究所、1993。
――「朝鮮後期蔵氷役の変化と蔵氷業の発達」『歴史と現実』14、韓国歴史研究会、1994。
――「朝鮮後期ソウルの商業都市への成長」『東洋都市史の中のソウル』ソウル市政開発研究院、1994。
――「商品流通経済の発展」『韓国歴史入門②―中世編』韓国歴史研究会、プルピッ、1995。
――「朝鮮後期交通の発達と全国的市場圏の形成」『文化歴史地理』8、1996。
高錫珪「16、7世紀 貢納制改革の方向」『韓国史論』12、1985。
権栄翼「柳馨遠の貨幣思想に関する研究」『大東文化研究』11、1976。
権仁赫「18世紀の貨幣流通研究」『論文集』2、済州大、1981。
権泰煥・愼鏞廈「朝鮮王朝時代の人口推定に関する一試論」『東亜文化』14、1977。
金甲周「18世紀 ソウルの都市生活の一様相―陸契を中心に」『東国大論文集』23、1984。
金東洙「茶山の郷吏論」『竜鳳論叢』13、全南大人文科学研究所、全南大、1983。
金東哲「18、19世紀 外都庫貢契の成立とその組織」『韓国史研究』55、1986。
――「18世紀 坊役制の変動と馬契の成立および都賈化の様相」『韓国文化研究』創刊号、1988。

―――「18、19世紀 京主人権の集中化傾向と都賈活動」『釜大史学』13、1989。
―――「18、19世紀 営主人の商業活動と邸債問題」『歴史学報』130、1991。
―――「18、19世紀 貢人研究」釜山大博士学位論文、1993。
―――「18世紀 氷契の創設と都賈活動」『釜大史学』19、1995。
キム・ソンホ「李朝封建末期貢人制度に関する研究」『歴史科学論文集』12、1987。
金良洙「朝鮮粛宗時代の国防問題」『白山学報』25、1979。
金連玉「韓国の小氷期気候」『地理学と地理教育』14、1984。
金泳鎬「朝鮮後期における都市商業の新たな展開―乱廛を中心に」『韓国史研究』2、1968。
金泳謨「韓末漢城府民の身分構造とその移動」『省谷論叢』11、1980。
金容坤「朝鮮後期軍糧米の確保と運送」国史編纂委員会、『韓国史論』9、1981。
金竜国「壬辰倭乱後亀船の変遷過程」『学術院論文集』人文社会篇7、1968。
―――「田雲祥と海鶻船」『学術院論文集』人文社会篇13、1974。
―――「竜山歿」、『郷土ソウル』34、1976。
金容燮「朝鮮後期の経営型富農と商業的農業」『朝鮮後期農業史研究』一潮閣、1971。
―――「軍役制釐正の推移と戸布法」『省谷論叢』13、1982。
金潤坤「大同法の施行をめぐる賛反両論とその背景」『大東文化研究』8、1971。
金仁杰「朝鮮後期身分史研究の現況」『韓国中世社会解体期の諸問題（下）』ハンウル、1987。
―――「朝鮮後期郷村社会の変動に関する研究―18、19世紀'郷権'担当層の変化を中心に」ソウル大学博士学位論文、1991。
金在瑾「板屋船考」『韓国史論』3、1976。
―――「兵漕船について」『郷土ソウル』38、1981。
金鎮鳳「私主人研究」『大丘史学』7・8合集、1973。
―――「田税制の改編」『韓国史』13、1979。
金昊鍾「朝鮮後期魚塩の流通実態」『大丘史学』31、1986。
金仙卿「1862年農民抗争の都結廃止要求に関する研究」『李載龒博士還暦紀念韓国史学論叢』1991。
羅愛子「開港後の清・日の海運業浸透と朝鮮の対応」『梨大史学研究』17・18合集、1990。
文希英・崔永俊「朝鮮時代漢江辺の商業聚落」『地理学叢』12、慶熙大、1984。
朴慶竜「漢城府の行政区域」『李載龒博士還暦紀念韓国史学論叢』1990。
朴広城「宮房田の研究」『仁川教大論文集』6、1970。
―――「金浦掘浦と漕転倉について」『畿甸文化研究』1、仁川教大、1972。
朴星来「朝鮮後期科学技術の発達」『韓国史10―中世社会の解体 ②』ハンギル社、

1993。

朴成寿「雇工研究」『史学研究』18、1964。

朴容淑「18、19世紀の雇工」『釜大史学』7、1983。

朴元善「韓国客主の類型」『朝鮮学報』52、1968。

朴準成「17、18世紀 宮房田の拡大と所有形態の変化」『韓国史論』11、1984。

朴鍾守「16、17世紀 田税の定額化過程」ソウル大学修士学位論文、1992。

方基中「17、18世紀前半金納租税の成立と展開」『東方学志』45、1984。

―――「朝鮮後期軍役税における金納租税の展開」『東方学志』50、1986。

孫禎睦「李朝都市の住民構成―官人、吏属と市廛および市場商人等を中心とした李朝都市の機能的考察」『郷土ソウル』33、1975。

―――「都市人口規模とその国際比較」『都市問題』1974年10月、1974。

―――「都市史学の研究」『都市問題』1976年2月、1976。

宋贊植「朝鮮後期農業における広作運動」『李海南博士華甲紀念 史学論叢』1970。

―――「三南方物紙貢考―貢人と生産者との関係を中心に」(上・下)、『震檀学報』37・38、1974。

楊普景「朝鮮時代邑誌の性格と地理的認識に関する研究」ソウル大 博士学位論文、1987。

―――「磻渓・柳馨遠の地理思想―『東国輿地志』と『郡県制』の内容を中心に」『文化歴史地理』4、1992。

呉美一「18、19世紀 貢物政策の変化と貢人層の変動」『韓国史論』14、1986。

―――「18、19世紀 新たな貢人権・塵契創設運動と乱塵活動」『奎章閣』10、1987。

―――「朝鮮後期商品流通研究現況」『韓国中世社会解体期の諸問題』(下)、ハンウル、1987。

呉星「朝鮮後期蔘商に対する考察―私商の台頭と関連して」『韓国学報』17、1979。

―――「朝鮮後期蔘貢人の上納実態」『七里李光麟教授退職紀念 韓国史論文集』1989。

―――「資本主義萌芽論の研究史的検討―初期の研究を中心に」『韓国史市民講座』9、1991。

―――「朝鮮後期 木材商人に関する一研究」『東亜研究』3、1983。

呉永教「朝鮮後期地方官庁財政と殖利活動」『学林』8、1986。

呉泳謨「李朝の陸運、漕運についての研究」『全北史学』3、1979。

元永煥「漢城府研究 1―行政制度と管轄区域を中心に」『郷土ソウル』39、1991。

―――「朝鮮後期の漢城府業務」『郷土ソウル』34、1976。

劉奉学「日録『公私記攷』に現れた19世紀書吏の生活」『奎章閣』13、1990。

柳承宙「朝鮮後期対清貿易の展開過程―17、18世紀赴燕訳官の貿易活動を中心に」『白山学報』8、1970。

―――「朝鮮後期貢人に関する一研究―三南月果火薬契人の受価製納実態を中心に」

『歴史学報』71、78、79 集、1976、1978。
―――「17 世紀私貿易に関する一考察―朝・清・日間の焔硝、硫黄貿易を中心に」『弘大論叢』10、1979。
劉元東「李朝貢人資本の研究」『亜細亜研究』7-4、1964。
―――「近世漢江辺新興商人の発達」『斗渓・李丙燾博士九旬紀念 史学論叢』1987。
―――「朝鮮期商業史研究現況」『朝鮮後期社会経済史研究入門』民族文化社、1990。
劉教星「李朝時代ソウルの商業概観」『郷土ソウル』6、1959。
尹用出「17、18 世紀徭役制の変動と募立制」ソウル大 博士学位論文、1991。
李光麟「京主人研究」、『人文科学』7、延世大、1962。
李大熙「李朝の漕運制について」『朝鮮学報』23、1962。
李秉岐「漢陽歌に現れたソウルの姿」『郷土ソウル』1、1957。
李炳天「朝鮮後期商品流通と旅客主人」『経済史学』6、1983。
―――「開港期外国商人の侵入と韓国商人の対応」ソウル大 博士学位論文、1985。
李相泰「申景濬の歴史地理認識」『歴史研究』38、1984。
李樹健「朝鮮初期戸口研究」『論文集』5、嶺南大、1972。
李世永「18、9 世紀穀物市場の形成と流通構造の変動」『韓国史論』9、1983。
李栄昊「19 世紀浦口収税の類型と浦口流通の性格」『韓国学報』41、1985。
―――「19 世紀恩津江景浦の商品流通構造」『韓国史論』15、1986。
李永鶴「韓国近代煙草業に対する研究」ソウル大 博士学位論文、1990。
李佑成「18 世紀ソウルの都市的様相―実学派、特に利用厚生派の成立背景」『郷土ソウル』17、1963（『韓国の歴史像』1982、創作と批評社 再録）。
李源明「漢陽遷都と漢江」『漢江史』ソウル特別市史編纂委員会、1985。
李元淳「赴京使行の文化史的意味」『朝鮮時代史論集―内なる‘韓’と外なる‘世界’の出会いの歴史』ヌティナム、1963。
―――「赴京使行の経済史的一考―私貿易活動を中心に」『歴史教育』7、1963。
李潤甲「韓国近代の商業的農業の研究―慶尚北道地域の農業変動を中心に」延世大 博士学位論文、1993。
李鍾英「安興梁対策としての泰安漕渠および安民倉問題」『東方学志』7、1963。
イ・ジウォン「16、17 世紀前半貢物防納の構造と流通経済的性格」『李載龒博士還暦紀念韓国史学論叢』1992。
李泰鎮「16 世紀川防（洑）灌漑の発達」『韓㳓劤博士停年紀念史学論叢』1981。
―――「16 世紀沿海地域の堰田開発」『金哲埈博士華甲紀念 史学論叢』1983。
―――「14、15 世紀農業技術の発達と新興士族」『韓国社会経済史研究―農業技術の発達と社会変動』知識産業社、1986。
―――「15、16 世紀韓国社会経済の新しい動向―低地開墾と人口増加」『東方学志』64、1989。

―――「15、16世紀 低平・低湿地の開墾動向」『国史館論叢』2、1989。
―――「国際貿易の盛行」『韓国史市民講座』9、一潮閣、1991。
―――「朝鮮後期両班社会の変化―身分制と郷村社会運営構造に対する研究を中心に」『韓国社会発展史論』一潮閣、1992。
―――「15世紀韓国の農業と科学技術」『擇窩許善道先生停年紀念韓国史学論叢』1992。
―――「'小氷期'(1500-1750)の天体現象的原因―『朝鮮王朝実録』の関連記録分析」『国史館論叢』72、1996。
李憲昶「韓国開港場の商品流通と市場圏」『経済史学』9、1985。
―――「わが国近代経済史における市場問題」『泰東古典研究』2、1986。
―――「開港期の市場構造とその変化に関する研究」ソウル大 博士学位論文、1990。
李鉉淙「京江津・渡・船について―都城出入の交通網を中心に」『郷土ソウル』27、1966。
―――「舟橋司の設置と変遷」『郷土ソウル』36、1979。
李薫「朝鮮後期対馬島の漂流民送還と対日関係」『国史館論叢』26、1991。
林仁栄「李朝市廛の商事紛争と処決―市民謄録研究(1)」『論文集』9、淑明女大 韓国政治経済研究所、1980。
―――「李朝市廛の商事紛争と処決―市民謄録研究(2)」『論文集』22、淑明女大、1982。
―――「市民謄録考」『論文集』12、淑明女大 韓国政治経済研究所、1983。
張東杓「19世紀 地方財政運営の実態に関する研究―逋欠の展開と民庫運営を中心に」釜山大 博士学位論文、1993。
全海宗「清代 韓中関係の一考察―朝貢制度を通じて見た清の態度の変遷について」『東洋学』1、1971。
全炯沢「朝鮮後期 奴婢労働における雇立制の展開」『辺太燮博士華甲紀念 史学論叢』1985。
鄭奭鍾「朝鮮後期 身分制の崩壊―蔚山府戸籍台帳を中心に」『19世紀の韓国社会』大東文化研究院、1972。
鄭善男「18、19世紀 田結税の収取制度とその運営」『韓国史論』22、1990。
鄭演植「朝鮮後期'役摠'の運営と良役変通」ソウル大 博士学位論文、1993。
鄭玉子「朝鮮後期 の'文風'と委巷文学」『韓国史論』4、1978。
―――「詩社を通じて見た朝鮮末期の中人層」『韓㳓劤博士停年紀念 史学論叢』1981。
鄭亨芝「朝鮮後期の貢人権」『梨大史苑』20、1983。
趙成道「亀船考」『海軍士官学校研究報告』2、1963。
趙誠允「朝鮮後期ソウル住民の身分構造とその変化―近代市民形成の歴史的起源」

延世大 博士学位論文、1992。

崔ビョンム「李朝時期の市廛」『歴史論文集』2、1958。

崔承熙「朝鮮後期'幼学'、'学生'の身分史的意味」『国史館論叢』1、1989。

崔永俊「朝鮮時代の嶺南路研究」『地理学』12、1975。

───「南漢江水運研究」『地理学』35、1987。

崔永禧「亀船考」『史叢』3、1958。

崔完基「朝鮮中期の貿穀船商」『韓国学報』30、1983。

───「朝鮮後期京江船の機能と力量」『郷土ソウル』45、1988。

崔潤晤「朝鮮後期'和雇'の性格」『忠北史学』3、1990。

崔弘奎「朝鮮後期の華城築造と郷村社会の諸様相─正祖代の水原地方問題と『観水漫録』を中心に」『国史館論叢』30、1991。

韓相権「18世紀末、19世紀初期の場市発達に関する基礎研究─慶尚道地方を中心に」『韓国史論』7、1981。

───「16世紀対中国私貿易の展開」『金哲埈博士華甲紀念史学論叢』1983。

韓栄国「湖西に実施された大同法─大同法研究の一齣」（上・下）『歴史学報』13、14、1960。

───「湖南に実施された大同法─湖西大同法との比較および添補」（1～4）『歴史学報』15、20、21、22、1961。

───「経済都市への成長」『大邱市史』1、1973。

───「18、19世紀大邱地域の社会変化に関する一試論」『朝鮮学報』80、1976。

───「大同法の実施」『韓国史』13、国史編纂委員会、1978。

───「朝鮮後期の雇工」『歴史学報』81、1979。

───「朝鮮王朝戸籍の基礎的研究」『韓国史学』6、韓国精神文化研究院、1985。

───「朝鮮初期戸口統計における戸と口」『東洋学』19、1989。

韓永愚「朝鮮前期の戸口総数について」権泰煥・ハンチョヨン編『人口と生活環境』ソウル大人口および発展問題研究所、1977。

───「米国内の韓国身分資料および朝鮮時代身分史研究動向についての研究」『韓国史論』13、1985。

───「朝鮮後期の'中人'について─哲宗朝中人通清運動資料を中心に」『韓国学報』45、1986。

───「朝鮮時代中人の身分階級的性格」『韓国文化』9、1988。

韓祐劤「朝鮮後期貢人の身分─大同法実施以後の貢納請負業者の基本性格」『学術院論文集』人文社会科学篇5、1965。

───「朝鮮後期の其人─柴炭貢物主人の実態」『亜細亜学報』1、1965。

───「船運と転運使の問題」『韓国開港期の商業研究』一潮閣、1970。

洪淳権「朝鮮末期の商品流通構造と客主の存在形態」『韓国学報』1985。

安秉珆「李朝時代の海運業—その実態と日本海運業の浸透」『海事経済史研究』1966(『朝鮮社会の構造と日本帝国主義』龍渓書舎、1977、再録)。
―――「商品貨幣経済の構造と発展」『韓国近代経済と日本帝国主義』白山書堂、1975。
安秉旭「賦税の都結化と封建的収取体制の解体」『国史館論叢』7、1990。
高橋公明「朝鮮外交秩序と東アジア海域の交流」『歴史学研究』573、1987。
―――「中世東細亜海域における海民と交流」『耽羅文化』8、1989。
関周一「15世紀における朝鮮人漂流人送還体制の形成」『歴史学研究』617、1991。
宮嶋博史「李朝後期農書の研究—商業的農業の発展と農奴制的小経営の解体をめぐって」『人文報』43輯、京都大 人文科学研究所、1977(『封建社会解体期の社会経済構造』、チョンア出版社編訳、1982所収)。
吉田光男「李朝末期の漕倉構造と漕運作業の一例」『朝鮮学報』113、1984。
―――「李朝後期ソウルの米商人組合'米廛'について—1791年辛亥通共前後を中心に」『史潮』新17、1985。
―――「朝鮮後期税穀運送船の運航様相に対する定量分析試図—19世紀 三南地方の場合」、『碧史李佑成教授停年紀念論叢』1990。
徳成外志子「朝鮮後期の貢物貿納制—貢人研究の前提作業として」『歴史学報』113、1987。
須川英徳「18世紀朝鮮における経済動向について—乱廛・辛亥通共の再検討」『朝鮮学報』143、1992。
安達義博「18、19世紀前半の大同米、木、布、銭の徴収・支出と国家財政」『朝鮮史研究会論文集』13、1976。
田川孝三「李朝後半期における倉庫労働者の一例—宣恵庁募民の場合」『アジア史研究』3、1979。
中村栄孝「漢江と洛東江」『青丘学叢』12、1926。
荒野泰典「近世日本の漂流民送還体制と東アジア」『歴史評論』400、1983。
梶村秀樹「朝鮮における移行法則—安秉珆著『朝鮮近代経済史研究』を中心に」1982(安秉珆『韓国近代経済と日本帝国主義』白山書堂、再録)。
黒正巌「朝鮮の経済組織と封建制度」『経済史論考』岩波書店、1923。
―――「ギルドとしての京城六矣廛」『経済史論考』岩波書店、1923。
四方博「市場を通じて見た朝鮮の経済」『京城帝大法文学会論集』1、1929。
―――「朝鮮における近代資本主義の成立過程—その基礎的考察」『京城帝大法文学会論集』6、1933。
旗田巍「朝鮮史像と停滞論」『近代日本における歴史学の発達』(下)、1976。
Edward W. Wagner, "Social Stratification in Seventeenth Centry Korea : Some Observations from a 1663 Seoul Census Register"、Occasional Papers on Korea

v.1、1974(ワグナー「17世紀朝鮮の社会階層―1663年のソウル北部戸籍を中心に」梨大史学科研究室編訳『朝鮮身分史研究―身分とその移動』法文社、1987、所収)。
トニー・ミッチェル「朝鮮後期の経済と貿易開放」『東方学志』40、1983。

索 引

※索引は本文のみを対象とし、日本語の読みでの配列とした。

【あ】

安興梁　100, 104-106, 115, 373
安城　52, 54, 55
安民倉事目　303
蔚山　110, 135, 136, 138, 140, 141, 144-151
蔚珍　136, 140, 141, 147, 149
一斉聚会之法　309
乙卯倭変　100, 102
禹禎圭　93, 108, 311, 318, 321
運石契　236, 242
雲田浦　148, 151
運氷契　246
運負役　96, 231, 233, 239, 240-243, 254, 377
運負契　209, 224, 225, 228, 230, 233, 236-243, 254, 360, 376
運負都賈　241-243, 254
運負都賈廃止令　242
栄山浦　138, 139, 142, 150
営主人　268, 269
　　――権　359
英祖　29, 41, 50, 59, 96, 232, 237, 304, 309, 310, 338
駅路　85, 91
延恩坊　44, 47, 192, 375
沿海地域　28, 111-115, 316
塩醢廛　210, 215, 268
沿海邑　155, 299, 301, 303
延禧坊　39, 43, 44, 47, 192, 375
沿江居民　184, 186
沿江山底民　180, 181, 245
沿江地域　43, 180, 193
延日（迎日）　134, 138, 141, 144, 145, 148, 149

【か】

開雲浦　136, 145
海沿路　85, 113, 115, 373
海鶻船　100, 103
開城　28, 53-56, 107, 149, 151, 372
　　――商人　55, 334
海船　98, 202
外都庫貢人　360
海難事故　107, 304-307, 309, 311, 313, 325
外方浦口　136, 155, 157, 277, 281, 316, 337, 374
海路　107, 113-115, 141, 149, 205
　　――流通圏　111, 113, 115, 137, 157, 205, 373, 375
可興倉　86, 110, 299
格軍　99, 129-134, 236, 239, 274, 318, 319, 321, 316
『各津船新造改節目及井間冊』　203
嘉山倉（右倉）　307
可住島（可居島）　111, 112
衙門　17, 111, 155, 201, 202, 209, 224, 229, 241, 253, 271, 272, 280, 281, 303, 309, 316, 329, 331, 358, 377, 379, 380, 381
監官　203, 280, 287, 302, 321
『漢京識略』　52
漢江　16, 32, 43, 47, 48, 57, 86, 88, 91, 154, 163, 180, 186-191, 200, 204, 207, 208-212, 246, 251, 253, 313, 316, 321, 337, 372, 375
漢江津　180, 187, 191, 200, 204, 211, 216
漢江坊　39, 43, 181, 192
乾口文　330
『韓国水産誌』　135
関西米　54, 100, 107, 303
杆城　144, 147
官船漕運体制　378
幹線道路　85, 86, 89, 373
甘同倉　145, 153
甘浦　144
乾房　61, 62, 64, 283
『漢陽歌』　53
基址　216, 277

議政府　185, 330, 331
亀船　98, 99, 102
客主　14, 190, 274
牛廛　59, 63
宮洞店　62, 364, 366
宮房　17, 151, 155, 161, 225, 228, 281, 284, 316, 329, 331, 358, 379, 380, 381
姜希孟　249
姜慶煥　249, 251, 252
京江　16, 39, 47, 105, 106, 107, 109-111, 113, 137, 139, 148-150, 160, 163, 180, 181, 184-194, 202-210, 214-216, 224, 235, 237, 239, 245, 251, 253, 254, 268, 269, 273-279, 284-286, 312, 313, 316-319, 328-338, 353-363, 366, 373-379
　──私船　102
　──主人　16, 185, 216, 271, 274, 278, 280, 284, 285, 330, 355, 360, 375, 381
　──商業　16, 17, 48, 185, 186, 194, 214, 241, 278, 306, 353, 375-377, 380
　──商人　55, 59, 193, 268, 284, 335, 353, 356, 359-368, 373, 380
　──津船　201-203, 205, 325
　──津渡　201-203, 205
　──船　105, 107, 110, 184, 194, 201-203, 206, 225, 226, 238, 300, 302-311, 313-315, 317-321, 324, 325, 327, 378,
　──船主（層）　226, 310, 312, 318-322, 324, 325, 327, 329, 331, 332
　──船商（層）　16, 150, 268, 331-334, 339, 361, 377, 379
　──船人（層）　16, 100-102, 105, 184, 193, 194, 202, 203, 207, 268, 298-300, 302-314, 316-325, 331, 337, 373, 377-379
　──大船　104, 107, 208, 304, 312, 319, 321, 378
　──富民　185, 193
　──旅客主人（層）　268, 279, 283, 285-287, 335, 355, 357-359, 362, 377, 379, 380
京主人　268, 269, 273, 279, 284, 359, 360, 361

強制賦役制　230
挾船　98, 99, 100, 321
禦営庁　45, 207, 272
魚塩（船）税　109, 155, 157
巨済　139, 140, 143-145, 153
漁箭　111, 185
魚物船商　133-135, 185, 191, 210, 331, 335-337
魚物廛　26, 34, 51, 59-64, 66, 185, 186, 210, 284, 335-337, 354, 355, 357, 364-367, 381
魚物廛人　59, 64, 185, 186, 283, 335-337, 354, 355, 357, 364
居間　275, 277
禁衛営　50, 201, 203-205, 228, 229
均役庁　98, 156, 203, 204, 225, 226, 238, 241
禁軍　29, 184
金世万　270, 333, 360
金属貨幣　28, 153, 372
均役法　98, 156, 157, 185, 202, 203, 238-240
禁乱廛権　56, 57-61, 254, 271, 284, 354-357, 364, 366, 367, 380, 381
金竜元　235, 237, 241, 242, 360
隅廛　26, 51
『郡県制』　181
軍船　98, 102, 299, 322
訓錬都監　29, 183, 184, 190, 201, 204, 205, 209, 229, 239, 246, 308
契　32, 44, 45-48, 181-183
迎日→延日
撃錚　193, 213, 216, 228, 231, 232, 241, 242.252
建極之功　50
元山浦　110, 115, 146, 148.150, 151, 154, 160, 162, 163, 373
健入浦　142
懸房　59, 210, 248
江陰七浦　155, 287
甲寅通共　284, 337, 355, 357
貢価　206, 225, 230, 317, 360
航海術　100-102, 104-106, 110, 137, 150, 151, 207, 303, 306, 318, 331, 332, 373, 379
江華船　303

『康熙二年癸卯式北部帳戸籍』　32
江景浦　110, 115, 138, 141, 142, 144, 146, 147, 149, 150, 151, 154, 156, 160-164, 373
交済倉　148, 332
甲子節目　336
広州　54, 56-58, 60, 63, 86, 88, 180, 187, 200, 204, 224, 283, 337, 364, 366, 372
江主人　268, 274, 278
甲戌節目　336
甲戌量田　298
江上　207, 215, 242, 251, 253, 273, 286, 328, 336, 338, 356
　――御使　230
　――市廛　214, 216, 277
　――大賈　359, 379
　――大柴木廛　216
　――富漢　210
　――富民　210, 310, 318, 359, 360, 361, 363
洪象漢　57, 59
康津　55, 138-142, 150, 153, 307
広津（グァンナル）　16, 57, 180, 200, 202, 204, 205, 372
貢人　14, 34, 37, 55, 206, 230, 241, 245, 317, 361
　――契　225, 230, 237, 248, 253, 360, 361, 376, 377
紅蔘　55, 235, 334
貢津倉　303, 317
庚辛大飢饉　30, 107
江船　98
江倉庫　209, 210
江都待変船　239
貢物主人権　242, 284, 359
口文　268, 275, 277, 278-283, 285, 286, 330, 336
洪鳳漢　30, 58, 247, 309, 321
江米（江上米）　206, 327, 333, 376
貢米　307, 333, 361, 362
貢吏　269-272
洪良浩　95, 186
扈衛庁　29, 63, 184, 246
雇価募立　27, 29, 184, 202, 232, 375

五江　186-189, 227, 375
『戸口総数』　34, 39, 181
戸曹　28, 96, 202, 207, 209, 210, 212, 228-234, 237-239, 245, 246, 253, 272, 303, 307, 312, 378
故敗　309, 310, 319, 325, 326, 329
5部49坊体制　43
5部47坊体制　45
雇立制　33, 244-246, 254

【さ】

左・右捕盗庁　188, 328
済州島　141, 332
柴商　145, 149, 282
済民倉　307, 314, 315, 332
作隊法　193, 208, 302, 309, 310-312, 314, 329
沙工　99-101, 129-137, 237, 239, 274, 318, 321, 322, 361
山郡　301-303, 317, 329
三江　186-189, 192, 235, 244, 250-252, 375
　――御使　213, 241
三陟浦　147, 151
三田渡　60, 88, 180, 181, 200-202, 204, 205, 364
三防間路　89-91, 110, 373
『山里攷』　86
山陵役　27, 29, 184
三和府　149, 154
伺候船　98, 99
自己放売　271, 276, 277, 280
四山禁標（四標）　32, 41, 57, 277
私主人　268, 269, 271, 279
私商　13, 14, 17, 59, 62, 64-66, 142, 144, 254, 284, 286, 332, 357, 359, 365-367, 373, 378-381
　――層　65
　――体系　14, 15, 17, 65, 243, 367, 368, 380
　――大賈　65, 363
七星浦　115, 142, 144, 150, 152, 373
市廛　14, 26, 31, 51, 58-62, 65, 66, 161, 185, 192, 210, 268, 277, 283, 285, 354, 355-357, 363, 379
　――市民　63, 249
　――商人　17, 34, 54, 56-61, 66, 212, 279, 283,

284, 286, 287, 338, 354-359, 362-364, 367, 379-381
──体系　13-15, 17, 56, 61, 254, 279, 283, 286, 354, 357, 358, 377
──体制　13, 14, 26, 354
自売許属　276
私氷庫　211, 248, 249, 251
資本主義萌芽論　13, 14
紫門監　224, 229, 244, 245, 253
車契　96, 224, 228, 229, 376
車夫　209, 224, 228, 232
車輪船　103
舟橋（ベダリ）　88, 194, 211, 332
舟橋司　193, 194, 308, 311-313, 316, 317, 319, 321, 322, 325, 378
舟橋船（執籌船）　312-314, 321, 327
『受教輯録』　300
守禦庁　201
主人‐客商の関係　276, 278, 280, 281, 286
主人営業　268-270, 272, 273-275, 277, 278, 283, 284, 361
主人権の集中現象　284
濬川司　50, 228
濬川事業　49
『濬川事実』　z 50
濬川所　49, 50
商業税　155, 159, 281-283
商業的農業　27, 51, 52, 56, 211, 376
商業都市　16, 24, 27-29, 49, 51, 52, 54-56, 160, 180, 185, 189, 194, 212, 248, 254, 372, 375
松隅場　62, 63, 110
上言　41, 193, 213, 216, 227, 228, 240, 242, 250-252, 315
商買　58, 92, 210, 270, 274-277, 280, 286, 287
場市　14, 17, 54-59, 61, 62, 64, 65, 85, 86, 93, 151, 156, 157, 160, 164, 283, 353, 357, 365, 373, 374
城市全図詩　53
商税　155, 156
商船誘致競争　162-164, 379
城底十里　41, 43, 49

松坡　56-65, 86, 88, 161, 204, 205, 225, 357, 363, 373
──場　56-64, 283, 372
──鎮　204
小氷期　30, 372
商品流通体系　13-15, 17, 59-61, 65, 66, 161, 268, 286, 354, 357, 359, 366, 373, 378-381
　私商を頂点とする──　62, 66, 286
　市廛を頂点とする──　14, 60-32, 65, 66, 185, 283, 357, 363
常平通宝　27, 28
初運・再運法　311, 312
食主人　268, 270, 271, 278, 360
徐竜輔　186, 194, 310, 315, 338
辛亥通共　60, 242, 254, 271, 355, 357, 377
申景濬　85, 86, 101
新作路　56, 88, 205, 373
仁昌坊　39, 48, 372
津船　88, 104, 200-205, 211, 238, 239, 325, 329
──の改造費用　201-203, 238
『新増東国輿地勝覧』　43
『新補受教輯録』　300
水下船　98, 104, 190, 226, 239
水下地域　98, 189, 190, 192, 226, 249, 375
水原　54-56, 88, 149, 200, 205, 211, 373
──府　56, 330
水上船　98, 100, 104, 190, 210, 226
水上地域　98, 189, 190, 226
崇信坊　39, 48
成均館　185, 186
西江　26, 47, 180, 181, 186-192, 210, 211, 213-215, 251, 275, 372, 375, 376
──米廛　26, 214
──坊　39, 43, 181, 192
税穀運送業　150, 272
税穀主人　185, 268-275, 278, 279, 361, 380
税穀賃運　102, 184, 314, 319, 320
税穀防納　326-329
『星湖僿説』　100
正祖　88, 89, 108, 194, 310, 311, 313

西氷庫　32, 188-190, 200, 204, 205, 211, 212, 234, 235, 244, 245, 248, 333, 375,
積載限度　102, 208, 273, 304-306, 308, 378
『世宗実録地理志』　43
折受　111, 155, 185
折衝将軍　333, 360
折草廛　34, 231
船運業　14, 17, 129, 303, 306, 318, 319, 331, 360, 361, 366, 378, 380
船価　107, 136, 225, 226, 302, 304, 306, 307, 313-315, 317, 319, 320-322, 327, 361, 378
船契　203, 238, 240, 310, 325, 329, 330
────人　238, 239
宣恵庁　209, 225, 232, 236-239, 245, 270, 272, 302, 304, 307, 310, 312, 317, 324, 378
全国海路流通圏　208
全国的市場圏　14, 15, 29, 52, 53, 56, 93, 94, 353, 372, 374
船主　129, 130-135, 137, 225, 226, 300, 302, 306, 310, 318, 319-322, 327-331
全州　27, 55, 86, 153, 308, 353
船主人　160-162, 268-270, 273-275, 278, 279, 281, 282, 285, 375
船商　17, 61, 109, 129-134, 137, 141-144, 148, 152-154, 158, 161-164, 184, 210, 213, 268, 274-287, 331-339, 353-368, 374-381
船商活動　17, 129-136, 142, 149, 151, 152, 334
船匠　211, 216
潜商　54, 109, 151, 334, 339
船税　156, 163, 202-204, 225, 238
戦船　98, 99, 102, 107, 111, 239, 312, 322, 324, 325, 378
全船打発　335, 336, 355
賤民　32, 33, 130, 283, 318
漕運　107, 108, 205, 302, 307-309, 312, 317-319, 322, 378
────制度　108, 299, 300, 309, 311
────船　102, 105, 110, 139, 190, 191, 203, 210, 273, 300, 302-309, 322, 378
────邑　299, 302, 317, 320

倉主人　237, 240, 268, 270
漕船　98, 102, 206, 299, 304, 306-312, 315-317, 319, 322-325, 327, 378
造船業　319, 322, 329, 331, 367, 376
造船術　100, 103, 104, 108, 207, 303, 306, 319, 373
造船所　202, 203, 211, 319, 325
漕倉　105, 106, 110, 139, 146, 300, 307, 308, 309, 311, 312, 314-317
漕転事目　300
蔵氷営業　248, 253, 254, 377
蔵氷役　31, 33, 229, 244-249, 253, 254, 373, 377
蔵氷業（者）　16, 211, 224, 245, 247-254, 268, 335, 376, 377
『蔵氷謄録』　43
蔵氷米　245
『増補文献備考』　139, 141, 144
ソウル－義州路　85
ソウル－慶興西水羅路　85
ソウル－江華路　85, 88
ソウル－済州路　85
ソウル－水原路　88, 89
ソウル－忠清水営（保寧）路　88
ソウル－東莱路　85
ソウルの人口変動　24
ソウルの地域的空間　41, 43, 47
ソウル－平海路　85
『続大典』　28, 31, 41, 85, 92, 205, 236, 237, 239-242, 295
祖江　180
────浦　285, 375
孫道康　59, 65, 363-365

【た】

『大韓季年史』　187, 188
退船　102, 203, 319, 322-325, 376
『大典会通』　314
大同法　25, 28, 29, 209, 211, 236, 245, 254, 269, 300, 301, 303, 372, 378
大同米　150, 152, 155, 209, 236, 237, 301-308, 317, 320, 325, 327

『大東輿地図』 110
待変船 98, 190, 204, 239, 308, 321
駄運役 229, 233, 254, 377
駄価 229, 230, 233, 246, 302
『度支志』 41
『択里志』 53, 105, 190, 205
站運 110, 321
──船 98, 187
地域主人権 280, 281, 287
竹嶺 93, 373
茶山 → 丁若鏞
中人通清運動 52
中都児（層） 34, 51, 57-65, 283, 284, 354, 355, 357-359, 363, 365, 366, 373, 378, 379
長山串 94, 100, 105, 106-108, 115, 149, 154, 373
長通坊 181
鳥嶺 93, 110, 299, 373
直納邑 299, 300, 302, 303, 307-309, 312, 316, 317, 321, 378
通共発売 231, 285
丁若鏞 37, 97, 109, 192, 282, 286
停滞論者 13
『程里攷』 85
出買船 134, 135, 335
田雲祥 103
田税 155, 236-240, 298-303, 305, 307-309, 312, 316, 317, 320, 328, 329, 360
トゥクソム 65, 181, 188-190, 192, 204, 212, 214, 216, 356, 363, 365, 375, 376
──民の景快孫 65, 365
『東輿紀略』 86
『東国文献備考』 86
偸食 325, 326, 329
唐船 54, 98, 109, 112, 156, 334
洞銭 184, 227, 230-235, 239
唐刀里船 98, 332
東氷庫 211, 212, 224, 225, 244, 245, 248
『同文彙考』 16
豆毛浦 41, 47, 140, 143, 180-182, 186-190, 192, 204, 212, 244, 372, 375

豆毛坊 39, 43, 181, 183, 192
東莱 85, 86, 135, 136, 141, 142, 144, 299
『道里考』 85
『道路攷』 85, 86, 101
道路修治役 230, 231
德隠浦 158, 160, 163, 280, 375
都賈 19, 60-65, 241-243, 248, 254, 283-285, 317, 336, 338, 356, 357, 361-366, 377
──主人 325
──商業 359, 361, 364, 366, 367, 380
──商人 216, 285, 354
──の乱廛勢力 357, 364
土豪輩 111
都城三軍門分界総目 43
都城民 26, 32, 35, 41, 251, 253, 327

【な】

内・外魚物廛 34, 51, 59-62, 186, 210, 285, 354, 357, 366, 381
内外長木廛 212, 216
内需司 147, 224, 225, 238, 239, 334, 337
内氷庫 211, 244-246, 248, 252, 253
南漢山城 39, 57, 204, 207
荷役運輸業 16, 208, 209, 224, 236-241, 243, 254, 268, 278, 375, 376, 377
民間──241

【は】

馬契 96, 184, 224, 225, 227-236, 238, 239, 360, 376
八江 186, 188, 189, 192, 194, 209, 242, 243, 375
──御使 186, 338
八道海沿台 113, 373
馬夫契 224, 228, 243
馬夫色掌 209, 226-228, 231-232
パムソム（栗島） 189, 204, 211, 216, 367, 376
盤伊浦 157-159, 163
『万機要覧』 188, 191
板屋船 100, 102
氷役 182, 202, 246, 247, 250, 252
氷魚船 209, 211, 213, 214, 248, 251, 376

氷契　245-254, 360, 377
　　——人　248-253
氷庫　244, 247, 249, 250-252, 377
氷庫提調の鄭昌聖　249, 250
『漂人領来謄録』　18
兵船　98-100, 102, 308, 312, 319, 322, 324, 325, 373
漂流民　129, 132, 153
閔鎮厚　57, 59
釜山浦　134, 142, 144, 145, 151
負持軍役　34, 182, 230, 231
富商大賈　55, 65, 162, 210, 357, 359, 363, 365-367, 379
富商物主　365
物主　56, 129-132, 134, 135
平市署　26, 59, 212, 336
平壌　37, 53, 54, 89, 95, 106, 107, 109, 138, 139, 150, 152-154, 332, 333
別将　92, 93, 200-203
坊　32, 39, 43, 47, 372
坊役　27, 29, 34, 36, 44-48, 182, 183, 224, 225, 229-232, 239, 244, 245, 250, 253
望遠・合井　376, 189, 190, 209, 211, 213, 335, 372, 375
貿穀活動　146, 332-334, 339, 378
貿穀商　142, 150, 206, 333
貿穀船商　206, 331-335, 339, 361, 362, 376, 379
坊制　47, 181, 372
法聖浦　135, 138, 140, 150, 154
貿賤売貴　65, 367, 380
防納　269, 317-319, 325-329, 331, 361
　　——私主人　269
防牌船　98, 100
坊民　29, 36, 49, 225, 229-231, 244, 248
北魚（干したスケトウダラ）　55, 60, 62, 63, 89, 110, 134, 146, 147, 151, 160-163, 361, 364-366, 373
　　——主人　287
　　——商人　89, 110, 278, 366
　　——船　160, 162, 163
　　——船主人　276

朴斉家　51, 53, 89, 96, 103, 104
『北部帳戸籍』　32, 33, 180
募軍　50, 130, 184, 375
浦口間の商船誘致競争　163, 164
浦口市場圏　150, 154, 353, 358, 359, 367, 375, 376, 379
浦口主人　160, 163, 268, 274, 282, 284, 285
　　——層　159, 160, 162, 164, 353, 358, 374
浦口商業　14, 159, 160, 163, 165, 274, 279, 316, 358, 374, 379
募民　54, 224, 232, 236, 239, 241, 246, 248
　　——契　209, 224, 230, 233, 236-241, 376

【ま】

馬山浦　110, 142, 146, 148, 151, 154
末裔宗室　233, 235
麻浦　26, 41, 135, 185-190, 192, 204, 208-215, 275, 335, 375, 376
　　——塩醢廛　210, 215
　　——塩廛　210, 215, 337, 338, 356, 363
　　——艮水廛　192, 210
　　——雑物廛　192, 210
　　——漆木廛　192, 210
　　——米廛　26, 192, 210, 214, 215
明礼宮　216, 363
木材商人　268, 360, 363, 377

【や】

役人　209, 224, 232, 237
有契無坊　32, 33, 44, 47, 48
熊浦　146, 161
有坊無契　44
楊花津　16, 187-189, 200, 204, 210, 211, 246, 250, 372
楊花渡　41, 88, 180, 181, 200-202, 205
楊州（郡）41, 48, 49, 61-63, 91, 110, 181, 283, 364, 373
葉草廛　34, 231

【ら】

洛東江　110, 137, 144, 145, 151, 153, 154, 299
乱廛　14, 15, 31, 51, 58, 59, 65, 279, 283, 354, 355, 364, 378
　――商人　51, 58
　――人　61, 184, 354, 364, 373
懶農の類　26, 27, 30
陸運　15, 105-107, 149, 299, 301-303
陸契　247
梨峴・七牌　34, 51, 60, 61, 283, 357, 365
李憲尚　272, 360, 361
竜洞宮　156, 162
柳馨遠（磻渓）　43, 96, 181, 273
竜山　25, 41, 47, 110, 181, 182, 185, 187-192, 208-210, 213-215, 224, 235, 236, 241-243, 251, 275, 299, 372, 375-377
　――塩廛　215, 337, 363
　――江　180, 186, 187, 190, 242, 375
　――柴木廛　209
　――坊　39, 43, 45, 181, 182, 192, 234, 237
流民　26, 30, 31, 93, 112, 372
両湖作隊船節目　310
両湖船節目　304
両湖直納邑　312, 321, 309
漁採船　133, 134
旅閣　157-159, 190, 287
旅客運送業　132, 136
旅客主人　18, 61, 65, 210, 214, 216, 268, 269, 274-280, 283-287, 335-338, 354, 355, 357-363, 366, 367, 375-381
　――業　17, 184, 214, 275, 277, 331, 360, 361
　――権　213, 214, 216, 270, 276, 278, 280, 281, 284, 359, 360, 376, 379
　――層　61, 210, 279, 283-286, 329, 336, 337, 354-359, 367, 377-379
旅客商賈　270, 274-276, 278, 285, 375
『林園経済志』　86
輪船　102, 103, 359
霊岩　86, 133, 138, 140-142, 152, 271
霊光　138, 140, 142, 150, 271, 308
『嶺湖南沿海形便図』　138
嶺南漕運　307-309, 311, 318, 378
嶺南路　92, 93
廉価勒買　65, 367, 380
楼院　56, 57, 60-65, 161, 181, 357, 363, 364, 366, 373
　――店　60-65, 88, 110, 283, 373, 381
『六典条例』　45
魯山浦　159, 163
露梁津　41, 56, 86, 88, 180, 181, 186, 187, 201, 203-205, 211

【わ】

和水　309, 310, 319, 325, 326, 329
倭船　110
和買　336, 355

【著　者】

高　東　煥（コ・ドンファン）

　1958年生まれ。ソウル大学国史学科を卒業、同大学院で修士、博士学位を取得。ソウル学研究所の首席研究員を経て、1995年から現在まで韓国科学技術院（KAIST）人文社会科学部教授として在職中。

　韓国歴史研究会会長、第55回全国歴史学大会大会長、忠清南道文化財委員、文化財庁文化財委員会史蹟分科専門委員、イギリス・ケンブリッジ大学のVisiting Scholarを歴任し、第39回韓国百想出版文化賞著作賞を受賞。

　単著に『朝鮮時代 서울 都市史』（太学社、2007）、『朝鮮時代 市廛商業研究』（知識産業社、2013）、『韓国前近代交通史』（들녘、2015）などがあり、共著に『巨商, 全国의 商權을 掌握하다』（斗山東亜、2005）、『다시、실학이란 무엇인가』（푸른역사、2007）ほか多数。

　主要論文に「朝鮮後期 沿岸航海와 外洋航路의 開拓」、「朝鮮後期～韓末 榮山江 水運과 市場」、「朝鮮後期～韓末 信用去來의 発達」など、朝鮮後期～韓末時期社会経済史に関する論文が多数ある。

【訳　者】

宮嶋博史（みやじま・ひろし）

　1948年大阪生まれ。京都大学文学部卒業。同大学院で東洋史学（朝鮮経済史）専攻。東海大学専任講師、東京都立大学助教授などを経て、東京大学東洋文化研究所教授。2002年から韓国成均館大学東アジア学術院教授、成均館大学東アジア学術院碩座教授を歴任。2014年瑞松韓日学術賞受賞。現在東京大学名誉教授、成均館大学名誉教授。

　単著に『朝鮮土地調査事業史の研究』（汲古書店、1991）、『両班（ヤンバン）―李朝社会の特権階層』（中央公論社、1995／韓国版 너머북스、2014）、『明清と李朝の時代』（中央公論社、1998／韓国版 너머북스、2014）、『일본의 역사관을 비판한다』（창비、2013）、『나의 한국사 공부 - 한국사의 새로운 이해를 찾아서』（너머북스、2013）などがあり、共著に『国民国家の比較史』（雄志舎、2010）、『「韓国併合」100年を問う―「思想」特集・関係資料』（岩波書店、2011）、『歴史学の現在』（岩波書店、2016）、『동아시아 연구, 어떻게 할 것인가』（성균관대학교출판부、2016）、『How Shall We Study East Asia？』（JIMOONDANG、2017）ほか多数。

【編集協力】

金　度　亨（キム・ドヒョン）

1974年生まれ。成均館大学東アジア学術院卒業。博士（東アジア史）。現在、成均館大学東アジア学術院研究員。

　主な研究業績として、論文に「近代東アジアの天と進化―厳復と加藤弘之の進化論受容様相比較研究」（2017）、'A Comparative Study on Acceptance and Distribution of Modern Medical Care in Japanese Colonies'（2018）、訳書に『立憲政体略・真政大意』（セチャン出版社、2017）などがある。

朝鮮後期 서울商業発達史研究
A Study on the Commercial Development History
of Seoul in the Late Chosun Dynasty
by KO, Donghwan
Jisik-sanup Publishing Co.Ltd., 1998

The WORK is published under the support of
Literature Translation Institute of Korea (LTI Korea).

Copyright © 2019 by KO, Donghwan

朝鮮後期ソウル商業発達史研究

初版印刷　2019年9月30日
初版発行　2019年10月10日

著　者　高　東　煥
訳　者　宮嶋博史
発行者　金田　功
発行所　株式会社　東京堂出版
　　　　〒101-0051　東京都千代田区神田神保町1-17
　　　　http://www.tokyodoshuppan.com/

DTP　本郷書房
図版作成　オフィス・ユウ
印刷・製本　中央精版印刷株式会社

ISBN978-4-490-20878-8 C3022
ⓒ Hiroshi Miyajima 2019, Printed in Japan